Die Brüsseler „Verständigung" zu Anstaltslast und Gewährträgerhaftung

Schriften zum Europa- und Völkerrecht und zur Rechtsvergleichung

Herausgegeben von Manfred Zuleeg

Band 14

PETER LANG

Frankfurt am Main · Berlin · Bern · Bruxelles · New York · Oxford · Wien

Walter Seubert

Die Brüsseler „Verständigung" zu Anstaltslast und Gewährträgerhaftung

Eine Betrachtung aus europarechtlicher
und mitgliedstaatlicher Sicht

PETER LANG
Europäischer Verlag der Wissenschaften

Bibliografische Information Der Deutschen Bibliothek
Die Deutsche Bibliothek verzeichnet diese Publikation in der
Deutschen Nationalbibliografie; detaillierte bibliografische
Daten sind im Internet über <http://dnb.ddb.de> abrufbar.

Zugl.: Frankfurt (Main), Univ., Diss., 2004

Gedruckt auf alterungsbeständigem,
säurefreiem Papier.

D 30
ISSN 1436-2007
ISBN 3-631-52471-4

© Peter Lang GmbH
Europäischer Verlag der Wissenschaften
Frankfurt am Main 2005
Alle Rechte vorbehalten.

Printed in Germany 1 2 3 4 5 7

www.peterlang.de

Unruhig ist unser Herz, Herr,
bis es ruht in Dir!

Augustinus, Confessiones, 1,1,1

Meiner Ehefrau Stefanie und meinem Sohn Jakob

Vorwort

Mein besonderer Dank gilt zunächst meinen Eltern. Mit großer Freude denke ich an das glückliche Elternhaus zurück, in dem ich aufgewachsen bin. Während meiner Schulzeit und meinem Studium haben Sie mich in jeder nur erdenklichen Weise unterstützt und damit die Grundlagen dafür gelegt, daß ich diese Doktorarbeit schreiben durfte.

Weiterhin danke ich meiner Ehefrau Steffi für die jahrelange Unterstützung bei der Erstellung dieser Arbeit, für ihre beständige Motivation und für Ihr Verständnis für die vielen Stunden, die ich in der Freizeit am Computer verbracht habe.

Darüber hinaus danke ich Herr Prof. Dr. Manfred Zuleeg für die Annahme der Dissertation und für eine hervorragende Betreuung in den vergangenen Jahren. Mein Dank gilt ebenfalls Herrn Prof. Dr. Theodor Baums für die Anfertigung des Zweitgutachtens sowie Herrn Prof. Dr. Walter Kargl für den Vorsitz im Prüfungsausschuß der Disputation.

Zuletzt danke ich Herrn Frank Herring für seine Hilfe bei der Erstellung der englischen Zusammenfassung.

Die Doktorarbeit wurde von mir am 20. Januar 2004 eingereicht. Soweit möglich wurden aktuelle Entwicklungen und Aufsätze bis zum Herbst 2004 eingearbeitet.

Walter Seubert
Frankfurt, im November 2004

Inhaltsverzeichnis

9

Literaturverzeichnis

Baumbach, Adolf / Hopt, Klaus J., Handelsgesetzbuch mit GmbH & Co., Handelsklauseln, Bank- und Börsenrecht, Transportrecht (ohne Seerecht), 29. Auflage, München, 1995 (zitiert: Baumbach / Hopt, HGB)

Berblinger, Jürgen, Marktakzeptanz des Rating durch Qualität, S. 21 – 110, in: Handbuch Rating, hrsg. von Hans E. Büschgen und Oliver Everling, Wiesbaden, 1996 (zitiert: Berblinger, in: Handbuch Rating)

Berg, Hans, Anmerkung zum Urteil des BGH vom 5. Oktober 1961, AZ: VII ZR 207/60, NJW 1962, S. 101 - 102

Berninghausen, Birgit, Die Europäisierung des Vertrauensschutzes: eine rechtsvergleichende Untersuchung am Beispiel der Rückforderung rechtswidriger Leistungen nach § 48 VwVfG, Frankfurt am Main, Berlin, Bern, New York, Paris, Wien, 1998 (zitiert: Berninghausen, Europäisierung des Vertrauensschutzes)

Berrisch, Georg M., Anmerkung zum Urteil des EuGH vom 20. März 1997, Rs. C-24/95, Land Rheinland-Pfalz gegen Alcan Deutschland GmbH, EuR 1997, S. 155 - 162

BHF-Bank, Basisinformationen über Vermögensanlagen in Wertpapieren: Grundlagen, wirtschaftliche Zusammenhänge, Möglichkeiten und Risiken, Köln, 2001 (zitiert: BHF-Bank, Basisinformationen)

Blanke, Hermann-Josef, Vertrauensschutz im deutschen und europäischen Verwaltungsrecht, Tübingen, 2000 (zitiert: Blanke, Vertrauensschutz)

Bleckmann, Albert, Europarecht: Das Recht der Europäischen Union und der Europäischen Gemeinschaften, 6. Auflage, Köln, Berlin, Bonn, München, 1997 (zitiert: Bleckmann, Europarecht)

Boos, Karl-Heinz / Schulte-Mattler, Hermann, Basel II: Marktdisziplin durch erweiterte Offenlegung, Die Bank 2001, S. 795 – 799

Borchardt, Klaus-Dieter, Der Grundsatz des Vertrauensschutzes im Europäischen Gemeinschaftsrecht, Kehl, Straßburg, Arlington, 1988 (zitiert: Borchardt, Grundsatz des Vertrauensschutzes)

Borchardt, Klaus-Dieter, Vertrauensschutz im Europäischen Gemeinschafts-recht: Die Rechtsprechung des EuGH von Algera über CNTA bis Mulder und von Deetzen, EuGRZ 1988, S. 309 – 315

Bundesregierung, Bericht der Bundesregierung über die Untersuchung der Wettbewerbsverschiebungen im Kreditgewerbe und über eine Einlagensiche-rung, 5. Wahlperiode, Drucksache V/3500, Bonn, 1968 (zitiert: Wett-bewerbsenquête)

Burgi, Martin, Die öffentlichen Unternehmen im Gefüge des primären Gemein-schaftsrechts, EuR 1997, S. 261 – 290

Busch, Torsten, Die Nachhaftung des Anstalts- bzw. Gewährträgers bei Privati-sierung der Rechtsform öffentlich-rechtlicher Kreditinstitute, AG 1997, S. 357 – 362

Canaris, Claus-Wilhelm, Die Feststellung von Lücken im Gesetz: eine methodo-logische Studie über Voraussetzungen und Grenzen der richterlichen Rechts-fortbildung praeter legem, Berlin, 1964 (zitiert: Canaris, Feststellung von Lü-cken)

Ciresa, Meinhard, Beihilfenkontrolle und Wettbewerbspolitik in der EG, Köln, Berlin, Bonn, München, 1993 (zitiert: Ciresa, Beihilfenkontrolle und Wettbe-werbspolitik)

Crones, Christian, Selbstbindungen der Verwaltung im Europäischen Gemein-schaftsrecht: Eine Analyse der Rechtsprechung von EuGH und EuG zur ermes-sensbeschränkenden Wirkung von Gleichheitssatz und Vertrauensschutzprinzip auf Gemeinschaftsebene vor rechtsvergleichendem Hintergrund, Baden-Baden, 1997 (zitiert: Crones, Selbstbindungen der Verwaltung)

Dohms, Rüdiger, Die Vorstellungen der Kommission zur Daseinsvorsorge, Kol-loquium des Europa-Instituts Freiburg e.V. zum Thema „Daseinsvorsorge im Lichte des Wettbewerbsrechts" am 8. Dezember 2000 (zitiert: Dohms, Vorstel-lungen der Kommission zur Daseinsvorsorge)

Ehlers, Dirk, Rechtsprobleme der Rückforderung von Subventionen, GewArch 1999, S. 305 - 320

Ehlers, Dirk, Die Einwirkungen des Rechts der Europäischen Gemeinschaften auf das Verwaltungsrecht, DVBl. 1991, S. 605 - 616

Erichsen, Hans-Uwe / Buchwald, Andrea, Die Aufhebung von gemeinschafts-rechtserheblichen Einzelfallentscheidungen durch Organe der EG und deutsche Behörden, Jura 1995, S. 84 - 89

Euroforum-Konferenz vom 10. / 11. Dezember 2001, Thema: Sparkassen und Landesbanken nach dem Wegfall der Staatsgarantien mit Vorträgen von

- Berndt, Holger: Positionierung der Sparkassen und Landesbanken nach dem Kompromiss von Brüssel
- Dichtl, Otto: Entwicklungstendenzen für Ratings öffentlicher Banken in Deutschland
- Krämer, Hans-Peter: Erfordert der Wegfall der Gewährträgerhaftung eine Neuausrichtung der Sparkassen?
- Matthiesen, Sven: Voraussichtliche Änderung der Sparkassengesetze infolge der Verständigung mit der EU-Kommission vom 18.07.2001
- Mauerer, Anton: Sparkassen-Strategien nach dem Brüsseler Kompromiss (zitiert: Vortragender, Vortrag auf der Euroforum-Konferenz)

Everling, Oliver, Credit Rating durch internationale Agenturen: eine Untersuchung zu den Komponenten und instrumentalen Funktionen des Rating, Wiesbaden, 1991 (zitiert: Everling, Credit Rating)

Everling, Oliver, Ratingagenturen expandieren in Europa, Die Bank, 1999, S. 808 - 809

Fastenrath, Ulrich, Anmerkung zum Urteil des OVG Münster vom 26. November 1991, AZ: 4 A 1346/88, JZ 1992, S. 1082 - 1984

Fischer, Hans Georg, Die neue Verfahrensordnung zur Überwachung staatlicher Beihilfen nach Art. 93 (jetzt Art. 88) EGV, ZIP 1999, S. 1426 – 1433

Fischer, Hans Georg, Zur Rückforderung von unter Verstoß gegen Art. 92, 93 EWGV gewährten nationalen Beihilfen, DVBl. 1990, 1089 - 1095

Fischer, Reinfrid, Rechtsnatur öffentlicher Sparkassen, S. 416 – 428, in: Handwörterbuch der Sparkassen, Band 3 – Kreditgeschäft bis Sichteinlagen, hrsg. vom Deutschen Sparkassenverlag, Stuttgart, 1982 (zitiert: Fischer, in: Handwörterbuch der Sparkassen)

Franzius, Claudio, Auf dem Weg zu mehr Wettbewerb im ÖPNV – Zum „Altmark Trans" Urteil des EuGH, NJW 2003, S. 3029 - 3031

Friesen, Alexander von, Staatliche Haftungszusagen für öffentliche Kreditinstitute aus europarechtlicher Sicht, Stuttgart, München, 1998 (zitiert: von Friesen, Staatliche Haftungszusagen)

Frisinger, Jürgen / Behr, Andreas, Staatsbürgschaften, Banken und EU-Beihilfeverbot: „Beihilfe" zur verbotenen Beihilfe?, RIW 1995, S. 708 - 714

Gärtner, Wolfram, Die Transparenz der Finanzbeziehungen innerhalb der öffentlich-rechtlichen Kreditinstitute – Zugleich ein Beitrag zur beihilferechtlich gebotenen Reform der öffentlich-rechtlichen Kreditinstitute in Deutschland, ZBB 1998, S. 6 - 15

Geiger, Helmut, Bankpolitik, Stuttgart, Berlin, Köln, Mainz, 1975 (zitiert: Geiger, Bankpolitik)

Geiss, Marcus, Rechtsstaatliche Grundsätze im Beihilferecht der Europäischen Gemeinschaft: eine Analyse von Funktion und Wirkungsweise ausgewählter allgemeiner Rechtsgrundsätze des Gemeinschaftsrechts, Baden-Baden, 2001 (zitiert: Geiss, Rechtsstaatliche Grundsätze im Beihilferecht)

Gleske, Christoph L., Wettbewerb öffentlicher und privater Kreditinstitute in Deutschland, Baden-Baden, 1996 (zitiert: Gleske, Wettbewerb öffentlicher und privater Kreditinstitute)

Gloyens, Patrick, The Landesbanks, How Long Can They Retain Competitive Advantage?, J.I.B.L., Issue 3, 2002, S. 53 – 58

Groeben, Hans von der / Schwarze, Jürgen, Kommentar zum Vertrag über die Europäische Union und zur Gründung der Europäischen Gemeinschaft, Band 2, Artikel 81 - 97 EGV, 6. Auflage, Baden-Baden, 2003 (zitiert: Bearbeiter, in: von der Groeben / Schwarze, EU-/EG-Vertrag)

Gruson, Michael, Gutachten für den Bundesverband Öffentlicher Banken Deutschlands, New York, Frankfurt, 2001 (zitiert: Gruson, Gutachten für VÖB)

Gruson, Michael, Zur Subsidiarität der Gewährträgerhaftung bei öffentlich-rechtlichen Banken, WM 2003, S. 321 – 325

Gruson, Michael, Zum Fortbestehen von Anstaltslast und Gewährträgerhaftung zur Sicherung von Anleihen von Landesbanken, EuZW 1997, S. 357- 363

Güde, Udo, Geschäftspolitik der Sparkassen: Grundlagen und aktuelle Probleme, 5 Auflage, Stuttgart, 1989 (zitiert: Güde, Geschäftspolitik der Sparkassen)

Habersack, Mathias, Staatsbürgschaften und EG-vertragliches Beihilfeverbot: Zur Frage der Anwendbarkeit der Art. 92, 93 EGV auf das Bürgschaftsverhältnis zwischen Mitgliedstaat und Bank, ZHR 159 (1995), S. 663 - 685

Hakenberg, Waltraud / Tremmel, Ernst, Die Rechtsprechung des EuGH und EuGeI auf dem Gebiet der staatlichen Beihilfen in den Jahren 1997 und 1998, EWS 1999, S. 167 – 175

Happe, Claus-Michael, Zur innerstaatlichen Wirkung von Beihilfeentscheidungen gem. Art. 93 Abs. 2 EWGV, NVwZ 1993, S. 32 - 36

Harter, Winfried / Franke, Jörg / Hogrefe, Jürgen / Seger, Rolf, Wertpapiere in Theorie und Praxis, 5. Auflage, Stuttgart, 2000 (zitiert: Wertpapiere in Theorie und Praxis)

Hartwig-Jacob, Mauricio, Die Vertragsbeziehungen und die Rechte der Anleger bei internationalen Anleiheemissionen, München, 2001 (zitiert: Hartwig-Jacob, Vertragsbeziehungen)

Hasselmann, Anja, Die Ausschlußtatbestände für den Beihilfebegriff des Art. 87 EGV am Beispiel von Anstaltslast und Gewährträgerhaftung im öffentlich-rechtlichen Bankensystem der Bundesrepublik Deutschland, Frankfurt, Berlin, Bern, Brüssel, New York, Oxford, Wien, 2001 (zitiert: Hasselmann, Ausschlußtatbestände für den Beihilfebegriff)

Heiermann, Wolfgang, Rückzahlungsverpflichtung bei gemeinschaftsrechtswidrig gewährten Beihilfen, EWS 1994, S. 145 – 148

Herdegen, Matthias, Gutachten zur Entschließung des Bundesrates zur Frage der Anstaltslast und Gewährträgerhaftung bei öffentlich-rechtlichen Kreditinstituten vom 21. Februar 1997 mit dem Titel „Die vom Bundesrat angestrebte Festschreibung der Privilegien öffentlich-rechtlicher Kreditinstitute: Gefahr für die EG-Wettbewerbsordnung", S. 25 – 36, in: Daten, Fakten, Argumente, „Die Amsterdamer Erklärung zu den öffentlich-rechtlichen Kreditinstituten – Eine Dokumentation", hrsg. vom Bundesverband deutscher Banken, Köln, 1997 (zitiert: Herdegen, Gutachten, in: BdB)

Hoenike, Mark, Anmerkung zum Urteil des EuGH vom 20. März 1997, Rs. C-24/95, Land Rheinland-Pfalz gegen Alcan Deutschland GmbH, EuZW 1997, S. 279 - 280

Hopt, Klaus J. / Mestmäcker, Ernst-Joachim, Die Rückforderung staatlicher Beihilfen nach europäischem und deutschem Recht – am Beispiel staatlich verbürgter Kredite, Teil I: WM 1996, S. 753 – 762, Teil II: WM 1996, S. 801 - 810

Immenga, Ulrich / Rudo, Joachim, Die Beurteilung von Gewährträgerhaftung und Anstaltslast der Sparkassen und Landesbanken nach dem EU-Beihilferecht, Baden-Baden, 1997 (zitiert: Immenga / Rudo, Beurteilung von Gewährträgerhaftung und Anstaltslast)

Jarass, Hans. D. / Pieroth, Bodo, Kommentar zum Grundgesetz für die Bundesrepublik Deutschland, 4. Auflage, München, 1997 (zitiert: Jarass / Pieroth, GG-Kommentar)

Jarass, Hans D., Zur Subsidiarität der Gewährträgerhaftung bei öffentlich-rechtlichen Banken, WM 2002, S. 941 – 947

Kadelbach, Stefan, Allgemeines Verwaltungsrecht unter europäischem Einfluß, Tübingen, 1999 (zitiert. Kadelbach, Allgemeines Verwaltungsrecht)

Kamann, Hans-Georg / Selmayr, Martin, Das Risiko der Bestandskraft: Praktische Hinweise zur Anfechtung von Gemeinschaftsentscheidungen, NVwZ 1999, S. 1041 – 1045

Kämmerer, Jörn Axel, Strategien zur Daseinsvorsorge: Dienste im allgemeinen Interesse nach der „Altmark"-Entscheidung des EuGH, NVwZ 2004, S. 28 - 34

Kemmler, Iris, Keine Anstalt ohne Anstaltslast – Zur Abschaffung der Anstaltslast für Landesbanken und Sparkassen, DVBl. 2003, S. 100 – 107

Kirchhof, Ferdinand, Schuldübergang und Haftung bei der Privatisierung der Postunternehmen: Zum Schicksal der finanziellen Altlasten der Deutschen Bundespost, NVwZ 1994, S. 1041 – 1048

Klanten, Thomas, Staatliche Kreditabsicherung durch Bürgschaft oder Exportkreditversicherung und EG-Beihilfeverbot, ZIP 1995, S. 535 - 545

Klatt, Hartmut, Postreform II, S. 335 – 353, in: Jahrbuch Telekommunikation und Gesellschaft. Multimedia - Technik sucht Anwendung, Band 3, hrsg. von Herbert Kubicek, Günter Müller, Karl-Heinz Neumann, Eckart Raubold und Alexander Roßnagel, Heidelberg, 1995 (zitiert: Klatt, Postreform II)

Köbler, Gerhard, Juristisches Wörterbuch, 6. Auflage, München, 1994 (zitiert: Köbler, Juristisches Wörterbuch)

Koenig, Christian / Haratsch, Andreas, Grundzüge des deutschen und des europäischen Vergaberechts, NJW 2003, S. 2637 – 2642

Koenig, Christian / Kühling, Jürgen, Diskriminierungsfreiheit, Transparenz und Wettbewerbsoffenheit des Ausschreibungsverfahrens – Konvergenz von EG-Beihilfenrecht und Vergaberecht, NVwZ 2003, S. 779 - 786

Koenig, Christian / Pickartz, Thomas, Die aufschiebend bedingte staatliche Beihilfengewährung nach der Verfahrensordnung in Beihilfesachen, NVwZ 2002, S. 151 – 155

Koenig, Christian / Sander, Claude, Zur Beihilfenaufsicht über Anstaltslast und Gewährträgerhaftung nach Art. 93 EGV, EuZW 1997, S. 363 - 370

Koenig, Christian, Die Privilegien öffentlich-rechtlicher Einstandspflichten zugunsten der Landesbanken vor den Schranken der EG-Beihilfenaufsicht, EWS 1998, S. 149 – 156

Koenig, Christian, Zur Auslegung der Amsterdamer Erklärung im Hinblick auf die EG-Beihilfenaufsicht über Landesbanken, WM 1997, S. 1279 - 1280

Koenig, Christian, Begründen Anstaltslast und Gewährträgerhaftung unabhängig von ihrer Kodifizierung tragfähige Kreditmerkmale öffentlicher Finanzinstitute?, WM 1995, S. 821 – 828

Koenig, Christian, Öffentlich-rechtliche Anstaltslast und Gewährträgerhaftung als staatliche Beihilfen gem. Art. 92 EGV?, EuZW 1995, S. 595 – 602

Kopp, Ferdinand O. / Ramsauer, Ulrich, Kommentar zum Verwaltungsverfahrensgesetz, 6. Auflage, München, 2003 (zitiert: Kopp, VwVfG)

Kruse, Eberhard, Bemerkungen zur gemeinschaftlichen Verfahrensverordnung für die Beihilfekontrolle: Erwägungen zu einzelnen Verfahrensregelungen und zu Rechtsschutzmöglichkeiten, NVwZ 1999, S. 1049 – 1056

Kühling, Jürgen / Wachinger, Lorenz, Das Altmark Trans-Urteil des EuGH - Weichenstellung für oder Bremse gegen mehr Wettbewerb im deutschen ÖPNV?, NVwZ 2003, S. 1202 - 1205

Leibholz, Gerhard / Rinck, Hans-Justus / Hesselberger, Dieter, Grundgesetz für die Bundesrepublik Deutschland: Kommentar an Hand der Rechtsprechung des Bundesverfassungsgerichts, 7. Auflage, Köln, 1995 (zitiert: Leibholf / Rinck / Hesselberger, BVerfG-Rechtsprechungskommentar)

Lenz, Carl Otto, Vertrauensschutz im Gemeinschaftsrecht, S. 19 – 37, in: Vertrauensschutz in der Europäischen Union: am 19. und 20. Juni 1997 in Nürnberg, hrsg. vom Europäischen Forum für Außenwirtschaft, Verbrauchsteuern und Zoll e.V., Köln, 1997 (zitiert: Lenz, Vertrauensschutz im Gemeinschaftsrecht)

Lenz, Carl Otto, Das Tatbestandsmerkmal der „Beeinträchtigung des zwischenstaatlichen Handels" in der Rechtsprechung des Gerichtshofes, in: EU-Beihilfenpolitik: Die Tatbestandsmerkmale des Artikels 92 Absatz 1 EG-Vertrag, hrsg. vom Bundesverband der deutschen Industrie, Köln, 1994 (zitiert: Lenz, EU-Beihilfepolitik)

Leutheusser-Schnarrenberger, Sabine, Die Entwicklung des Schutzes der Grundrechte in der EU, ZfR 2002, S. 329 – 332

Lindner, Bernd, Zur Klagebefugnis natürlicher und juristischer Personen für Nichtigkeitsklagen gem. Art. 230 IV EG gegen EG-Verordnungen, NVwZ 2003, S. 569 – 572

Livonius von Eyb, Hilger von, Öffentlich-rechtliche Kreditinstitute und EU-Beihilferegime: eine Betrachtung aus deutscher Sicht, München, 2001 (zitiert: von Livonius, Öffentlich-rechtliche Kreditinstitute und EU-Beihilferegime)

Magiera, Siegfried, Rückforderung gemeinschaftsrechtswidriger staatlicher Beihilfen, S. 213 – 232, in: Europarecht, Energierecht, Wirtschaftsrecht: Festschrift für Bodo Börner zum 70. Geburtstag, hrsg. von Jürgen F. Baur , Peter-Christian Müller-Graff und Manfred Zuleeg, Köln, Berlin, Bonn, München, 1992 (zitiert: Magiera, FS Börner)

Mann, Thomas, Öffentliche Unternehmen im Spannungsfeld von öffentlichem Auftrag und Wettbewerb, JZ 2002, S. 819 – 826

Martin-Ehlers, Andrés, Der „Private Investor" als Maßstab für das Vorliegen staatlicher Beihilfen, EWS 1999, S. 244 – 247

Maurer, Hartmut, Allgemeines Verwaltungsrecht, 14. Auflage, München, 2002 (zitiert: Maurer, Allgemeines Verwaltungsrecht)

Mestmäcker, Ernst-J., Staat und Unternehmen im europäischen Gemeinschaftsrecht – Zur Bedeutung von Art. 90 EWGV, RabelsZ 1988, S. 526 – 582

Michalski, Lutz, Die Patronatserklärung, WM 1994, S. 1229 – 1240

Michels, Gabriele, Vertrauensschutz beim Vollzug von Gemeinschaftsrecht und bei der Rückforderung rechtswidriger Beihilfen, Frankfurt, 1996 (zitiert: Michels, Vertrauensschutz)

Middendorf, Max Thomas Maria, Amtshaftung und Gemeinschaftsrecht: Vertrauensschutz im Spannungsfeld von Gemeinschaftsrecht und nationalem Staatshaftungsrecht, Köln, Berlin, Bonn, München, 2001 (zitiert: Middendorf, Amtshaftung und Gemeinschaftsrecht)

Möllers, Thomas M. J. / Leisch, Franz Clemens, Eigengeschäfte von Sparkassen, WM 1999, S. 765 – 771

Monroe-Davis, Robin, Die Bonitätsbewertung von Banken, S. 175 – 218, in: Handbuch Rating, hrsg. von Hans E. Büschgen und Oliver Everling, Wiesbaden, 1996 (zitiert: Monroe-Davis, in: Handbuch Rating)

Möschel, Wernhard, Anstaltslast bei öffentlichen Kreditinstituten – Zur Vereinbarung von Brüssel, WM 2001, S. 1895 - 1897

Möschel, Wernhard, Privatisierung der Sparkassen: Zu den jüngsten Vorschlägen der Monopolkommission, WM 1993, S. 93 – 99

Müller-Graff, Peter Christian, Die Erscheinungsformen der Leistungssubventionstatbestände aus wirtschaftsrechtlicher Sicht, ZHR (152) 1988, S. 403 - 438

Nicolaysen, Gert, Europarecht, Baden-Baden, 1996 (zitiert: Nicolaysen, Europarecht)

Nicolaysen, Gert, Subventionen für öffentliche Unternehmen und Wettbewerb im Gemeinsamen Markt, S. 111 – 135, in: Recht und Praxis der Beihilfen im Gemeinsamen Markt, hrsg. von Bodo Börner und Konrad Neundörfer, Köln, Berlin, Bonn, München, 1984 (zitiert: Nicolaysen, Subventionen für öffentliche Unternehmen)

Niemeyer, Hans-Jörg / Hirsbrunner, Simon, Anstaltslast und Gewährträgerhaftung bei Sparkassen und die Zwischenstaatlichkeitsklausel in Art. 87 EG, EuZW 2000, S. 364 - 368

Nierhaus, Michael, Zur kommunalen Bindung und Aufgabenstellung der Sparkassen, DÖV 1984, S. 662 – 671

Oldiges, Martin, Die Entwicklung des Subventionsrechts seit 1996, NVwZ 2001, S. 626 - 636

Oppermann, Thomas, Europarecht, 2. Auflage, München, 1999 (zitiert: Oppermann, Europarecht)

Palandt, Bürgerliches Gesetzbuch, 62. Auflage, München, 2003 (zitiert: Bearbeiter, in: Palandt)

Papier, Hans-Jürgen, Kommunale Daseinsvorsorge im Spannungsfeld zwischen nationalem Recht und Gemeinschaftsrecht, DBVl. 2003, S. 686 – 697

Papier, Hans-Jürgen, Rechtsformen der Subventionierung und deren Bedeutung für die Rückabwicklung, ZHR 152 (1988), S. 493 - 508

Pechstein, Matthias, Nichtigkeit beihilfegewährender Verträge nach Art. 93 III 3 EGV, EuZW 1998, S. 495 - 498

Pernice, Ingolf, Grundrechtsgehalte im Europäischen Gemeinschaftsrecht: ein Beitrag zum gemeinschaftsimmanenten Grundrechtsschutz des Europäischen Gerichtshofs, Baden-Baden, 1979 (zitiert: Pernice, Grundrechtsgehalte)

Petersen, Asger, Die Tatbestandsmerkmale „Beihilfe" und „Wettbewerbsverfälschung" in Artikel 92 EGV aus der Sicht der Europäischen Kommission, S. 9 – 16, in: EU-Beihilfenpolitik: Die Tatbestandsmerkmale des Artikels 92 Absatz 1 EG-Vertrag, hrsg. vom Bundesverband der deutschen Industrie, Köln, 1994 (zitiert: Petersen, EU-Beihilfepolitik)

Pieroth, Bodo / Schlink, Bernhard, Grundrecht Staatsrecht II, 18. Auflage, Heidelberg, 2002 (zitiert: Pieroth / Schlink, Staatsrecht II)

Polley, Romina, Die Konkurrentenklage im Europäischen Beihilfenrecht: Klagebefugnis und Rückforderung bei rechtswidrig gewährten Beihilfen, EuZW 1996, S. 300 – 305

Pütz, Markus, EG-Beihilfenrecht und § 134 BGB, NJW 2004, S. 2199 - 2201

Quardt, Gabriele, Zur Abschaffung von Anstaltslast und Gewährträgerhaftung, EuZW 2002, S. 424 – 428

Randow, Philipp von, Rating und Regulierung, ZBB 1995, S. 140 – 156, ZBB 1996, S. 85 - 97

Rehm, Hannes, Diskussion über Sparkassenfinanzierung – eine Herausforderung, Sparkasse 1993, S. 173 – 178

Reifner, Udo / Siebert, Diana / Evers, Jan, Community Reinvestment – eine a-merikanische Besonderheit für den deutschen Banken- und Sparkassenmarkt?, Gutachten erstellt im Auftrag des DSGV, Bonn, Hamburg, 1995 (zitiert: Reifner / Siebert / Evers, Community Reinvestment)

Rengeling, Hans-Werner, Grundrechtsschutz in der Europäischen Gemeinschaft: Bestandsaufnahme und Analyse der Rechtsprechung des Europäischen Gerichtshofs zum Schutz der Grundrechte als allgemeine Rechtsgrundsätze, München, 1992 (zitiert: Rengeling, Grundrechtsschutz)

Rengeling, Hans-Werner, Rechtsgrundsätze beim Verwaltungsvollzug des Europäischen Gemeinschaftsrechts: zu den Grundlagen des Verwaltungsvollzuges sowie zur Theorie und Konkretisierung der Rechtsgrundsätze unter besondere Berücksichtigung der Rechtsvergleichung, Köln, 1977 (zitiert: Rengeling, Rechtsgrundsätze beim Verwaltungsvollzug)

Reufels, Martin J., Europäische Subventionskontrolle durch Private: Partizipation der Unternehmen an der EG-Wettbewerbsaufsicht über staatliche Beihilfen, Köln, Berlin, Bonn, München, 1997 (zitiert: Reufels, Subventionskontrolle durch Private)

Richter, Thorsten S., Rückforderung gemeinschaftsrechtswidriger Subventionen nach § 48 VwVfG, DÖV 1995, S. 846 - 854

Ruge, Reinhard, Das Grünbuch der EG-Kommission zu den Leistungen der Daseinsvorsorge: Neue Konturen für einen alten Irrwisch?, ZRP 2003, S. 353 - 357

Rümker, Dietrich, Probleme der Anstaltslast und Gewährträgerhaftung bei öffentlich-rechtlichen Kreditinstituten, S. 607- 623, in: Festschrift für Ernst C. Stiefel zum 80. Geburtstag, hrsg. von Marcus Lutter, Walter Oppenhoff, Otto Sandrock und Hanns Winkhaus, München, 1987 (zitiert: Rümker, FS Stiefel)

Scherer, Peter / Schödermeier, Martin, Staatliche Beihilfen und Kreditgewerbe, ZBB 1996, S. 165 – 185

Scheuing, Dieter H., Europarechtliche Impulse für innovative Ansätze im deutschen Verwaltungsrecht, S. 289 – 354, in: Innovation und Flexibilität des Verwaltungshandelns, hrsg. von Wolfgang Hoffmann-Riem und Eberhard Schmidt-Aßmann, Baden-Baden, 1994 (zitiert: Scheuing, Europarechtliche Impulse)

Schlierbach, Helmut, Das Sparkassenrecht in der Bundesrepublik Deutschland, 4. Auflage, Stuttgart, 1989 (zitiert: Schlierbach, Sparkassenrecht)

Schmid, Kathrin / Vollmöller, Thomas, Öffentlichrechtliche Kreditinstitute und EU-Beihilfenrecht, NJW 1998, S. 716 - 721

Schmidt-Räntsch, Jürgen, Zur Behandlung EG-widriger-Beihilfen, EuZW 1990, S. 376 – 379

Schneider, Hannes / Busch, Torsten, Anstaltslast und Gewährträgerhaftung als Beihilfen im Sinne von Art. 92 EGV?, EuZW 1995, S. 602 - 608

Schneider, Uwe H., Das Finanzierungsrecht der öffentlich-rechtlichen Kreditinstitute, S. 237 – 255, in: Festschrift für Stefan Riesenfeld aus Anlaß seines 75. Geburtstages, hrsg. von Erik Jayme, Gerhard Kegel und Marcus Lutter, Heidelberg, 1983 (zitiert: Schneider, FS Riesenfeld)

Schneider, Uwe H., Die Erweiterung des haftenden Eigenkapitals der öffentlich-rechtlichen Banken durch Fusion, DB 1995, S. 769 – 773

Schneider, Uwe H., Patronatserklärungen gegenüber der Allgemeinheit, ZIP 1989, S. 619 – 625

Schneider, Jens-Peter, Vertragliche Subventionsverhältnisse im Spannungsfeld zwischen europäischem Beihilferecht und nationalem Verwaltungsrecht, NJW 1992, S. 1197 - 1202

Schoch, Friedrich, Die Europäisierung des Allgemeinen Verwaltungsrechts, JZ 1995, S. 109 - 123

Schütte, Michael / Kirchhoff, Wolfgang, Staatliche Bürgschaften und EG-Beihilferecht, EWS 1996, S. 189 ff

Schütterle, Peter, Die Beihilfenkontrollpraxis der Europäischen Kommission im Spannungsfeld zwischen Recht und Politik, EuZW 1995, S. 391 – 396

Schulze, Frank, Vertrauensschutz im EG-Recht bei der Rückforderung von Beihilfen, EuZW 1993, S. 279 – 284

Schwarz, Kyrill-A., Vertrauensschutz als Verfassungsprinzip: Eine Analyse des nationalen Rechts, des Gemeinschaftsrechts und der Beziehungen zwischen beiden Rechtskreisen, Baden-Baden, 2002 (zitiert: Schwarz, Vertrauensschutz als Verfassungsprinzip)

Schwarze, Jürgen, Europäisches Verwaltungsrecht: Entstehung und Entwicklung im Rahmen der Europäischen Gemeinschaft, Baden-Baden, 1988 (zitiert: Schwarze, Europäisches Verwaltungsrecht)

Schweitzer, Michael / Hummer, Waldemar, Europarecht: das Recht der Europäischen Union; das Recht der Europäischen Gemeinschaften (EGKS, EG, EAG); mit Schwerpunkt EG, 5. Auflage, Neuwied, Kriftel, Berlin, 1996 (zitiert: Schweitzer / Hummer, Europarecht)

Seidel, Martin, EG-Binnenmarkt und öffentliche Unternehmen, S. 343 – 358, in: Die Europäische Integration als ordnungspolitische Aufgabe,Schriften zum Vergleich von Wirtschaftsordnungen, Band 43, hrsg. von Helmut Gröner und Alfred Schüller, Stuttgart, Jena, New York, 1993 (zitiert: Seidel, EG-Binnenmarkt und öffentliche Unternehmen)

Sinn, Hans-Werner, Der Staat im Bankwesen: zur Rolle der Landesbanken in Deutschland, München, 1997 (zitiert: Sinn, Staat im Bankwesen)

Sinnaeve, Adinda, Die Rückforderung gemeinschaftsrechtswidriger nationaler Beihilfen: Kollisionen im Spannungsverhältnis zwischen Gemeinschafts- und nationalem Recht, Tübinger Schriften zum internationalen und europäischen Recht, Tübingen, 1997 (zitiert: Sinnaeve, Rückforderung gemeinschaftsrechtswidriger nationaler Beihilfen)

Sinnaeve, Adinda, Die neue Verfahrensverordnung in Beihilfensachen, EuZW 1999, S. 270 – 277

Sinnaeve, Adinda, Der Konkurrent im Beihilfeverfahren nach der neuesten EuGH-Rechtsprechung, EuZW 1995, S. 172 – 176

Sommermann, Karl-Peter, Europäisches Verwaltungsrecht oder Europäisierung des Verwaltungsrechts: Inkonsistenzen in der Rechtsprechung des Europäischen Gerichtshofes, DVBl 1996, S. 889 - 898

Soukup, Karl, Die Mittelzuführungen an öffentliche Unternehmen im Rahmen der Beihilfenaufsicht der EU-Kommission, ZögU, 1995, S. 16 – 41

Stein, Jürgen, Die strategische Neuausrichtung des Landesbankensektors, Die Bank 1993, S. 520 – 523

Steindorff, Ernst, Nichtigkeitsrisiko bei Staatsbürgschaften, EuZW 1997, S. 7 - 13

Steindorff, Ernst, Rückabwicklung unzulässiger Beihilfen nach Gemeinschaftsrecht, ZHR 152 (1988), S. 474 - 492

Steiner, Jürgen, Bankenmarkt und Wirtschaftsordnung: Sparkassen und Landesbanken in der Privatisierungsfunktion, Frankfurt, 1994 (zitiert: Steiner, Bankenmarkt und Wirtschaftsordnung)

Steiner, Manfred / Bruns, Christoph, Wertpapiermanagement, 7. Auflage, Stuttgart, 2000 (zitiert: Steiner / Bruns, Wertpapiermanagement)

Stelkens, Paul / Bonk, Heinz Joachim / Sachs, Michael, Kommentar zum Verwaltungsverfahrensgesetz, 6. Auflage, München, 2001 (zitiert: Bearbeiter, in: Stelkens / Bonk / Sachs, VwVfG)

Stern, Klaus, Öffentlich-rechtliche Kreditinstitute und europäisches Beihilferegime, Sparkasse 1997, S. 397 – 400

Streinz, Rudolf, EUG/EGV, Vertrag über die Europäische Union und Vertrag zur Gründung der Europäischen Gemeinschaft, München, 2003 (zitiert: Streinz, EUV/EGV)

Streinz, Rudolf, Europarecht, 4. Auflage, Heidelberg, 1999 (zitiert: Streinz, Europarecht)

Ten Brink, Manfred, Ratingverfahren aus Sicht der beurteilten Bank, S. 273 – 287, in: Handbuch Rating, hrsg. von Hans E. Büschgen und Oliver Everling, Wiesbaden, 1996 (ten Brink, in: Handbuch Rating)

Thode, Bernd / Peres, Holger, Anstalten des öffentlichen Rechts im Spannungsfeld zwischen deutschem und europäischem Recht – Anstaltslast und Gewährträgerhaftung bei kommunalen Sparkassen und Landesbanken, VerwArch 1998, S. 439 - 466

Thode, Bernd / Peres, Holger, Anstaltslast und Gewährträgerhaftung bei kommunalen Sparkassen und Landesbanken, BB 1997, S. 1749 - 1752

Vogel, Hans-Gert, Öffentliche Kreditinstitute und EU-Beihilferecht, ZBB-Report 2/01, S. 103 - 113

Weis, Hubertus, Verstaatlichung aus gemeinschaftsrechtlicher Sicht, NJW 1982, S. 1910 – 1914

1. Teil: Problemstellung

Mit der sog. „Verständigung" von Brüssel vom 17. Juli 2001 und der diese Vereinbarung umsetzenden Kommissionsentscheidung Nr. E 10/2000 geht ein jahrelanger Streit zwischen den öffentlich-rechtlichen und den privaten Banken (vorläufig) zu Ende. Bei diesem Streit handelte es sich nicht allein um bloße rechtliche Auseinandersetzungen über die Europarechtskonformität der den Landesbanken und Sparkassen als öffentlich-rechtlichen Kreditinstituten zugute kommenden staatlichen Haftungsinstrumente der Anstaltslast (die im Innenverhältnis gegenüber dem öffentlich-rechtlichen Kreditinstitut selbst wirkt) und der Gewährträgerhaftung (die das Außenverhältnis gegenüber den Gläubigern betrifft), insbesondere hinsichtlich einer Qualifizierung als verbotene staatliche Beihilfe. Mit den rechtlichen Aspekten waren und sind immer auch wirtschaftliche und politische Interessen verbunden gewesen. Manfred Weber, der Hauptgeschäftsführer des Bundesverbandes deutscher Banken (BdB), äußerte sich im August 1999 zu einer Anzeigenkampagne der öffentlichen Banken wie folgt: „In der Sache werden keine neuen Argumente gebracht, sondern die Tatsachen auf den Kopf gestellt. Es wird rein politisch argumentiert."[1] Die wirtschaftliche Problematik zeigt sich insbesondere im parallel zu dem Hauptstreitpunkt Anstaltslast und Gewährträgerhaftung betriebenen Verfahren gegen die Westdeutsche Landesbank Girozentrale (WestLB) wegen der Übertragung des Vermögens der Wohnungsbauförderungsanstalt des Landes Nordrhein-Westfalen (WfA) auf die WestLB und deren Vereinbarkeit mit dem europäischen Beihilferecht. Diese Vermögensübertragung ist Ausdruck des Bestrebens gewesen, die häufig kritisierte zu geringe Eigenkapitalausstattung der öffentlich-rechtlichen Banken auszubauen und dadurch die Position dieser Institute im Wettbewerb gerade mit den privaten Banken in einem immer stärkeren Kampf um Marktmacht und Marktstellung zu stärken.

Im Gegensatz dazu haben die öffentlich-rechtlichen Banken ihren privaten Konkurrenten vorgeworfen, daß sie in Wahrheit eine Aushöhlung und letztendlich eine Abschaffung des sog. „Drei-Säulen-Systems" der deutschen Kreditwirtschaft, bestehend aus privaten Banken mit der wesentlichen Rechtsform einer Aktiengesellschaft oder Gesellschaft mit beschränkter Haftung, den öffentlich-rechtlich organisierten Landesbanken und Sparkassen sowie den genossenschaftlich organisierten Instituten in der Rechtsform einer Genossenschaft nach

---

[1]   FAZ vom 6.8.1999, „Der Streit von Banken und Sparkassen wird schärfer".

Genossenschaftsgesetz, beabsichtigen.[2] Diese Drei-Säulen-Gliederung baut somit im wesentlichen auf der rechtlichen Organisationsform der einzelnen Institutsgruppen auf. Der deutsche Bankenmarkt teilt sich insoweit, gemessen an der jeweiligen Geschäftstätigkeit, zu 24 % auf die privaten Banken auf, zu 13 % auf die genossenschaftlichen und zu 45 % auf den öffentlich-rechtlichen Sektor.[3] Hinsichtlich der Spareinlagen betrug der Anteil der Landesbanken und Sparkassen 47 %, der privaten Banken 32 % und der Kreditgenossenschaften 21 %.[4] Befürchtet wurde, daß es infolge einer möglichen Gemeinschaftsrechtswidrigkeit der staatlichen Haftungsinstitute zu einer Zerstörung der rechtlichen und wirtschaftlichen Grundlagen des öffentlich-rechtlichen Bankenwesens kommen könnte, infolgedessen Privatisierungen erforderlich seien, durch welche die privaten Kreditinstitute ihre eigene Geschäftstätigkeit und Wettbewerbssituation verbessern könnten.

Letztlich haben diese Auseinandersetzungen dazu geführt, daß das ursprüngliche Ziel der öffentlichen Banken und der deutschen Politik einer dauerhaften Absicherung des status quo von Anstaltslast und Gewährträgerhaftung gescheitert ist. Statt dessen wurde ein wesentlicher Baustein des Systems der öffentlich-rechtlichen Banken in Deutschland abgeschafft. Letztlich handelt es sich um eine der folgenreichsten Maßnahmen für die Landesbanken und Sparkassen der vergangenen hundert Jahre mit großen Herausforderungen an die künftige Struktur und Geschäftspolitik der öffentlichen Banken.

Problematisch sind indes mehrere Aspekte der Brüsseler „Verständigung" und der Kommissionsentscheidung. Dazu zählen die Qualifizierung von Anstaltslast

---

[2] Zu den öffentlich-rechtlich organisierten Kreditinstituten werden darüber hinaus noch die sog. Kreditinstitute mit Sonderaufgaben gezählt, die vom Bund oder den Ländern unterhalten werden. Dazu zählt die zum Beispiel die Kreditanstalt für Wiederaufbau (KfW). Von den Sparkassen sind im übrigen die „Freien Sparkassen" zu unterscheiden, die in der Regel als juristische Personen des Privatrechts betrieben werden, aber zum Sparkassenverband gehören. Insgesamt gehörten zur Sparkassen-Finanzgruppe im Jahre 2003 489 Sparkassen, 11 Landesbanken, 11 Landesbausparkassen, 15 öffentliche regionale Erstversicherer, 7 Leasinggesellschaften, 2 Factoringgesellschaften, 11 LBS-Immobiliengesellschaften, 85 Kapitalbeteiligungsgesellschaften, 6 Kapitalanlagegesellschaften der Landesbanken und die Deka-Bank.

[3] Deutsche Bundesbank, Monatsbericht für Dezember 1999, S. 24. Der 45 % - Marktanteil bezieht sich dabei auf die Landesbanken und Sparkassen sowie auf die öffentlich-rechtlichen Banken mit Sonderaufgaben und Bausparkassen. Der Marktanteil der Landesbanken und Sparkassen selbst am Geschäftsvolumen aller deutschen Banken betrug 35,5 %.

[4] FAZ vom 5. Mai 2004 in der Berichterstattung über den 21. Sparkassentag in Frankfurt.

und Gewährträgerhaftung als bestehende Beihilferegelung und die langen Übergangsregelungen für Alt- und Neuverbindlichkeiten der Landesbanken und Sparkassen. Dadurch besteht zu befürchten, daß eventuell bestehende Wettbewerbsvorteile zugunsten der öffentlichen Banken für einen längeren Zeitraum bestehen bleiben. Diese Aspekte lassen eine Überprüfung der wesentlichen kritischen Punkte aus der Brüsseler „Verständigung" aus europarechtlicher und aus mitgliedstaatlicher Sicht als erforderlich erscheinen. Dafür spricht auch das Bestreben, Verzerrungen und Benachteiligungen durch staatliche Beihilfen jeglicher Art zu beseitigen. Denn immerhin haben die EU-Mitgliedstaaten im Durchschnitt der Jahre 1995 bis 1997 insgesamt 95 Milliarden € an Beihilfen geleistet. Für das Jahr 2002 gehen die Schätzungen von 45 Milliarden € aus.[5]

Eine Überprüfung ist insbesondere hinsichtlich des Umfangs des Vertrauensschutzes erforderlich, der den Gläubigern der öffentlichen Banken als Erwerber festverzinslicher Wertpapiere zugute kommen soll. Christian Koenig führt dazu zum Beispiel folgendes aus: „Bisher wenig geklärt ist die Abwicklung von aufgrund innerstaatlicher Gesetze gewährten EG-rechtswidrigen Beihilfen einerseits im Hinblick auf die Grenzen des Anordnungsermessens der Kommission und andererseits im Hinblick auf die mitgliedstaatlichen Spielräume zur Gewährung von Vertrauensschutz."[6]

2. Teil: Historischer Abriß des Beihilferechtsstreits

Eröffnet wurde die Auseinandersetzung durch die Europäische Kommission, die seit der Mitte der neunziger Jahre dem Verhältnis zwischen den staatlichen Haftungsübernahmen in Deutschland und dem gemeinschaftlichen Beihilferecht kritisch gegenüberstand. Im Jahre 1995 wurde ein (nicht veröffentlichtes) sog. „non-paper"[7] erarbeitet, welches eine Unvereinbarkeit von Anstaltslast und Gewährträgerhaftung mit den europäischen Beihilferegelungen feststellte.

Sehr schnell zeigte sich die enge Verbindung zwischen den öffentlichrechtlichen Banken und der politischen Ebene in Deutschland. Jegliche Verän-

---

[5] Kommissionsentwurf eines Anzeigers für staatliche Beihilfen vom 20.4.2004, KOM(2004) 256 endgültig, S. 4; dieser Betrag enthält aber nicht die Beihilfen für den Schienenverkehr.

[6] Koenig, EWS 1998, S. 154.

[7] Generaldirektion IV der Kommission, Non Paper on the treatment of Anstaltslast and Gewährträgerhaftung of public legal form credit institutions in Germany in view of Art. 92 (1) of the Treaty (n.v.), 1995.

derung des status quo der Landesbanken und Sparkassen sollte verhindert und eine Bestandsschutzgarantie erreicht werden. Am 21. Februar 1997 verabschiedete der Bundesrat einstimmig die „Entschließung zur Frage der Anstaltslast und Gewährträgerhaftung bei öffentlich-rechtlichen Kreditinstituten", wodurch die Bundesregierung dazu aufgefordert wurde, eine Verankerung von Anstaltslast und Gewährträgerhaftung im EG-Vertrag zu erreichen. Damit wurde ein Bestandsschutz für die Grundlagen des öffentlich-rechtlichen Bankenwesens in Deutschland angestrebt.

Kurz darauf brachte die deutsche Bundesregierung einen Protokollentwurf zu Art. 222 EGV in die Maastricht-II-Verhandlungen ein, der wie folgt lautete:

„Der Schutz der Eigentumsordnung des Artikels 222 EG-Vertrag umfaßt auch die sich aus den Rechtsordnungen der Mitgliedstaaten ergebenden Einstandspflichten öffentlich-rechtlicher Körperschaften für ihre öffentlich-rechtlichen Kreditinstitute. Es bleibt der Organisation der Mitgliedstaaten überlassen, auf welche Weise sie den Gebietskörperschaften die Erfüllung ihrer Aufgaben ermöglichen, in ihren Regionen eine flächendeckende und leistungsfähige Finanzinfrastruktur zur Verfügung zu stellen."

Dieser Versuch einer europarechtlichen Absicherung von Anstaltslast und Gewährträgerhaftung scheiterte indes auf der Amsterdamer Konferenz vom 16. und 17. Juni 1997. Anstelle eines rechtlich verbindlichen Protokolls wurde die rechtlich unverbindliche „Erklärung zu den öffentlich-rechtlichen Kreditinstituten in Deutschland" verabschiedet, die materiell nur die allgemeinen beihilferechtlichen Grundlagen wiedergab und eine bloße Interpretationshilfe darstellt.[8] Eine finanzielle Unterstützung durch den deutschen Staat sei nur insoweit möglich, als es sich um Dienstleistungen von allgemeinem wirtschaftlichem Interesse handele und keine Wettbewerbsbeeinträchtigungen stattfänden. In dieser Erklärung wird dementsprechend folgendes ausgeführt:

„Die Konferenz nimmt die Auffassung der Kommission zur Kenntnis, daß die bestehenden Wettbewerbsregeln der Gemeinschaft es zulassen, Dienst-

---

[8] Im Protokollentwurf der Bundesregierung zu Artikel 222 EG-Vertrag vom 28. Mai 1997 heißt es unter anderem: „Der Schutz der Eigentumsordnung des Artikels 222 EG-Vertrag umfaßt auch die sich aus den Rechtsordnungen der Mitgliedstaaten ergebenden Einstandspflichten öffentlich-rechtlicher Körperschaften für ihre öffentlich-rechtlichen Kreditinstitute."; Koenig, WM 1997, S. 1279; Gärtner, ZBB 1998, S. 8.

leistungen von allgemeinem wirtschaftlichem Interesse, die die in Deutschland bestehenden öffentlich-rechtlichen Kreditinstitute erfüllen, sowie ihnen zum Ausgleich für die mit diesen Leistungen verbundenen Lasten gewährte Vergünstigungen voll zu berücksichtigen. ... Diese Vergünstigungen dürfen die Wettbewerbsbedingungen nicht in einem Ausmaß beeinträchtigen, das über das zur Erfüllung der besonderen Aufgaben erforderliche Maß hinausgeht und zugleich dem Interesse der Gemeinschaft entgegenwirkt."

Darüber hinaus wurde die Kommission vom Europäischen Rat um eine dahingehende Prüfung ersucht, ob es in den anderen Mitgliedstaaten dem deutschen System vergleichbare Fälle gäbe. Diese Untersuchung diente der Kommission dazu, die Wettbewerbsverhältnisse zwischen privaten und öffentlichen Banken in der gesamten Europäischen Union umfassend zu begutachten und etwaige Wettbewerbsprivilegien transparent zu machen. Konkret wurde untersucht, ob die Kreditinstitute in den Mitgliedsländern Dienstleistungen von allgemeinem wirtschaftlichem Interesse erbringen, die Bereitstellung einer umfassenden und effizienten Finanzinfrastruktur eine solche Dienstleistung darstellt, eine Ausnahme nach Art. 86 Abs. 2 EGV dafür als erforderlich angesehen wird und ob die Sachlage in den einzelnen Mitgliedstaaten vergleichbar ist.[9] Am 18. Juli 1997 wurde diese Wettbewerbsuntersuchung von der Generaldirektion IV der EU-Kommission begonnen und den Mitgliedstaaten ein Fragenkatalog mit der Überschrift „Finanzdienstleistungen und Dienstleistungen von allgemeinem wirtschaftlichem Interesse" zugesandt, den die Bundesregierung Anfang Dezember 1997 beantwortete und dabei die Grundpfeiler des deutschen Bankenwesens darstellte.[10]

Daraufhin wurde im Jahre 1998 der Bericht über „Dienstleistungen von allgemeinem wirtschaftlichem Interesse im Bankensektor" veröffentlicht.[11] Danach gibt es nur in Deutschland und Österreich ein flächendeckendes Netz von öffentlich-rechtlichen Kreditinstituten, die eine Basis-Infrastruktur sicherstellen sollen und in denen dies auch als Dienstleistung von allgemeinem wirtschaftlichem Interesse angesehen wird. Kein Mitgliedstaat gab an, daß mit einem solchen flächendeckenden Dienst Zusatzkosten verbunden seien, die von der öffentlichen

---

[9] XXVIII. Bericht über die Wettbewerbspolitik 1998, Europäische Kommission, Generaldirektion IV – Wettbewerb, Brüssel 1999, S. 90.

[10] Schreiben an die Ständige Vertretung der Bundesrepublik Deutschland bei der Europäischen Union vom 18. Juli 1997, DG IV-G-6/KSD (97).

[11] Bericht der Kommission an den Rat vom 2.6.998, „Dienstleistungen von allgemeinem wirtschaftlichem Interesse im Bankensektor", SEC(1998) 835/4.

Hand ausgeglichen werden müßten.[12] Die Kommission machte in ihrem Bericht außerdem deutlich, daß die den öffentlich-rechtlichen Kreditinstituten in Deutschland zugute kommenden staatlichen Garantien, also Anstaltslast und Gewährträgerhaftung, verbotene Beihilfen sein könnten, deren Rechtfertigung auch nicht unter Hinweis auf die Wahrung der mitgliedstaatlichen Eigentumsordnung nach Art. 295 EGV möglich sei, soweit sie sich auf Aufgaben beziehen, die keine Dienstleistungen von allgemeinem wirtschaftlichem Interesse darstellen.[13] Letztlich wurde auch die tatsächliche Bedeutung der sog. „öffentlichen Aufgaben" der Landesbanken und Sparkassen an sich in Frage gestellt.

Die Europäische Bankenvereinigung legte dann im Dezember 1999 eine Beihilfebeschwerde wegen Anstaltslast und Gewährträgerhaftung bei der Kommission ein. Obwohl in der Beschwerdebegründung (im Wege eines Musterverfahrens) nur die WestLB, die Stadtsparkasse Köln sowie die Westdeutsche Immobilienbank aufgeführt wurden, bedeutete dieser rechtliche Schritt doch einen direkten Vorstoß gegen das gesamte Haftungssystem des öffentlichen Bankenwesens in Deutschland. Ein förmliches Prüfungsverfahren wurde von der Kommission indes nicht eingeleitet.

Im März 2000 erging von der Kommission die „Mitteilung über die Anwendung der Artikel 87 und 88 EG-Vertrag auf staatliche Beihilfen in Form von Haftungsverpflichtungen und Bürgschaften".[14] Darin bringt sie zum Ausdruck, daß davon alle Formen von staatlichen Garantien und Garantieregelungen umfaßt werden, unabhängig von ihrer Rechtsgrundlage und dem abgedeckten Rechtsgeschäft. Ausdrücklich werden als Beihilfe in Form einer Garantie auch die „günstigeren Finanzierungsbedingungen für Unternehmen, deren Rechtsform einen Konkurs oder andere Zahlungsunfähigkeitsverfahren ausschließt oder dem Unternehmen eine ausdrückliche staatliche Garantie oder Verlustübernahme durch den Staat verschafft", bezeichnet.[15]

---

[12]   XXVIII. Bericht über die Wettbewerbspolitik 1998, Europäische Kommission, Generaldirektion IV – Wettbewerb, Brüssel 1999, S. 91.

[13]   Bericht der Kommission an den Rat vom 2.6.1998, „Dienstleistungen von allgemeinem wirtschaftlichem Interesse im Bankensektor", SEC(1998) 835/4, S. 8.

[14]   Mitteilung der Kommission über die Anwendung der Artikel 87 und 88 EG-Vertrag auf staatliche Beihilfen in Form von Haftungsverpflichtungen und Bürgschaften, ABl. EG Nr. C 71 vom 11.3.2000, S. 14 - 18.

[15]   Mitteilung der Kommission über die Anwendung der Artikel 87 und 88 EG-Vertrag auf staatliche Beihilfen in Form von Haftungsverpflichtungen und Bürgschaften, ABl. EG Nr. C 71 vom 11.3.2000, S. 14 – 18, Punkt 2.1.3.

In ständigen Gesprächen zwischen der Kommission, der Bundesregierung, den deutschen Landesregierungen und den Vertretern der öffentlichen Banken wurden anschließend das weitere Verfahren, die Rechtslage und eventuelle Lösungsmöglichkeiten erörtert. Im Januar 2001 ließ die Kommission der Bundesregierung ein förmliches Auskunftsersuchen nach Art. 17 der Beihilfeverfahrensordnung zukommen und unterrichtete diese kurz darauf darüber, daß ihrer vorläufigen Auffassung nach Anstaltslast und Gewährträgerhaftung eine verbotene und mit dem Gemeinsamen Markt nicht vereinbare Beihilfe darstellten. Nach einer Erwiderung des Deutschen Sparkassen- und Giroverbandes (DSGV) und der Stellungnahme der Bundesregierung vom April 2001 reagierte die Kommission im Mai 2001 mit der Bekanntmachung sog. „zweckdienlicher Maßnahmen" gemäß Art. 88 Abs. 1 EGV und Art. 18 der Beihilfeverfahrensordnung zur Anpassung der nach Ansicht der Kommission verbotenen Beihilfe an die gemeinschaftlichen Beihilfevorschriften. Diese Maßnahmen sahen vor,

„(i) dass die Bundesrepublik Deutschland alle gesetzgeberischen, verwaltungsmäßigen und sonstigen Maßnahmen trifft, die notwendig sind, um jegliche staatliche Beihilfe gemäß Artikel 87 Absatz 1 EG, die aus dem System der Anstaltslast und Gewährträgerhaftung herrührt und öffentlich-rechtlichen Kreditinstituten gewährt wird, zu beseitigen, oder die Vereinbarkeit einer solchen Beihilfe mit dem Gemeinsamen Markt gemäß den Bestimmungen des Artikels 87 EG-Vertrag oder gemäß den in Artikel 86 Absatz 2 EG niedergelegten Vorschriften herzustellen;

(ii) dass jegliche solche Beihilfe beseitigt oder vereinbar gemacht wird mit Wirkung zum 31.3.2002, sofern nicht die Kommission (für alle öffentlich-rechtlichen Kreditinstitute oder für bestimmte Unternehmen oder Gruppen von Unternehmen) ihre Zustimmung zu einem späteren Zeitpunkt oder späteren Zeitpunkten erklärt, sollte sie dies als objektiv notwendig oder gerechtfertigt ansehen, um dem oder den betreffenden Unternehmen einen angemessenen Übergang zur angepaßten Sachlage zu erlauben; und

(iii) dass die Bundesrepublik Deutschland die betreffenden, die Beihilferegelung anpassenden Maßnahmen so bald wie möglich und in keinem Fall später als zum 30.9.2001 der Kommission mitteilt."[16]

---

[16] Kommissionsentscheidung Nr. E 10/2000, State Guarantees für public banks in Germany (Anstaltslast und Gewährträgerhaftung), vom 27.3.2002; außerdem ABl. EG Nr. C 150, S. 7 vom 22.6.2002; Wiedergabe der „zweckdienlichen Maßnahmen" auf S. 2 der Kommissionsentscheidung Nr. E 10/2000, Letter to the Member State.

Nachdem daraufhin nach weiteren Verhandlungen am 17. Juli 2001 in Brüssel eine grundsätzliche „Verständigung über Anstaltslast und Gewährträgerhaftung betreffend Landesbanken und Sparkassen" auf der Grundlage des sog. „Plattform-Modells" zwischen der EU-Kommission und der sog. „Koch-Weser-Gruppe" als Vertreterin der Bundesregierung und der deutschen Bundesländer sowie des DSGV erfolgte, erklärte sich die Bundesregierung bedingungslos und unmißverständlich zur Annahme der von der Kommission vorgebrachten zweckdienlichen Maßnahmen bereit.[17] Verhandlungspartner waren für die EU ihr Kommissar Mario Monti, für die Bundesrepublik Deutschland der Staatssekretär im Bundesfinanzministerium Caio Koch-Weser, die Finanzminister der Bundesländer Baden-Württemberg, Bayern und Nordrhein-Westfalen sowie für den DSGV deren Präsident Dietrich Hoppenstedt.

Nach dieser „Verständigung" von Brüssel verpflichtete sich die Bundesrepublik Deutschland, bis zum 31. Dezember 2002 alle erforderlichen rechtlichen Änderungen zur Umsetzung der Grundsätze des „Plattform-Modells" zu verabschieden und in Kraft treten zu lassen, nachdem die verabschiedungsreifen Gesetzesentwürfe der Kommission mit amtlicher Begründung zur Prüfung bis September 2001 vorzulegen waren. Dies galt unabhängig davon, ob die Anstaltslast in den jeweiligen Gesetzen bislang ausdrücklich normiert war oder nicht. Sofern eine Umsetzung nicht erfolgt, obwohl die Bundesrepublik aufgrund ihrer Zustimmung zu den zweckdienlichen Maßnahmen gemäß Art. 19 Abs. 1 Beihilfeverfahrensordnung zur Umsetzung verpflichtet ist, werden die in der Anstaltslast und der Gewährträgerhaftung enthaltenen Beihilfeelemente mit Wirkung ab dem 1. Januar 2003 als Neubeihilfe behandelt hinsichtlich der Kreditinstitute, die unter die Gesetzgebung der die Verletzung vornehmenden Körperschaft fallen.[18]

Zwar ließ die Bundesregierung der Kommission Ende September 2001 konkrete Umsetzungsvorschläge zukommen; alle Streitpunkte konnten aber noch nicht gelöst werden. Dies gelang erst im Februar 2002 nach weiteren Verhandlungen der „Koch-Weser-Gruppe" durch die sog. „Schlußfolgerungen" bezüglich der genauen gesetzlichen Formulierungen für die Ersetzung der Anstaltslast, der Aufrechterhaltung der Gewährträgerhaftung in der Übergangszeit, die Nachschußpflicht von einigen Sparkassenträgern betreffend finanzieller Mittel in den

---

[17] Der genaue Wortlaut der „Verständigung" und der „Schlußfolgerungen" ist abgedruckt in der Börsenzeitung vom 2.3.2002 sowie auf den S. 6 ff der Kommissionsentscheidung Nr. E 10/2000.
[18] Kommissionsentscheidung Nr. E 10/2000, Letter to the Member State, S. 9, Punkt 5.3.

Institutssicherungsfonds und den staatlichen Haftungen für die sog. „Freien Sparkassen", wozu zum Beispiel die Frankfurter Sparkasse gehört.

Die separaten Selbstverpflichtungen der deutschen Behörden waren danach bis Mitte März 2002 zu erbringen, die Frist zur Übermittlung der notwendigen rechtlichen Maßnahmen an die zuständigen deutschen Gesetzgebungsorgane wurde bis Ende März 2002 verlängert. In den gesonderten Selbstverpflichtungen mußten sich die zuständigen deutschen Behörden dazu verpflichten, jegliche finanzielle Unterstützung an ein Institut gegenüber der Kommission zu notifizieren für den Fall, daß darin Beihilfeelemente enthalten sind, und die bundesrechtliche Ermächtigungsklausel nicht in Anspruch zu nehmen, wonach unter Landesaufsicht stehende Anstalten für insolvenzunfähig erklärt werden können.[19] Die entsprechenden Schreiben wurden im März 2002 abgegeben. Diese Selbstverpflichtungen sollten insbesondere zur Gewährleistung einer ordnungsgemäßen Umsetzung der von der Kommission vorgeschlagenen zweckdienlichen Maßnahmen von Mai 2001 dienen.

Darüber hinaus wurde am 1. März 2002 die „Verständigung über die Ausrichtung rechtlich selbständiger Förderinstitute in Deutschland" erzielt, für die ebenfalls staatliche Haftungsgarantien wie Anstaltslast / Gewährträgerhaftung und / oder andere Refinanzierungsgarantien gelten. Danach dürfen diese Garantien unter Beachtung der gemeinschaftsrechtlichen Beihilferegeln und des Diskriminierungsverbots nur eingesetzt werden zur Durchführung von öffentlichen Förderaufgaben (wie zum Beispiel Mittelstands-, Risikokapital- oder Infrastrukturfinanzierungen), für Beteiligungen an Projekten im Gemeinschaftsinteresse, die von der Europäischen Investitionsbank (EIB) oder ähnlichen Institutionen mitfinanziert werden, zur Gewährung von Darlehen und anderen Finanzierungsformen an Gebietskörperschaften und öffentlich-rechtlichen Zweckverbänden, für Maßnahmen rein sozialer Art sowie für Exportfinanzierungen außerhalb der EU, des EWR und der EU-Beitrittskandidaten. Tätigkeiten, die mit diesen Bereichen nicht übereinstimmen, müssen von den Förderinstituten aufgegeben oder auf ein rechtlich selbständiges Unternehmen ohne öffentliche Unterstützung bei marktgerechter Vergütung ausgegliedert werden. Zur Umsetzung dieser Verständigung müssen die gesetzlichen Festlegungen der genannten Tätigkeitsbereiche der Spezialkreditinstitute bis zum 31. März 2004 abgeschlossen und eventuell

---

[19] Kommissionsentscheidung Nr. E 10/2000, Letter to the Member State, S. 7, Punkt 2.4.

erforderliche Aufgaben oder Ausgliederungen bis zum 31. Dezember 2007 in Kraft getreten sein.

Die „Verständigung" von Juli 2001, die „Schlußfolgerungen" von Februar 2002 sowie die „Verständigung" von März 2002 wurden daraufhin von der Kommission in der Kommissionsentscheidung Nr. E 10/2000 vom 27.3.2002 zusammengeführt.[20] Dazu heißt es von Seiten der Kommission:

> „Alle offenen inhaltlichen und verfahrensmäßigen Punkte sind damit gelöst. Die Verständigungen und die Schlußfolgerungen werden hiermit umgestaltet in eine Kommissionsentscheidung, die den Vorschlag der Kommission vom 8.5.2001 mit Wirkung zum 31.3.2002 abändert."[21]

Parallel zu den juristischen und politischen Auseinandersetzungen über die staatlichen Haftungsübernahmen in Deutschland entbrannte ein Streit um die Übertragung von Wohnungsbauvermögen in mehreren Bundesländern auf die jeweiligen Landesbanken.[22] Nachdem eine erste Beschwerde des BdB vom März 1993 aufgrund eines möglichen Verstoßes gegen die EG-Eigenmittelrichtlinie[23] von der Kommission im Februar 1994 abgewiesen wurde, änderten die privaten Banken ihre Argumentationskette.[24] Sie behaupteten nunmehr, daß die Einbringung nicht zu einer marktgerechten Vergütung erfolge und die Verzinsung inadäquat und zu gering sei, da die jeweiligen Landesbanken aufgrund der zumindest teilweisen Anerkennung des eingebrachten Vermögens als haftendes Eigenkapital nach den Regelungen des Gesetzes über das Kreditwesen (KWG) in den Vorteil eines höheren Kreditvolumens gekommen sind. Im übrigen seien die Eigentumsanteile der Gesellschafter nicht den neuen Verhältnissen angepaßt worden.

---

[20] Kommissionsentscheidung Nr. E 10/2000, State Guarantees für public banks in Germany (Anstaltslast und Gewährträgerhaftung), vom 27.3.2002 mit einem angefügten Letter to the Member State, inkraftgetreten am 31.3.2002, außerdem ABl. EG Nr. C 150 vom 22.6.2002, S. 7.

[21] Kommissionsentscheidung Nr. E 10/2000, Letter to the Member State, S. 4.

[22] Betroffen sind die die Westdeutsche Landesbank Girozentrale, die Norddeutsche Landesbank, die Hamburger Landesbank, die Landesbank Schleswig-Holstein, die Bayerische Landesbank, die Landesbank Berlin sowie die Landesbank Hessen-Thüringen.

[23] Richtlinie des Rates über die Eigenmittel von Kreditinstituten vom 17.4.1989, ABl. EG Nr. L 124, S. 16 - 20.

[24] Börsenzeitung vom 30.9.1997, „Im Bankenstreit steht ein neues Kapitel bevor". Zur Argumentation der WestLB siehe Positionspapier der WestLB zur mündlichen Verhandlung im Wfa-Hauptsacheverfahren in Luxemburg am 5./6. Juni 2002.

Deswegen legte der BdB am 21. Dezember 1994 eine Beihilfebeschwerde im Wege eines Musterverfahrens bei der Europäischen Kommission in Bezug auf die Einbringung der WfA als Anstalt des öffentlichen Rechts in die WestLB durch das Bundesland Nordrhein-Westfalen ein.[25] Die Einbringung in die WestLB als Gesamtrechtsnachfolgerin erfolgte mit Wirkung ab dem 1. Januar 1992. Seither ist sie eine wirtschaftlich und organisatorisch unabhängige Anstalt ohne eigene Rechtspersönlichkeit innerhalb der WestLB. Hierbei erhöhten sich die Eigenmittel der WestLB um 5,9 Mrd. DM im Wege einer Sacheinlage (weswegen sich die Landesbank anders als bei einer Bareinlage wiederum am Kapitalmarkt refinanzieren mußte mit der Folge einer Verteuerung des Kapitals), von denen das Bundesaufsichtsamt für das Kreditwesen 2,045 Mrd. € (4 Mrd. DM) als Kernkapital, das heißt als Basiseigenmittel, anerkannte. Die WestLB zahlte an Nordrhein-Westfalen ein Nutzungsentgelt von 0,6 % aus Gewinnen nach Steuern für das nicht durch Wohnungsbauförderungsdarlehen unterlegte und der WestLB zur Unterlegung ihrer Geschäftstätigkeit zur Verfügung stehende Kapital. Das Land erhielt außerdem den Wfa-Gewinn in Höhe von durchschnittlich 150 Millionen DM pro anno.

Nachdem die EU-Kommission am 1. Oktober 1997 ein Hauptprüfungsverfahren einleitete, erließ sie schließlich die Kommissionsentscheidung Nr. 392/2000[26], wonach sie für den Fall der Übertragung der WfA auf die WestLB eine unter Verstoß gegen Art. 88 Abs. 3 EGV gewährte staatliche Beihilfe zugunsten der WestLB annahm. Diese staatliche Beihilfe in Höhe von insgesamt 807,7 Mio. € (1.579,7 Mio. DM) in den Jahren 1992 bis 1998 wurde für mit dem Gemeinsamen Markt unvereinbar erklärt und Deutschland zur Rückforderung dieses Betrages zuzüglich Zinsen verpflichtet sowie die Abschaffung der Beihilfe angeordnet.

Dabei legte die Kommission eine Branchenrendite von mindestens 12 Prozent nach Steuern zugrunde, zu der ein privater Investor einer Bank Kapital überlassen würde, und orientierte sich dabei an der Crédit-Lyonnais-Entscheidung des EuGH aus dem Jahre 1995 als Anwendungsfall eines marktwirtschaftlich han-

---

[25] Die Übertragung erfolgte durch das Gesetz zur Regelung der Wohnungsbauförderung vom 18. Dezember 1991, GVBl. NRW Nr. 61; Siehe für den Freistaat Bayern das Gesetz über die Bildung eines Zweckvermögens durch Übertragung von Treuhandforderungen des Freistaats Bayerns in das haftende Eigenkapital der Bayerischen Landesbank Girozentrale (Zweckvermögensgesetz) vom 23. Juli 1994, GVBl. Bayern S. 602.

[26] Kommissionsentscheidung Nr. 2000/392/EG vom 8.7.1999, ABl. EG Nr. L 150, S. 1 - 37.

delnden Kapitalgebers für Sanierungsfälle. Die Kommission kam dabei zu dem Ergebnis, daß das Land anstelle von angemessenen 9,3 Prozent (8 % plus 1,3 % für die Steuerbefreiung) nur einen Zinssatz von 0,6 Prozent verlangt habe, und die tatsächlich gezahlte Vergütung um rund 130 Millionen € niedriger gewesen sei als unter marktüblichen Bedingungen. Die WestLB habe insgesamt 1,28 Mrd. € bankaufsichtsrechtlich für den Wettbewerb mit anderen Banken nützen können, ohne daß die Eigentümerstruktur geändert worden sei.

Im Anschluß daran reichten sowohl die Bundesrepublik Deutschland als auch die WestLB und das Land Nordrhein-Westfalen beim Europäischen Gericht erster Instanz (EuG) Klagen auf Nichtigerklärung dieser Kommissionsentscheidung ein. Mit Schreiben vom 4. Oktober 1999 und mit Schreiben vom 15. März 2000 unterrichtete die deutsche Regierung die Kommission über geplante Maßnahmen zur Umsetzung der Kommissionsentscheidung, die anstelle einer baren Rückzahlung bei jeweils unveränderten Stimmrechten im wesentlichen zunächst eine zusätzliche Beteiligung des Landes von 22,1 % am Wertzuwachs der WestLB für die Jahre 1992 – 1998 vorsahen, später die Erbringung einer marktüblich zu verzinsenden stillen Einlage zugunsten des Landes in Höhe von 2,2 Mrd. DM.[27] Beide Vorschläge wurden allerdings von der Kommission abgelehnt, da zum einen bloße Änderungen auf der Passivseite ohne Auswirkungen auf die Kostenseite zur Umsetzung der Kommissionsentscheidung nicht ausreichend seien und zum anderen der Vollzug dieser Wertzuwachsbeteiligung aufgrund der Kopplung an eine Liquidation der WestLB beziehungsweise an eine Änderung der Eigentumsverhältnisse auf einen ungewissen Zeitpunkt aufgeschoben gewesen wäre.[28] Zum anderen hätte die Erbringung einer stillen Einlage möglicherweise eine neue Beihilfe darstellen können, die aufgrund der erforderlichen Prüfung durch die Kommission und des daraus resultierenden Suspensiveffektes einer unverzüglichen Rückforderung der Beihilfe entgegenstünde.

Nachdem weitere Verhandlungen scheiterten, reichte die Kommission im Mai 2000 eine Feststellungsklage gegen die BRD ein. Festgestellt werden sollte, daß die Bundesrepublik Deutschland nicht fristgemäß die erforderlichen Maßnahmen zur Rückforderung der der WestLB gewährten verbotenen Beihilfe ergriffen habe. Mit Urteil vom 12. Dezember 2002 gab der EuGH der Klage statt und

---

[27] EuGH, Rs. C-209/00, Kommission gegen Bundesrepublik Deutschland, Slg. I-11695, Rdn. 14 ff.
[28] EuGH, Rs. C-209/00, Kommission gegen Bundesrepublik Deutschland, Slg. I-11695, Rdn. 46 ff.

verurteilte die BRD antragsgemäß.[29] Zugleich hat der Gerichtshof die Möglichkeit einer unbaren Rückzahlung der Beihilfe, die mithin nicht allein aus baren Finanzmitteln besteht, als zulässig anerkannt.

Allerdings hat das EuG die zugrundeliegende Kommissionsentscheidung am 6. März 2003 für nichtig erklärt, da der von der Kommission für die Angemessenheit der Vergütung angegebene Renditesatz von 9,3 % (zusammengesetzt aus 8 % plus 1,3 %) hinsichtlich der Höhe des Grundrenditesatzes im Bankensektor und des darauf vorgenommenen Aufschlages wegen der Besonderheiten der Transaktion nicht ausreichend begründet war.[30] Zugleich untermauerte der EuG die Auffassung der Kommission, daß eine verbotene Beihilfe auch bei Investitionen in ein rentables Unternehmen vorliegen könne, sofern die vom Staat geforderte Rendite niedriger sei als diejenige, die ein privater, marktwirtschaftlich handelnder Kapitalgeber für eine ähnliche Anlage verlangen würde. Dies wurde von der WestLB lange Zeit bestritten, da die für Sanierungsfälle entwickelten Prinzipien des Beihilferechts auf gesunde, Gewinne erwirtschaftende Unternehmen anders angewandt werden müßten.[31]

Damit war davon auszugehen, dass der Streit um die Wohnungsbauförderungsanstalt in eine neue Runde gehen wird. Dementsprechend kündigte die Kommission zunächst an, eine neue Entscheidung vorzubereiten, in der die Begründung für die Berechnung der Kapitalzuführung nachgereicht werden soll.[32]

Nunmehr kam es September 2004 aber zu einer Einigung über die vorzunehmende marktgerechte Verzinsung zwischen den sieben betroffenen Landesbanken, in die Wohnungsbauvermögen eingebracht wurde, den betroffenen Bundesländern und dem BdB.[33] Dabei wurden für die Beihilfen Zinssätze zwischen 6 und 7 Prozent vereinbart. Daraufhin hat die Kommission die Bundesrepublik

---

[29] EuGH, Rs. C-209/00, Kommission gegen Bundesrepublik Deutschland, Slg. I-11695.
[30] Pressemitteilung des EuG Nr. 13/03 vom 6. März 2003 zum Urteil des Gerichts erster Instanz in den verb. Rs. T-228/99 und T-233/99.
[31] Positionspapier der WestLB zur mündlichen Verhandlung im Wfa-Hauptsacheverfahren in Luxemburg am 5./6. Juni 2002, S. 2.
[32] FAZ vom 7.3.2003, „Europarichter kassieren Zahlungsbefehl an WestLB".
[33] FAZ vom 22.9.2004, „Der Streit um die Landesbanken steht vor dem Ende"; Pressemitteilung des VÖB vom 21.9.2004, „VÖB begrüßt Beilegung des Streits um Eigenkapitalzuführung bei Landesbanken".

Deutschland zur Rückforderung eines Betrages von rund 3 Mrd. € plus Zinsen aufgefordert und insoweit das Verfahren zu einem Abschluß gebracht.[34]

3. Teil: Vereinbarkeit von Anstaltslast und Gewährträgerhaftung mit dem europäischen Beihilferecht

A. Rechtsinstitute der Anstaltslast und Gewährträgerhaftung

Die Anstaltslast betrifft allein das Innenverhältnis zwischen dem öffentlich-rechtlichen Kreditinstitut und dessen Anstaltsträgern (in Form von Gebietskörperschaften oder anderen Einrichtungen des öffentlichen Rechts), die dazu verpflichtet sind, die Anstalt zur Erfüllung ihrer Aufgaben, dem Anstaltszweck, instand und funktionsfähig zu halten, die wirtschaftliche Basis zu sichern und etwaige finanzielle Lücken (Unterbilanz) durch Zuschüsse oder auf andere Weise auszugleichen.[35] Daraus resultiert eine sog. „Funktionsgarantie" mit einer öffentlich-rechtlich angelegten Ausstattungspflicht der Anstaltsträger, die weder betragsmäßig noch zeitlich begrenzt ist.[36] Eine Vergütung wird von der Anstalt für diese Haftung nicht entrichtet. Rechtlich begründet wurde die Anstaltslast erstmals im Jahre 1897 durch das Preußische Oberverwaltungsgericht zu den damals noch unselbständigen kommunalen Sparkassen.[37] Im Jahre 1931 wurden die Sparkassen dann durch die Dritte Notverordnung des Reichspräsidenten rechtlich verselbständigt.[38] In einem gemeinsamen Runderlaß des Innenministers und des Wirtschaftsministers des damaligen Deutschen Reiches vom 2. Oktober 1937 erfolgte dann eine erste staatliche Konkretisierung der Anstaltslast.[39] Nach der herrschenden Meinung handelt es sich dabei um eine ungeschriebene, nur teilweise gesetzlich normierte, aber zum Wesen einer öffentlich-rechtlichen Anstalt gehörende Rechtsnorm, die die Unterhaltspflicht des „Mut-

---

[34] Mitteilung der Kommission vom 20.10.2004, IP/04/1261; FAZ vom 21.10.2004, „Landesbanken müssen 4,3 Milliarden Euro zurückzahlen".

[35] Wettbewerbsenquête, S. 47; Schlierbach, Sparkassenrecht, S. 142 ff; Koenig, EWS 1998, S. 150.

[36] Schneider, FS Riesenfeld, S. 243.

[37] Entscheidung des Preußischen Oberverwaltungsgerichts vom 4. Juni 1897, PrVerwBl, Bd. 19, S. 280 ff, wonach die Kommunalverbände eine Eintrittpflicht gegenüber den von ihnen gegründeten Sparkassen hätten, deren Funktionsfähigkeit während der Zeit ihres Bestehens durch finanzielle Zuführungen oder andere Methoden zu sichern.

[38] Dritte Notverordnung des Reichspräsidenten zur „Sicherung von Wirtschaft und Finanzen und zur Bekämpfung politischer Ausschreitungen" vom 6. Oktober 1931, RGBl. I S. 537.

[39] Kemmler, DVBl. 2003, S. 100.

tergemeinwesens" gegenüber seiner nunmehr als Teil der mittelbaren Staatsverwaltung verselbständigten Anstalt regelt (und damit um einen allgemeinen Rechtsgrundsatz des Verwaltungsrechts).[40]

Während Dritten aus der Anstaltslast keinerlei Ansprüche auf Erfüllung von Verbindlichkeiten zustehen, reguliert die Gewährträgerhaftung das Außenverhältnis des Kreditinstituts zu seinen Gläubigern, deren unmittelbare Sicherung sie bezweckt.[41] Sie beruht entweder auf Gesetz oder auf einer Verordnung. Gewährträgerhaftung bedeutet, daß die Gewährträger (die wiederum mit den Anstaltsträgern übereinstimmen) für Verbindlichkeiten der Landesbanken und Sparkassen unmittelbar, zeitlich und summenmäßig unbegrenzt als Gesamtschuldner haften, soweit die Gläubiger nicht aus dem Vermögen der Landesbank im Falle von Zahlungsunfähigkeit oder Liquidation befriedigt werden können.[42] Auch bei der Gewährträgerhaftung wird den Gewährträgern von Seiten der Anstalt keine Vergütung gewährt. Unerheblich ist der Rechtsgrund der Verbindlichkeiten, weswegen der gegen den Gewährträger geltend gemachte Anspruch auch zivilrechtlichen Charakters sein und somit beispielsweise aus Vertrag, Delikt, Gefährdungshaftung oder kraft Gesetzes herrühren kann.[43]

B. Die Tatbestandsmerkmale des Art. 87 Abs. 1 EGV

Die gemeinschaftsrechtliche Beihilfeordnung gehört zu den zentralen Ordnungsprinzipien der EG. Nach Art. 87 Abs. 1 EGV sind staatliche oder aus staatlichen Mitteln gewährte Beihilfen gleich welcher Art, die durch die Begünstigung bestimmter Unternehmen oder Produktionszweige den Wettbewerb verfälschen oder zu verfälschen drohen, mit dem Gemeinsamen Markt unvereinbar, soweit sie den Handel zwischen den Mitgliedstaaten beeinträchtigen. Davon werden sowohl positive Leistungen, als auch solche Maßnahmen umfaßt, die in verschiedener Form die Belastungen vermindern, die ein Unternehmen normalerweise zu tragen hat (und damit alle Formen der Belastungsminderung).[44] Zu

---

[40] Schlierbach, Sparkassenrecht, S. 142 f mwN; Wettbewerbsenquête, S. 47.
[41] Gleske, Wettbewerb öffentlicher und privater Kreditinstitute, S. 202 f; Wettbewerbsenquête, S. 47.
[42] Schlierbach, Sparkassenrecht, S. 138 f; Schneider, FS Riesenfeld, S. 247 ff.
[43] Schlierbach, Sparkassenrecht, S. 138; Rümker, FS Stiefel, S. 618; Schneider, FS Riesenfeld, S. 248.
[44] EuGH, Rs. 30/59, Dem Gezamenlijke Steenkolenmijnen in Limburg gegen Hohe Behörde der EGKS, Slg. 1961, S. 3 (43); Rs. C-387/92, Banco Exterior de Espana S.A. gegen Ayuntamiento de Valencia, Slg. 1994, S. I-877, Rdn. 13.

nennen sind beispielsweise zinsverbilligte Darlehen, Zahlungsaufschübe, Bürgschaften, die Gewährung von Refinanzierungskapital und Naturalsubventio-
nen.[45] Unternehmerische Tätigkeit wird definiert als jede selbständige, erwerbs-
wirtschaftliche und nicht rein private, auf den Austausch von Waren oder
Dienstleistungen gerichtete Tätigkeit, ohne daß eine spezielle Rechtsform erforderlich ist.[46] Entscheidend ist, daß die begünstigende Maßnahme dem Mitgliedstaat Bundesrepublik Deutschland zugerechnet werden kann.[47]

Eine bestimmte Zweckrichtung oder (Rechts-) Form ist genausowenig erforderlich wie eine unmittelbare Vorteilsgewährung einer staatlichen Stelle an den
Beihilfeempfänger. Ausreichend ist eine mittelbare Begünstigung, indem Dritte
unterstützt werden, damit sie zum Beispiel Produkte eines anderen Unternehmens abnehmen. Die Beihilfe muß aber dem Mitgliedstaat Bundesrepublik
Deutschland zurechenbar sein und den mitgliedstaatlichen Haushalt oder den
eines beteiligten nationalen Hoheitsträgers belasten und insoweit aus öffentlichen Mitteln stammen.[48] Unter den Begriff „Staat" fallen unter anderem Bund,
Länder und Gemeinden, die Sozialversicherung, die Bundesanstalt für Arbeit,
die hoheitlichen Sondervermögen und die parafiskalischen Fonds.[49] Eine Begünstigung aus staatlichen Mittel kann auch bei öffentlichen Einrichtungen, öffentlichen Unternehmen oder solchen Unternehmen gegeben sein, an denen der
Staat nur eine Minderheitsbeteiligung besitzt, aber gleichzeitig über unternehmerische Entscheidungsbefugnis verfügt.[50]

Das entscheidende Merkmal einer Beihilfe ist dasjenige eines „unentgeltlichen
wirtschaftlichen Vorteils". Für diese unentgeltliche und somit einseitige Begünstigungswirkung muß es an einer Gegenleistung des begünstigten Unternehmens
fehlen, wobei darunter sowohl private, als auch öffentliche Unternehmen fallen.
Denn nach Art. 86 Abs. 1 EGV werden die Mitgliedstaaten für öffentliche Unternehmen keine dem EGV und den Wettbewerbsregeln widersprechenden

---

[45] Scherer / Schödermeier, ZBB, 1996, S. 167 mwN.
[46] Schweitzer / Hummer, Europarecht, Rdn. 1265.
[47] EuGH, Rs. C-303/88, Italien gegen Kommission, Slg. 1991, S. I-1433, Rdn. 11.
[48] EuGH, Rs. C-303/88, Italien gegen Kommission, Slg. 1991, S. I-1433, Rdn. 11; Mederer,
      in: von der Groeben / Schwarze, EU-/EG-Vertrag, Art. 87 Abs. 1, Rdn. 23 ff; Streinz,
      EUV/EGV, Art. 87, Rdn. 43 ff; Hakenberg / Tremmel, EWS 1999, S. 168.
[49] Petersen, EU-Beihilfenpolitik, S. 12.
[50] Petersen, EU-Beihilfenpolitik, S. 12; außerdem: EuGH, Rs. 78/76, Steinike und Weinlig
      gegen Deutschland, Slg. 1977, S. 595, Rdn. 17 f; Rs. 290/83, Kommission gegen Frank-
      reich, Slg. 1985, S. 439 (449).

Maßnahmen treffen oder beibehalten. Sofern eine Gegenleistung gezahlt wird, liegt die Beihilfe in dem die Gegenleistung übersteigenden und nicht mehr durch diese gedeckten Betrag.[51] Denn die Begünstigungswirkung wird nicht schon durch das Vorliegen einer (symbolischen) Gegenleistung an sich ausgeschlossen, sondern erst dadurch, daß die erbrachten Gegenleistungen der staatlichen Begünstigung in vollem Umfang entsprechen.[52]

Zu beachten ist, daß eine Beihilfe nicht schon deswegen ausscheidet, weil sie aus anderen Gründen gewährt oder weil vom Mitgliedstaat andere Ziele verfolgt werden. Maßgeblich sind vielmehr ihre Wirkungen, denn das charakteristische einer Beihilfe ist gerade ihr begünstigender Effekt.[53]

Ausgenommen sind lediglich die Unternehmen nach Art. 86 Abs. 2 S. 1 EGV, die mit Dienstleistungen von allgemeinem wirtschaftlichem Interesse betraut sind oder den Charakter eines Finanzmonopols haben, soweit die Anwendung des EGV und dessen Wettbewerbsregeln nicht die Erfüllung der ihnen übertragenen besonderen Aufgabe rechtlich oder tatsächlich verhindert. Darüber hinaus fallen allgemeine Maßnahmen zum Wohle der Gesamtwirtschaft eines Mitgliedstaates nicht unter das Beihilfeverbot.[54]

Nach dem sog. „private investor test" (dem „Prinzip des marktwirtschaftlich handelnden Investors") ist zu fragen, ob die betreffende Begünstigung für den Maßnahmenempfänger nur zu ungünstigeren Konditionen oder überhaupt nicht zu erlangen gewesen wäre. Zu üblichen Konditionen gewährte Maßnahmen sind insoweit keine Beihilfen.[55] Somit ist zu untersuchen, ob die Gewährung dieser finanziellen Mittel für einen privaten Kapitalgeber unter Zugrundelegung normaler marktwirtschaftlicher Bedingungen unzumutbar sei. Die Kommission geht davon aus, daß eine staatliche Kapitalzuführung dann eine Beihilfe sei, wenn sie „unter Umständen erfolgt, denen ein Kapitalgeber unter marktwirtschaftlichen

---

[51] Scherer / Schödermeier, ZBB 1996, S. 167.

[52] EuGH, Rs. 78/76, Steinike und Weinlig gegen Deutschland, Slg. 1977, S. 595, Rdn. 21 f; Mederer, in: von der Groeben / Schwarze, EU-/EG-Vertrag, Art. 87 Abs. 1, Rdn. 6; Streinz, EUV/EGV, Art. 87, Rdn. 31.

[53] EuGH, Rs. 310/85, Deufil GmbH & Co. KG gegen Kommission, Slg. 1987, S. 901 (924); Rs. 173/73, Italien gegen Kommission, Slg. 1974, S. 709 (718 f); Streinz, EUV/EGV, Art. 87, Rdn. 29; Mederer, in: von der Groeben / Schwarze, EU-/EG-Vertrag, Art. 87 Abs. 1, Rdn. 2; Gruson, EuZW 1997, S. 358.

[54] Mederer, in: von der Groeben / Schwarze, EU-/EG-Vertrag, Art. 87 Abs. 1, Rdn. 36 ff.

[55] EuGH, Rs. C-303/88, Italien gegen Kommission, Slg. 1991, S. I-1433, Rdn. 20.

Voraussetzungen nicht zustimmen würde. Damit wird in der Regel eine Situation bezeichnet, in der die Verfassung und Zukunftsaussichten eines Unternehmens eine gemessen an vergleichbaren privaten Unternehmen übliche Verzinsung (auf dem Wege der Dividendenzahlung oder des Kapitalzuwachses) in einem absehbaren Zeitraum nicht erwarten läßt."[56] Für den Investor selbst können dabei kurzfristige Rentabilitätserwartungen ausschlaggebend sein, aber auch längerfristige Rentabilitätsaussichten, da im Wirtschaftsleben private Unternehmensgruppen Verluste ihrer Tochterunternehmen übernehmen, um dieses ohne Imageschaden für den Konzern schließen oder um Umstrukturierungen mit dem Ziel langfristiger Renditeerwartungen vornehmen zu können.[57]

Im Falle der Gewährung einer Beihilfe ist außerdem eine Wettbewerbsverfälschung erforderlich. Dazu muß die Kommission eine Marktanalyse erstellen, in der sie die tatsächliche Beeinträchtigung oder Drohung einer Wettbewerbssituation explizit darlegen muß.[58] In der Regel besteht aber bei einer Beihilfengewährung eine tatsächliche Vermutung dafür, daß daraus für ein im Wettbewerb liegendes Unternehmen eine Wettbewerbsverfälschung droht.[59] Eine Wettbewerbsverfälschung ist dann gegeben, wenn die betreffende Maßnahme in ein tatsächlich bestehendes oder möglicherweise zur Entstehung kommendes Wettbewerbsverhältnis zwischen Unternehmen oder Produktionszweigen eingreift und dadurch die Marktposition des begünstigten Unternehmens verstärkt, beispielsweise durch eine Verbesserung der Wettbewerbssituation des Beihilfebegünstigten gegenüber Konkurrenten aus anderen Mitgliedstaaten.[60]

Geschützt werden der aktuelle und der potentielle Wettbewerb, wobei es ausreichend ist, wenn der Begünstigte mit Wettbewerbern aus anderen Mitgliedstaaten auf seinem Heimatmarkt (potentiell) konkurriert.[61] Ein allgemeingültiger Maß-

---

56   Mitteilung der Kommission über die Anwendung der Artikel 92 und 93 EWG-Vertrag und des Artikels 5 der Kommissionsrichtlinie 80/723/EWG über öffentliche Unternehmen in der verarbeitenden Industrie, ABl. EG Nr. C 307 vom 13.11.1993, S. 12.

57   Gleske, Wettbewerb öffentlicher und privater Kreditinstitute S. 332; EuGH, Rs. C-305/89, Italien gegen Kommission, Slg. 1991, S. I-1603 (1640).

58   EuGH, verb. Rs. 296 und 318/82, Niederlande und Leeuwarder Papierwarenfabriek B.V. gegen Kommission, Slg. 1985, S. 809 (817 ff).

59   Scherer / Schödermeier, ZBB 1996, S. 167.

60   EuGH, Rs. 730/79, Philip Morris Holland B.V. gegen Kommission, Slg. 1980, S. 2671 (2688 f); Streinz, EUV/EGV, Art. 87, Rdn. 55; Mederer, in: von der Groeben / Schwarze, EU-/EG-Vertrag, Art. 87 Abs. 1, Rdn. 41 ff.

61   EuGH, Rs. 102/87, Frankreich gegen Kommission, Slg. 1988, S. 4067, Rdn. 19; Mederer, in: von der Groeben / Schwarze, EU-/EG-Vertrag, Art. 87 Abs. 1, Rdn. 42.

stab für das erforderliche Maß einer „spürbaren" Wettbewerbsverfälschung im Sinne einer „de minimis"-Regel" besteht nicht.[62]

Weiterhin besteht bei einer Beeinträchtigung des mitgliedstaatlichen Handels schon für den Fall einer potentiellen Wettbewerbsverfälschung eine (widerlegbare) tatsächliche Vermutung dafür, daß schließlich auch eine innergemeinschaftliche Handelsbeeinträchtigung gegeben ist.[63] Als ausreichend wurde die Möglichkeit einer Beeinflussung des EG-relevanten Handels angesehen, sofern nicht ein rein innerstaatlicher oder nur ein Handel mit Drittstaaten gegeben ist, der den Binnenmarkt überhaupt nicht tangiert (Zwischenstaatlichkeitsklausel). Eine Spürbarkeit der Beeinträchtigung ist nicht erforderlich.[64] Die Möglichkeit der Handelsbeeinträchtigung zwischen den Mitgliedstaaten ist indes dann ausgeschlossen, wenn es sich nur um allein innerstaatliche Wirkungen ohne Folgen für den Binnenmarkt handelt.[65] Dies ist beispielsweise dann gegeben, wenn das beihilfebegünstigte Unternehmen weder auf Ausfuhrmärkten, noch auf inländischen Märkten mit den Erzeugnissen anderer Mitgliedstaaten konkurriert.[66] Maßgebliche Kriterien für die zwischenstaatliche Handelsbeeinträchtigung sind die vorhandenen oder voraussichtlichen Ein- und Ausfuhrströme, die Art und Weise der Teilnahme am innergemeinschaftlichen Handel des begünstigten Unternehmens, die Markt- und Wettbewerbssituation sowie die Kapazitätsauslastung auf den Märkten, auf die sich die Beihilfe auswirken kann und der Stellenwert der Beihilfe für die Kostenlast und die Existenz des begünstigten Unternehmens.[67]

Im Vergleich zum Begriff der „Subvention" im deutschen Wirtschaftsverwaltungsrecht ist damit der Beihilfebegriff breiter und umfassender angelegt. Denn das europäische Wettbewerbsrecht soll jede Wettbewerbsverfälschung, sei es durch Leistungsgewährungen oder durch Belastungsverminderungen, im Gemeinsamen Markt erfassen und Beeinträchtigungen des zwischenstaatlichen Handels innerhalb der EG unterbinden.

---

[62] EuGH, Rs. 730/79, Philip Morris Holland B.V. gegen Kommission, Slg. 1980, S. 2671 (2688 f); Streinz, EUV/EGV, Art. 87, Rdn. 56.
[63] Koenig, EuZW 1995, S. 601.
[64] Lenz, EU-Beihilfenpolitik, S. 25.
[65] EuGH, Rs. 730/79, Philip Morris Holland B.V. gegen Kommission, Slg. 1980, S. 2671 (2688).
[66] Lenz, EU-Beihilfenpolitik, S. 25.
[67] Lenz, EU-Beihilfenpolitik, S. 24.

C. Anwendbarkeit des Beihilfeverbots auf öffentliche Unternehmen

Nach Art. 86 Abs. 1 EGV gelten die Wettbewerbsregeln im gleichen Maße für private wie für öffentliche Unternehmen. Nur durch eine solche Gleichbehandlung privater und öffentlicher Unternehmen kann verhindert werden, daß die Wettbewerbsvorschriften und somit das gemeinschaftliche Ziel eines Systems, das den Wettbewerb innerhalb des europäischen Binnenmarkts vor Verfälschungen schützen soll (Art. 3 Abs. 1 lit. g EGV), durch eine einfache Änderung oder Wahl der Rechtsform im Falle unternehmerischer Tätigkeit des Staates umgangen oder durch die staatliche Veranlassung zu wettbewerbswidrigem Verhalten unterlaufen werden.[68]

Bei öffentlichen Unternehmen handelt es sich um solche Unternehmen, für deren Verhalten die Mitgliedstaaten aufgrund des Einflusses, den sie auf deren Verhalten ausüben können, besondere Verantwortung tragen.[69] Gemäß Art. 2 der Transparenzrichtlinie[70] ist ein öffentliches Unternehmen jedes Unternehmen, auf das die öffentliche Hand unmittelbar oder mittelbar einen beherrschenden Einfluß ausüben kann, der durch die Eigentümerstellung, die finanzielle Beteiligung, durch Satzungsregelungen oder durch sonstige, die Tätigkeit des Unternehmens regelnde Bestimmungen herrührt. Eine Vermutung für einen solchen beherrschenden Einfluß liegt dann vor, wenn die öffentliche Hand unmittelbar oder mittelbar die Mehrheit am gezeichneten Kapital des Unternehmens hält, die Mehrheit der Stimmrechte im Unternehmen innehat oder mehr als die Hälfte der Mitglieder des Verwaltungs-, Leitungs- oder Aufsichtsorgans bestimmen kann. Dadurch wird verhindert, daß sich der Begriff des öffentlichen Unternehmens an den unterschiedlichen mitgliedstaatlichen Rechtsordnungen ausrichtet. Zudem wird eine einheitliche Anwendung anhand gemeinschaftsrechtlicher Kriterien erreicht, bei der es auch nicht auf eine bestimmte Rechtsform ankommt, denn ansonsten könnte durch eine entsprechende Rechtsformwahl die Anwendbarkeit

---

[68] Von Livonius, Öffentlich-rechtliche Kreditinstitute und EU-Beihilferegime, S. 53 f.

[69] EuGH, verb. Rs. 188-190/80, Frankreich, Italien und Vereinigtes Königreich gegen Kommission, Slg. 1982, S. 2545 (2575).

[70] Richtlinie 2000/52/EG der Kommission vom 26.7.2000 über die Transparenz der finanziellen Beziehungen zwischen den Mitgliedstaaten und den öffentlichen Unternehmen, ABl. EG Nr. L 193 vom 29.7.2000, S. 75 – 78; von Livonius weist jedoch darauf hin, daß sich der EuGH in den von der Transparenzrichtlinie nicht erfaßten Bereichen die Einbeziehung anderer Kriterien offengehalten hat.

des Wettbewerbsrechts ausgeschlossen werden.[71] Vom öffentlichen Unternehmensbegriff werden in Deutschland die privatrechtsförmig organisierten Eigengesellschaften, die gemischt-wirtschaftlichen Unternehmen, die Regie- und Eigenbetriebe sowie die öffentlich-rechtlichen Körperschaften und Anstalten erfaßt.[72] Unerheblich ist, ob das Unternehmen rein erwerbswirtschaftlich handelt oder ein öffentliches Interesse verfolgt.[73]

Die Rechtsform von Landesbanken und Sparkassen ist klassischerweise die einer Anstalt des öffentlichen Rechts. Darunter wird eine „von einer Hoheitsperson getragene, rechtlich subjektivierte und institutionalisierte Organisation, durch die der Träger eigene – oder ihm gesetzlich auferlegte fremde – sachlich zusammenhängende öffentliche Angelegenheiten wahrnimmt", verstanden.[74] Sie besitzen Rechtsfähigkeit und sind damit von ihrem Anstaltsträger verschiedene, selbständige juristische Personen.[75] Deren Träger ist regelmäßig der Bund, ein Land, eine Kommune oder eine andere juristische Person des öffentlichen Rechts. Folglich zählen sie zu den öffentlichen Unternehmen.[76] In einer jüngsten Entscheidung des BGH wurden die Sparkassen als Anstalten des öffentlichen Rechts im Bereich der staatlichen Daseinsvorsorge der vollziehenden Gewalt zugeordnet, wobei für die Sparkassen eine unmittelbare Grundrechtsbindung besteht.[77]

D. Vorliegen einer gemeinschaftsrechtswidrigen Beihilfe

Im Rahmen der Prüfung, ob Anstaltslast und Gewährträgerhaftung eine gemeinschaftsrechtswidrige staatliche Beihilfe darstellen, sollen im folgenden die bisherigen, die öffentliche Debatte beherrschenden wesentlichen Streitpunkte behandelt werden. Dabei handelt es sich insbesondere um die Prüfung, ob überhaupt eine Begünstigungswirkung vorliegt, welche Bedeutung Ratings heutzuta-

---

[71]   Mestmäcker, RabelsZ, 1988, S. 534; Nicolaysen, Subventionen für öffentliche Unternehmen, S. 116; Seidel, EG-Binnenmarkt und öffentliche Unternehmen, S. 345.

[72]   Burgi, EuR 1997, S. 266.

[73]   Bürgi, EuR 1997, S. 266.

[74]   Fischer, in: Handwörterbuch der Sparkassen, S. 420.

[75]   Fischer, in: Handwörterbuch der Sparkassen, S. 420.

[76]   Schmid / Vollmöller, NJW 1998, S. 718; Schneider / Busch, EuZW 1995, S. 603; Koenig, EuZw 1995, S. 596. Nach EuGH, Rs. 78/76, Steinike und Weinlig gegen Deutschland, Slg. 1977, S. 595 sind die Rechtsform einer Anstalt des öffentlichen Rechts und der europarechtliche Unternehmensbegriff miteinander vereinbar.

[77]   BGH, DVBl. 2003, S. 942.

ge zukommt, wie ein möglicher Beihilfewert berechnet werden kann und ob die Ausnahmevorschrift des Art. 86 Abs. 2 EGV einschlägig ist.

I. Bestehen einer Begünstigungswirkung

Sehr problematisch ist die Frage, ob überhaupt eine Begünstigungswirkung besteht, die den öffentlichen Banken aufgrund der Anstaltslast und der Gewährträgerhaftung zugute kommt. Aufgrund bankaufsichtsrechtlicher Normen des Kreditwesengesetzes scheidet eine Begünstigungswirkung bei den Eigenkapitalanforderungen allerdings schon von vornherein aus, da Anstaltslast und Gewährträgerhaftung nach dem KWG nicht als haftendes Eigenkapital angesehen werden.[78] Für Sparkassen und Landesbanken gelten vielmehr die gleichen Eigenkapitalregeln wie für private Kreditinstitute. Einzig bei den Kreditgenossenschaften besteht nach § 10 Abs. 2 Nr. 3 KWG ein sog. „Haftsummenzuschlag" für die Haftpflicht der Mitglieder der eingetragenen Kreditgenossenschaften. Demzufolge müssen andere Ansatzpunkte für die Bejahung einer Begünstigungswirkung relevant sein.

1. Die verschiedenen Auffassungen

Eng verknüpft mit der Frage, ob eine Begünstigungswirkung durch die öffentliche Haftung überhaupt gegeben ist, sind von Seiten der Befürworter einer Europarechtskonformität von Anstaltslast und Gewährträgerhaftung verschiedene weitere Argumente vorgebracht worden.

Unter Hinweis auf Art. 295 EGV haben sie geltend gemacht, daß durch diese Norm nicht nur das Recht der Mitgliedstaaten zu unternehmerischer Tätigkeit garantiert und die Nichtdiskriminierung zwischen öffentlichen und privaten Unternehmen im Sinne einer Gleichbehandlung verpflichtend geregelt worden sei. Vielmehr stehe den Mitgliedstaaten die Möglichkeit offen, im Rahmen ihrer Eigenhaftung als Unternehmer unbegrenzte Haftungsverpflichtungen einzugehen. Art. 295 EGV erlaube dem Mitgliedstaat somit den direkten Einsatz seiner Kreditwürdigkeit am Markt bei einer unmittelbaren Tätigkeit als staatlicher Unternehmer, weswegen es nicht sein könne, daß dies bei einer organisatorischen Zwischenschaltung separater Rechtspersonen wie Anstalten des öffentlichen Rechts, die zugleich vollständig in die staatliche Organisation eingebunden sind,

---

[78] Eine Verfassungsbeschwerde mehrerer Sparkassengewährträger wurde vom BVerfG nicht zur Entscheidung angenommen; von Friesen, Staatliche Haftungszusagen, S. 51 ff.

dem Mitgliedstaat verboten sei.[79] Anstaltslast und Gewährträgerhaftung seien somit keine Bürgschaften oder Garantien im eigentlichen beihilferechtlichen Sinne, sondern werden als gesetzliche Strukturmerkmale der Rechtsform einer Anstalt des öffentlichen Rechts als Teil der mittelbaren Staatsverwaltung von der durch Art. 295 EGV abgesicherten deutschen Eigentumsordnung umfaßt; denn „Öffentlich-Rechtlichkeit und Zahlungsunfähigkeit schließen einander begrifflich aus".[80] Demzufolge sei die Zulässigkeit unternehmerischer Tätigkeit des Staates zwangsläufig verbunden mit einer Akzeptanz der sehr guten Kreditwürdigkeit der Gewährträger, weswegen es ihnen auch nicht verwehrt werden dürfe, ihre Kreditwürdigkeit und Bonität wie ein privater Unternehmer zugunsten ihrer Unternehmen zu nutzen. Eine Abschaffung der staatlichen Haftungsvorschriften verstoße folglich gegen Art. 295 EGV.

Zudem seien Anstaltslast und Gewährträgerhaftung Ausdruck der marktüblichen Eigenhaftung des Staates mit einer nur geringen Begünstigungswirkung für die öffentlichen Banken, die zudem einen sog. „öffentlichen Auftrag" erfüllen. Sie stellen ein gesetzliches und satzungsmäßiges Haftungssystem für ein eigenes unternehmerisches Handeln der Anstaltsträger dar, die der persönlichen Haftung eines Komplementärs in einer KG oder KG auf Aktien oder eines OHG-Gesellschafters sowie der eventuell bestehenden Durchgriffshaftung gegenüber den Gesellschaftern entspreche.[81] Es handelt sich mithin bei beidem nicht um vertragliche Garantien, die dritte Sicherungsgeber für Fremdverbindlichkeiten erteilen, oder um zivilrechtliche Bürgschaften. Die öffentliche Hand als Anstaltsträger verhalte sich letztlich nicht anders als Aktionäre oder Gesellschafter von privatrechtlichen Unternehmen. Soweit im Gesellschaftsrecht fehlendes Kapital durch persönliche Haftung ersetzt wird, stellen Anstaltslast und Gewährträgerhaftung als persönliche Haftung gerade die Rechtfertigung für das Fehlen der im Kapitalgesellschaftsrecht vorhandenen Kapitalaufbringungs- und Kapitalerhaltungs-vorschriften bei juristischen Personen des öffentlichen Rechts dar.[82] Zudem können sie als Spiegelbild des konzernrechtlichen Gläubigerschutzes in Form einer Verlustausgleichspflicht und der unmittelbaren Haftung des herrschenden Unternehmens gegenüber den Gläubigern bei einer Insolvenz des beherrschten Unternehmens angesehen werden. Insoweit handele es sich um zu

---

[79] Vogel, ZBB-Report 2001, S. 109 f.

[80] In diesem Sinne Thode / Peres, BB 1997, S. 1750, 1752; Thode / Peres, VerwArch, 1998, 451 f, 461 f.

[81] Schneider / Busch, EuZW 1995, S. 605; Vogel, ZBB-Report 2001, S. 111, 113; Immenga / Rudo, Beurteilung von Gewährträgerhaftung und Anstaltslast, S. 51.

[82] Schneider / Busch, EuZW 1995, S. 606; Vogel, ZBB-Report 2001, S. 111.

Marktkonditionen gewährte Unterstützungen. Aus der Anstaltslast und der Gewährträgerhaftung folge zwar eine unbeschränkte staatliche Haftung, die aber anders als bei einer normalen Bürgschaft nicht zu einer anderen Haftung hinzutrete. Deswegen sei auch die Kommissionsmitteilung über die Anwendung der Art. 87 und 88 EGV auf staatliche Beihilfen in Form von Haftungsverpflichtungen und Bürgschaften nicht anwendbar.

Weiterhin werde im Rahmen des „private investor test" auch ein privater Investor seine Eigenhaftung in gleicher Weise für das eigene profitable Unternehmen einsetzen, um eine günstigere Refinanzierung zu erreichen. Dem Haftungsrisiko stünden höhere Renditeerwartungen bei den weitestgehend rentabel arbeitenden Landesbanken und Sparkassen entgegen. Unrentable Strukturen werden durch die öffentliche Haftung nicht aufrechterhalten. Der unternehmerische Spielraum umfasse dabei sowohl kurzfristige Gewinnmaximierungen als auch langfristige Zielsetzungen und Rentabilitätsaussichten mit einem weiten Ermessensumfang hinsichtlich der Risikoneigung und der Kalkulation potentieller Risiken sowie der Einschätzung künftiger Entwicklungen und der relevanten Interessen, bei denen auch die Imagepflege berücksichtigt werden kann.[83] Dies stimme mit den Grundsätzen des „private investor test" überein, denn dort sei zu prüfen, ob bei einer staatlichen Kapitalbeteiligung ein unter normalen Marktbedingungen rational handelnder „vernünftiger" privater Investor in gleicher Lage aufgrund sachgemäßer wirtschaftlicher Überlegungen diese Investition tätigen oder ob er diese aufgrund seiner Zielvorstellung von einer Renditemaximierung nicht tätigen würde.[84] Maßgeblich sei das Kriterium der hypothetischen Beschaffbarkeit finanzieller Beträge durch das Unternehmen an den privaten Kapitalmärkten.[85]

Schließlich mangele es am Kriterium der Selektivität der staatlichen Maßnahme, da insbesondere größere private Banken im Falle der Gefahr einer Zahlungsunfähigkeit aus Gemeinwohlgründen ebenfalls durch staatliche Maßnahmen gestützt würden, weswegen von einer „faktischen Staatsgarantie" beziehungsweise einem „too big to fail"-Effekt gesprochen werden könne.[86] Hiervon würden alle

---

[83] Immenga / Rudo, Beurteilung von Gewährträgerhaftung und Anstaltslast, S. 59, 109 f.
[84] Ciresa, Beihilfenkontrolle und Wettbewerbspolitik, S. 61; Vogel, ZBB-Report 2001, S. 112; von Friesen, Staatliche Haftungszusagen, S. 105 ff.
[85] Ciresa, Beihilfenkontrolle und Wettbewerbspolitik, S. 59.
[86] Immenga / Rudo, Beurteilung von Gewährträgerhaftung und Anstaltslast, S. 40 f, 76;

Banken in unterschiedlichsten Rechtsformen umfaßt.[87] Dies wirke sich durch die Berücksichtigung des Länderrisikos auch auf das Rating dieser Privatbanken positiv aus.

Der Annahme einer Europarechtskonformität von Anstaltslast und Gewährträgerhaftung ist jedoch entgegenzuhalten, daß es sich bei diesen Haftungsinstituten um eine zeitlich und materiell unbeschränkte Staatshaftung handelt, die einen praktischen Insolvenzausschluß bedeutet, das Rating und die Kreditwürdigkeit gerade der Landesbanken verbessert und dadurch die Refinanzierungskosten der öffentlichen Banken gegenüber den privaten Banken deutlich verringert.[88] Dies ermöglicht den begünstigten Instituten einen besseren Zugang zum Kapitalmarkt. Zudem besteht bei Anstalten des öffentlichen Rechts kein gesetzlich vorgeschriebenes Mindestkapitalerfordernis und faktisch kein Insolvenzrisiko. Letztlich ist diese Begünstigungswirkung der Bundesrepublik Deutschland zuzurechnen. Gerade die Gewährträgerhaftung führt zu einer fast „quasistaatlichen Bonität" mit der Folge, daß das Rückzahlungsrisiko einer Einlage aufgrund des potentiellen Rückgriffs auf die Gewährträger zugunsten der öffentlichen Banken minimiert wird.[89] Bei diesen unbegrenzten Einstandspflichten der Träger öffentlicher Banken mangelt es den gewährten Vergünstigungen, im Vergleich zu einem privaten Investor, an einem marktkonformen Äquivalent. Im übrigen fehlt es auch an einem gegenseitigen Austauschverhältnis zwischen Anstaltslast und Gewährträgerhaftung auf der einen und der öffentlichen Auftragserfüllung auf der anderen Seite. Allerdings könnte selbst das Vorliegen eines solchen Leistungs-, Gegenleistungsverhältnisses allein nicht dazu führen, daß die Annahme einer Beihilfe pauschal ausgeschlossen wird. Gerade die Gewährträgerhaftung begünstigt nämlich Dritte und scheidet für ein solches Austauschverhältnis deshalb von vornherein aus, während die aus der Anstaltslast resultierende Ausstattungspflicht hierfür zwar grundsätzlich in Frage kommt.[90]

Gleichwohl scheitert aber der „private investor test", denn ein marktwirtschaftlich handelnder Investor wird keinesfalls eine der Höhe und dem Umfang nach unbeschränkte Haftung übernehmen, auch nicht als Gegenleistung für die Erbringung von Dienstleistungen. Eine marktübliche Gegenleistung ist somit

---

[87]   Zur Deutschen Bank schrieb Fitch IBCA im April 2000: „Although not guaranteed by the Federal Government, DB is of such importance internationally and domestically that, in our opinion, if it were necessary, support from the state would be forthcoming."
[88]   Herdegen, Gutachten, in: BdB, S. 27; Koenig, EWS 1998, S. 150 f.
[89]   Gleske, Wettbewerb öffentlicher und privater Kreditinstitute, S. 336.
[90]   Koenig, EuZW 1995, S. 600.

nicht gegeben. Außerdem wird sich ein privater Investor eine unbegrenzte Ausfallbürgschaft mit einer speziellen Avalprovision vergüten lassen, während die unbegrenzte Einstandspflicht der öffentlichen Hand eine potentielle Inanspruchnahme des Steuerzahlers bedeutet, die bei einem privaten Gesellschafter unmöglich ist.[91] Patronatserklärungen oder Verlustdeckungszusagen, die privatrechtliche Muttergesellschaften für ihre Tochtergesellschaften abgeben können, sind mit den hier relevanten Staatsgarantien ebenfalls nicht vergleichbar, da solche konzernrechtlichen Haftungsstrukturen im privaten Kreditgewerbe, auch bei einem qualifiziert faktischen Konzern, nur mit einem in der Höhe begrenzten Kapital der Muttergesellschaft ausgestattet und mit einem Ausfallrisiko versehen sind und nicht die fast absolute Bonität des Staates mit seinen „unermeßliche(n) finanzielle(n) Ressourcen" besitzen.[92] Letzteres kann ein privater Kapitalgeber überhaupt nicht sicherstellen; die Haftungsmasse einer Aktiengesellschaft ist dementsprechend nicht die unbeschränkte Haftung der Aktionäre, sondern besteht aus dem Aktienkapital, den Rücklagen und den stillen Reserven. Gleiches gilt für unbegrenzte Gesellschafterhaftungen bei Personenhandelsgesellschaften. Gerade die Zurverfügungstellung der unbegrenzten staatlichen Bonität zeigt, daß Anstaltslast und Gewährträgerhaftung über die bloße Übernahme einer Einstandspflicht hinausgehen.[93] Es handelt sich damit um ein leistungs- und wettbewerbsfremdes Merkmal des Bankenmarktes.[94] Im Gegensatz zu Kapitalgesellschaften besteht bei den öffentlichen Banken auch eine Funktionsgarantie der Anstaltsträger gegenüber dem Kreditinstitut, während bei einer AG oder GmbH aufgrund des „Mehrbelastungsverbots" nach § 180 Abs. 1 AktG oder § 53 Abs. 3 GmbHG eine Verpflichtung der Gesellschafter zu Nachschußleistungen durch Mehrheitsbeschlüsse ausgeschlossen ist.[95]

---

[91] Herdegen, Gutachten, in: BdB, S. 29.

[92] Koenig, EuZW 1995, S. 600; Koenig, EWS 1998, S. 152; zu Patronatserklärungen und Verlustdeckungszusagen siehe: Michalski, WM 1994, S. 1229 ff; Schneider, ZIP 1989, S. 619 ff; Hartwig-Jacob, Vertragsbeziehungen, S. 403 ff. Bei sog. „harten" Patronatserklärungen gibt das Mutterunternehmen die Zusage, das Tochterunternehmen mit den für die Erfüllung von deren Verbindlichkeiten erforderlichen Mitteln auszustatten, ohne jedoch Primäransprüche der Gläubiger zur Folge zu haben, sondern allein Sekundäransprüche in Form von Schadenersatz zu ermöglichen. Eine Verlustdeckungszusage beinhaltet eine Verpflichtung der Muttergesellschaft im Innenverhältnis, die Tochtergesellschaft mit der zur Erfüllung ihrer Verbindlichkeiten erforderlichen Liquidität zu versorgen.

[93] Schmid / Vollmöller, NJW 1998, S. 719.

[94] Von Friesen, Staatliche Haftungszusagen, S. 185.

[95] Koenig, EWS 1998, S. 150.

Zusätzlich ist die Wirkungsorientiertheit des Beihilferechts zu berücksichtigen. Im übrigen stellt ein faktisches Einstehenmüssen des Staates für private Banken von seinem Wesen her etwas vollkommen anderes dar als eine gesetzlich begründete Garantie, zumal eine Existenzgarantie für privatrechtlich organisierte Kreditinstitute der Wirtschaftsordnung widerspricht und aufgrund ordnungspolitischer Aspekte zu verwerfen ist.[96]

Schließlich nimmt die EG durch Art. 295 EGV Abstand von der Ausübung von Einfluß im Hinblick auf das Bestehen öffentlicher Unternehmen oder auf deren Verstaatlichung sowie Reprivatisierung durch die Mitgliedstaaten.[97] Dadurch bleibt nicht nur die Eigentumsordnung unberührt, sondern den Mitgliedstaaten wird die Gelegenheit gegeben, die Art, die Rechtsform und das Ausmaß des öffentlichen Sektors in eigener Verantwortung zu bestimmen. Darüber hinaus folgt aus Art. 295 EGV weder eine Privatisierungsverpflichtung der Mitgliedstaaten für deren öffentliche Unternehmen noch ein Verbot zur Gründung neuer öffentlicher Unternehmen.[98] Dieser Artikel garantiert allerdings nur die staatliche Eigentümerstellung an sich, die grundsätzliche Befugnis zur Begründung von öffentlichem Eigentum an Banken, eine Neutralität der Gemeinschaft gegenüber der jeweiligen Eigentumsordnung in Form von Privat- und Staatseigentum in den Mitgliedstaaten sowie ein Gebot der Gleichbehandlung zwischen öffentlichen und privaten Unternehmen.[99] Von diesen allgemein geltenden Regelungen wird aber die Verbindung von Staatsgarantien mit der Rechtsform einer Anstalt des öffentlichen Rechts als Einzelfallregelung nicht umfaßt.[100] Denn die konkrete Ausgestaltung des öffentlichen Eigentums und die Betätigung der öffentlichen Unternehmen unterliegen uneingeschränkt dem Geltungsbereich des Wettbewerbsrechts.[101] Ansonsten hinge die Durchsetzbarkeit der gemeinschaftsrechtlichen Wettbewerbsordnung vom Organisationsermessen des jeweiligen Mitgliedstaates ab. Zulässig ist indes die Begründung und Fortführung von öffentlichem Eigentum an Wirtschaftsunternehmen und somit die Trägerschaft von Landes-

---

[96]   Von Friesen, Staatliche Haftungszusagen, S. 132.
[97]   Nicolaysen, Subventionen für öffentliche Unternehmen, S. 113; Mestmäcker, RabelsZ, 1988, S. 555.
[98]   Seidel, EG-Binnenmarkt und öffentliche Unternehmen, S. 348.
[99]   Mann, JZ 2002, S. 820; Gleske, Wettbewerb öffentlicher und privater Kreditinstitute, S. 330.
[100]   Gärtner, ZBB 1998, S. 10; von Friesen, Staatliche Haftungszusagen, S. 216.
[101]   Von Friesen, Staatliche Haftungszusagen, S. 270.

banken und Sparkassen durch Gebietskörperschaften an sich.[102] Eine generelle Freistellung einzelner öffentlich-rechtlicher Unternehmen ist zudem mit dem Zweck des EG-Vertrages, den Wettbewerb innerhalb des Binnenmarktes vor Verfälschungen zu schützen, nicht zu vereinbaren.[103]

Die Europäische Kommission selbst hat in ihrer „Mitteilung über die Anwendung der Artikel 87 und 88 EG-Vertrag auf staatliche Beihilfen in Form von Haftungsverpflichtungen und Bürgschaften"[104] ihr Vorgehen gegenüber staatlichen Beihilfen in Form von Garantien zusammengefaßt und ihren Standpunkt verdeutlicht. Dadurch sollen den Mitgliedstaaten die Grundlagen für die Auslegung der Art. 87, 88 EGV durch die Kommission und deren Anwendung auf staatliche Garantien erläutert sowie ein Mehr an Rechtssicherheit und Transparenz geschaffen werden. Der Begriff der „Garantie" umfaßt Haftungsverpflichtungen und Bürgschaften im Marktbereich, die normalerweise in Verbindung mit einem Darlehen oder einer sonstigen von einem Darlehensnehmer einzugehenden Verpflichtung gegenüber dem Darlehensgeber entweder in Einzelform oder innerhalb einer Regelung gewährt werden.[105] Dies ist von ihrer Rechtsgrundlage und der Art des verbürgten Geschäfts unabhängig. Die neue Regelung gilt insbesondere für den Unternehmen gewährte günstigere Finanzierungsbedingungen, deren Rechtsform einen Konkurs oder andere Zahlungsunfähigkeitsverfahren ausschließt oder den Unternehmen eine ausdrückliche staatliche Garantie oder Verlustübernahme durch den Staat verschafft.[106] Ausgenommen sind allein die Ausfuhrkreditbürgschaften. Nicht berührt wird außerdem das Recht der Mitgliedstaaten, öffentliche Unternehmen zu betreiben. Von einer Beihilfe ist dabei schon mit der Erteilung der Bürgschaft und nicht erst bei ihrer tatsächlichen Inanspruchnahme beziehungsweise Realisierung oder bei der Leistung von Zahlungen auszugehen. Für die Qualifizierung als Beihilfe ist der Zeitpunkt der Garantieübernahme entscheidend. Die maßgebliche und für den Wettbewerb

---

[102] Nicolaysen, Subventionen für öffentliche Unternehmen, S. 112; Weis, NJW 1982, S. 1910 ff.

[103] Gärtner, ZBB 1998, S. 10.

[104] Mitteilung der Kommission über die Anwendung der Artikel 87 und 88 EG-Vertrag auf staatliche Beihilfen in Form von Haftungsverpflichtungen und Bürgschaften, ABl. EG Nr. C 71 vom 11.3.2000, S. 14 – 18.

[105] Mitteilung der Kommission über die Anwendung der Artikel 87 und 88 EG-Vertrag auf staatliche Beihilfen in Form von Haftungsverpflichtungen und Bürgschaften, ABl. EG Nr. C 71 vom 11.3.2000, S. 14 – 18, Punkt 1.1.

[106] Mitteilung der Kommission über die Anwendung der Artikel 87 und 88 EG-Vertrag auf staatliche Beihilfen in Form von Haftungsverpflichtungen und Bürgschaften, ABl. EG Nr. C 71 vom 11.3.2000, S. 14 – 18, Punkt 2.1.3.

gefährliche Wirkung solcher Garantien liegt darin, daß der Beihilfeempfänger durch die Garantie Gelder zu günstigeren Konditionen als auf den Finanzmärkten aufnehmen kann, indem er mit der staatlichen Garantie im Hintergrund einen niedrigeren Zinssatz erhält oder weniger Sicherheiten leisten muß. Als Ausgleich für die Übernahme der von Garantien abgedeckten Risiken sollte der Staat eine angemessene Prämie erhalten. Dadurch kann jeder Beihilfecharakter ausgeschlossen werden. Insoweit gibt es im Europarecht keine zwingende Notwendigkeit, vom Staat dominierte öffentlich-rechtliche Unternehmen in privatrechtliche umzugestalten.

Weiterhin nennt die Kommission in dieser Mitteilung die Bedingungen, nach denen eine Staatsgarantieregelung keine verbotene staatliche Beihilfe darstellt:

- die Regelung läßt nicht zu, daß Kreditnehmern, die in finanziellen Schwierigkeiten sind, Garantien gewährt werden,
- die Kreditnehmer wären grundsätzlich in der Lage, ohne Eingreifen des Staates auf den Finanzmärkten Gelder zu Marktbedingungen aufzunehmen,
- die Garantien sind an eine bestimmte Finanztransaktion geknüpft und auf einen festen Höchstbetrag beschränkt, decken höchstens 80 % des ausstehenden Kreditbetrages oder der sonstigen finanziellen Verpflichtungen (ausgenommen Schuldverschreibungen und ähnliche Instrumente) und sind von begrenzter Laufzeit,
- die Vergabebedingungen beruhen auf einer realistischen Risikobewertung, so daß sich die Garantieregelung aufgrund der von den begünstigen Unternehmen gezahlten Prämien aller Wahrscheinlichkeit selbst trägt,
- die Regelung sieht vor, daß die Bedingungen künftiger Garantien und die Gesamtfinanzierung der Regelung mindestens einmal jährlich überprüft werden und
- die Prämien decken sowohl die mit der Garantiegewährung verbundenen Risiken als auch die Verwaltungskosten der Regelung ab; stattet der Staat diese bei ihrem Anlaufen mit Startkapital aus, so umfassen diese Kosten auch eine marktübliche Kapitalrendite.[107]

Von besonderer Bedeutung ist, daß bei einer Garantie der Staat mit dem Kreditgeber (beispielsweise eine kreditgewährende Bank) in ein Rechtsverhältnis tritt,

---

[107] Mitteilung der Kommission über die Anwendung der Artikel 87 und 88 EG-Vertrag auf staatliche Beihilfen in Form von Haftungsverpflichtungen und Bürgschaften, ABl. EG Nr. C 71 vom 11.3.2000, S. 14 – 18, Punkt 4.3.

weswegen eine verbotene und deswegen zurückzugewährende Beihilfe Auswirkungen auf Dritte haben kann. Dies ist nach nationalstaatlichem Recht zu prüfen. Auf die Garantien selbst sind die Regelungen über das Verfahren in Beihilfesachen anzuwenden. Darüber hinaus verlangt die Kommission von den Mitgliedstaaten die Anfertigung von Jahresberichten, die Angaben über den Gesamtbetrag der ausstehenden staatlichen Garantien, den Gesamtbetrag der im Vorjahre vom Staat an zahlungsfähige Schuldner geleisteten Zahlungen (abzüglich eingetriebener Mittel) und die im gleichen Jahr für staatliche Garantien gezahlten Prämien aufweisen.[108]

Der Anwendungsbereich der Mitteilung umfaßt dabei sämtliche Formen staatlicher Bürgschaften, seien sie nun vertraglich oder gesetzlich vereinbart. Eindeutig werden von der Kommission günstigere Finanzierungskonditionen zugunsten von Unternehmen, deren Rechtsform ausdrücklich staatliche Bürgschaften oder den staatlichen Verlustausgleich vorsieht, als Bürgschaften und damit als Beihilfen betrachtet. Daran anknüpfend hieß es in der Mitteilung der Kommission an die Mitgliedstaaten zur Anwendung der Artikel 92 und 93 EWG-Vertrag wie folgt:

> „Öffentliche Unternehmen, deren Satzung einen Konkurs ausschließt, sind für alle Darlehensaufnahmen praktisch im Besitz einer Dauerbeihilfe, wenn die Satzung es den Unternehmen erlaubt, Darlehen zu günstigeren Bedingungen aufzunehmen, als ihnen sonst eingeräumt würden."[109]

Diese Auffassung wird auch aufgrund einer Entscheidung der Kommission deutlich, bei dem sie zum Ergebnis kam, daß eine gesetzliche Garantie, die alle Schulden eines Staatsunternehmens umfaßt, eine Verbürgung sei, „die ein marktwirtschaftlicher Investor normalerweise nicht vornehmen würde, ohne sich zu vergewissern, daß das zusätzliche Risiko durch zusätzlich Gewinne aufgewogen wird". Staatliche Garantieübernahmen sieht die Kommission dann als verbotene Beihilfe an, wenn dadurch pauschal alle Verbindlichkeiten des Unternehmens gesichert werden; denn ein privater Investor würde ein solches Unter-

---

[108] Mitteilung der Kommission über die Anwendung der Artikel 87 und 88 EG-Vertrag auf staatliche Beihilfen in Form von Haftungsverpflichtungen und Bürgschaften, ABl. EG Nr. C 71 vom 11.3.2000, S. 14 – 18, Punkt 7.1.

[109] Mitteilung der Kommission über die Anwendung der Art. 92 und 93 EWG-Vertrag auf Unternehmen der verarbeitenden Industrie (93/C307/03), ABl. EG Nr. C 307 vom 13.11.1993, S. 3 – 14 (13).

nehmen mit zunehmender Verschuldung ohne Profitaussichten liquidieren.[110] Somit stuft die Kommission eine unbeschränkte Staatshaftung für Verbindlichkeiten öffentlicher Unternehmen als Beihilfe ein.

2. Quantifizierung haftungsbedingter Vorteile bei der Kapitalaufnahme durch Ratings

Im Rahmen der soeben dargestellten Auseinandersetzungen über die Frage der Vereinbarkeit von Anstaltslast und Gewährträgerhaftung mit dem europäischen Beihilferecht ist ein entscheidender Aspekt gewesen, welche Bedeutung einem Rating für die öffentlich-rechtlichen Kreditinstitute zukommt und, damit zusammenhängend, ob sich daraus eine gegenüber den privaten Banken günstigere Refinanzierungsmöglichkeit ergibt. Andernfalls würde eine Beihilfe von vornherein ausscheiden, wenn zum Beispiel festzustellen wäre, daß Landesbanken und Sparkassen ohne Staatshaftung kein Kapital zu günstigeren Konditionen bekämen als mit Staatshaftung. Dementsprechend widmet sich die Beihilfebeschwerde der Europäischen Bankenvereinigung ausführlich dem Zusammenhang zwischen Rating und Refinanzierungsmöglichkeiten.[111] Schätzungen gehen beispielsweise davon aus, daß den Landesbanken eine günstigere Kreditaufnahme mit um bis zu 25 bis 50 Basispunkten niedrigeren Zinssätzen als den privaten Banken möglich ist, woraus zum Beispiel für die WestLB ein jährlicher Vorteil von ca. 300 Mio. DM entsteht.[112] Eine andere Prognose nimmt an, dass auf die Landesbanken bei einem um vier Stufen tieferen Rating Mehrbelastungen zwischen 1,4 und 2,4 Milliarden € zukommen.[113] Selbst der Vorstandsvorsitzende der WestLB ging davon aus, daß die höheren Refinanzierungskosten mindestens einen hohen zweistelligen Millionenbetrag für das Jahresergebnis bedeuten.[114]

Dadurch, daß die Anstaltslast spätestens im Jahre 2005 durch Grundsätze ersetzt werden muß, die sich am Prinzip eines marktwirtschaftlich handelnden Investors orientieren, und die Gewährträgerhaftung in Verbindung mit den Regeln des „Grandfathering" noch bis spätestens 2015 das Außenverhältnis zu den Gläubi-

---

[110] Koenig, EuZW 1995, S. 599 mwN.

[111] Beihilfebeschwerde der Europäischen Bankenvereinigung, Berlin 2001, Rdn. 89 ff.

[112] Koenig, EWS 1998, 149.

[113] Zu diesem Ergebnis kommt die Beratungsgesellschaft A.T. Kearney nach Angaben der FAZ voim 17.11.2003, „Landesbanken geraten immer stärker in die Defensive".

[114] FAZ vom 16.10.2001, „Die neue WestLB AG wird sich von ihrer Muttergesellschaft emanzipieren".

gern prägen wird, könnten die etwaigen europarechtswidrigen Begünstigungen fortbestehen und für diesen Zeitraum quasi festgeschrieben werden. Demzufolge wird der Fokus im folgenden auf die Frage gerichtet, ob zwischen einem Rating und der Refinanzierung von Landesbanken und Sparkassen tatsächlich ein Zusammenhang bezogen auf die Anlage- und Finanzierungsentscheidungen und auf die Refinanzierungskosten der öffentlichen Banken besteht.

a) Der Begriff eines Ratings

Als Ratings werden standardisierte Einschätzungen über die zukünftige Fähigkeit und rechtliche Verpflichtung eines Emittenten, Zahlungen von Zins und Tilgung eines von ihm begebenen Finanztitels termingerecht und vollständig zu erfüllen, bezeichnet.[115] Durch eine solche Bündelung und Wertung von Risiko- und Renditefaktoren von Kapitalmarktverbindlichkeiten können insbesondere Bonitätsrisiken im Hinblick auf einen Zahlungsverzug oder Zahlungsausfall beurteilt, gesteuert und transparent gemacht werden.[116] Während bei einem Emissions-Rating auf einen bestimmten Finanztitel Bezug genommen wird (wobei zwischen langfristigen und kurzfristigen Ratings je nach Laufzeit der Emission zu unterscheiden ist), beurteilt das Rating eines Emittenten dessen individuelle Fähigkeit zur Einhaltung seiner Zahlungsverpflichtungen.[117] Indem sie Informationen über die Finanzverfassung des Schuldnerunternehmens zum Zeitpunkt der Emission und gegebenenfalls auch während deren Laufzeit bündeln, dienen sie auch dem Schutz der Kreditgeber.

Ratings erhöhen die Akzeptanz und Glaubwürdigkeit des Emittenten und die Aufnahmefähigkeit des Finanztitels am Kapitalmarkt. Jede Veränderung eines Ratings wirkt sich durch eine Beeinflussung des Emissionspreises und der Zinsbelastungen auf die Kapitalkosten des Emittenten aus und beeinflußt damit die Konditionen, zu denen eine Fremdkapitalaufnahme am Kapitalmarkt möglich

---

[115] Von Friesen, Staatliche Haftungszusagen, S. 134; Berblinger, in: Handbuch Rating, S. 21, 31; Everling, Credit Rating, S. 24; von Randow, ZBB 1995, S. 140 unter Hinweis auf Securities and Exchange Commission (SEC): Release No. 33-6336 vom 6. August 1981, S. 1, 6 sowie Release No. 33-7086 vom 31. August 1994, S. 1, 8; Immenga / Rudo, Beurteilung von Gewährträgerhaftung und Anstaltslast, S. 86 f; zu den angewandten quantitativen Verfahren zur Bonitätsprüfung aus wirtschaftswissenschaftlicher Sicht siehe Steiner / Bruns, Wertpapiermanagement, S. 179 ff.

[116] Von Randow, ZBB 1995, S. 140; ten Brink, in: Handbuch Rating, S. 275, 277.

[117] Everling, Credit Rating, S. 31 ff; von Friesen, Staatliche Haftungszusagen, S. 135.

ist.[118] Letzteres gilt insbesondere für den amerikanischen Kapitalmarkt, der stärker als der europäische von Kapitalmarkt- anstatt von Kreditfinanzierungen geprägt ist und dessen Investoren sich bei ihren Anlageentscheidungen erheblich von einem Rating leiten lassen.[119]

Beispielsweise ist in den USA für eine gesetzliche Bonitätsbeurteilung oft die Einstufung eines Finanzinstruments durch eine von der Aufsichtsbehörde „anerkannte" Ratingagentur („nationally recognized statistical rating organizations" – NRSROs) als hinreichend sicher beziehungsweise mindestens als investment grade (das heißt als nicht spekulativ) erforderlich.[120] In Rule 2 a - 7 des „Investment Company Act" von 1940 heißt es, daß Geldmarktfonds nur in solche Papiere investieren dürfen, die von (mindestens) einer oder zwei NRSROs mit einem qualifizierten Investment-Grade-Rating bewertet wurden.[121] Darüber hinaus besteht häufig ein Zusammenhang zum einen zwischen einem Rating und den Renditeerwartungen der Investoren, indem ein niedrigeres Rating mit einer deutlich höheren Verzinsung als Ausgleich für mögliche Ausfallrisiken verbunden ist, und zum anderen zwischen einem „downgrading", das heißt einer Herabstufung eines Ratings, als Auslöser für ein Kündigungsrecht der Kreditgeber, sofern dies in den Anleihebedingungen enthalten ist.[122] Gleske zeigt in diesem Zusammenhang unter Hinweis auf eine Untersuchung einer Ratingagentur auf, daß die Rendite langfristiger festverzinslicher US$-Wertpapiere bezogen auf den 3. August 1994 bei einer siebenjährigen Restlaufzeit im Falle eines Ratings von „Aaa" um 0,05 % niedriger lag als bei einem „Aa"-Rating.[123]

In Deutschland sind Ratings bislang weder gesetzlich verankert, noch haben sie eine große Entscheidungserheblichkeit und Orientierungsfunktion für deutsche Investoren, die sich eher am Standing des Emittenten, dessen Bekanntheitsgrad und Marktpräsenz ausrichten. Aufgrund der Globalisierung und dem Zusam-

---

[118] Von Livonius, Öffentlich-rechtliche Kreditinstitute und EU-Beihilferegime, S. 95; von Friesen, Staatliche Haftungszusagen, S. 140.

[119] Von Friesen, Staatliche Haftungszusagen, S. 137 f; Immenga / Rudo, Beurteilung von Gewährträgerhaftung und Anstaltslast, S. 91.

[120] Von Randow, ZBB 1995, S. 143, 151 f mwN; Bis zur Aufnahme der kanadischen „Dominion Bond" Anfang 2003 durch die SEC hatten nur die drei führenden Ratingagenturen den Rang einer national anerkannten Ratingagentur, siehe FAZ vom 13.3.2003, „Die Macht der Ratingagenturen".

[121] Investment Company Act of 1940, 17 CFR 270.2 a - 7; von Randow, ZBB 1995, S. 152.

[122] Von Randow, ZBB 1995, S. 144 f mwN.

[123] Gleske, Wettbewerb öffentlicher und privater Kreditinstitute, S. 206 mwN sowie Anhang IV, S. 358; vgl. auch Von Friesen, Staatliche Haftungszusagen, S. 140 f.

menwachsen der internationalen Finanzmärkte ist davon auszugehen, daß die Bedeutung von Ratings auch im europäischen und deutschen Markt in den nächsten Jahren weiter erheblich wachsen wird. Beispielsweise sind Mortgage-Backed- und Asset-Backed-Securities[124], bei denen Ratings üblich sind, auf den europäischen Wertpapiermärkten auf dem Vormarsch.

Die steigende Bedeutung und Aufmerksamkeit von Ratings hin zu einer möglichen neuen „Rating-Kultur" zeigt sich auch in der Debatte über die Vorschläge des Baseler Ausschusses für Bankenaufsicht hinsichtlich neuer internationaler Kapitalmarktvorschriften zur Mindesteigenkapitalunterlegung und zum Risikomanagement (sog. „Basel II"), die die bisherige Eigenkapitalverordnung aus dem Jahre 1988 (sog. „Basel I") ablösen soll.[125] Basel I findet mittlerweile in mehr als 100 Ländern Anwendung und ist damit der weltweit anerkannte Kapitalmarktstandard. Basel I beinhaltete hinsichtlich der erforderlichen Eigenkapitalunterlegung eine Acht-Prozent-Regel, wonach im Falle von Kreditausfällen, unbeeinflußt von der wirklichen Bonität des Kreditnehmers, immer die gleiche Risikovorsorge getroffen werden mußte. Über die Vorschläge zu Basel II ist indes eine intensive Debatte entbrannt, bei der es insbesondere um die Verfügbarkeit von Bankkrediten und um die Kreditkonditionen für den Mittelstand ging.[126]

---

[124] Zu den Mortgage-Backed-Securities gehören die Residential Mortgage-Backed-Securities, d.h. verbriefte Wohnungsbauderlehen, und die Commercial Mortgage-Backed-Securities, d.h. verbriefte gewerbliche Immobilienkredite. Die Asset-Backed-Securities haben das Ziel, bisher nicht liquide Vermögensgegenstände in festverzinsliche, handelbare Wertpapiere umzuwandeln. Zu diesem Zweck werden bestimmte Finanzaktiva eines Unternehmens in einen Forderungspool eingebracht, der treuhänderisch von einer Finanzierungsgesellschaft verwaltet wird.

[125] Zum Inhalt von Basel II siehe: Sekretariat des Basler Ausschusses für Bankenaufsicht, Erläuternde Angaben zur Neuen Basler Eigenkapitalverordnung, Januar 2001; Die neue Basler Eigenkapitalvereinbarung (Basel II), Deutsche Bank Monatsbericht, April 2001; sowie die umfangreiche Textsammlung auf der Homepage der Deutschen Bundesbank unter www.deutsche-bundesbank.de/bank/bank_basel/php. Die endgültige Entwurfsfassung wurde am 10. Juli 2002 veröffentlicht. Das dritte Konsultationspapier des Basler Ausschusses für Bankaufsicht wurde am 29. April 2003 bekanntgegeben.

[126] Zur Debatte siehe unter anderem: FAZ vom 4.6.1999, „Die Umrisse für eine neue Bankenaufsicht stehen"; FAZ vom 28.9.2000, „Mit internen Ratings und Risikobewertungsmodellen können Banken Eigenkapital sparen"; FAZ-Beilage über Basel II vom 29.11.2000, S. 49 – 64; FAZ vom 9.12.2000, „Kreditversorgung des Mittelstands gewährleistet"; FAZ vom 28.12.2000, „Für die Reißfestigkeit des weltweit gespannten Finanznetzes"; FAZ vom 11. Juli 2002, „Endgültiger Entwurf für Basel II"; FAZ vom 17.9.2002, „Risiko oder Chance? Basel II setzt den risikoreichen Ausflügen der Banken ein Ende: Risikomanagement ist gefragt", S. B 10; außerdem: Boos / Schulte-Mattler, Die Bank, S. 795 ff; zuletzt FAZ vom 25.6.2004, „Erleichterungen für den Mittelstand".

Die Neuregelungen von Basel II sollen ab dem Jahr 2007 für international tätige Banken der zehn führenden Industrieländer (G-10-Länder) ausschließlich gelten.[127] Banken, die den sog. fortgeschrittenen Ansatz nutzen wollen, müssen die Regelungen indes erst ab 2008 befolgen. Zugleich arbeitet die EU-Kommission an einer neuen Richtlinie, die diese Regeln mit leichten Veränderungen für alle Kreditinstitute in der EU für verbindlich erklären und von den Mitgliedstaaten bis Ende 2006 in nationales Recht umgesetzt werden soll.[128] Künftig soll jeder Kreditnehmer, wovon Unternehmen und Privatpersonen umfaßt werden, einzeln bewertet werden und die erforderliche Eigenkapitalabsicherung durch das Kreditinstitut dann nach der Bonität des Schuldners erfolgen. Dies bedeutet, daß der Kreditnehmer auf der Grundlage eines Ratings in Bonitätsklassen eingeteilt wird, denen anschließend eine bestimmte Ausfallwahrscheinlichkeit zugeordnet werden kann.[129] Durch ein solches Risikobeurteilungssystem kann festgestellt werden, mit welcher Wahrscheinlichkeit ein Kreditnehmer innerhalb eines bestimmten Zeitraums im Sinne festgelegter Kriterien ausfällt und infolgedessen eine Einzelwertberichtigung vorgenommen werden muß. Diese Ratings sind dann mindestens jährlich zu erneuern, bei schlechter Bonität des Kreditnehmers oder bei zweifelhaften Krediten aber auch unterjährig.

Äußerst umstritten war aber die Frage, ob für die Bewertungen externe Rating-Urteile im Rahmen einer Standardmethode heranzuziehen sind oder ob auch interne Ratings sowie eigenständige interne Risikobewertungsmodelle verwandt werden können. Künftig können die Banken zwischen drei Methoden zur Berechnung ihrer Risikoaktiva auswählen:

- einem Standardansatz mit vier Risikogruppen anhand externer Ratings von aufsichtsrechtlich anerkannten Ratingagenturen,
- einem auf internen Ratings basierenden Ansatz („Foundation Approach"), bei dem für den Parameter „Verlustquote" einfache Standardwerte sowie ein konkreter Sicherheitenkatalog mit festen Werten vorgegeben werden und

---

[127] FAZ vom 13. Oktober 2003, „Bankaufseher erzielen Kompromiß zu „Basel II""; FAZ vom 28.6.2004, „Basel-II-Regeln verabschiedet".

[128] FAZ vom 28.6.2004, „Basel-II-Regeln verabschiedet"; FAZ vom 15.7.2004, „Vorschläge zur Umsetzung von „Basel II"".

[129] Bundesverband deutscher Banken, Pressemitteilung „Standardansatz für eine gleichzeitige und gleichwertige bankaufsichtliche Anerkennung interner und externer Ratingsysteme" vom 15. Dezember 1999.

- einem fortgeschrittener Ansatz mittels interner Ratings („Advanced Approach"), wonach die Banken eigene Schätzungen und alle banküblichen Sicherheiten für die Berechnung der „Verlustquote" verwenden können.[130]

b) Ratingfaktoren

Die Erarbeitung eines Ratings basiert auf der Untersuchung vielfältigster und ergebnisrelevanter interner und externer Faktoren. Dazu zählen im allgemeinen die Wettbewerbsfähigkeit und die Wachstumschancen in der jeweiligen Branche, die Leistungsfähigkeit der Unternehmensführung, das Standing sowie bei Kreditinstituten im besonderen die Diversifizierung der Geschäftstätigkeit, die Bonität des jeweiligen Sitzlandes, die gesamtwirtschaftliche Umgebung, die Effektivität der Durchsetzung von Forderungen nach dem nationalen Rechtssystem, die Qualität des staatlichen Bankaufsichtsrechts und die finanzielle Situation der Bank selbst.[131] In diesem Rahmen werden auch die Eigenkapitalausstattung sowie die Qualität der Risikoaktiva überprüft. In der Regel ist das Staatsrating die Obergrenze für das Rating eines Unternehmens.[132]

Besondere Bedeutung messen die Ratingagenturen den staatlichen Unterstützungsmechanismen, wozu Anstaltslast und Gewährträgerhaftung zählen, im Rahmen ihrer Bonitätsbeurteilung bei. Diese erlauben ja gerade einen Rückgriff auf die unbegrenzte Haftung des Staates und im Notfall auf dessen hoheitliche Abgabenkompetenz, wodurch auch der entscheidende Unterschied zu privatrechtlichen Instrumenten wie Konzernhaftung, Patronatserklärung oder Verlustdeckungszusage beschrieben ist.

c) Ratingagenturen und Ratingstufen

Ratings werden von Ratingagenturen erstellt, die in der Regel von den Schuldnern beziehungsweise den Emittenten von Wertpapieren beauftragt werden.[133]

---

[130] Sekretariat des Basler Ausschusses zur neuen Basler Eigenkapitalvereinbarung, Januar 2001, S. 4; FAZ vom 25.6.2004, „Wie Basel II gutes Risikomanagement belohnt".

[131] Von Livonius, Öffentlich-rechtliche Kreditinstitute und EU-Beihilferegime, S. 95; von Friesen, Staatliche Haftungszusagen, S. 136 f; Stellungnahme des Deutschen Sparkassen- und Giroverbandes zu der gegen Anstaltslast und Gewährträgerhaftung in Deutschland gerichteten Beihilfebeschwerde der Europäischen Bankenvereinigung, Berlin 2001, Rdn. 170.

[132] Immenga / Rudo, Beurteilung von Gewährträgerhaftung und Anstaltslast, S. 87.

[133] Zur Problematik auftragsloser Ratings vgl. von Randow, ZBB 1996, S. 85 f.

Hervorzuheben sind die amerikanischen Ratingagenturen Standard & Poor's und Moody's sowie die britische Fitch IBCA, die aus einem Zusammenschluß von IBCA in London mit Euronotation France und anschließend mit Fitch Investors entstand. Während im Jahre 1990 weniger als ein Drittel des Euro-Bondmarktes durch die großen Ratingagenturen mit deren Ratings abgedeckt wurden, waren es im Jahre 1999 bereits 90 % gemessen an der Zahl der Emissionen.[134] Diese drei Ratingagenturen sind die einzigen von der amerikanischen Börsenaufsicht SEC national anerkannten Ratingunternehmen.[135]

Jede dieser Ratingagenturen hat ein eigenes (vergleichbares) System entwickelt, in dem die Ergebnisse ihrer Prüfungen eines bestimmten Finanzinstruments dargestellt werden.[136] Die beste Ratingstufe und damit höchste Kreditqualität ist ein „Triple-A" („AAA" bei Fitch IBCA und Standard & Poor's sowie „Aaa" bei Moody's), bei der die Bonität als sehr gut zu beurteilen ist und praktisch kein Ausfallrisiko besteht. Danach gibt es verschiedene Abstufungen von Zahlen-, Buchstaben- und „+" / „-„ -kombinationen. Beispielsweise folgt auf das „Triple-A" bei Fitch IBCA und Standard & Poor's die Stufe „AA+", „AA" und „AA-" und bei Moody's „Aa1", „Aa2" und „Aa3", was eine sehr gute bis gute Bonität mit einer hohen (Rück-) Zahlungswahrscheinlichkeit bedeutet.

d) Zusammenhang zwischen Ratings und Refinanzierungskosten der öffentlichen Banken

Eine einheitliche Aussage über die Größenordnung einer Begünstigung für jedes einzelne öffentliche Institut läßt sich grundsätzlich nicht treffen. Vielmehr hängt dies von Faktoren ab, die individuell zu untersuchen wären. Hierbei sind unter anderem die Bonität des Instituts sowie dessen Refinanzierungsstruktur und Finanzierungsverhalten zu begutachten. Von großer Bedeutung ist zum Beispiel, ob sich das Institut nur auf dem örtlichen Markt durch private Einlagen refinanziert oder ob es auf den ratingbeeinflußten internationalen Interbanken- und Anleihemärkten tätig ist. Auf diesen Märkten kommt es zu einer höheren Gewichtung von Bonität und Rating, da ausländische Investoren und Banken, die mit

---

[134] Everling, Die Bank, 1999, S. 808 f.
[135] FAZ vom 24.2.2003, „Das Machtkartell wird in Frage gestellt: S & P, Moody's und Fitch dominieren den Markt für Kreditbewertung".
[136] Siehe dazu die Darstellung der verschiedenen Ratingstufen, Quelle: www.duefinance.de/rating/rating.html.

den Details des deutschen Bankensystems häufig nicht vertraut sind, ihre Investitionsentscheidungen von diesen Faktoren abhängig machen.

Dies gilt im besonderen für die Sparkassen, von denen nur die Stadtsparkasse Köln und die Landesgirokasse Köln überhaupt ein Rating besitzen.[137] Größtenteils finanzieren sie sich über die Einlagen ihrer Bankkunden und nicht auf den internationalen Finanzmärkten. Im Jahre 1995 betrug der Anteil der Einlagen 67,2 % der Passiva.[138] Indes fallen 30 % vom Gesamtbestand der Kredite und 40 % der langfristigen Kredite der Landesbanken im Rahmen der Refinanzierung auf die Sparkassen.[139] Allerdings ist zu beachten, daß die zunehmende Konzentrationswelle im Sparkassenwesen mit Sicherheit auch erhebliche Veränderungen in der Refinanzierungsstruktur im Sinne einer Angleichung an die Landesbanken mit sich bringen wird.[140]

Im Gegensatz zum Regelfall der Sparkassen finanzieren sich die Landesbanken überwiegend am Interbankenmarkt und durch die Begebung von Schuldverschreibungen.[141] Im Jahr 1995 haben sich die Landesbanken gemessen an den Passiva zu 35,5 % über Schuldverschreibungen (private Großbanken: ca. 6 %), die meist an institutionelle Anleger verkauft wurden, und zu 35,5 % über den Interbankenmarkt finanziert.[142] Teilweise wird behauptet, daß Ratings für die Begebung gedeckter Schuldverschreibungen durch die Landesbanken, das heißt für Kommunalschuldverschreibungen und Pfandbriefe, keine Rolle spielen.[143] Nach der aktuellen Gesetzeslage muß für diese Schuldverschreibungen eine Deckung durch Kommunal- und Hypothekarkredite gleichen Umfangs, gleicher Verzinsung und gleicher Laufzeit existieren (sog. Deckungsprinzip), weswegen

---

[137] Im Februar 2003 hat die Kreissparkasse Köln angekündigt, sich von den Ratingagenturen Standard & Poor's und Moody's bewerten zu lassen. Nach eigenen Angaben rechnet sie mit einem Rating von „AA". Siehe FAZ vom 14.2.2003, „Kreissparkasse Köln setzt auf das Rating".

[138] Von Friesen, Staatliche Haftungszusagen, S. 152.

[139] DSGV, „Märkte 2000 – Geschäftsentwicklung, Trends, Analyse".

[140] Bedeutendes Beispiel sind die sächsischen Pläne zur Gründung einer sog. „Sachsenbank", die als Holding die 23 sächsischen Sparkassen, die Landesbank Sachsen und die Sächsische Aufbaubank zusammenführen soll. Dieses Institut hätte dann eine Bilanzsumme von 150 Mrd. DM. Zur Fusionswelle im Sparkassen- und Volksbankenwesen siehe FAZ vom 1. Dezember 1999.

[141] Gleske, Wettbewerb öffentlicher und privater Kreditinstitute, S. 205.

[142] Von Friesen, Staatliche Haftungszusagen, S. 149, 152; vgl. auch Immenga / Rudo, Beurteilung von Gewährträgerhaftung und Anstaltslast, S. 93.

[143] Immenga / Rudo, Beurteilung von Gewährträgerhaftung und Anstaltslast, S. 93.

die Konditionen fast ausschließlich von der Qualität der Besicherung und nicht von der Bonität des Emittenten abhängen sollen.[144]

Dieser Ansicht ist jedoch entgegenzusetzen, daß auch gedeckte Schuldverschreibungen, vor allem „Jumbo-Pfandbriefe" oder „Jumbo-Kommunalobligationen" mit einem Volumen von mehr als 1 Mrd. DM, verstärkt an ausländische Investoren begeben werden, für die Ratings eine erhebliche Rolle spielen.[145] Während die privaten Hypothekenbanken eine teurere Überdeckung vornehmen müssen, können die öffentlichen Kreditinstitute auf ihr gutes Rating zurückgreifen und ihre Refinanzierungskosten verringern.[146]

Bisher konnten öffentlich-rechtliche Kreditinstitute im Vergleich zu den privaten Banken sehr gute Ratings erzielen. Die deutschen Landesbanken und die meisten Spezialkreditinstitute wie die Deutsche Ausgleichsbank oder die Kreditanstalt für Wiederaufbau (KfW) erzielten normalerweise ein Credit-Rating für langfristige Verbindlichkeiten mindestens der zweithöchsten Stufe.[147] Hierbei ist zu beachten, daß sich sowohl Standard & Poor's und Moody's auf die unbeschränkte Haftung der Anstalts- und Gewährträger, als auch Fitch IBCA für das von ihr vergebene generelle „Triple-A" für alle öffentlich-rechtlichen Kreditinstitute ausdrücklich auf Anstaltslast und Gewährträgerhaftung berufen.[148] Die

---

[144] Siehe §§ 2, 6, 7 a des Gesetzes über die Pfandbriefe und verwandte Schuldverschreibungen öffentlich-rechtlicher Kreditinstitute (ÖPG); Stellungnahme des Deutschen Sparkassen- und Giroverbandes zu der gegen Anstaltslast und Gewährträgerhaftung in Deutschland gerichteten Beihilfebeschwerde der Europäischen Bankenvereinigung, Berlin 2001, Rdn. 152, 293.

[145] Von Friesen, Staatliche Haftungszusagen, S. 151.

[146] Von Friesen, Staatliche Haftungszusagen, S. 151.

[147] Von Livonius, Öffentlich-rechtliche Kreditinstitute und EU-Beihilferegime, S. 97; siehe die Darstellung in: von Friesen, Staatliche Haftungszusagen, S. 142 f sowie Gloyens, J.I.B.L., Issue 3, 2002, S. 57. Hier ist darauf hinzuweisen, daß zum Beispiel die individuelle Bonitätsnote der WestLB aufgrund des milliardenschweren Verlustes beim britischen Unternehmen „Boxclever" von C/D auf D gesenkt wurde (FAZ vom 20. August 2003). Das Vermögen der Deutschen Ausgleichsbank wurde im Wege der Gesamtrechtsnachfolge rückwirkend zum 1. Januar 2003 auf die KfW übertragen, womit die Deutsche Ausgleichsbank aufgelöst worden ist (Gesetz zur Übertragung des Vermögens der Deutschen Ausgleichsbank auf die KfW (DfA-Vermögensübertragungsgesetz – DfA-VüG) als Art. 1 des Gesetzes zur Neustrukturierung der Förderbanken des Bundes vom 15. August 2003 (Förderbankenneustrukturierungsgesetz), BGBl. I, S. 1657.

[148] Monroe-Davis, in: Handbuch Rating, S. 197 f; Standard & Poor's, Rating Report Deutschland, August 1995, S. 12; Moody's Investors Service, German Banks – Review and Outlook, März 1995, S. 34, 40; von Friesen, Staatliche Haftungszusagen, S. 143; Immenga / Rudo, Beurteilung von Gewährträgerhaftung und Anstaltslast, S. 88.

beiden amerikanischen Ratingagenturen weisen hingegen einen größeren Umfang an Ratingstufen für Landesbanken als das generelle „AAA" bei Fitch IBCA auf, was diese auf eine Einbeziehung der finanziellen Leistungsfähigkeiten der die Landesbanken tragenden Bundesländer, auf eine stärkere Berücksichtigung der individuellen Finanzkraft und auf mögliche Verzögerungen bei Einstandspflichten aufgrund des Bestehens längerer Haftungsketten zurückführen.[149] Einige Ratingagenturen vertreten darüber hinaus die Ansicht, daß auch bei der Emission von Pfandbriefen und Kommunalschuldverschreibungen das Rating des Emittenten zu berücksichtigen ist.[150]

Für diese öffentlichen Kreditinstitute hat das sehr gute Rating zur Folge, daß es Finanzmittel zu günstigeren Konditionen am Kapitalmarkt aufnehmen kann als konkurrierende Kreditinstitute mit einem schlechteren Rating; andernfalls würden Investoren und Kreditgeber vermutlich höhere Risikoprämien verlangen.[151] Insbesondere auf dem amerikanischen und zunehmend auf dem Euro-Markt kommen ihnen damit durch die hervorragenden Ratings deutliche Zinsvorteile und damit billigere Refinanzierungskosten zugute. Dabei ist auch zweitrangig, ob es sich bei den wirtschaftlichen Vorteilen um eine bloße „Reflexwirkung des Marktes für einige öffentlich-rechtliche Kreditinstitute"[152] handelt. Inwieweit eine Maßnahme eine Beihilfe darstellt, orientiert sich nämlich nicht an den Gründen ihrer Gewährung oder den beabsichtigten Zwecken, sondern an ihren Wirkungen.[153] Maßgeblich ist allein die Begünstigungswirkung.

Bei einem Vergleich dieser Credit-Ratings mit den von einigen Ratingagenturen erstellten Stand-Alone-Ratings ist im übrigen festzustellen, daß die Ratings für Landesbanken teils erhebliche Abweichungen aufweisen, was bei privaten Ban-

---

[149] Gleske, Wettbewerb öffentlicher und privater Kreditinstitute, S. 206; Immenga / Rudo, Beurteilung von Gewährträgerhaftung und Anstaltslast, S. 88; von Friesen, Staatliche Haftungszusagen, S. 143 f mwN.

[150] Standard & Poor's Rating Direct, Bank Industry Risk Analysis: Germany, Oktober 2000, S. 9 f.

[151] Gloyens, J.I.B.L., Issue 3, 2002, S. 53; von Friesen, Staatliche Haftungszusagen, S. 139; von Livonius, Öffentlich-rechtliche Kreditinstitute und EU-Beihilferegime, S. 97; Gleske, Wettbewerb öffentlicher und privater Kreditinstitute, S. 206.

[152] Stern, Sparkasse 1997, S. 400; Schneider / Busch, EuZW 1995, S. 608.

[153] EuGH Rs. 310/85, Deufil GmbH & Co. KG gegen Kommission, Slg. 1987, S. 901, Rdn. 8; Rs. 173/73, Italien gegen Kommission, Slg. 1974, S. 709, Rdn. 26, 28; Müller-Graff, ZHR 1988, S. 416; Habersack, ZHR 1995, S. 672 f; Hakenberg / Tremmel, EWS 1999, S. 168.

ken und deren Haftungsverhältnissen indes kaum der Fall ist.[154] Stand-Alone-Ratings vergleichen die Finanzstruktur einer Bank ohne externe Unterstützungsmechanismen wie Garantien oder Patronatserklärungen und somit nur aufgrund ihrer eigenen Finanzkraft („Bank Financial Strength Rating (BFSR)" bei Moody's[155] und „IBCA Individual Rating" bei Fitch IBCA). Dabei zielen sie nicht auf eine Bewertung der Risiken im Hinblick auf eine Einhaltung der jeweiligen Zahlungsverpflichtungen ab. Für die deutschen öffentlich-rechtlichen Kreditinstitute bedeutet dies, daß die Situation mit Gewährträger mit der ohne Gewährträger, das heißt ohne das Bestehen von Anstaltslast und Gewährträgerhaftung, zu vergleichen ist. Dadurch sollen externe Einflüsse ausgeschaltet werden.

Nach dem BSFR von Moody's erhielten die Landesbanken häufig ein Rating der Stufe „B", „C+" oder „C-", womit sie deutlich niedriger eingestuft und damit stärker herabgestuft werden als die privaten Banken, die in der Regel ein Rating im obersten Bereich erzielten.[156] Aus diesen Ratingdifferenzen kann zumindest geschlußfolgert werden, daß ihr wesentlicher Ursprung in der staatlichen Haftungsübernahme liegt. Ob insoweit auch von einer strengen Kausalität im Sinne eines „causal link" zwischen Anstaltslast und Gewährträgerhaftung und dem guten Credit-Rating der Landesbanken auszugehen ist, kann aufgrund der vielfältigen ein Rating beeinflussenden Faktoren offenbleiben.

Diese Stand-Alone-Ratings sind jedoch mit verschiedenen Problemen belastet. Zwar haben sie nur eine Ergänzungsfunktion zu den klassischen Ratings[157] Indes können sie nicht darstellen, mit welcher Wahrscheinlichkeit ein Kreditinstitut tatsächlich eine externe Unterstützung in Anspruch nimmt. Weiterhin verbietet sich aufgrund des Fehlens einer offiziellen Umrechnungstabelle jedweder Umrechnungsautomatismus zwischen der BFSR-Skala in die klassische Ratingskala. Außerdem sind sich die Ratingagenturen über die genauen Auswirkungen

---

[154] Vgl. Gleske, Wettbewerb öffentlicher und privater Kreditinstitute, Anhang III, S. 357 mit einer umfassenden Darstellung des Ratings deutscher Kreditinstitute aus den Jahren 1994 / 1995; Gloyens, J.I.B.L., Issue 3, 2002, S. 53; ebenfalls FAZ vom 26.8.2003, „Die Landesbanken nach 2005 – Fusionen, Privatisierungen, Holdings, Verbünde, Konzerne".

[155] Siehe die Definitionen der Rating-Stufen von „A" bis „E" mit Abstufungen von „+" / „-" in: „Rating Definitions" für BFSR-Ratings unter „www.moodys.com". „A" bedeutet dabei eine „hervorragende eigene Finanzkraft", „E" eine „sehr schwache eigene Finanzkraft"; Immenga / Rudo, Beurteilung von Gewährträgerhaftung und Anstaltslast, S. 98 f.

[156] Moody's Investors Service, Bank Credit Research, Monthly Ratings Lists, April 2002, S. 42 f; von Friesen, Staatliche Haftungszusagen, S. 146 f.

[157] Von Friesen, Staatliche Haftungszusagen, S. 145.

der öffentlichen Haftung und deren ratingerhöhenden Charakter selbst nicht einig.[158]

3. Methoden zur Berechnung des Beihilfewertes

Die durch Anstaltslast und Gewährträgerhaftung tatsächlich gewährten Vorteile sind in ihrer Gesamtheit grundsätzlich schwer zu messen, da die jeweiligen Unterschiede in der Refinanzierungsstruktur und in den betriebswirtschaftlichen Faktoren der einzelnen Kreditinstitute zu berücksichtigen sind. Gleichwohl bestehen zur Berechnung des Beihilfewertes verschiedene Berechnungsmethoden, die von der Kommission teils abstrakt, teils konkret angewandt wurden.

a) Das „non-paper" der Kommission

Die für Wettbewerb zuständige Generaldirektion IV der EU-Kommission hat in ihrem „non-paper"[159] versucht, die besseren Refinanzierungsbedingungen öffentlicher Kreditinstitute in Deutschland zahlenmäßig zu quantifizieren. Als Berechnungsmethode hat sie einen Vergleich angestellt zwischen den durchschnittlichen Finanzierungskosten der betreffenden Banken mit den hypothetischen Zinssätzen bei einem Verlust von Anstaltslast und Gewährträgerhaftung. Dieser Zielsetzung diente ein Vergleich zwischen dem tatsächlichen Rating und dem BFSR–Rating von Moody`s, bei dem die staatlichen Unterstützungsmechanismen unberücksichtigt blieben. Anschließend wurden diesen Ratings die durchschnittlichen Finanzierungskosten auf dem amerikanischen Finanzmarkt gegenübergestellt und eine Vergleichsberechnung erstellt. Letztlich geht die Kommission davon aus, daß ein Refinanzierungsvorteil zwischen 250 und 500 Mio. DM p.a. abhängig vom Refinanzierungsvolumen besteht.

Diese Berechnungsmethode besitzt allerdings den erheblichen Nachteil, daß entgegen der von der Kommission zugrundegelegten Annahme, daß bei Moody's ein BSFR-Rating der Stufe „C" der klassischen Rating-Stufe „A1" entspricht, keine Umrechnungstabelle besteht. Insoweit handelt es sich um eine bloße Prognoseentscheidung der Kommission, die nicht durch tatsächliche Fakten untermauert werden kann. Teilweise wird sogar von „Willkür" gespro-

---

[158] Von Friesen, Staatliche Haftungszusagen, S. 147.

[159] Generaldirektion IV der Kommission, Non Paper on the treatment of Anstaltslast and Gewährträgerhaftung of public legal form credit institutions in Germany in view of Art. 92 (1) of the Treaty (n.v.), S. 6 ff.

chen.[160] Außerdem hat die Kommission den Nominalwert aller (!) sich im Umlauf befindlichen Schuldverschreibungen der West LB mit US-Zinssätzen multipliziert, was der tatsächlichen Differenzierung im Bereich der Schuldverschreibungen nicht entspricht.[161]

b) „Mitteilung über die Anwendung der Artikel 87 und 88 EG-Vertrag auf staatliche Beihilfen in Form von Haftungsverpflichtungen und Bürgschaften"

In der „Mitteilung über die Anwendung der Artikel 87 und 88 EG-Vertrag auf staatliche Beihilfen in Form von Haftungsverpflichtungen und Bürgschaften"[162] nennt die Kommission mehrere Methoden zur Berechnung der jeweiligen Höhe der staatlichen Beihilfe.

Maßgebend sind allerdings die Einzelheiten der Garantie und des Kredites, wie die Laufzeit, die Höhe der Garantie und des Kredits, das Risiko eines Ausfalls des Kreditnehmers, der vom Kreditnehmer für die Garantie entrichtete Preis, die Beschaffenheit einer etwaigen gestellten Sicherheit, die Modalitäten und der Zeitpunkt einer möglichen Inanspruchnahme des Staates zur Zahlung einer Verbindlichkeit und die dem Staat zur Verfügung stehenden Mittel zur Beitreibung des Betrages vom Kreditnehmer nach Inanspruchnahme der Garantie.[163]

Zur Berechnung des Barzuschußäquivalents einer Kreditgarantie in einem Jahr soll im Falle einer Garantieregelung, worunter Anstaltslast und Gewährträgerhaftung zu subsumieren sind, folgendes Standardverfahren angewandt werden:

---

[160] Immenga / Rudo, Beurteilung von Gewährträgerhaftung und Anstaltslast, S. 101.

[161] Von Friesen, Staatliche Haftungszusagen, S. 159; zur Kritik ausführlich Immenga / Rudo, Beurteilung von Gewährträgerhaftung und Anstaltslast, S. 103.

[162] Mitteilung der Kommission über die Anwendung der Artikel 87 und 88 EG-Vertrag auf staatliche Beihilfen in Form von Haftungsverpflichtungen und Bürgschaften, ABl. EG Nr. C 71 vom 11.3.2000, S. 14 – 18. Eine vergleichbare Berechnungsmethode enthält außerdem die Mitteilung der Kommission über „de minimis"-Beihilfen, ABl. EG Nr. C 68 vom 6. März 1996, S. 9-10 (10).

[163] Mitteilung der Kommission über die Anwendung der Artikel 87 und 88 EG-Vertrag auf staatliche Beihilfen in Form von Haftungsverpflichtungen und Bürgschaften, ABl. EG Nr. C 71 vom 11.3.2000, S. 14 – 18, Punkt 3.1.

„die Differenz zwischen (a) dem ausstehenden garantierten Betrag, multipliziert mit dem Risikofaktor (Ausfallwahrscheinlichkeit), und b) allen gezahlten Garantieprämien, das heißt (garantierter Betrag x Risiko) – Prämie".[164]

In dem Risikofaktor sind bisher gemachte Erfahrungen mit Kreditausfällen in einer vergleichbaren Größenordnung zu berücksichtigen, wobei die Branche, die Unternehmensgröße und die Konjunkturlage zu berücksichtigen sind. Um den Gegenwartswert der Beihilfe, das heißt die Jahreszuschußäquivalente, zu berechnen, sind diese mit Hilfe des Referenzsatzes auf ihren Barwert abzuzinsen und dann zu einem Gesamtzuschußäquivalent zu addieren.[165]

Als Alternativen sind außerdem genannt:

- für individuelle Garantien als Standardvariante: die Berechnung des Zuschußäquivalents eines zinsvergünstigten Darlehens, wobei der Zinszuschuß die Differenz zwischen dem Marktzins und dem Zins ausmacht, der infolge der staatlichen Garantie zu zahlen ist, unter Abzug etwaiger Prämienzahlungen oder
- andere sachlich gerechtfertigte und allgemein akzeptierte Verfahren.

c) Berechnungsmethode anhand des „private investor test"

Bei der Berechnungsmethode der Kommission auf der Grundlage des „private investor test", welcher sich am Leitbild eines „marktwirtschaftlich handelnden privaten Kapitalgebers" orientiert, soll eine Beihilfe dann vorliegen, wenn im Rahmen einer ex-post-Beurteilung eine Maßnahme für einen privaten Kapitalgeber, der sich allein auf die Renditeerwartung des angelegten Kapitals stützt und diese mit den übernommenen Risiken vergleicht, als unannehmbar erscheint.[166]

---

[164] Mitteilung der Kommission über die Anwendung der Artikel 87 und 88 EG-Vertrag auf staatliche Beihilfen in Form von Haftungsverpflichtungen und Bürgschaften, ABl. EG Nr. C 71 vom 11.3.2000, S. 14 – 18, Punkt 3.2.

[165] Mitteilung der Kommission über die Anwendung der Artikel 87 und 88 EG-Vertrag auf staatliche Beihilfen in Form von Haftungsverpflichtungen und Bürgschaften, ABl. EG Nr. C 71 vom 11.3.2000, S. 14 – 18, Punkt 3.2.

[166] Entscheidung der Kommission vom 10.11.1999, Banco di Sicilia und Sicilcassa (2000/600/EG), ABl. EG Nr. L 256 vom 10.10.2000, S. 21 – 43, Rdn. 38.

Diese von der Kommission angewandte Vergleichsmethode dient grundsätzlich dazu, unternehmerisches Handeln des Staates auf Beihilfeelemente zu untersuchen. Dadurch sollen Wettbewerbsvorteile für öffentliche Unternehmen verhindert werden, weil sie die Finanzverfassung der Unternehmen und deren Stellung im Markt verändern. Untersucht wird, ob ein unter normalen Marktbedingungen rational handelnder privater Investor nach sachgemäßen wirtschaftlichen Überlegungen die Investition tätigen würde und ob sie mit seinem Ziel der Renditemaximierung vereinbar ist. Die Kommission beschreibt die Grundlagen wie folgt:

„Die Beachtung des Prinzips der Neutralität erfordert es, den Unterschied in den Bedingungen, zu denen die Mittel dem öffentlichen Unternehmen vom Staat bereitgestellt wurden, und den Bedingungen, zu denen ein privater Kapitalgeber, der unter normalen marktwirtschaftlichen Bedingungen handelt, bereit wäre, Mittel einem privaten Unternehmen zu überlassen, als Beihilfe zu bewerten.[167]

Normalerweise werden zur Untersuchung, inwieweit ein Unternehmen die Möglichkeit hat, sich die Gelder an privaten Kapitalmärkten zu besorgen, durch die Kommission verschiedene Kriterien angewandt, die aber nicht abschließend sind und eine vorherige Feststellung der Vereinbarkeit mit dem Beihilferecht nicht ermöglichen. Zu den Kriterien zählen unter anderem die Finanz- und Ertragslage des Unternehmens inklusive dessen Zahlungsfähigkeit, die potentielle Fremdfinanzierungskapazität, frühere Mittelzuführungen im Sinne von genehmigten Beihilfen oder rentabilitätsorientierten Finanzspritzen, das sektorale Umfeld des Unternehmens, andere betriebswirtschaftliche Gesichtspunkte und Umstrukturierungspläne, das Verhalten privater Beteiligter, die Rentabilitätsaussichten sowie der Zweck und der Umfang der Kapitalbeteiligung.[168]

Bei Beihilfen für Kreditinstitute durch Kapitalzuführungen (wobei es sich im konkreten Fall um Umstrukturierungsbeihilfen handelte, bei denen die gemein-

---

[167] Mitteilung der Kommission an die Mitgliedstaaten – Anwendung der Artikel 92 und 93 EWG-Vertrag und des Artikels 5 der Richtlinie 80/723/EW der Kommission über öffentliche Unternehmen in der verarbeitenden Industrie (91/C273/02), ABl. EG Nr. C 273 vom 18.10.1991, S. 2 – 17, geändert durch die Mitteilung der Kommission über die Anwendung der Art. 92 und 93 EWG-Vertrag auf Unternehmen der verarbeitenden Industrie (93/C307/03), ABl. EG Nr. C 307 vom 13.11.1993, S. 3 – 14.

[168] Soukup, ZögU, 1995, S. 22 ff; Martin-Ehlers, EWS 1999, S. 245 ff; Gleske, Wettbewerb öffentlicher und privater Kreditinstitute, S. 334.

schaftlichen Leitlinien für die Beurteilung von staatlichen Beihilfen zur Rettung und Umstrukturierung von Unternehmen in Schwierigkeiten[169] zu beachten sind) sind die Folgen für die Geschäftstätigkeit indes unter Beachtung der Solvabilitätskriterien zu bemessen.

Seit der Solvabilitätskoeffizientenrichtlinie von 1989[170] besteht ein gemeinsamer Standard für eine Risikogewichtung der Eigenkapitalausstattung der Kreditinstitute, soweit diese das Kredit- und Einlagengeschäft betreiben. Durch den Solvabilitätskoeffizienten werden die Eigenmittel eines jeden Kreditinstituts in Beziehung zu den nach ihrem Risiko gewichteten Aktiva und den risikotragenden außerbilanzmäßigen Geschäften gesetzt.[171] Diese müssen zu mindestens 8 % mit haftendem Eigenkapital unterlegt sein, was bedeutet, daß die risikotragenden Aktiva das 12,5-fache nicht übersteigen dürfen. Das haftende Eigenkapital muß wiederum mindestens zur Hälfte aus „Basiseigenmitteln" bestehen, welches Kapitalbestandteile umfaßt, die dem Kreditinstitut unbeschränkt und unmittelbar zur Verlustabdeckung zur Verfügung stehen. Weitere Eigenmittel von geringerer Qualität, die „ergänzenden Eigenmittel", werden nämlich nur in Höhe der vorhandenen Basiseigenmittel zur Unterlegung risikotragender Bankgeschäfte anerkannt.

Der Beihilfewert bestimmt sich bei Kapitalzuführungen letztlich danach, inwieweit sich der Bestand der nach dem Risiko gewichteten Aktiva ohne Kosten oder Gegenleistungen für das Kreditinstitut erhöht hat.[172] Dazu heißt es in einer Kommissionsentscheidung:

---

[169] Mitteilung der Kommission – Leitlinien für die Beurteilung von Staatlichen Beihilfen zur Rettung und Umstrukturierung von Unternehmen in Schwierigkeiten, ABl. EG Nr. C 368 vom 23.12.1994, S. 12 - 20.

[170] Richtlinie 89/647/EWG des Rates vom 18.12.1989 über einen Solvabilitätskoeffizienten für Kreditinstitute, ABl. EG Nr. L 386 vom 30.12.1989, S. 14 - 22; Die Umsetzung dieser Richtlinie in deutsches Recht erfolgte nicht direkt durch die 4. Novelle des Kreditwesengesetzes (KWG), sondern zunächst durch die Übernahme des Eigenmittelbegriffs aus der Eigenmittelrichtlinie in das KWG, wodurch das Bundesaufsichtsamt für das Kreditwesen in die Lage versetzt wurde, im Einvernehmen mit der deutschen Bundesbank die Grundsätze über das Eigenkapital nach § 10 Abs. 1 KWG an die Anforderungen dieser Richtlinie anzupassen. Die Neufassung der Grundsätze erfolgte zum 1. Januar 1993.

[171] Nicolaysen, Europarecht, S. 207.

[172] Entscheidung der Kommission vom 10.11.1999, Banco di Sicilia und Sicilcassa (2000/600/EG), ABl. EG Nr. L 256 vom 10.10.2000, S. 21 – 43, Rdn. 105 - 111.

„Eine Kapitalzufuhr in Höhe von 1 Mio. EUR oder eine Maßnahme mit ähnlicher Wirkung ermöglicht es beispielsweise einer Bank, den Bestand der risikogewichteten Aktiva (bei Einhaltung des vorgeschriebenen Solvabilitätskoeffizienten von 8 %) und damit das Niveau ihrer Geschäftstätigkeit zu erhöhen. Diese Maßnahme führt demnach zu einer potentiellen Wettbewerbsverfälschung bei Bankgeschäften in Höhe von 12,5 Mio. EUR (ohne die fragliche Beihilfe hätte die Bank ihren risikogewichteten Aktivbestand nicht um 12,5 Mio. EUR erhöhen können)."[173]

Wie von Livonius jedoch richtigerweise ausführt, ist eine Übertragung dieses Kapitalmarktmodells auf öffentliche Kreditinstitute nicht möglich, da bei Anstaltslast und Gewährträgerhaftung weder Eigenkapital direkt zur Verfügung gestellt, noch beim Gewährträger gebunden wird.[174] Gleichwohl stehen für eine Berechnung des Beihilfewertes von Anstaltslast und Gewährträgerhaftung die oben dargestellten anderen Berechnungsmodelle zur Verfügung.

II. Wettbewerbsverfälschung und Handelsbeeinträchtigung

Aufgrund der durch die erstklassigen Ratings hervorgerufenen deutlichen Refinanzierungs- und Kostenvorteile, die insbesondere den Landesbanken im Gegensatz zu ihren privaten nationalen und internationalen Konkurrenten zugute kommen, ist gerade im Geschäftsbankbereich und dem Derivatgeschäft eine Wettbewerbsverfälschung gegeben. Dies gilt um so stärker aufgrund des hohen Marktanteils der öffentlichen Banken in diesen Tätigkeitsfeldern. Die Wettbewerbssituation der öffentlichen Banken wird somit im Vergleich zu anderen nationalen und internationalen Kreditinstituten, die nicht über die Vorteile der öffentlichen Haftung verfügen, deutlich gestärkt, zumal für die Geschäftsbereiche der als Universalbanken tätigen öffentlichen Banken, die über den öffentlichen Auftrag hinausgehen. Aufgrund des gemeinschaftlichen Bankenwettbewerbs wird von den Wettbewerbsvorteilen auch der zwischenstaatliche Handel betroffen, demzufolge von einer Handelsbeeinträchtigung auszugehen ist. Auf eine besondere Spürbarkeit oder Intensität der Auswirkungen kommt es nicht an.

---

[173] Entscheidung der Kommission vom 10.11.1999, Banco di Sicilia und Sicilcassa (2000/600/EG), ABl. EG Nr. L 256 vom 10.10.2000, S. 21 – 43, Rdn. 109.
[174] Von Livonius, Öffentlich-rechtliche Kreditinstitute und EU-Beihilferegime, S. 93 f.

III. Anstaltslast und Gewährträgerhaftung als beihilfeausschließende Gegenleistung für die Erfüllung öffentlicher Aufgaben

Die Landesbanken und Sparkassen erfüllen im Rahmen ihrer bankgeschäftlichen Tätigkeiten einen sog. „öffentlichen Auftrag". Üblicherweise könnten sie für diese Erfüllung ein marktgerechtes Entgelt von ihren Trägern verlangen, als welches möglicherweise die öffentliche Haftung angesehen werden kann. Dies könnte dazu führen, daß das für eine Beihilfe relevante Kriterium der Unentgeltlichkeit und der fehlenden Gegenseitigkeit nicht mehr gegeben ist und daß dadurch der Beihilfetatbestand ausgeschlossen sein könnte. Allerdings wird die Erfüllung von Dienstleistungen von allgemeinem wirtschaftlichem Interesse durch öffentliche Unternehmen im Gemeinschaftsrecht durch die Schlüsselnorm des Art. 86 Abs. 2 EGV umfaßt.[175] Bis zur Brüsseler „Verständigung" und der Kommissionsentscheidung Nr. E 10/2000 wurde allerdings weitestgehend die Auffassung vertreten, daß Anstaltslast und Gewährträgerhaftung als potentiell beihilfeausschließende Gegenleistung und als Nachteilsausgleich für die Erfüllung öffentlicher Aufgaben nicht die Wirksamkeit des Beihilfeverbots und den Beihilfetatbestand an sich betreffen, sondern erst im Rahmen von Art. 86 Abs. 2 EGV als Bereichsausnahme und als mögliche Rechtfertigung einer Beihilfe zu prüfen sind. Dies war gängige Entscheidungspraxis der Kommission und des Gerichtshofes.[176] Eine andere Beurteilung ergibt sich indes aus der neueren Rechtsprechung des EuGH. In diesem Teil der Arbeit wird die Brüsseler „Verständigung" allerdings anhand des zum Zeitpunkt der „Verständigung" geltenden Gemeinschaftsrechts beurteilt. Die neue Rechtsprechung fließt statt dessen im Rahmen des vierten Teils der Arbeit in die Überlegungen mit ein, welche Auswirkungen daraus für die Landesbanken und Sparkassen resultieren.

1. Der öffentliche Auftrag

Der Begriff des „öffentlichen Auftrags" der Landesbanken und Sparkassen besagt, daß ihnen aufgrund gesetzlicher Regelung bestimmte Aufgaben zur Erfüllung im Interesse der Allgemeinheit zugewiesen worden sind. Er umfaßt regional- und sparkassenwirtschaftliche sowie kommunale Förderaufgaben sowie eine Wettbewerbssicherungsfunktion, indem die öffentlich-rechtlichen Kreditinstitute gegenüber den beiden anderen Bankengruppen die finanzwirtschaftliche

---

[175] Gärtner, ZBB 1998, S. 9.
[176] Siehe 5. Teil D. I. 1. sowie III. 3.; siehe dazu auch von Friesen, Staatliche Haftungszusagen, S. 160 ff, 268.

Versorgung von Bevölkerung und Wirtschaft zu gemeinwohlorientierten Bedingungen sicherstellen sollen. Die Wettbewerbsenquête der Bundesregierung äußerte sich im Jahre 1968 zum öffentlichen Auftrag explizit dahingehend, daß sie einen Subsidiaritätsgrundsatz im Verhältnis der Landesbanken und Sparkassen zu privatrechtlich organisierten Banken annimmt:

> „Öffentlich-rechtliche Kreditinstitute sind auf Grund ihres besonderen Status Teil der mittelbaren Staatsverwaltung. Sie verdanken ihre Entstehung dem Umstand, daß der Staat es aus wirtschafts- oder sozialpolitischen Gründen für erforderlich hielt, bestimmte bankgeschäftliche Tätigkeiten, die von der privaten Kreditwirtschaft nicht oder jedenfalls nicht in dem für erforderlich gehaltenen Umfang durchgeführt wurden, durch eigene Institute wahrnehmen zu lassen. Diese öffentlich-rechtlichen Kreditinstitute hatten und haben also den besonderen Auftrag, im Sinne der Daseinsvorsorge bestimmte Lücken in der Versorgung der Bevölkerung mit Bankleistungen zu schließen.".[177]

Im einzelnen lassen sich folgende Gemeinwohlzwecke unterscheiden:

- die „Förderungsfunktion" mit dem Ziel, den Sparsinn und die Vermögensbildung aller Bevölkerungsgruppen zu fördern,
- die „Garantiefunktion" als Versorgungsauftrag zur Kreditgewährung gegenüber dem Mittelstand und finanzschwachen Bevölkerungsgruppen,
- die „Gewährleistungs- und Vorhaltefunktion" zur flächendeckenden Versorgung mit Bankdienstleistungen,
- die „Hausbankfunktion" gegenüber der öffentlichen Hand zur Abwicklung von Geldgeschäften und als Verpflichtung zur kreditwirtschaftlichen Unterstützung öffentlicher Aufgaben der Anstaltsträger sowie
- die „Wettbewerbssicherungs- und Korrekturfunktion" zur Gewährleistung des kreditwirtschaftlichen Wettbewerbs.[178]

Verbunden mit dem öffentlichen Auftrag ist das Prinzip der Gemeinnützigkeit, welches einen unbestimmten Rechtsbegriff darstellt und seinen Ausdruck in einer sozialen Verpflichtung im Geld- und Kreditwesen gegenüber den Bürgern

---

[177] Wettbewerbsenquête, S. 40.
[178] Steiner, Bankenmarkt und Wirtschaftsordnung, S. 77 f; Schlierbach, Sparkassenrecht, S. 48 ff, 116 ff; Gleske, Wettbewerb öffentlicher und privater Kreditinstitute, S. 73 ff mwN; Vogel, ZBB-Report 2001, S. 104.

und Einwohnern der jeweiligen Anstaltsträger als öffentlich-rechtliche Körperschaften und im Verzicht auf primär erwerbswirtschaftliches Gewinnstreben und Gewinnmaximierung findet.[179] Sie zählen als Anstalten des öffentlichen Rechts im Bereich der staatlichen Daseinsvorsorge zur vollziehenden Gewalt.[180]

2. Die Tatbestandsmerkmale des Art. 86 Abs. 2 EGV

Nach Art. 86 Abs. 2 EGV dürfen Unternehmen, die mit „Dienstleistungen von allgemeinem wirtschaftlichem Interesse" betraut sind, in bestimmtem Umfang staatliche Wettbewerbsvorteile gewährt werden, sofern dies nicht die Erfüllung der jeweiligen (Gemeinwohl-) Aufgabe verhindert und den gemeinschaftlichen Handel nicht übermäßig behindert. Der EuGH hat in der jüngeren Vergangenheit die Anforderungen an die „Verhinderung der Aufgabenerfüllung" beträchtlich verringert und den Mitgliedstaaten einen gerichtlich nur eingeschränkt überprüfbaren Beurteilungsspielraum zur Bestimmung dieser besonderen Dienstleistungen zugestanden.[181] Als Ausnahmeregelung ist das Merkmal der „Verhinderung" eng auszulegen. Art. 86 Abs. 2 EGV normiert somit keine generelle Bereichsausnahme oder eine generelle Freistellung vom Beihilfeverbot und den Wettbewerbsregeln der Art. 85 bis 94 EGV über die in Art. 86 Abs. 2 EGV zugelassenen Ausnahmen hinaus, die mithin auch den rentablen Geschäftssektoren zugute käme, sondern erkennt das Bestehen verschiedener spezifischer Aufgaben an, aus denen die Nichtanwendung einzelner Bindungsvorschriften resultieren kann.[182] Koenig spricht insoweit von zulässigen „sektorielle(n) Ausgleichsmaßnahmen".[183] Dadurch behalten die Wettbewerbsregeln auch ihre praktische Wirksamkeit, ihren „effet utile".

Bei Dienstleistungen von allgemeinem wirtschaftlichem Interesse handelt es sich um das öffentliche, an gleichmäßigen Kriterien ausgerichtete Interesse in den Mitgliedstaaten und nicht der Gemeinschaft.[184] Dabei muß es sich um Aufgaben handeln, zu deren Erfüllung die Unternehmen auch dann verpflichtet sind,

---

[179] Schlierbach, Sparkassenrecht, S. 46 f. Hierzu gehört bsp. der Verzicht auf Spekulationskredite.

[180] BGH DVBl. 2003, S. 942 (942); st. Rsprg. seit BVerfGE 75, 192 (197 ff); BVerwGE 41, 195 (196 f); BayVerfGH, DVBl. 1986, S. 39 (41).

[181] FAZ vom 23.10.2001, „Öffentliche Dienste zwischen Markt und Staat" von Johann-Christian Pielow.

[182] Burgi, EuR 1997, S. 277.

[183] Koenig, EuZW 1995, S. 598.

[184] Mestmäcker, RabelsZ, 1988, S. 564 f.

wenn es für diese aus marktwirtschaftlicher Sicht nicht lohnend und erfolgversprechend wäre.[185] Eine Betrauung von Unternehmen im Sinne dieser Norm kann nur durch einen Hoheitsakt der öffentlichen Hand erfolgen, weswegen die tatsächliche Wahrnehmung aus wirtschaftlichen Gründen nicht ausreicht.[186]

Außerdem ist einzelfallorientiert die rechtliche oder tatsächliche Verhinderung der Aufgabenerfüllung zu prüfen. Die Beweislast trägt das öffentliche Unternehmen, das Art. 86 Abs. 2 EGV in Anspruch nehmen möchte, beziehungsweise der betreffende Mitgliedstaat. Eine rechtliche Verhinderung ist dann anzunehmen, wenn durch das Gemeinschaftsrecht eine mitgliedstaatliche rechtliche Regelung verdrängt werden würde; eine tatsächliche Verhinderung in dem Fall, wenn die Aufgabenerfüllung wirtschaftlich unmöglich wird.[187] Nicht ausreichend ist hingegen im Sinne einer restriktiven Auslegung dieses Begriffs eine Behinderung oder Erschwerung; statt dessen muß die Anwendung des EGV mit den Aufgaben des betreffenden Unternehmens nachweislich unvereinbar sein.[188] Dieser Erlaubnisvorbehalt steht aber selbst wiederum unter dem Vorbehalt des Schutzes des Gemeinschaftsinteresses nach Art. 86 Abs. 2 S. 2 EGV als absoluter Grenze des Art. 86 Abs. 2 S. 1 EGV.[189] Danach darf die Entwicklung des Handelsverkehrs nicht in einem Ausmaß beeinträchtigt werden, das dem Interesse der Gemeinschaft zuwiderläuft, das heißt dem Interesse an der Verwirklichung des Ziel-Aufgaben-Kataloges des EGV.

3. Bewertung

Am Fall der Landesbanken und Sparkassen ist somit zu untersuchen, ob die Anwendung des Beihilfeverbots auf die Haftungsinstitute der Anstaltslast und der Gewährträgerhaftung die Auftragserfüllung durch die öffentlich-rechtlichen Kreditinstitute „verhindern" würde. Unproblematisch ist, daß durch die gesetzli-

---

[185] Mestmäcker, RabelsZ, 1988, S. 565.
[186] EuGH, Rs. 127/73, Belgische Radio en Televisie gegen SV Sabam und NV Fonior, Slg. 1974, S. 313 (318); Rs. 172/80, Gerhard Züchner gegen Bayerische Vereinsbank AG, Slg. 1981, S. 2021 (2030); Scherer / Schödermeier, ZBB, 1996, S. 167; zum Begriff der Betrauung: Gleske, Wettbewerb öffentlicher und privater Kreditinstitute, S. 318 f.
[187] Mestmäcker, RabelsZ, 1988, S. 569; insbesondere EuGH, Rs. C-320/91, Corbeau, Slg. 1993, S. I-2533, Rdn. 15 f.
[188] Schmid / Vollmöller, NJW 1998, S. 718.
[189] Mestmäcker, RabelsZ, 1988, S. 570.

che Auferlegung des öffentlichen Auftrags gegenüber den Landesbanken und Sparkassen das Kriterium der „Betrauung" erfüllt ist.[190]

Soweit vorgetragen wurde, daß Anstaltslast und Gewährträgerhaftung zwingende Funktionserfordernisse der öffentlichen Banken seien, deren Aufgabenerfüllung allein durch die Rechtsform einer Anstalt des öffentlichen Rechts möglich sei, reicht dies allein allerdings nicht aus, um eine Verhinderung zu begründen.[191] Denn die Mitgliedstaaten sind nach Art. 86 Abs. 1 i.V.m. Art. 10 Abs. 1, 2 EGV dazu verpflichtet, alle Maßnahmen zu treffen, damit die öffentlichen Unternehmen weitestgehend den gemeinschaftsrechtlichen Wettbewerbsregeln entsprechen.[192] Letztlich ist der erforderliche Nachweis der Verhinderung der öffentlichen Auftragserfüllung bislang von Seiten der öffentlichen Banken nicht erfolgt. Anstaltslast und Gewährträgerhaftung hätten vielmehr nur insoweit gewährt werden dürfen, als dies zum Ausgleich tatsächlich entstandener Kosten durch die den Landesbanken und Sparkassen übertragenen und teilweise unrentablen öffentlichen Aufgaben und zu deren Funktionssicherung erforderlich gewesen ist. Die staatliche Einstandspflicht gilt allerdings unterschiedslos, undifferenziert und umfassend für alle Geschäftsbereiche und für die gesamte Geschäftstätigkeit der Landesbanken und Sparkassen sowie unabhängig davon, ob sie mit einem öffentlichen Auftrag zusammenhängen oder nicht.[193] Die übertragenen öffentlichen Aufgaben sind im Grundsatz auch ohne Anstaltslast und Gewährträgerhaftung erfüllbar. Somit liegt eine beihilferechtlich relevante Überkompensation vor, bei der die Vorteile von Anstaltslast und Gewährträgerhaftung die aus der öffentlichen Aufgabenerfüllung herrührenden Nachteile übersteigen und gerade nicht auf die Abdeckung der den öffentlichen Banken tatsächlich anfallenden Kosten als Ergebnis der öffentlichen Aufgabenerfüllung beschränkt bleiben. Deswegen kann eine pauschale Befreiung von den Wettbewerbsregeln des EGV nicht erfolgen.

IV. Ergebnis

Anstaltslast und Gewährträgerhaftung sind staatliche Beihilfen im Sinne von Art. 87 Abs. 1 EGV.

---

[190] Gleske, Wettbewerb öffentlicher und privater Kreditinstitute, S. 319.
[191] Schneider, DB 1992, S. 773.
[192] Koenig, EWS 1998, S. 151.
[193] Schmid / Vollmöller, NJW 1998, S. 718; von Friesen, Staatliche Haftungszusagen, S. 236.

4. Teil: Die Brüsseler „Verständigung" und die Kommissionsentscheidung Nr. E 10/2000

A. Hintergrund der Brüsseler „Verständigung"

Angesichts der verhärteten Positionen in den jahrelangen Auseinandersetzungen ist zu fragen, was die wesentlichen Motivationen gewesen sind, die insbesondere auf Seiten der öffentlichen Banken anstelle einer gerichtlichen Entscheidung eine (für viele überraschende) Kompromißlösung haben möglich werden lassen.

Die wesentlichen Gründe für die Zustimmung des DSGV zur Brüsseler „Verständigung" als Grundlage der späteren Kommissionsentscheidung (unter Aufrechterhaltung seiner bisherigen rechtlichen Positionen) liegen vor allem im Wunsch nach einer möglichst schnellen und umfassenden Rechtssicherheit für die öffentlichen Banken im Wege einer Beilegung der Wettbewerbsbeschwerde auf dem Verhandlungsweg.[194] Dem hätte eine jahrelange belastende Schwebesituation infolge (gerichtlicher) Streitigkeiten entgegengestanden. Denn gegen eine Entscheidung der EU-Kommission wäre der Rechtsweg vor dem Europäischen Gerichtshof eröffnet gewesen, den die unterlegene Partei mit Sicherheit gegangen wäre. Dies hätte gerade in einem immer schärfer werdenden Wettbewerb auf dem Bankenmarkt zu einer erheblichen Verunsicherung der Kunden und Geschäftspartner führen können. Außerdem ermögliche die „Verständigung" die Bewahrung der Einheitlichkeit und der Wettbewerbsfähigkeit der Sparkassen-Finanzgruppe, wobei ausreichend Raum für maßgeschneiderte Lösungen in den einzelnen Bundesländern vorhanden bleibe.[195]

Darüber hinaus wurde die Brüsseler „Verständigung" noch aus anderen Gründen vom DSGV befürwortet. Die Vereinbarkeit der wirtschaftlichen Aktivitäten der Landesbanken und Sparkassen mit dem EG-Recht könne nicht länger angezweifelt werden, die europäische Transparenzrichtlinie sei nicht anwendbar, unberührt geblieben seien die öffentliche Trägerschaft durch Länder und Kommunen, die Rechtsform als Anstalten des öffentlichen Rechts und der öffentliche Auftrag, da die Verständigung nur die Haftungssysteme betroffen habe.[196] Gleiches gelte für die Beibehaltung des Regional- und des Verbundprinzips mit seiner

---

[194] Pressemitteilung des DSGV vom 17. Dezember 2001.

[195] Matthiesen, Vortrag auf der Euroforum-Konferenz, S. 7.

[196] Matthiesen, Vortrag auf der Euroforum-Konferenz, S. 31; Berndt, Vortrag auf der Euroforum-Konferenz, S. 2 ff.

subsidiären Zusammenarbeit zwischen Landesbanken und Sparkassen und der Orientierung der Geschäftspolitik am Gemeinwohl.[197] Die vereinbarten Übergangsfristen sollen gegenüber den Gläubigern von Landesbanken und Sparkassen den Vertrauensschutz sichern und geben den öffentlichen Banken, den Investoren, den Unternehmen und den Finanzmärkten ausreichend Zeit zur Anpassung und internen Umstrukturierung. Gerade die Transparenzrichtlinie, die andernfalls zur Anwendung gekommen wäre, hätte dazu geführt, daß die den öffentlichen Banken aus dem öffentlichen Auftrag entstehenden Kosten den Vorteilen aus dem öffentlichen Haftungssystem gegenübergestellt worden wären, was ebenfalls zu dauerhaften Differenzen mit der Brüsseler Kommission hätte führen können.

Die gleiche Auffassung wie der DSGV vertreten auch der Bundesverband Öffentlicher Banken Deutschlands (VÖB) und die Landesbank Kiel.[198] Beide betonen vor allem die durch die Einigung erzielte Rechts- und Planungssicherheit für die öffentlichen Banken. Die Bundesregierung weist ihrerseits darauf hin, daß durch die Brüsseler „Verständigung" und die vierjährige Übergangsfrist bis 2005 eine verläßliche Grundlage für die erforderliche Umstellung der Geschäftspolitik der öffentlichen Banken an die geänderten Rahmenbedingungen gefunden wurde, die ihnen zudem ausreichend Rechtssicherheit verschaffe.[199]

Der Bundesverband deutscher Banken zeigte sich ebenfalls erfreut über die Beseitigung der seiner Ansicht nach durch Anstaltslast und Gewährträgerhaftung hervorgerufenen Wettbewerbsverzerrungen. Er erwartet insbesondere Folgen für die Bewertung der Bonität und das Rating der öffentlichen Banken.[200]

---

[197] Krämer, Vortrag auf der Euroforum-Konferenz, S. 5; Berndt, Vortrag auf der Euroforum-Konferenz, S. 5.

[198] Bundesverband öffentlicher Banken Deutschlands, VÖB, Aktuelles IV/2001, Punkt I-II.1.1., Quelle: www.voeb.de/content_frame/downloads/4_2001.pdf sowie VÖB, Stellungnahme zu den künftigen Haftungsstrukturen der deutschen Landesbanken; Landesbank Kiel: „Einigung sorgt für Rechts- und Planungssicherheit", Stellungnahme zur Verständigung mit der EU-Kommission über Anstaltslast und Gewährträgerhaftung.

[199] Pressemitteilung der Bundesregierung vom 18. Juli 2001.

[200] FAZ vom 2.3.2002, „Die Landesbanken erhalten eine Schonfrist".

B. Der Inhalt der Kommissionsentscheidung im einzelnen

I. Einstufung als Beihilferegelung

Anstaltslast und Gewährträgerhaftung werden anhand der Kommissionsentscheidung und entsprechend den von der Kommission vorgeschlagenen zweckdienlichen Maßnahmen von Mai 2001 als Beihilferegelung eingestuft und zwar als bestehende Beihilfe nach Art. 88 Abs. 1 EGV.[201]

II. Geltungsbereich für alle Landesbanken und Sparkassen

Die Kommissionsentscheidung hat eine umfassende Wirkung, indem alle Landesbanken und Sparkassen inklusive aller öffentlich-rechtlichen Tochterunternehmen vom Geltungsbereich der Kommissionsentscheidung betroffen sind. Ausnahmeregelungen für einzelne öffentlich-rechtliche Kreditinstitute (abgesehen von den Sonderregelungen für die deutschen Spezialkreditinstitute) bestehen nicht. Umfaßt werden auch die sog. „freien Sparkassen" wie die Frankfurter Sparkasse.[202]

III. Ersetzung der Anstaltslast durch normale marktwirtschaftliche Eigentümerbeziehungen

Die Anstaltslast bleibt bis zum 18. Juli 2005 in ihrer bisherigen Form bestehen.[203] Danach wird sie durch normale marktwirtschaftliche Eigentümerbeziehungen ersetzt. Übergangsregelungen bestehen für die Anstaltslast nicht.

Dabei wird ausdrücklich auf das Verhältnis zwischen einem privaten Anteilseigner und einem Unternehmen in einer GmbH-Rechtsform Bezug genommen. Eine Kapitalisierungsverpflichtung, ein Anspruch auf Kapitalisierung seitens des öffentlichen Kreditinstituts oder ein Automatismus zu wirtschaftlichen Unterstützungsmaßnahmen durch den Anstaltsträger wird künftig nicht mehr bestehen. Gleiches gilt für eine unbeschränkte Haftung des Trägers für die Verbindlichkeiten des öffentlichen Kreditinstituts. Ausgeschlossen sind damit auch mittelbare Verpflichtungen wie zum Beispiel Absichtserklärungen oder Garantien zur Bestandsgewährleistung. Für Verbindlichkeiten haftet somit allein die jewei-

---

[201] Kommissionsentscheidung Nr. E 10/2000, Letter to the Member State, S. 5, Punkte 3, 7.
[202] Kommissionsentscheidung Nr. E 10/2000, Letter to the Member State, S. 8, Punkt 4.
[203] Kommissionsentscheidung Nr. E 10/2000, Letter to the Member State, S. 9, Punkt 6 a).

lige Landesbank oder Sparkasse mit ihrem eigenen Vermögen als Haftungsmasse, während die Haftung des Landesbankträgers auf das satzungsmäßige Kapital beschränkt ist und der Sparkassenträger nicht für die Verbindlichkeiten der Sparkassen haftet.

Dies bedeutet, daß wirtschaftliche Unterstützungsmaßnahmen, die der Träger zur Unterstützung des jeweiligen Kreditinstituts im Rahmen von dessen Aufgabenerfüllung weiterhin vornehmen kann, zwar generell möglich bleiben, aber allein in Übereinstimmung mit den europarechtlichen Beihilferegelungen zulässig sind und gewährt werden dürfen.

IV. Abschaffung der Gewährträgerhaftung und Erlaß von „Grandfathering"(Übergangs-)-Regelungen

Die Gewährträgerhaftung wird abgeschafft.[204] Zugleich werden sog. „Grandfathering"-Regelungen erlassen. Diese beinhalten als Übergangsvorschriften die Gewährleistung von Vertrauensschutz und die Sicherstellung eines Rückwirkungsverbotes für bestehende und während einer vierjährigen Übergangsfrist begebene Verbindlichkeiten der Landesbanken und Sparkassen.[205] Sie beziehen sich allein auf die Gewährträgerhaftung, die bislang in allen Gesetzen über Landesbanken und Sparkassen ausdrücklich normiert gewesen ist.[206]

Innerhalb der „Grandfathering"-Regelungen wird zwischen den folgenden drei zeitlich abgestuften Varianten differenziert, bei denen es auf die Unterscheidung zwischen Alt- und Neuverbindlichkeiten sowie zwischen Begründungs- und Fälligkeitszeitpunkt ankommt:

---

[204] Kommissionsentscheidung Nr: E 10/2000, Letter to the Member State, S. 7, Punkt 2.1.

[205] Kommissionsentscheidung E 10/2000, Letter to the Member State, S. 9 f, Punkt 6.

[206] Immenga / Rudo, Beurteilung von Gewährträgerhaftung und Anstaltslast, S. 26 f; So heißt es zum Beispiel in § 5 des niedersächsischen Sparkassengesetzes: „Für die Verbindlichkeiten der Sparkasse haftet der Gewährträger unbeschränkt. Die Gläubiger der Sparkassen können ihn nur in Anspruch nehmen, soweit sie aus dem Vermögen der Sparkasse nicht befriedigt werden." Oder in § 3 des HessSpkG: „Für die Verbindlichkeiten der Sparkasse haftet der Gewährträger unbeschränkt. Die Gläubiger der Sparkasse können den Gewährträger nur in Anspruch nehmen, soweit sie aus dem Vermögen der Sparkasse nicht befriedigt werden."

1. Verbindlichkeiten, die vor dem 18. Juli 2001 begründet wurden

Für Verbindlichkeiten, die vor dem 18. Juli 2001 begründet wurden und somit zu diesem Zeitpunkt bestehen, bleibt die Gewährträgerhaftung bis zum Ende der jeweiligen Laufzeiten unverändert und damit zeitlich unbegrenzt bestehen (unbefristetes „Grandfathering" für Altverbindlichkeiten). Dies gilt unabhängig von der Laufzeit der Verbindlichkeiten und deren Fälligkeitsdatum und folglich ohne zeitliche Begrenzung.

Davon umfaßt werden auch Verbindlichkeiten, die bis zum 18. Juli 2001 nachweislich und verbindlich handelsmäßig kontrahiert wurden. Dabei handelt es sich um mehraktige Entstehungstatbestände, bei denen ein hinreichender konkreter und verpflichtender Begründungsakt erfolgt ist, ohne daß der Entstehungszeitpunkt der Forderungen bereits vollständig abgeschlossen sein soll.

2. Verbindlichkeiten, die zwischen dem 18. Juli 2001 und dem 18. Juli 2005 begründet werden

Für Verbindlichkeiten, die in der Übergangsphase zwischen dem 18. Juli 2001 und dem 18. Juli 2005 begründet werden, unterfallen der Gewährträgerhaftung insoweit, als ihre Laufzeit, das heißt deren Fälligkeit, den 31. Dezember 2015 nicht überschreitet (befristetes „Grandfathering" für Neuverbindlichkeiten). Sofern deren Laufzeiten den 31. Dezember 2015 überschreiten und sie somit nach diesem Zeitpunkt fällig werden, entfällt die Gewährträgerhaftung.

3. Verbindlichkeiten, die nach dem 18. Juli 2005 begründet werden

Für diese letzte Gruppe an Verbindlichkeiten, das sind solche, die nach dem 18. Juli 2005 begründet werden, ist kein Rückgriff mehr auf die Grundsätze der Gewährträgerhaftung erlaubt. Hierfür gelten die neuen Haftungsmaßstäbe, die sich an normalen marktwirtschaftlichen Eigentümerbeziehungen orientieren müssen, in vollem Umfang.

Weiter heißt es in der Kommissionsentscheidung wie folgt:

„Die Träger werden ihren Verpflichtungen aus der Gewährträgerhaftung gegenüber den Gläubigern der bis zum 18. Juli 2005 vereinbarten Verbindlichkeiten umgehend nachkommen, sobald sie bei deren Fälligkeit ordnungsgemäß und schriftlich festgestellt haben, dass die Gläubiger dieser Verbindlichkeiten aus dem Vermögen des Instituts nicht befriedigt werden können. ... Insbesondere stellt die Nicht-Zahlung durch die betreffende Institution an die Gläubiger bei Fälligkeit der betreffenden Verbindlichkeit als solche keine hinreichende Bedingung für ein Recht der Gläubiger auf Zahlung durch den/die Träger dar. Erst sobald dieses Verfahren korrekt dadurch abgeschlossen ist, dass die Träger ordnungsgemäß und schriftlich festgestellt haben, dass die Gläubiger dieser Verbindlichkeiten aus dem Vermögen des Instituts nicht befriedigt werden können, haben die Gläubiger der betreffenden Verbindlichkeiten ein Recht auf Zahlung gegen die Träger."[207]

V. Insolvenzfall

Öffentlich-rechtliche Kreditinstitute sollen für den Insolvenzfall den gleichen Regeln wie private Institute unterworfen werden, was zu einer Gleichstellung der jeweiligen Gläubiger führt.[208]

Dies bedeutet insbesondere, daß § 12 Abs. 1 Nr. 2 HS 3 InsO nicht zur Anwendung kommen darf. Diese Norm sieht vor, daß das Insolvenzverfahren über das Vermögen einer juristischen Person des öffentlichen Rechts, welche der Aufsicht eines Landes untersteht, dann unzulässig ist, wenn das Landesrecht dies bestimmt.[209] Soweit dies in Landesgesetzen bislang ausgeschlossen gewesen ist, muß die Insolvenzfähigkeit öffentlicher Banken durch eine gesetzliche Regelung neu geschaffen werden.

Außerdem sind Landesbanken und Sparkassen als Anstalten des öffentlichen Rechts gemäß § 17 Abs. 2 BetrAVG bislang von der nach § 10 Abs. 1 BetrAVG bestehenden Beitragspflicht aller Arbeitgeber zur Insolvenzsicherung im Rahmen der betrieblichen Altersversorgung befreit gewesen.

---

[207] Kommissionsentscheidung E 10/2000, Letter to the Member State, Punkt 6 b) Abs. 4, c) Abs. 1.

[208] Kommissionsentscheidung Nr. E 10/2000, Letter to the Member State, S. 7, Punkt 2.2 c).

[209] Dies ist zum Beispiel in den Bundesländern Bayern (§ 25 des Gesetzes zur Ausführung des Gerichtsverfassungsgesetzes und von Verfahrensgesetzen des Bundes (AGGVG)), Baden-Württemberg (§ 45 AGGVG) und Rheinland-Pfalz (§ 8a des Gesetzes zur Ausführung der ZPO, des Gesetzes über die Zwangsversteigerung und die Zwangsverwaltung und der Konkursordnung) der Fall.

Schließlicht erfolgte eine Freistellung der öffentlichen Banken gemäß § 359 Abs. 2 S. 2 SGB III von der Zahlungspflicht von Insolvenzgeld nach § 183 SGB III. Das Insolvenzgeld (früher: Insolvenzausfallgeld) soll die Ansprüche der Arbeitnehmer für den Fall der Zahlungsunfähigkeit des Arbeitgebers absichern und wird nach § 185 Abs. 1 SGB III in Höhe des Nettoarbeitsentgelts geleistet, das sich ergibt, wenn das Arbeitsentgelt um die gesetzlichen Abzüge vermindert wird. Auch in diesem Punkt wird eine gesetzliche Änderung erforderlich.

VI. Institutssicherungsfonds

Hinsichtlich des Institutssicherungsfonds der öffentlich-rechtlichen Banken sieht die Kommissionsentscheidung die Abschaffung jeglicher Verpflichtungen von Trägern oder anderen öffentlichen Stellen zur Bereitstellung finanzieller Mittel vor.[210]

Aufgrund der Richtlinie über Einlagensicherungssysteme[211] bestehen für die jeweiligen Institutsgruppen insoweit eigene Sicherungseinrichtungen.[212] Diesen institutssichernden Einrichtungen im Sinne des Einlagensicherungs- und Anlegerentschädigungsgesetzes (EAG) kommt die Aufgabe zu, den Bestand der angeschlossenen Institute dadurch zu sichern, indem im Krisenfall Stützungsmaßnahmen erfolgen, durch die das betroffene Institut seine Verbindlichkeiten erfüllen kann. Dadurch können alle fälligen Ansprüche und alle anderen Ansprüche der Einleger erfüllt werden. Bei den öffentlich-rechtlichen Kreditinstituten besteht das Einlagensicherungssystem aus den satzungsrechtlich in Haftungsgemeinschaft miteinander verbundenen Sparkassenstützungsfonds der Sparkassen, der Sicherungsreserve der Landesbanken beim DSGV sowie dem Sicherungsfonds der Landesbausparkassen.[213] Ab dem 1. Januar 2006 soll ein neuer solidarischer Haftungsverbund der Sparkassen-Finanzgruppe in Kraft treten, der aus

---

[210] Kommissionsentscheidung Nr. E 10/2000, Letter to the Member State, S. 8, Punkt 3.

[211] Richtlinie 94/19/EW des Europäischen Parlaments und des Rates vom 30.5.1994 über Einlagensicherungssysteme, ABl. EG Nr. L 135 vom 31.5.1994, S. 5 - 14.

[212] Von Livonius, Öffentlich-rechtliche Kreditinstitute und EU-Beihilferegime, S. 89.

[213] Das Gesamtvolumen der Sparkassenstützungsfonds soll 0,003 % der Gläubigerforderungen betragen, wobei die von den Mitgliedssparkassen zu zahlenden Umlagen bis zu 50 % des Gesamtvolumens ausmachen, während für die übrigen 50 % eine Nachschußpflicht besteht. Die Sicherungsreserve der Landesbanken / Girozentralen soll 0,001 % der Einlagen von Nichtbankenkunden ohne Bauspareinlagen betragen. Außerdem Güde, Geschäftspolitik der Sparkassen, S. 168. Vor kurzem erging die Erste Verordnung zur Änderung der Verordnung über die Beiträge zur Entschädigungseinrichtung des Bundesverbandes Öffentlicher Banken Deutschlands GmbH vom 5. Juni 2003, BGBl. I S. 846.

elf regionalen Sparkassenstützungsfonds, der Sicherungsreserve der Landesbanken und dem Sicherungsfonds der Landesbausparkassen besteht, wobei das Gesamtvolumen um 50 Prozent auf rund 4,2 Mrd. € erhöht wird.[214] Künftig sollen zunächst die Barmittel und die Nachschußpflichten des betroffenen Stützungsfonds eingesetzt werden, und erst danach die übrigen Fonds der Gruppe in die Haftung eintreten.

C. Das Kriterium des „timeliness of payment"

Problematisch ist, ob durch die Kommissionsentscheidung die zeitgerechte Erfüllung von Gläubigerverbindlichkeiten am Fälligkeitstag, das sog. „timeliness of payment", gewahrt worden ist. Dieser Begriff hängt eng mit der Funktion, der Fortgeltung und dem Inhalt der Gewährträgerhaftung zusammen, die das Außenverhältnis der Landesbanken und Sparkassen zu ihren Gläubigern betrifft.

Von den Ratingagenturen wird die Wahrung des „timeliness of payment" jedoch gerade im Hinblick auf die Inhalte der Kommissionsentscheidung bezweifelt, was erhebliche Auswirkungen auf die künftige Entwicklung der Ratingbewertungen von Anleihen der öffentlich-rechtlichen Kreditinstitute bis zum Jahre 2015 hätte.[215] Die Haftung der Gewährträger nur für den Fall, daß eine Befriedigung von Gläubigerforderungen aus dem Vermögen des jeweiligen Kreditinstituts nicht möglich sei (so wie einige der bisherigen Gesetzesregelungen zur Gewährträgerhaftung formuliert waren[216]), reiche dazu nicht aus, denn dies könne derart ausgelegt werden, daß ein Vollstreckungstitel erforderlich sei oder letztlich eine Insolvenz vorliegen müsse. Standard & Poor's wartete insoweit auf eine Klärung durch den Gesetzgeber.[217]

Deshalb ist zunächst der inhaltliche Kerngehalt des Kriteriums des „timeliness of payment" zu bestimmen. Streitig ist insoweit, ob es sich bei der Gewährträgerhaftung um eine Ausfallbürgschaft oder um eine Ausfallgarantie handelt oder welche Regelungen überhaupt anwendbar sind. Bei einer Ausfallbürgschaft ist der Bürge dazu verpflichtet, den Gläubiger im Falle eines endgültigen Ausfalls der Hauptforderung zu befriedigen, wovon die Forderungen umfaßt werden, die

---

[214] Pressemitteilung des DSGV vom 18.12.2003, „Sparkassen-Finanzgruppe beschließt Weiterentwicklung gemeinsamen Haftungsverbundes"; FAZ vom 19.12.2003, „Sparkassen erweitern ihr Haftungssystem".
[215] Siehe dazu unten 4. Teil E.
[216] Jarass, WM 2002, S. 941.
[217] Gloyens, J.I.B.L., Issue 3, 2002, S. 57.

der Gläubiger trotz Anwendung gehöriger Sorgfalt nicht erlangen kann.[218] Zu dessen Sorgfaltspflichten zählen vor allem die Geltendmachung seines Anspruchs gegen den Hauptschuldner sowie die Zwangsvollstreckung und Verwertung anderer Sicherheiten des Hauptschuldners. Die Ausfallbürgschaft ist somit eine Eventualschuld, bei der der Gläubiger die Vermögenslosigkeit des Kreditinstituts und seinen Ausfall zu behaupten und zu beweisen hat.[219] Im Gegensatz zur Akzessorietät der Bürgschaft bezeichnet die Ausfallgarantie eine selbständige Verpflichtung, für einen bestimmten Erfolg einzutreten.[220]

Während die Gewährträgerhaftung im Bericht der Wettbewerbsenquête noch als eine Haftung für fremde Schuld in der Form einer Ausfallbürgschaft bezeichnet wird, die auf dem ordentlichen Rechtsweg verfolgt werden kann[221], spricht Schlierbach davon, daß sie als öffentlich-rechtliche Ausfallgarantie inhaltlich einer Ausfallbürgschaft weitgehend entspräche[222], und nach Auffassung von Gruson sollen die Regelungen über die Ausfallbürgschaft auf die Gewährträgerhaftung gar nicht anwendbar sein.[223]

Jarass befürwortet ebenfalls die Einstufung der Gewährträgerhaftung als einer Ausfallbürgschaft.[224] Die Bürgschaftsregelungen nach §§ 765 ff BGB, vor allem die Einrede der Vorausklage nach § 771 BGB, seien auch auf die gesetzlichen Bürgschaftspflichten im Rahmen der Gewährträgerhaftung anzuwenden.[225] Es bestehe eine Subsidiarität der Gewährträgerhaftung gegenüber der Haftung des Kreditinstituts, wonach ein Gewährträger erst dann in Anspruch genommen werden könne, wenn eine Befriedigung aus dem Vermögen der Bank nicht möglich sei. Die Bankgläubiger müßten demnach zunächst einen Zwangsvollstreckungsversuch in das gesamte Vermögen der Bank unternehmen, sofern nicht

---

[218] Sprau, in: Palandt, Einf. vor § 765, Rdn. 11 mwN.
[219] Schlierbach, Sparkassenrecht, S. 138, Rümker, FS Stiefel, S. 619; Schneider, FS Riesenfeld, S. 248, meint, daß der Anspruch im Verwaltungsrechtsweg geltend zu machen sei.
[220] Jarass, WM 2002, S. 944.
[221] Wettbewerbsenquête, S. 49; so auch Gleske, Wettbewerb öffentlicher und privater Kreditinstitute, S. 203; Kemmler, DVBl. 2003, S. 100.
[222] Schlierbach, Sparkassenrecht, S. 138; von einer Ausfallgarantie ausgehend: Koenig, EuZW 1995, S. 597, Koenig, EWS 1998, S. 150 sowie Geiss, Rechtsstaatliche Grundsätze im Beihilferecht, S. 38.
[223] Gruson, Gutachten für VÖB, S. 3: „The civil-law rules which were developed with regard to guarantees of collection do not apply to the public-law claim under the Guaranty Obligation."
[224] Jarass, WM 2002, S. 941 ff.
[225] Jarass, WM 2002, S. 943.

objektiv feststünde, daß die Zwangsvollstreckung in das Vermögen der Bank nicht zur Befriedigung der Forderungen führen wird. Diesem Zwangsvollstreckungsversuch müßte wiederum eine Klage gegen die Bank vorausgehen, sofern keine vollstreckbare Urkunde vorläge. Letztlich würde diese Ansicht zu einer erheblichen zeitlichen Verzögerung der Befriedigung der Gläubigerforderungen führen; die zeitgerechte Erfüllung von Gläubigerverbindlichkeiten wäre letztlich nicht gesichert.

Im Gegensatz dazu meint Gruson, daß die subsidiäre Haftung der Gewährträger bei der Gewährträgerhaftung gegenüber der Haftung des betroffenen Kreditinstituts unabhängig von einem Titel gegen eine Landesbank oder eine Sparkasse und / oder einem erfolglosem Vollstreckungsversuch in das Vermögen der Gewährträger eintrete.[226] Die Regelungen des privatrechtlichen Bürgschaftsrechts mit der Einrede der Vorausklage könnten nicht auf die gesetzlich und nicht vertraglich begründete Gewährträgerhaftung angewandt werden. Ein erfolgloser Vollstreckungsversuch und ein Klageverfahren gegen den Hauptschuldner seien nur bei einer gesetzlichen Verankerung oder bei einer vertraglichen Regelung erforderlich, woran es hier aber mangele. Statt dessen solle der Rechtsgedanke des § 349 HGB herangezogen werden, wonach ein Kaufmann als Bürge keine Einrede der Vorausklage habe. Insoweit sei die schlüssige Darlegung, daß das öffentliche Kreditinstitut eine Verbindlichkeit nicht erfüllen kann, durch den Gläubiger ausreichend, um eine unmittelbare Verpflichtung des Gewährträgers zur Erfüllung der Verbindlichkeit zu begründen.[227] Bevor er eine Erfüllung vom Gewährträger begehre, müsse er zunächst Zahlung vom öffentlichen Kreditinstitut verlangen.[228] Insbesondere weist Gruson auf die oben dargestellte Formulierung in der Kommissionsentscheidung Nr. E 10/2000 hin und auf die entsprechenden Neuformulierungen in den Sparkassengesetzen. Die Träger von Sparkassen und Landesbanken seien unmittelbar zum Fälligkeitszeitpunkt der Verbindlichkeit („bei deren Fälligkeit") dazu verpflichtet, die ordnungsgemäße und schriftliche Feststellung zu treffen und müßten dann der Verbindlichkeit „umgehend nachkommen". Diese Feststellung stelle aufgrund fehlender Erforderlichkeit einer Bekanntgabe auch keinen auf eine unmittelbare Rechtswirkung nach außen gerichteten Verwaltungsakt dar. Zudem seien die Gewährträger, die Deut-

---

[226] Gruson, WM 2003, S. 321 ff; Gruson, Gutachten für VÖB, S. 3; Schneider, FS Riesenfeld, S. 249; Rümker, FS Stiefel, S. 619, wonach eine Vorausklage nach § 771 BGB weder Voraussetzung, noch genügend sei.
[227] Gruson, WM 2003, S. 323.
[228] Gruson, Gutachten für VÖB, S. 3, 4.

sche Bundesbank und die Bundesanstalt für Finanzdienstleistungsaufsicht, unter anderem aufgrund von Vorschriften des KWG, zu jedem Zeitpunkt über die Vermögenslage des Kreditinstituts informiert und bräuchten nicht mehr umfassend zu prüfen, ob eine Befriedigung aus dem Vermögen des Instituts nicht doch noch möglich sei. Insoweit soll das Kriterium des „timeliness of payment" gewährleistet sein.[229]

Die Auffassung von Gruson stimmt insbesondere mit dem ausdrücklichen Wortlaut der Kommissionsentscheidung überein, als darin nicht auf einen Vollstreckungstitel als Voraussetzung für eine Inanspruchnahme der Träger abgestellt wird, sondern darauf, daß diese bei Fälligkeit der jeweiligen Verbindlichkeit ordnungsgemäß und schriftlich festgestellt haben, daß die Gläubiger aus dem Vermögen des Instituts nicht befriedigt werden können. Insoweit ist zwar das Kriterium der zeitgerechten Erfüllung in der Kommissionsentscheidung nicht ausdrücklich erwähnt worden, aber auf jeden Fall eine dahingehende faktisch gleichwertige Klarstellung erfolgt, daß kein Klageverfahren, kein Vollstreckungstitel sowie keine Insolvenz vorliegen müssen.

Weiter heißt es in der Kommissionsentscheidung, daß Träger „von dem vereinbarten obigen Verfahren nur abweichen [dürfen], soweit dies aus Gründen des Vertrauensschutzes erforderlich ist".[230] Dies bedeutet, daß durchaus dahingehende Abweichungen zugunsten der Gläubiger aus Vertrauensschutzgründen möglich sind, daß die Träger eine Gläubigerverbindlichkeit sogar ohne ordnungsgemäße und schriftliche Feststellung befriedigen können. Die Kommission macht aber zugleich deutlich, daß solche Erklärungen von Trägern, die über das vereinbarte Verfahren hinausgehen und ähnliche Wirkungen wie Anstaltslast oder Gewährträgerhaftung haben, eine zu notifizierende Neubeihilfe darstellen würden.[231]

Aufgrund der Formulierung in der Kommissionsentscheidung, wonach „bis zum 18. Juli 2005 vereinbarte(n) Verbindlichkeiten" umfaßt werden, unterliegen sowohl Anleihen der öffentlichen Banken im Bereich des unbefristeten „Grandfathering" für Altverbindlichkeiten als auch solche des befristeten „Grandfathe-

---

[229] Die gleiche Auffassung wird auch in einer „Stellungnahme des Finanzministers des Bundeslandes Schleswig-Holstein", Herrn Claus Möller, vom 12. Oktober 2001 vertreten.

[230] Kommissionsentscheidung E 10/2000, Letter to the Member State, S. 10, Punkt 6 c) Absatz 1.

[231] Kommissionsentscheidung E 10/2000, Letter to the Member State, S. 10, Punkt 6 c) Absatz 2.

ring" für Neuverbindlichkeiten dem gleichen oben genannten Verfahren und dem gleichen Schutzumfang. Die Regelung der ordnungsgemäßen und schriftlichen Feststellung gilt mithin gleichermaßen für diese beiden Anwendungsbereiche von Übergangsregelungen. Hierfür spricht auch die jeweils identische Formulierung in der Kommissionsentscheidung, wonach beide von der „Gewährträgerhaftung gedeckt" sind.[232] Eine Ungleichbehandlung ergibt sich somit weder aus dem gleichen Wortlaut der Kommissionsentscheidung, noch aus dem Sinn und Zweck der Regelung, denn danach soll auch Anlegern im Wirkungsbereich des befristeten „Grandfathering" für Neuverbindlichkeiten das gleiche Schutzniveau zugute kommen wie vor Beginn der Übergangsfrist für die Gläubiger von Altverbindlichkeiten. Die Kommissionsentscheidung führt somit nicht zu einer Veränderung des bisherigen Geltungsbereichs der Gewährträgerhaftung bis zum Jahr 2015, sondern zu einer Neuregelung für die Zeit nach diesem Zeitpunkt.

D. Umsetzungsmaßnahmen

I. Umsetzungsmaßnahmen anhand der Kommissionsentscheidung

In alle Gesetze über öffentlich-rechtliche Kreditinstitute, wozu die Landesbanken und Sparkassen einschließlich ihrer öffentlich-rechtlicher Tochterunternehmen zählen, mußten ausdrückliche Vorschriften im Hinblick auf die Veränderungen der beiden Haftungssysteme und der „Grandfathering"-Regelungen aufgenommen werden, deren Umsetzung in den jeweiligen Landesgesetzen bundesweit einheitlich erfolgen sollte. Die künftigen materiellen Neuregelungen über die Abschaffung der Gewährträgerhaftung und die Ersetzung der Anstaltslast mußten spätestens bis zum 31. Dezember 2002 verabschiedet worden sein.[233] Den neuen Haftungsgrundsätzen widersprechende Regelungen waren zu streichen. In der Kommissionsentscheidung wurde den deutschen Behörden zudem eine konkrete Grundstruktur der Gesetzestexte und der Gesetzesbegründungen vorgegeben, die „mindestens" eingehalten werden muß.[234] Dadurch wird deutlich, daß den Gesetzgebungsorganen nur ein eingeschränkter Umsetzungsspielraum verbleibt, der durch die gegenüber der Kommission abgegebenen Selbstverpflichtungen noch enger geworden ist.

---

[232] Kommissionsentscheidung E 10/2000, Letter to the Member State, S. 9, Punkt 6 a).
[233] Kommissionsentscheidung E 10/2000, Letter to the Member State, S. 9, Punkt 5.1 (ii).
[234] Kommissionsentscheidung E 10/2000, Letter to the Member State, S. 7, Punkt 2.4, 6 a).

Eine gesetzliche Neuregelung der Anstaltslast durch die Ausrichtung an normalen marktwirtschaftlichen Eigentümerbeziehungen ist unabhängig davon gewesen, ob die Anstaltslast bislang in den einzelnen Bundesländern selbst ausdrücklich normiert gewesen ist oder ob sie als allgemeiner Rechtsgrundsatz des Verwaltungsrechts Geltung beanspruchte.[235]

Dabei wurde zu den Übergangsregelungen klargestellt, daß die Träger ihren Verpflichtungen aus der Gewährträgerhaftung gegenüber den Gläubigern der bis zum 18. Juli 2005 begründeten Verbindlichkeiten umgehend nachkommen werden, sobald sie bei deren Fälligkeit ordnungsgemäß und schriftlich festgestellt haben, daß die Gläubiger aus dem Institutsvermögen nicht befriedigt werden können. Die bloße Nichtzahlung durch ein Kreditinstitut reicht nicht dazu aus, daß die Gläubiger Zahlungsansprüche gegenüber den Trägern geltend machen können.

In allen Gesetzen mußte im übrigen der Begriff der „Anstaltsträger" oder „Gewährträger" durch die neutrale Formulierung „Träger" ersetzt werden.

II. Umsetzungsmaßnahmen am Beispiel des Freistaates Bayern

Am Beispiel des Freistaates Bayern und der Bayerischen Landesbank sollen die gesetzgeberischen Umsetzungsmaßnahmen exemplarisch dargestellt und untersucht werden. Das neue „Gesetz über die Bayerische Landesbank (Bayerisches Landesbank-Gesetz – BayLBG)" ist am 1. August 2002 in Kraft getreten.[236] Dadurch soll sichergestellt werden, daß die neue Rechtslage den Vorgaben der Kommissionsentscheidung tatsächlich entspricht.

1. Das „Bayerische Landesbank-Modell"

Mit der Umsetzung der Kommissionsentscheidung verbunden ist eine tiefgreifende Umstrukturierung der Bayerischen Landesbank. Das sog. „Bayerische Landesbank-Modell" sieht eine Holding-Struktur vor, die die Landesbank zwar in ihrer früheren Struktur und der öffentlich-rechtlichen Rechtsform erhält. Indes

---

[235] Kommissionsentscheidung E 10/2000, Letter to the Member State, S. 7, Punkt 2.3.

[236] Gesetzentwurf der Bayerischen Staatsregierung zur Änderung des Gesetzes über die Errichtung der Bayerischen Landesbank Girozentrale, Bayerischer Landtag, 14. Wahlperiode, Landtags-Drucksache 14/8442 vom 18. Dezember 2001 und Landtags-Drucksache 14/9869 vom 27. Juni 2002, Beschlußfassung durch den Bayerischen Landtag, Landtags-Drucksache 14/9969 vom 11. Juli 2002.

übertragen der Freistaat Bayern und der Sparkassenverband Bayern die jeweiligen Anteile an der Bayerischen Landesbank auf eine neu zu gründende Landesbank-Finanzholding AG gegen die Gewährung von Aktien. Diese Finanzholding AG, an der die früheren Anstaltsträger zu je 50 % beteiligt sind und ihre Anteile später durch die Hereinnahme Dritter Aktionäre auf bis zu je 25,01 % reduzieren können, hat keinen Bankcharakter, weswegen die Vorschriften des KWG nicht anwendbar sind.[237] Diese Holding wird daraufhin mit der Trägerschaft für die Landesbank beliehen als deren hundertprozentiger Anteilseignerin (und ist damit beliehener Anstaltsträger).[238] Die Bayerische Landesbank bleibt in der Rechtsform einer Anstalt des öffentlichen Rechts und betreibt weiterhin das eigentliche operative Geschäft, verliert aber die Haftungsinstitute der Anstaltslast und der Gewährträgerhaftung. Aus diesem Modell resultieren nach Auffassung der Bayerischen Landesbank die Vorteile, daß der öffentliche Grundcharakter und der öffentlich-rechtliche Auftrag erhalten geblieben sind, der Neuordnungsaufwand gering war und die neue Struktur ausreichend flexibel ist, insbesondere durch die Öffnungsklausel für private Investoren.[239]

2. Die Neuregelung der Anstaltslast

Die Ersetzung der Anstaltslast durch normale marktwirtschaftliche Eigentümerbeziehungen erfolgt durch § 4 S. 2 des Gesetzes zur Änderung des Gesetzes über die Errichtung der Bayerischen Landesbank Girozentrale. Die bis dahin geltende Formulierung in Art. 3 Abs. 3 des Bayerischen Landesbank-Gesetzes, dem BayLBG, („stellen sicher, daß die Bank ihre Aufgaben erfüllen kann") entfällt ab dem Jahr 2005, da diese materiell einer aufgrund der Brüsseler Verständigung unzulässigen Garantieerklärung gleichkäme. Art. 3 Abs. 3 BayLBG erhält ab dem 19. Juli 2005 folgende Fassung:

---

[237] Gesetzentwurf der Bayerischen Staatsregierung zur Änderung des Gesetzes über die Errichtung der Bayerischen Landesbank Girozentrale, Bayerischer Landtag, 14. Wahlperiode, Landtags-Drucksache 14/8442 vom 18. Dezember 2001, S. 2; „Das Bayerische Landesbank-Modell", hrsg. von der Bayerischen Landesbank, S. 1.

[238] Gesetzentwurf der Bayerischen Staatsregierung zur Änderung des Gesetzes über die Errichtung der Bayerischen Landesbank Girozentrale, Bayerischer Landtag, 14. Wahlperiode, Landtags-Drucksache 14/8442 vom 18. Dezember 2001, S. 5, § 1 Nr. 3.

[239] Gesetzentwurf der Bayerischen Staatsregierung zur Änderung des Gesetzes über die Errichtung der Bayerischen Landesbank Girozentrale, Bayerischer Landtag, 14. Wahlperiode, Landtags-Drucksache 14/8442 vom 18. Dezember.2001, S. 2; „Das Bayerische Landesbank-Modell", hrsg. von der Bayerischen Landesbank, S. 3.

„(3) Der Träger unterstützt die Bank bei der Erfüllung ihrer Aufgaben mit der Maßgabe, dass ein Anspruch der Bank gegen den Träger oder eine sonstige Verpflichtung des Trägers, der Bank Mittel zur Verfügung zu stellen, nicht besteht. Die Bank haftet für ihre Verbindlichkeiten mit ihrem gesamten Vermögen. Die Haftung des Trägers der Bank ist auf das satzungsmäßige Kapital beschränkt. Im Fall des Absatzes 1 Satz 2 unterstützen der Freistaat Bayern und der Sparkassenverband Bayern den beliehenen Träger bei der Erfüllung seiner Aufgaben nach den Satz 1."

Satz 1 HS 1 verdeutlicht, daß die Unterstützung „bei der Erfüllung ihrer Aufgaben" sich an der bei privatrechtlichen Gesellschaftsformen normalen Treue- und Förderungsobliegenheiten der Gesellschafter orientiert, wofür wiederum der Gesellschaftszweck maßgebend ist. Durch die Formulierungen in Satz 1 HS 2 und Satz 2 wird sichergestellt, daß sich die finanziellen Beziehungen zwischen den Trägern und der Bayerischen Landesbank allein an marktwirtschaftlichen Eigentümerbeziehungen orientieren, indem eindeutig geregelt wird, daß Zahlungsverpflichtungen oder Zahlungsansprüche des Kreditinstituts nicht bestehen, sondern daß deren Haftung allein auf das eigene Vermögen beschränkt ist.

Die Formulierung aus dem ersten Gesetzentwurf in der Landtagsdrucksache 14/8442 („Er (der Träger) stellt der Bank die notwendigen Mittel nach kaufmännischen Grundsätzen zur Verfügung.") hat zwar die Finanzierungsverantwortung der Träger durch den Hinweis auf die „kaufmännischen Grundsätze" derjenigen eines ordentlichen Kaufmannes gleichgestellt, der sein Unternehmen zur Verhinderung einer Unterkapitalisierung mit den erforderlichen Finanzmitteln nach Maßgabe der wettbewerblichen Bedürfnisse des Marktes und den Prinzipien eines marktwirtschaftlich handelnden Kapitalgebers ausstatten muß.[240] Im Vergleich zur beschlossenen Gesetzesfassung ist diese Alternative aber zu unbestimmt gewesen, um den Vorgaben der Kommissionsentscheidung für die Gesetzestexte gerecht zu werden, da sie keinen eindeutigen Ausschluß einer automatischen und unbeschränkten Finanzunterstützung der Träger enthielt.

---

[240] Gesetzentwurf der Bayerischen Staatsregierung zur Änderung des Gesetzes über die Errichtung der Bayerischen Landesbank Girozentrale, Bayerischer Landtag, 14. Wahlperiode, Landtags-Drucksache 14/8442 vom 18. Dezember 2001, S. 13.

Satz 3 beschreibt durch seinen Verweis auf Absatz 1 Satz 2 die gesetzlich eröffnete Möglichkeit einer Beleihung der Trägerschaft der Bayerischen Landesbank, wie sie durch die Gründung der Landesbank Finanzholding AG erfolgt ist.

3. Die „Grandfathering"-Regelung und das Kriterium des „timeliness of payment"

Die „Grandfathering"-Regelung wird durch § 4 S. 3 des Gesetzes zur Änderung des Gesetzes über die Errichtung der Bayerischen Landesbank Girozentrale umgesetzt. Danach soll Art. 4 Abs. 1, 3 und 4 BayLBG ab dem 19. Juli 2005 folgende Fassung erhalten:

„Art. 4

Haftung des Freistaates Bayern und des Sparkassenverbands Bayern

(1) Der Freistaat Bayern und der Sparkassenverband Bayern haften für die Erfüllung sämtlicher am 18. Juli 2005 bestehenden Verbindlichkeiten der Bank. Für solche Verbindlichkeiten, die bis zum 18. Juli 2001 vereinbart waren, gilt dies zeitlich unbegrenzt; für danach bis zum 18. Juli 2005 vereinbarte Verbindlichkeiten nur, wenn deren Laufzeit nicht über den 31. Dezember 2015 hinausgeht.

(2) Verpflichtungen der Bank auf Grund eigener Gewährträgerhaftung oder vergleichbarer Haftungszusage oder einer durch die Mitgliedschaft in einem Sparkassenverband als Gewährträger vermittelten Haftung sind vereinbart und fällig im Sinn der Absätze 1 und 2 in dem gleichen Zeitpunkt wie die durch eine solche Haftung gesicherte Verbindlichkeit.

(3) Der Freistaat Bayern und der Sparkassenverband Bayern haften als Gesamtschuldner, im Innenverhältnis entsprechend ihren Kapitalanteilen. Die bayerischen Sparkassen haften dem Sparkassenverband Bayern für die Erfüllung der Verbindlichkeiten der Bank nach Absatz 1"

In Abs. 1 werden somit die unterschiedlichen Formen des „Grandfathering" dargestellt, die im Wortlaut der durch die Kommissionsentscheidung vorgegebenen Formulierung entsprechen.[241]

---

[241] Kommissionsentscheidung Nr. E 10/2000, Letter to the Member State, S. 9, Punkt 6 b).

Darüber hinaus macht die Endfassung des bayerischen Gesetzes in § 4 Abs. 1 S. 2 deutlich, daß von dem befristeten Grandfathering nur solche Verbindlichkeiten umfaßt werden, deren gesamte Laufzeit bis zu diesem Tag endet, nicht aber sonstige Zins- oder Teilfälligkeiten oder Fälligkeiten aufgrund von Kündigungen in der Übergangsphase. Denn während es im ersten Gesetzentwurf in der Landtagsdrucksache 14/8442 noch hieß: „..., für danach begründete Verbindlichkeiten nur bei Fälligkeiten, die bis zum 31. Dezember 2015 eintreten.", und somit auf den „Eintritt" einer Fälligkeit und nicht auf die Laufzeit einer Verbindlichkeit abgestellt wurde, heißt es nunmehr „für danach bis zum 18. Juli 2005 vereinbarte Verbindlichkeiten nur, wenn deren Laufzeit nicht über den 31. Dezember 2015 hinausgeht".

Dem Wortlaut der Kommissionsentscheidung entspricht auch die Formulierung in Abs. 2[242], wobei insbesondere auf die bis zum 18. Mai 2005 geltende Subsidiaritätsklausel, „wenn und soweit eine Befriedigung aus dem Vermögen der Bank nicht zu erlangen ist", verzichtet wird. In der Gesetzesbegründung wird ausdrücklich darauf hingewiesen, daß durch diese Neufassung und den damit verbundenen Wegfall der Subsidiaritätsklausel eine eindeutige Garantie der zeitgerechten Erfüllung von Gläubigerverbindlichkeiten („timeliness of payment") erfolgen und nicht nur die Erfüllung an sich geregelt werden soll.[243] Außerdem wird deutlich gemacht, daß hierdurch den Bedenken und Wünschen der Ratingagenturen im Hinblick auf eine gesetzliche Klarstellung Rechnung getragen wird, um eine Herabstufung der Landesbank-Emissionen zu verhindern.[244]

In diesem Sinne ist auch die Streichung des Halbsatzes „wenn diese (die Landesbank) bei Fälligkeit nicht leistet" zu werten, der im ersten Gesetzentwurf in der Landtagsdrucksache 14/8442 noch enthalten war und eine vorrangige oder gleichzeitige Inanspruchnahme des Gewährträgers verhindern sollte. Nunmehr ist durch die ab dem 19. Juli 2005 geltende Fassung des Abs. 2 die Gewährleis-

---

[242] Entsprechende Formulierungen finden sich auch in den neuen Sparkassengesetzen anderer Bundesländer, zum Beispiel in § 55 des Sparkassengesetzes Nordrhein-Westfalen oder in § 30 a des Sparkassengesetzes Rheinland-Pfalz; siehe dazu Gruson, WM 2003, S. 324 mwN.

[243] Gesetzentwurf der Bayerischen Staatsregierung zur Änderung des Gesetzes über die Errichtung der Bayerischen Landesbank Girozentrale, Bayerischer Landtag, 14. Wahlperiode, Landtags-Drucksache 14/8442 vom 18. Dezember 2001, S. 14.

[244] Gesetzentwurf der Bayerischen Staatsregierung zur Änderung des Gesetzes über die Errichtung der Bayerischen Landesbank Girozentrale, Bayerischer Landtag, 14. Wahlperiode, Landtags-Drucksache 14/8442 vom 18. Dezember 2001, S. 14.

tung einer zeitgerechten Erfüllung insoweit klargestellt, als für eine Verbindlichkeitserfüllung weder ein Titel noch ein erfolgloser Vollstreckungsversuch erforderlich ist.

4. Die Neuregelung der Insolvenzfähigkeit

Die erforderliche Neuregelung der Insolvenzfähigkeit der bayerischen öffentlichen Banken erfolgte durch eine Klarstellung in Art. 25 des bayerischen „Gesetzes zur Ausführung des Gerichtsverfassungsgesetzes und von Verfahrensgesetzen des Bundes" (AGGVG), wonach die Regelung, daß ein Insolvenzverfahren über das Vermögen juristischer Personen des öffentlichen Rechts, die der Aufsicht des Freistaates Bayern unterstehen, nicht stattfindet, nicht für die Bayerische Landesbank und die Sparkassen gilt.[245]

5. Bewertung

Durch die Neufassung des Bayerischen Landesbankgesetzes wurden die entscheidenden Eckpunkte der Kommissionsentscheidung in vollem Umfang umgesetzt und der verbliebene gesetzgeberische Spielraum systemkonform genutzt, ohne daß elementare Abweichungen festzustellen sind.

E. Auswirkungen auf die Ratings öffentlich-rechtlicher Kreditinstitute

I. Die Ratings für Verbindlichkeiten mit Fälligkeit 2005 und 2015

Durch die Kommissionsentscheidung kommt es vor allem wegen des Bestandsschutzes für Alt- und der Übergangsregelung für Neuverbindlichkeiten im Rahmen des Segments der kurzfristigen Kreditgeschäfte (das heißt für Darlehen, die vor 2015 fällig sind) spätestens ab dem 18. Juli 2005 zu einer Verteuerung der Refinanzierungskosten, während dies für langfristige Kreditgeschäfte (das heißt für Darlehen, die nach 2015 fällig sind) sofort eintritt.

---

[245] Gesetz zur Änderung des Gesetzes zur Ausführung des Gerichtsverfassungsgesetzes und von Verfahrensgesetzen des Bundes, Landtags-Drucksachen 14/8157 und 14/9855, Beschlußfassung durch den Bayerischen Landtag, Landtags-Drucksache 14/9968 vom 11. Juli 2002.

Für die vierjährige Übergangsfrist bis zum 18. Juli 2005 haben die Ratingagenturen Fitch, Moody's und Standard & Poor's keine grundsätzliche Veränderung ihrer Ratings von Landesbanken vorgenommen.[246]

Jedoch ist für die Zeit nach dem Wegfall der Anstaltslast im Jahre 2005 (selbst für vor dem 18. Juli 2001 begebene Emissionen) trotz Fortbestands der Gewährträgerhaftung bis 2015 mit schlechteren Bonitätseinstufungen zu rechnen, da die Agenturen das Rating-Kriterium des „timeliness of payment" nicht mehr im bisherigen Umfang als gewährleistet ansehen.[247] Dies bedeutet, daß für den Fall, daß zeitgerechte Zahlungen nicht gesichert sind, moderate Downgrades die Folge sein können, die jeweiligen Ratings nach erfolgten Herabstufungen aber gleichwohl nahe bei den Ratings vor der Brüsseler Verständigung liegen werden.[248]

Beispielsweise unterscheidet Standard & Poor's künftig nach dem Fälligkeitstermin. Während für die bestehenden und noch zu begebenden langfristigen Anleihen mit Fälligkeit vor dem 19. Juli 2005 die Ratings unverändert und somit „stabil" bleiben, wurde für Darlehen mit einer späteren Rückzahlungsfälligkeit sowie für später eingegangene Verbindlichkeiten der Ausblick zunächst auf „negativ" gesetzt, da sie dann nur noch der Gewährträgerhaftung unterliegen.[249] Nur wenn das Kriterium des „timeliness of payment" auch für den Zeitraum bis zum Jahre 2015 durch den Gesetzgeber sichergestellt werde, ist Standard & Poor's dazu bereit, den Ausblick wieder auf „stabil" zu stellen.

---

[246] Darstellung der Auswirkungen auf die externen Ratings der öffentlichen Banken durch die Ratingagenturen Fitch, Moody's und Standard & Poor's in: Bundesverband öffentlicher Banken Deutschlands, VÖB, Aktuelles IV/2001, Quelle: www.voeb.de/content_frame/downloads/4_2001.pdf; Moody's Investors Service, Special Comment, August 2001, „German Landesbanken: A less guaranteed Future", S. 1.

[247] Beispielsweise heißt es bei Moody's Investors Service, Special Comment, August 2001, „German Landesbanken: A less guaranteed Future", S. 3: „Even if the „grandfathered" guarantees will not address specifically the timeliness element, the ultimate guarantor (for example, a Land) may be willing to offer timely support through an ongoing explicit commitment or through strong implicit early support. In this case the future ratings of the „grandfathered" debt could well benefit from this, even if it is not always up to the current levels."; Standard & Poor's, Ratings Direct, July 19, 2001.

[248] Dichtl, Vortrag auf der Euroforum-Konferenz, S. 4.

[249] Gloyens, J.I.B.L., Issue 3, 2002, S. 56; Standard & Poor's, Ratings Direct, July 19, 2001; Stellungnahme der „DUE FINANCE Wirtschaftsberatung GmbH": „Der Monti-Kompromiss vom 18. Juli – The Big Landesbanken Rating Meltdown", Quelle: www.duefinance.de/rating/landesbanken.htm.

Sichere Prognosen gibt es für Verbindlichkeiten, die nach dem 18. Juli 2005 begründet werden, allerdings nicht. Zum einen erlauben die momentanen Financial Strength Ratings (Moody's) beziehungsweise die Individual Ratings (Fitch) keine direkten Rückschlüsse auf die zukünftigen Produktratings.[250] Zum anderen wird teilweise davon ausgegangen, daß die künftigen Ratings insbesondere von Verbindlichkeiten mit einer Fälligkeit nach 2015 deutlich niedriger als heutzutage sein werden, da die Landesbanken und Sparkassen dann nach ihrer Kreditqualität beurteilt werden müssen und schon heutzutage mit einer vergleichsweise schwachen Kapitalbasis und hohen Kostenstrukturen zu kämpfen haben; in diesem Sinne hat Fitch prognostiziert, daß viele Landesbanken von einem Triple A auf ein Single A zurückfallen könnten.[251] Die Financial Strength Ratings werden in Zukunft aber mehr mit Rating-Untergrenzen vergleichbar sein und weniger mit den späteren tatsächlichen längerfristigen Ratings der jeweiligen öffentlichen Kreditinstitute.[252] Im Falle des Rückgangs um bis zu vier Rating-Stufen hat die Beratungsgesellschaft A.T. Kearney errechnet, daß die Landesbanken dann bei unveränderten Geschäftsmodellen mit bis zu 2,4 Milliarden € zusätzlicher Kosten rechnen müßten, bestenfalls mit 1,4 Milliarden €.[253] Letztlich erwarten die Ratingagenturen für das Rating von Verbindlichkeiten, die den „Grandfathering"-Regelungen unterliegen, aber nur moderate Auswirkungen, die mit großer Wahrscheinlichkeit auf eine Ratingstufe beschränkt bleiben werden.[254]

Wichtige Indizien für die künftigen Ratings nach dem 18. Juli 2005 bieten indes neuerliche Bonitätseinschätzungen von Standard & Poor's und Fitch von Juli 2004.[255] Danach haben die WestLB, die SachsenLB und die Landesbank Rheinland-Pfalz jeweils von einer Ratingagentur bloß die Bonitätsnote „BBB+" erhalten (die für viele Finanzgeschäfte kaum ausreichend sein dürfte), wohingegen

---

[250] Moody's Investors Service, Special Comment, August 2001, „German Landesbanken: A less guaranteed Future", S. 3; Bundesverband öffentlicher Banken Deutschlands, VÖB, Aktuelles IV/2001, Quelle: www.voeb.de/content_frame/downloads/4_2001.pdf.

[251] Gloyens, J.I.B.L., Issue 3, 2002, S. 57.

[252] Dichtl, Vortrag auf der Euroforum-Konferenz, S. 5.

[253] FAZ vom 26.8.2003, „Die Landesbanken nach 2005 – Fusionen, Privatisierungen, Holdings, Verbünde, Konzerne".

[254] „Landesbanks' Grandfathered Obligations: Paving the Way For Timely Payment; Some Doubts Remain" vom 6. März 2002, Quelle: www.standardandpoors.com/europe/deutsch/cotent/020306landesbanks1015429622.html.

[255] FAZ vom 2. Juli 2004, „WestLB bekommt kein gutes Rating"; FAZ vom 7. Juli 2004, „Sparkassen ohne einheitliches Rating"; Standard & Poor's, Juli 2004, „German Landesbank's Unguaranteed Ratings – What lies ahead, Asks Report".

die Landesbank Baden-Württemberg mit A+ bewertet wurde und damit nur eine Stufe niedriger lag als die Deutsche Bank. Bei dieser Bewertung wurden von den beiden Ratingagenturen unter anderem auch die zahlreichen Unterstützungsmaßnahmen der dem öffentlichen Sektor zuzurechnenden Eigentümer sowie die veränderten Geschäftsmodelle berücksichtigt.

Inwieweit die nach der Brüsseler „Verständigung" auf der Grundlage marktwirtschaftlicher Eigentümerbeziehungen mögliche finanzielle Unterstützung der öffentlichen Träger der Landesbanken und Sparkassen zu einer höheren Ratingstabilität führen wird, bleibt indes abzuwarten. Dies gilt nicht schon allein aufgrund der Finanzknappheit der deutschen Kommunen und Bundesländer und der häufig zeitaufwendigen Beschlußfassung in den öffentlichen Gremien, sondern auch aufgrund der Erfordernisse des „private investor test" und der möglicherweise erforderlichen Notifizierung bei der EU-Kommission.

II. Bewertung der Ratings

Aus den dargestellten Auswirkungen der Kommissionsentscheidung auf die Ratings der öffentlich-rechtlichen Banken folgt, daß die im Vergleich zu den privaten Wettbewerbern bestehenden Refinanzierungsvorteile insbesondere für die einem Rating unterliegenden Landesbanken zumindest bis zum Jahre 2005 bestehen bleiben werden, sofern keine unvorhergesehenen Downgrades erfolgen. Unter der Annahme, daß es sich bei Anstaltslast und Gewährträgerhaftung tatsächlich um eine gemeinschaftsrechtswidrige Beihilfe handelt, bedeutet dies, daß zumindest für den Zeitraum bis 2005 eine Wettbewerbsverfälschung und Beeinträchtigung des mitgliedstaatlichen Handels zugunsten der deutschen Landesbanken und Sparkassen fortbestehen und letztlich eine gemeinschaftsrechtswidrige Beihilfe aufrechterhalten wird.

Für den Zeitraum von 2005 bis 2015 ist zwar die Prognose weniger eindeutig, in welchem Umfang mit einer Herabstufung gerechnet werden kann. Sofern die Ratingagenturen das Kriterium der „timeliness of payment" aber durch die konkreten Umsetzungsmaßnahmen in den verschiedenen Gesetzen und Verordnungen als gewährleistet ansehen und das Rating dementsprechend stabil bleibt, ist davon auszugehen, daß diese Ratings ebenfalls höher liegen werden als die entsprechenden Financial Strength Ratings oder Individual Ratings, bei denen Anstaltslast und Gewährträgerhaftung unberücksichtigt bleiben. Diese Bewertung wird letztlich durch die im Juli 2004 vorgenommenen neuen Bonitätseinschätzungen von Standard & Poor`s und Fitch bestätigt. Insoweit ist auch für den Zeitraum von 2005 bis 2015 von einem fortbestehenden Wettbewerbsvorteil auszugehen.

An dieser Stelle sei beispielhaft darauf hingewiesen, daß die Privatbank Sal. Oppenheim von einer mittelfristigen Verteuerung der Refinanzierungskosten der Landesbanken nach dem Wegfall der Gewährträgerhaftung (das heißt ab dem Jahr 2015) bei zehnjährigen Anleihen durch höhere Risikozuschläge von im Durchschnitt 37 bis 70 Basispunkten ausgeht.[256] Dies würde eine schätzungsweise Mehrbelastung von 3,7 Mio. € bis 7,0 Mio. € p.a. je 1 Mrd. € Mittelaufnahme bedeuten. Im Umkehrschluß bedeutet dies, daß dieser finanzielle Vorteil den Landesbanken bis zum Jahr 2015 erhalten bleibt.

F. Strategische Auswirkungen auf das öffentlich-rechtliche Bankenwesen

Die Brüsseler „Verständigung" und die Kommissionsentscheidung Nr. E 10/2000 beinhalten vorrangig eine Neuregelung der staatlichen Haftungssysteme. Indessen haben sie keine direkten Auswirkungen auf die Organisation der Sparkassen und Landesbanken und auf deren Geschäftspolitik. Denkbar wäre beispielsweise auch eine materielle Privatisierung gewesen, bei der Private an einem öffentlichen Kreditinstitut beteiligt werden.[257] Diese Forderung hat vor kurzem der Internationale Währungsfonds in seinem Bericht „Die Bewertung der Stabilität des deutschen Finanzsystems" erhoben, in dem er zum einen eine Reduzierung des zu hohen Engagements des Staates im Bankenwesen verlangt hat, zum anderen die Ermöglichung von Fusionen zwischen öffentlichen Kreditinstituten und privaten Banken.[258]

---

[256] FAZ vom 24.9.2001, „Konflikt um die Haftung der Sparkassen".

[257] Ein Vorschlag des saarländischen Wirtschaftsministers, der im Rahmen der Änderung des Sparkassengesetzes die Möglichkeit schaffen wollte, sich in Aktiengesellschaften umzuwandeln, öffentliche Zweckverbände mit Genossenschaftsbanken zu schaffen oder stille Einlagen Dritter bis zu Mitarbeiterbeteiligungen zu erhalten, erntete zugleich den Widerstand des DSGV; siehe dazu FAZ vom 7.4.2003, „Sparkassen wollen nicht zur AG werden". In diesem Zusammenhang ist auch die Debatte über den (letztendlich gescheiterten) Verkauf der Sparkasse Stralsund im Wege eines öffentlichen Bieterverfahrens zu erwähnen, woran u.a. die Commerzbank und die schwedische SEB Interesse geäußert hatten; siehe hierzu FAZ vom 27.11.2003, 11.12.2003, 12.12.2003, 15.1.200420.1.2004, 27.1.2004, 19.2.2004, 3.3.2004.

[258] FAZ vom 5.11.2003, „IWF fordert Umbau des Bankensystems".

Gleichwohl zieht der Wegfall von Anstaltslast und Gewährträgerhaftung aber erhebliche Ertragsrisiken für die Sparkassen und Landesbanken nach sich und steigert die bestehenden Gefahren angesichts eines sich verschärfenden Wettbewerbs innerhalb der Bankenbranche. Die öffentlichen Banken haben in der jüngsten Vergangenheit mit den unterschiedlichsten Maßnahmen versucht, auf diesen Veränderungsprozeß zu reagieren. In diesem Zusammenhang sind zu nennen die Schaffung einer strategischen Partnerschaft zwischen der Bayerischen Landesbank und der Helaba, die sich beispielsweise in der Gründung der HBB Capital Advisers Group oder im Zusammenschluß der jeweiligen schweizerischen und luxemburgischen Töchter manifestiert, die enge Kooperation der LB Kiel mit verschiedenen Sparkassen zur Schaffung der Zahlungsverkehrs- und Transaktionsservicegesellschaft mbH (ZVS) und zur Abwicklung des beleghaften Zahlungsverkehrs sowie die Großsparkasseninitiative „G8"[259] oder bilaterale Kooperationen wie zwischen der Frankfurter Sparkasse und der Nassauischen Sparkasse in Hessen[260].

Im Sommer 2004 wurde zudem ein wichtiger Schritt in Richtung einer Konsolidierung der Landesbanken eingeschlagen, nämlich der Verkauf der Landesbank Rheinland-Pfalz (LRP) an die Landesbank Baden-Württemberg (LBBW).[261] Ab dem 1. Januar 2005 wird die LRP eine hundertprozentige Tochtergesellschaft der LBBW sein. Im Sparkassensektor selbst ist im übrigen schon in den vergangenen Jahren festzustellen gewesen, daß sich die Anzahl der Sparkassen von 1991 bis zum Ende des Jahres 2002 von 748 auf 537 reduziert hat und der Anteil der Geschäftsstellen von ca. 20.000 auf rund 17.700 zurückgegangen ist.[262] Im Jahre 2003 bestanden nur noch 489 Sparkassen.[263]

---

[259] Beteiligt sind die Stadtsparkasse Köln, die Hamburger Sparkasse, die Stadtsparkasse München, die Frankfurter Sparkasse, die Kreissparkasse Köln, die Nassauische Sparkasse, die Sparkasse Bremen und die Stadtsparkasse Hannover. Die kumulierte Bilanzsumme betrug im Jahr 2001 ca. 250 Mrd. DM.

[260] Die Fraspa und die Naspa haben die Bankservicegesellschaft Rhein-Main mbH gegründet, die zum 1. Juli 2001 ihre Arbeit aufgenommen hat und für die gemeinsame Abwicklung von Geschäftsprozessen zuständig ist. Gesellschafter sind beide Institute mit jeweils 50 %.

[261] FAZ vom 17.7.2004, „Mainzer Landesbank wird verkauft"; FAZ vom 26.6.2004, „Landesbank-Übernahme fast perfekt"; siehe hierzu auch FAZ vom 10.7.2004, „Hoppenstedt fordert Landesbanken zu Fusionen auf".

[262] FAZ vom 28.8.2002, „Heilsame Fliehkräfte: Zur Lage der Sparkassenorganisation".

[263] FAZ vom 5.5.2004 zum 21. Sparkassentag in Frankfurt mit einer Darstellung der Sparkassen-Finanzgruppe im Jahre 2003.

Das weitreichendste Konzept wurde im Jahre 2003 in Hessen durch die Sparkassen-Finanzgruppe Hessen-Thüringen beschlossen, das die Schaffung eines Verbunds zwischen der Helaba und den Sparkassen mit einer Bilanzsumme von 270 Mrd. € vorsieht. Bei gleichzeitiger Wahrung der wirtschaftlichen und rechtlichen Sparkassen-Selbständigkeit wird ein Gruppenrating für den Verbund von zunächst „A" und später „AA-" angestrebt, wozu insbesondere ein gemeinsames Risikomanagement dienen soll.[264] Dementsprechend hat die Ratingagentur Fitch dem „Verbundkonzept" ein Rating in einer guten A-Kategorie prognostiziert, da es mit seiner konsolidierten Rechnungslegung, dem einheitlichen Risikomanagement und den internen Stützungsmechanismen die Anforderungen an ein „Verbundrating" erfülle.[265] Im Rahmen dieses „Verbundkonzepts" hat die Helaba neben der Geschäftsbank und der Förderbank eine dritte Ergebnisverantwortung besitzende Sparte gegründet, die das Verbundgeschäft in Form einer Bündelung der Geschäfte mit den Sparkassen betreibt.[266]

G. Weitreichende Strukturveränderungen am Beispiel des „Mutter-Tochter-Modells"

Neben dem schon beschriebenen Reformprozeß in Bayern mit der Umsetzung des sog. „Holding-Modells" ist es auch in Nordrhein-Westfalen im Rahmen einer Umstrukturierung zu einer neuen Organisationsverfassung der Westdeutschen Landesbank gekommen. Durch das sog. „Mutter-Tochter-Modell"[267], bei dem die bisherige rein öffentlich-rechtliche in eine gemischte öffentlich-rechtliche / privatrechtliche Struktur umgewandelt wurde, ist eine formelle Privatisierung erfolgt. Daran zeigt sich, daß die Brüsseler „Verständigung" und die Kommissionsentscheidung Nr. E 10/2000 nicht nur auf Veränderungen der Haftungssysteme beschränkt bleiben, sondern gravierende faktische Veränderungen im Gefüge des öffentlichen Bankenwesens bewirkt haben.

---

[264] FAZ vom 7.2.2003, „Gruppenrating für Hessens Sparkassen" und „Die Sparkassenlandschaft vor der Neuordnung"; FAZ vom 21. Mai 2003, „Mehr Zustimmung als Ablehnung zum Verbundkonzept"; FAZ vom 5.5.2004, Beilage Sparkassentag 2004, „Zukunftsorientiertes Geschäftsmodell: Das Verbundkonzept der Sparkassen-Finanzgruppe Hessen-Thüringen".

[265] FAZ vom 15.9.2003, „Positives Signal an Sparkassen in Hessen".

[266] FAZ vom 26.8.2003, „Verbund-Rating statt Helaba-Rating".

[267] Gesetz zur Neuregelung der öffentlich-rechtlichen Kreditinstitute in Nordrhein-Westfalen vom 2. Juli 2002, GVBl. NRW S. 284; Gesetz über die Sparkassen sowie über die Landesbank Nordrhein-Westfalen und Sparkassen- und Giroverbände (Sparkassengesetz) vom 18. Oktober 2002, GVBl. NRW, S. 504.

Durch das „Mutter-Tochter-Modell" wurde die bisherige WestLB als Anstalt des öffentlichen Rechts rückwirkend zum 1. Januar 2002 in die öffentlich-rechtliche Landesbank Nordrhein-Westfalen (LB NRW) und die privatrechtliche WestLB AG aufgespalten.[268] Aufgrund der formwechselnden Umwandlung der bisherigen WestLB, bei der zuvor verschiedene Betriebsteile nach einem Spaltungsplan abgespalten und im Wege der gesetzlich angeordneten Gesamtrechtsnachfolge auf die LB NRW übertragen wurden, in die WestLB AG stellt diese die Rechtsnachfolgerin der früheren WestLB dar und haftet demnach für deren Altverbindlichkeiten im Sinne der Brüsseler „Verständigung".[269]

Die Landesbank NRW (LB NRW) behält die Rechtsform einer Anstalt des öffentlichen Rechts, in der das öffentliche Auftrags- und Fördergeschäft einschließlich der Wohnungsbauförderungsanstalt und der Investitionsbank NRW sowie das öffentliche Pfandbriefgeschäft und der Beteiligungen, die im öffentlichen Auftrag des Landes NRW gehalten werden[270], konzentriert wird. Dadurch wird das Vermögen der WfA nicht für das Wettbewerbsgeschäft, sondern nur für das öffentliche Auftragsgeschäft verwand. Die bisherigen Gewährträger der WestLB sind die neuen Anstaltsträger der LB NRW geworden. Im März 2004 wurde dann die LB NRW in die NRW Bank als einer reinen Strukturförderbank umgewandelt, die weiterhin mit den staatlichen Haftungsgarantien ausgestattet sein wird.[271]

Die privatrechtliche organisierte Geschäftsbank, die WestLB AG, wird für das Investment Banking, das Wettbewerbsgeschäft mit Firmenkunden und Finanzinstitutionen inklusive der Beteiligungen an anderen Landesbanken zuständig sein

---

[268] WestLB vom 13. Dezember 2001, „Die Zukunftsstruktur der Westdeutschen Landesbank", S. 2; Diese Aufspaltung wurde von Wettbewerbskommissar Monti mit Schreiben vom 24. Oktober 2001 akzeptiert: „Die von Ihnen vorgeschlagene Zukunftsstruktur einer Aufspaltung der WestLB in die öffentlich-rechtliche Landesbank NRW und die privatrechtliche WestLB AG ist eine mit dem Beihilferecht grundsätzlich vereinbare Lösung.".

[269] Art. 1 § 2, § 8, § 10 und § 11 des Gesetzes zur Neuregelung der öffentlich-rechtlichen Kreditinstitute in Nordrhein-Westfalen vom 2. Juli 2002, GVBl. NRW S. 284; Zur Haftung der Sparkassen und der Landesbank NRW siehe § 55 des Sparkassengesetzes vom 18. Oktober 2002.

[270] Dazu zählen die InvestitionsBank Brandenburg, die Landesentwicklungsgesellschaft NRW GmbH, die Westdeutsche Spielbanken GmbH und die Westdeutsche Lotterie GmbH.

[271] Gesetz zur Umstrukturierung der Landesbank Nordrhein-Westfalen zur Förderbank des Landes Nordrhein-Westfalen und zur Änderung anderer Gesetze vom 16. März 2004, GVBl. NRW, S. 126; FAZ vom 12.3.2004, „Nordrhein-Westfalen verabschiedet Landesbank-Gesetz".

sowie die bisherigen Aufgaben als Sparkassenzentral- und Kommunalbank wahrnehmen. Als „Wholesale"-Geschäftsbank hat sie auch eine eindeutige Gewinnerzielungsabsicht. Eine Patronatserklärung der Muttergesellschaft für die WestLB AG als Tochterunternehmen ist nicht erteilt worden. Prinzipiell möglich ist aber der Zugang privater Investoren im Rahmen der WestLB AG. Zunächst war die WestLB AG eine hundertprozentige Tochter der LB NRW. Aufgrund einer Kapitalerhöhung der WestLB AG im Juli 2004 änderte sich die Beteiligungsstruktur dahingehend, dass die beiden Sparkassenverbände Rheinland und Westfalen-Lippe künftig jeweils 30 Prozent und die NRW Bank 40 Prozent der Anteile an der WestLB AG halten werden.[272]

Diese neue Struktur stellt nicht nur eine notwendige Reaktion dar auf die Anforderungen des Gemeinschaftsrechts, sondern auch auf die neuen Herausforderungen des Bankenwettbewerbs. Denn bis zum 2004 sind eine Erhöhung der Eigenkapitalrentabilität auf 18 % und eine Senkung der Kosten/Ertrags-Relation (Cost/Income-Ratio) auf 65 % angestrebt, wobei die Kernkapitalquote (Tier-I-EK-Ratio) 6,5 % betragen soll.[273]

H. Bewertung

Bei der Brüsseler „Verständigung" handelt es sich zwar um einen Kompromiß zwischen den verschiedenen beteiligten Körperschaften, Institutionen und Verbänden auf nationaler und gemeinschaftlicher Ebene. Hierbei sind exemplarisch zu nennen die Bundesregierung, die Landesregierungen der deutschen Bundesländer, die Landesbanken und Sparkassen, die verschiedenen Dachverbände wie der DSGV, der BdB und die Europäische Bankenvereinigung sowie die Europäische Kommission. Insoweit ist die „Verständigung" als ein sog. „politischer" Kompromiß zu bezeichnen, der auf dem Verhandlungswege erzielt und mit Sicherheit nicht allein an dem ausgerichtet wurde, was rechtlich geboten ist, anders als es bei einer gerichtlichen Entscheidung der Fall gewesen wäre. Vielmehr stellt die Brüsseler Verständigung eine Balance dar zwischen dem, was politisch, wirtschaftlich und aus Sicht der öffentlichen Banken strategisch möglich ist, und dem, was rechtlich zulässig ist. Auf diesen Kompromißcharakter

---

[272] FAZ vom 28.5.2004, „Frisches Geld für die WestLB"; FAZ vom 22.6.2004, „Rheinische Sparkassen geben der WestLB Kapital".

[273] WestLB vom 13. Dezember 2001, „Die Zukunftsstruktur der Westdeutschen Landesbank", S. 3.

weisen allein schon die Bezeichnungen „Plattform-Modell" und „Verständigung" hin.

Gleichwohl wurde die Verständigung schließlich in die Rechtsform einer Kommissionsentscheidung überführt und damit in das gemeinschaftliche Rechtssystem inkorporiert. Daraus folgt, daß sich die Kommissionsentscheidung, anders als beispielsweise rein „politische" Erklärungen des Europäischen Rates zu aktuellen weltpolitischen Krisensituationen, vollständig an den Maßstäben des Gemeinschaftsrechts orientieren muß und juristisch in vollem Umfang nachprüfbar ist. Insbesondere kann die Entscheidung im Grundsatz auch vor dem Europäischen Gerichtshof auf ihre Rechtmäßigkeit überprüft werden. Soweit eine rechtliche Beurteilung der Verständigung nicht allein anhand des Gemeinschaftsrechts möglich ist, sind darüber hinaus das mitgliedstaatliche Verfassungsrecht und das einfache Recht hinzuzuziehen Der Europäischen Kommission kommt als „Hüterin der Verträge" insoweit eine besonders gewichtige Aufgabe zu.

Zudem wirkt sich die Kommissionsentscheidung durch die erforderliche Umsetzung in nationales Recht direkt auf die deutsche Rechtsordnung aus. Ein abgeschwächter und relativierender Prüfungsumfang ist folglich auch aufgrund der rechtsstaatlichen Grundsätze und einer wirksamen demokratischen Kontrolle nicht möglich und wäre fast schon rechtsmißbräuchlich. Anders wäre die Situation möglicherweise zu beurteilen, wenn es sich um einen bloßen außergerichtlichen Vergleich handeln würde mit dem Ziel eines den Frieden wahrenden Kompromisses. Dann hätte vorliegend aber nicht die Rechtsform einer förmlichen Kommissionsentscheidung gewählt werden dürfen. Dementsprechend werden die entscheidenden Eckpunkte der Brüsseler „Verständigung" und der Kommissionsentscheidung auch zu einem späteren Zeitpunkt in dieser Arbeit auf ihre Rechtmäßigkeit anhand des gemeinschaftlichen und des nationalen Rechts überprüft werden.

Hinsichtlich der faktischen Auswirkungen der Brüsseler „Verständigung" auf das Bankenwesen in Deutschland ist davon auszugehen, daß bis 2005 neben den dargestellten Systemveränderungen in Bayern und Nordrhein-Westfalen vermutlich keine weiteren tiefgreifenden Veränderungen im öffentlichen Bankensektor und im Verhältnis zwischen Landesbanken und Sparkassen eintreten. Insbesondere werden auch weiterhin materielle Privatisierungen wie die Umwandlung in Aktiengesellschaften im Wege eines Formwechsels nach § 301 UmwG verbunden mit der (späteren) Hereinnahme privater Investoren durch Kapitalerhöhungen oder Aktienverkäufe strikt abgelehnt werden.[274] Außerdem wird an der öffentlichen Rechtsform, der Konzeption der Haftungsverbünde auf Landesbanken- und auf Sparkassenebene genauso wie am Prinzip der Gemeinnützigkeit und am öffentlichen Auftrag an sich festgehalten werden. Eine Änderung dieser Aspekte wurde von der Brüsseler „Verständigung" auch überhaupt nicht bezweckt. Für die öffentlichen Kreditinstitute bleiben somit die Landesgesetze, die Anstaltssatzungen sowie die ungeschriebenen allgemeinen Regeln über Anstalten des öffentlichen Rechts maßgeblich. Vorschläge hinsichtlich einer stärkeren gesetzlichen Verdeutlichung und letztlich auch Absicherung des öffentlichen Auftrages konnten sich bislang nicht durchsetzen.[275] Allerdings ist, auch wegen der Herausforderungen durch Basel II, künftig damit zu rechnen, daß mehr Sparkassen ein eigenes Rating anstreben, um selbständig Fremdmittel am Kapitalmarkt aufnehmen zu können. Dies brächte eine Umgehung der Landesbanken und des bisherigen Refinanzierungssystems mit sich.

Im Rückblick auf den jahrelangen Streit um die Rechtmäßigkeit von Anstaltslast und Gewährträgerhaftung ist festzustellen, daß die Europäische Kommission ihre Rechtsauffassung mit der Brüsseler „Verständigung" weitestgehend durchgesetzt hat. Denn das bisherige staatliche Haftungssystem, von dessen Gemeinschaftsrechtswidrigkeit die Kommission immer überzeugt war, wurde in seiner bisherigen Form abgeschafft. Dies gilt nicht nur ausdrücklich für die Gewährträgerhaftung, sondern auch für die Anstaltslast, die faktisch abgeschafft wird. Dafür spricht schon die gewählte Formulierung: „Anstaltslast, so wie sie derzeit besteht, wird ersetzt gemäß den folgenden Grundsätzen: …".[276] Zwar findet sich bei der Gewährträgerhaftung die direktere Formulierung „wird abgeschafft".[277] Dieser Unterschied zwischen „Ersetzen" und „Abschaffen", der durchaus zu ei-

---

[274] In diesem Sinne Mauerer, Vortrag auf der Euroforum-Konferenz sowie Berndt, Vortrag auf der Euroforum-Konferenz, S. 18.

[275] Ein Formulierungsvorschlag (Matthiesen, Vortrag auf der Euroforum-Konferenz, S. 27) lautet zum Beispiel: „Sparkassen sind wirtschaftlich selbständige Unternehmen in kommunaler Trägerschaft mit der Aufgabe, auf der Grundlage der Markt- und Wettbewerbserfordernisse für ihr Geschäftsgebiet den Wettbewerb zu stärken und die angemessene und ausreichende Versorgung aller Bevölkerungskreise und insbesondere des Mittelstandes mit geld- und kreditwirtschaftlichen Leistungen auch in der Fläche sicherzustellen. Sie unterstützen die Aufgabenerfüllung der Kommunen im wirtschaftlichen, regionalpolitischen, sozialen und kulturellen Bereich."

[276] Kommissionsentscheidung Nr. E 10/2000, Letter to the Member State, S. 6, Punkt 2.2.

[277] Kommissionsentscheidung Nr. E 10/2000, Letter to the Member State, S. 6, Punkt 2.1.

ner anderen Schlußfolgerung verleiten könnte, ist aber nur von marginaler Bedeutung und folgt aus der Natur der Sache der beiden Haftungsinstitute.

Während die Gewährträgerhaftung das Außenverhältnis des Instituts zu den Gläubigern berührt, wofür durch die Übergangsregelungen eigenständige Vorschriften getroffen wurden, betrifft die Anstaltslast das Innenverhältnis zwischen Anstalt und Anstaltsträger. Der bloße Hinweis auf eine „Abschaffung" der Anstaltslast hätte zur Ausgestaltung der künftigen internen Wechselbeziehungen keinesfalls ausgereicht, weswegen eine detailliertere Darstellung der künftigen wirtschaftlichen Unterstützungsmechanismen erforderlich und sinnvoll gewesen ist.

Der von den öffentlichen Banken gebrauchte Begriff der „modifizierten" Anstaltslast erinnert zwar namenstechnisch an die bisherige Anstaltslast, verdeckt aber die tatsächlichen Auswirkungen der Brüsseler „Verständigung".[278] Denn die neuen Haftungsregeln haben mit der früheren Anstaltslast deutscher Ausprägung keine Gemeinsamkeiten außer jener, daß der Träger der Anstalt für die finanzielle Ausstattung der von ihm errichteten Landesbank / Sparkasse verantwortlich ist. Der mit dem Begriff bezweckte Eindruck, wonach diese „modifizierte" Anstaltslast quasi mit der bisherigen „klassischen" Anstaltslast übereinstimme und nur durch einen Genehmigungsvorbehalt der EU-Kommission ergänzt werde, ist mithin nicht zutreffend.

Anstaltslast und Gewährträgerhaftung werden in der Brüsseler Verständigung vielmehr einer normalen staatlichen Beihilfe gleichgestellt, was sich beispielsweise daran zeigt, daß diese zunächst als Altbeihilfe und im Falle eines Verstoßes gegen die Kommissionsentscheidung als Neubeihilfe behandelt werden. Die Orientierung an normalen marktwirtschaftlichen Eigentümerbeziehungen, den allgemeinen beihilferechtlichen Vorschriften und dem „ private investor test" macht nunmehr insbesondere bei Kapitalzuführungen im Sanierungsfall immer eine Notifizierung und Genehmigung gegenüber der Kommission erforderlich. Somit erfolgt eine europarechtskonforme Ausgestaltung der Finanzbeziehungen zwischen den öffentlichen Eignern und den öffentlich-rechtlichen Banken. Nicht nur, daß jedwede haftungsmäßige Besserstellung öffentlich-rechtlicher Kreditinstitute im Sinne eines Haftungsautomatismus oder einer unbeschränkten Haftung der öffentlichen Hand abgeschafft wird. Die Träger der Anstalt haften nur noch

---

[278] Matthiesen, Vortrag auf der Euroforum-Konferenz, S. 2; Kemmler, DVBl. 2003, S. 102.

mit ihrem eingebrachten Vermögen und sind damit beispielsweise auf den üblichen gesellschaftsrechtlichen Weg einer Eigenkapitalzufuhr verwiesen, um die wirtschaftliche Stärke ihrer Institute zu verbessern. Sie besitzen mithin einen erheblich stärkeren wirtschaftlichen Entscheidungsspielraum und unternehmerisches Ermessen als zuvor. Eine uneingeschränkte Bestandsgarantie wird durch das neue Haftungssystem für die öffentlich-rechtlichen Kreditinstitute ebenfalls nicht geschaffen. Dies wird gerade dadurch deutlich, daß wirtschaftliche Unterstützungsmaßnahmen, die in wirtschaftlichen Notlagen, erforderlichen Sanierungssituationen oder in Form sonstiger Kapitalzuführungen erforderlich sein könnten, künftig im freien Ermessen der jeweiligen Träger stehen.

Durch die „Verständigung" und die Kommissionsentscheidung Nr. E 10/2000 werden somit Wettbewerbsverzerrungen zulasten der privaten Banken zumindest ab dem Jahr 2015 beseitigt. An dieser Stelle ist auch auf die Gleichstellung der öffentlichen Banken mit den privaten Banken im Bereich der Insolvenzfähigkeit und dem damit zusammenhängenden Wegfall finanzieller Privilegien hinzuweisen. Gleiches gilt auch für die Regelung zum Institutssicherungsfonds der öffentlich-rechtlichen Banken. Denn dadurch wird eine Umgehung der Brüsseler „Verständigung" und der Kommissionsentscheidung verhindert, indem die Träger der öffentlich-rechtlichen Kreditinstitute auch nicht mittelbar über die Sicherungseinrichtungen der Landesbanken und Sparkassen zur Haftungsübernahme oder zu Zahlungen verpflichtet werden können.[279] Im übrigen bestand bis zur Abschaffung der öffentlichen Haftung auch eine Besserstellung der öffentlich-rechtlichen Banken beim Gläubigerschutz durch die Einlagensicherungssysteme. Denn während der Einlagensicherungsfonds der privaten Banken nicht den Ausfall von Interbankenverbindlichkeiten, verbrieften und nachrangigen Verbindlichkeiten sowie von Genußrechtskapital institutioneller Anleger absicherte, stand den Gläubigern von Landesbanken und Sparkassen im Notfall immer der Rückgriff auf den staatlichen Gewährträger im Rahmen der Gewährträgerhaftung offen.[280]

Die faktische Abschaffung der Anstaltslast im klassischen Sinne hat aber noch Auswirkungen auf die bisherige Debatte über die inhaltlichen Anforderungen an die Rechtsform der „Anstalt des öffentlichen Rechts". Wesentlicher Grundsatz einer solchen Anstalt des öffentlichen Rechts ist die Trägerschaft durch die Anstaltsträger (die sog. „Muttergemeinwesen"), wobei es sich bei den Sparkassen

---

[279] Eine solche Befürchtung äußerte zum Beispiel Möschel, WM 2001, S. 1896.
[280] Von Livonius, Öffentlich-rechtliche Kreditinstitute und EU-Beihilferegime, S. 130 f.

regelmäßig um Gemeinden, Gemeindeverbände oder Zweckverbände handelt.[281] Soweit der Landesgesetzgeber die allgemeinen Grundsätze des Anstaltsrechts beachtet, steht diesem ein weitgehender Gestaltungsspielraum zur Regelung der Rechtsverhältnisse zu. Während im Rahmen der Auseinandersetzungen mit der Kommission von den Befürwortern der Position der öffentlichen Banken immer behauptet wurde, daß die Rechtsform einer Anstalt des öffentlichen Rechts zwingend eine Aufrechterhaltung der Anstaltslast erforderlich mache, da sich diese aus „allgemeinen verwaltungsorganisationsrechtlichen Grundsätzen" ergebe und folglich ein „wesensnotwendiges Strukturelement öffentlichrechtlicher Kreditinstitute" sei[282], ist nunmehr die sog. „Anstalt ohne Anstaltslast" als rechtlich zulässig anerkannt worden. Somit ist die Auffassung, daß Anstaltslast und Gewährträgerhaftung „für die öffentlich-rechtliche Unternehmensorganisation zwingende Strukturelemente"[283] seien, widerlegt worden.

Im übrigen ist festzustellen, daß sich das Anstaltsrecht an kapitalgesellschaftsrechtliche Vorbilder im Sinne einer „Kapitalgesellschaft des öffentlichen Rechts" angenähert hat. Hierfür sprechen die prinzipielle Ermöglichung der Übertragbarkeit von Anteilen, die Anstaltsträgerschaft durch juristische Personen des Privatrechts (wie bei der Landesbank-Finanzholding AG in Bayern, wenn auch über den Umweg eines Beleihungsvertrages) und die Aufgabe des Regionalprinzips auf Landesbankebene durch Kooperationen zwischen den Landesbanken im Wege von (in der Regel Minderheits-) Beteiligungen an anderen Landesbanken oder durch Staatsverträge zwischen mehreren Bundesländern.

Ungenügend ist die Brüsseler „Verständigung" allerdings dahingehend, daß keine Regelung für die Möglichkeit einer Fortgeltung der klassischen Anstaltslast getroffen wurde, sofern eine eindeutige Beschränkung auf solche Institute stattgefunden hätte, die den Maßstab des Art. 86 Abs. 2 EGV nicht überschreiten. Insoweit ist die Verständigung zu unflexibel. Beispielsweise wäre vorstellbar

---

[281] Schlierbach, Sparkassenrecht, S. 26

[282] Zuletzt Kemmler, DVBl. 2003, S. 100 ff; Gruson, EuZW 1997, S. 360; Güde, Geschäftspolitik der Sparkassen, S. 32; Rümker, FS Stiefel, S. 609 mwN in FN 12. Gruson hatte die Befürchtung, daß Landesbanken und Sparkassen bei einem Wegfall der Anstaltslast nicht mehr als Anstalten des öffentlichen Rechts betrieben werden könnten, sondern trotz eines fehlenden europarechtlichen Privatisierungsgebots in privatrechtliche Kapitalgesellschaften umgewandelt werden müßten.

[283] Antrag des Landes Schleswig-Holstein, „Entschließungsantrag des Bundesrates zur Frage der Anstaltslast und Gewährträgerhaftung bei öffentlich-rechtlichen Kreditinstituten" vom 12. Februar 1997, Bundesrats-Drucksache 100/97, S. 3.

gewesen, daß die klassische Anstaltslast mit der Aufgabensicherungspflicht des Anstaltsträgers für solche Institute hätte fortbestehen können, soweit sich diese tatsächlich auf das öffentliche Auftrags- und Fördergeschäft beschränken und nicht mit privatrechtlich organisierten Kreditinstituten in Wettbewerb stehen. Daß diese Alternative nicht prinzipiell abwegig ist zeigt sich insbesondere daran, daß in der „Verständigung über die Ausrichtung rechtlich selbständiger Förderinstitute in Deutschland" gerade eine Fortgeltung der bisherigen Staatsgarantien für einzelne Tätigkeitssegmente vereinbart wurde, die auch nicht auf rechtlich selbständige Unternehmen ohne öffentliche Unterstützung bei marktgerechter Vergütung ausgegliedert werden müssen. Einer solchen Lösung ist durch die Brüsseler „Verständigung" und die Kommissionsentscheidung Nr. E 10/2000 aber der Weg versperrt worden.

Äußerst problematisch sind allerdings die Übergangsfristen der Gewährträgerhaftung bis 2005 und 2015. Wie oben dargestellt führt dies dazu, daß die Ratingvorteile und die günstigeren Refinanzierungsmöglichkeiten den öffentlichen Banken in vollem Umfang bis 2005 und zumindest eingeschränkt bis 2015 erhalten bleiben. Durch eine solche Perpetuierung der Beihilferechtswidrigkeit von Anstaltslast und Gewährträgerhaftung verbunden mit einer fortdauernden Begünstigungswirkung (und ohne verpflichtende Kompensationszahlungen zugunsten der Träger der öffentlich-rechtlichen Kreditinstitute) könnte die praktische Wirksamkeit des Gemeinschaftsrechts gefährdet sein. Fraglich ist insbesondere, ob die Einbeziehung von Neuverbindlichkeiten rechtlich geboten oder sogar zwingend gewesen ist, ob eine Beschränkung auf Altverbindlichkeiten ausgereicht hätte sowie ob und in welchem Umfang diese Übergangsregelungen. mit den Grundsätzen des gemeinschaftsrechtlichen und des nationalen Vertrauensschutzes vereinbar sind. Das gleiche gilt auch für die Qualifizierung von Anstaltslast und Gewährträgerhaftung als Altbeihilfe und für die unbeschränkte Geltung der Brüsseler „Verständigung" für alle Landesbanken und Sparkassen, was zumindest für kleine und nur lokal tätige Sparkassen Bedenken hervorruft.

5. Teil: Prüfung einzelner Bestandteile der Kommissionsentscheidung Nr. E 10/2000 anhand Gemeinschaftsrecht und nationalem Recht

A. Qualifizierung von Anstaltslast und Gewährträgerhaftung als bestehende Beihilfe

In der Kommissionsentscheidung Nr. E 10/2000 werden Anstaltslast und Gewährträgerhaftung als bestehende Beihilfe eingestuft, das heißt als Altbeihilfe nach Art. 88 Abs. 1 EGV. Für den Fall der Nicht-Einhaltung der vereinbarten Selbstverpflichtungen[284] wird das in Anstaltslast und Gewährträgerhaftung enthaltene Beihilfeelement erst mit Wirkung ab 1. Januar 2003 als Neubeihilfe behandelt.[285] Fraglich ist, ob diese Einordnung als Altbeihilfe zu Recht erfolgt ist.

I. Altbeihilfen und Neubeihilfen

Die Zuständigkeit für die Feststellung der Vereinbarkeit beziehungsweise Unvereinbarkeit einer mitgliedstaatlichen Beihilfe, die aufgrund nationaler Vorschriften gewährt wurde, mit dem Gemeinsamen Markt liegt bei der Europäischen Kommission. Art. 88 EGV normiert ein Beihilfenkontrollverfahren. Hierbei ist zwischen bestehenden Beihilfen (den sog. „Altbeihilfen") und den sog. „Neubeihilfen" zu differenzieren. Für die zu erfolgende Beihilfenaufsicht existiert eine auf der Grundlage von Art. 89 EGV (früher: Art. 94 EGV) erlassene Verfahrensordnung für die Beihilfenaufsicht, die Beihilfeverfahrensordnung, wobei es sich um sekundärrechtlich kodifizierte Verfahrensregeln handelt, die das zuvor in seinen Grundzügen primärrechtlich geregelte Verfahren übernommen und in den vergangenen Jahren die Rechtssicherheit und Effizienz der Beihilfenkontrolle erheblich gesteigert haben.[286]

1. Altbeihilfen und repressives Verfahren

Nach der ständigen Rechtsprechung des EuGH und nach Art. 1 (b) der Beihilfeverfahrensordnung sind bestehende Beihilfen insbesondere solche, die vor dem Inkrafttreten des EWG-Vertrages oder dem Beitritt des betreffenden Mitglied-

---

[284] Kommissionsentscheidung E 10/2000, Letter to the Member State, S. 8 f, Punkt 5.2.

[285] Kommissionsentscheidung E 10/2000, Letter to the Member State, S. 9, Punkt 5.3.

[286] Verordnung (EG) Nr. 659/1999 des Rates vom 22.3.1999 über besondere Vorschriften für die Anwendung von Art. 93 EGV, ABl. EG Nr. L 83 vom 27.3.1999, S. 1 - 9; siehe dazu unter anderem: Sinnaeve, EuZW 1999, S. 270 ff; Koenig / Pickartz, NVwZ 2002, S. 151 ff; Mederer, in: von der Groeben / Schwarze, EU-/ EG-Vertrag, Art. 88, Rdn. 5 ff.

staats zu den Europäischen Gemeinschaften eingeführt wurden oder die unter den Voraussetzungen des Art 88 Abs. 3 EGV ordnungsgemäß eingeführt und genehmigt oder umgestaltet werden durften.[287] Bezogen auf Deutschland sind Altbeihilfen solche, die am 1. Januar 1958, dem Tag des Inkrafttretens des damaligen EWG-Vertrages, oder im Gebiet der ehemaligen DDR am 3. Oktober 1990, dem Tag des EG-Beitritts dieses Gebietes, bereits bestanden haben.

Darunter fallen auch Beihilfen, die in einem ursprünglich dem Wettbewerb entzogenen, nun aber liberalisierten Markt gewährt wurden, zum damaligen Zeitpunkt jedoch keine Beihilfen waren und später jedoch aufgrund der Entwicklung des Gemeinsamen Marktes zu Beihilfen wurden, ohne daß eine Änderung durch den betreffenden Mitgliedstaat erfolgt ist.[288] Entscheidend ist somit, daß die Beihilfevorschrift des Art. 87 EGV nur für die dem Wettbewerb geöffneten Wirtschaftszweige gilt, weswegen Beihilfen für (noch) nicht liberalisierte Märkte zum Zeitpunkt ihrer Einführung gar nicht dem Anwendungsbereich des Art. 87 EGV unterliegen können, der ja gerade eine Beeinträchtigung des Handels zwischen den Mitgliedstaaten mit (drohenden) Wettbewerbsverfälschung voraussetzt. Art. 1 (b) v) S. 2 der Beihilfeverfahrensordnung normiert zudem, daß bestimmte Maßnahmen dann nicht mehr als bestehende Beihilfen einzustufen sind, wenn sie im Anschluß an eine erfolgte Liberalisierung einer Tätigkeit durch gemeinschaftsrechtliche Rechtsvorschrift zu Beihilfen werden.

Altbeihilfen werden gemäß Art. 88 Abs. 1, 2 EGV, Art. 17 Abs. 1 der Beihilfeverfahrensordnung von der Kommission laufend überprüft (repressives Verfahren). Diese kann, wenn die fortschreitende Entwicklung und das Funktionieren des Gemeinsamen Marktes dies erfordern, den Mitgliedstaaten zweckdienliche Maßnahmen vorschlagen, die aber nur Empfehlungscharakter nach Art. 249 Abs. 5 EGV haben und für die Mitgliedstaaten nicht verbindlich sind. Falls die Kommission zu dem Ergebnis kommt, daß die bestehende Beihilferegelung mit dem Gemeinsamen Markt nicht oder nicht mehr vereinbar ist, ist sie nach Abs. 88 Abs. 2 EGV, Art. 18 der Beihilfeverfahrensordnung insoweit lediglich dazu befugt, nach einer Frist zur Stellungnahme für die Beteiligten dem Mitgliedstaat gegenüber die Aufhebung oder inhaltliche Umgestaltung der betreffenden Bei-

---

[287] EuGH, verb. Rs. T-298/97, T-312/97, T-313/97, T-315/97, T-600/97 bis 607/97, T-1/98, T-3/98 bis T-6/98 und T-23/98, Alzetta Mauro u.a. gegen Kommission, Slg. 2000, S. II-2319, Rdn. 142; Rs. C-295/97, Industrie Aeronautiche e Meccaniche Rinaldo Piaggio S.p.A. gegen International Factors Italia S.p.A. (Ifitalia), Dornier Luftfahrt GmbH und Ministero della Difesa, Slg. 1999, S. I-3735, Rdn. 48.

[288] Mederer, in: von der Groeben / Schwarze, EU-/EG-Vertrag, Art. 88, Rdn. 29.

hilfen oder die Einführung von Verfahrensvorschriften in einer von ihr bestimmten Frist anzuordnen. Für die Aufhebung oder inhaltliche Umgestaltung selbst hat die Kommission allerdings keine Kompetenz mehr. Zu beachten ist, daß der Mitgliedstaat im Falle seiner Zustimmung nach Art. 19 Abs. 1 S. 2 der Beihilfeverfahrensordnung dazu verpflichtet ist, die vorgeschlagenen Maßnahmen dann auch tatsächlich durchzuführen. Im Falle der mitgliedstaatlichen Zustimmungsverweigerung kann dann nach Art. 19 Abs. 2 in Verbindung mit Art. 4 Abs. 4 der Beihilfeverfahrensordnung das förmliche Prüfverfahren eingeleitet werden.

Bestehende Beihilfen können aber aufgrund dieser Anordnung, der konstitutiver und nicht nur deklaratorischer Charakter zukommt, lediglich mit ex nunc-Wirkung, das heißt mit Wirkung für die Zukunft, als für mit dem Gemeinsamen Markt unvereinbar erklärt werden, ohne daß der Rechtsgrund für bereits geleistete Zuwendungen entfällt.[289] Eine Rückabwicklungspflicht besteht erst ab dem Zeitpunkt, zu dem die die Unvereinbarkeit feststellende Kommissionsentscheidung inkraftgetreten ist. Eindeutig ausgeschlossen ist eine Rückforderung bereits gewährter Beihilfen mit Wirkung ex tunc, das heißt für die Vergangenheit.

Beteiligte, denen nach Art. 88 Abs. 2 S. 1 EGV eine Äußerungsmöglichkeit zusteht, sind dabei der die Beihilfe gewährende Mitgliedstaat und alle betroffenen Unternehmen, darunter auch die Konkurrenten des beihilfebegünstigten Unternehmens.[290] Die Frist zur Stellungnahme wird im Amtsblatt der EG veröffentlicht. Wenn der Mitgliedstaat dieser Entscheidung nicht nachkommt, kann die Kommission oder jeder betroffene Mitgliedstaat beim EuGH unmittelbar ein Vertragsverletzungsverfahren einleiten, ohne an das Verfahren nach Art. 226, 227 EGV gebunden zu sein.

2. Neubeihilfen und präventives Verfahren

Neue Beihilfen sind nach Art. 1 (c) der Beihilfeverfahrensordnung solche Beihilfen, die keine bestehenden Beihilfen sind (und damit nach dem Inkrafttreten des EGV eingeführt worden sind) einschließlich Änderungen bestehender Beihilfen. Eine Änderung einer bestehenden Beihilfe ist dann gegeben, wenn es zu

---

[289] EuGH, verb. Rs. T-298/97, T-312/97, T-313/97, T-315/97, T-600/97 bis 607/97, T-1/98, T-3/98 bis T-6/98 und T-23/98, Alzetta Mauro u.a. gegen Kommission, Slg. 2000, S. II-2319, Rdn. 143, 147; Gruson, EuZW 1997, S. 359; Steindorff, ZHR 1988, S. 476; Koenig, EuZW 1995, S. 599; Reufels, Europäische Subventionskontrolle durch Private, S. 71.

[290] Bleckmann, Europarecht, Rdn. 2080; Michels, Vertrauensschutz, S. 44.

einer dem Staat zuzurechnenden Umgestaltung der Beihilferegelung selbst gekommen ist, indem die Natur der gewährten Vorteile oder die Tätigkeit der begünstigten Einrichtung im Vergleich zur bestehenden Beihilferegelung verändert wurde.[291]

Für die Gewährung einer neuen Beihilfe besteht gemäß Art. 88 Abs. 3 EGV eine Notifizierungsverpflichtung der Mitgliedstaaten gegenüber der Kommission, selbst wenn der Mitgliedstaat sie mit dem Gemeinsamen Markt für vereinbar hält.[292] Vor einer Einführung oder Umgestaltung einer Beihilfe ist die Kommission nämlich über die Beihilfe zu unterrichten, damit diese prüfen kann, ob die Beihilfe am Maßstab des Art. 87 EGV mit dem Gemeinsamen Markt vereinbar ist. Währenddessen darf der Mitgliedstaat die Beihilfe bis zu einer abschließenden Kommissionsentscheidung nicht gewähren; es besteht ein Durchführungsverbot gemäß Art. 88 Abs. 3 S. 3 EGV. Aufgrund der unmittelbaren Anwendbarkeit des Art. 88 Abs. 3 EGV im innerstaatlichen Recht, was jedoch aufgrund des Wortlauts und des der Kommission eingeräumten Ermessensspielraums nicht für Art. 87 EGV gilt, ist eine Beihilfe ohne vorherige Notifizierung allein aus diesem formalen Aspekt rechtswidrig, ohne daß es auf die materielle Vereinbarkeit mit dem Gemeinschaftsrecht ankommt.[293] In Art. 3 der Beihilfeverfahrensordnung heißt es zum Durchführungsverbot entsprechend: „Anmeldungspflichtige Beihilfen nach Art. 2 I dürfen nicht eingeführt werden, bevor die Kommission eine diesbezügliche Genehmigungsentscheidung erlassen hat oder die Beihilfe als genehmigt gilt."

Wenn die Kommission in der Vorprüfung zum Ergebnis der Unvereinbarkeit mit dem Gemeinsamen Markt kommt, dann eröffnet sie das förmliche Aufsichtsverfahren nach Art. 88 Abs. 3 S. 2 in Verbindung mit Art. 88 Abs. 2 EGV, das in den Art. 6 ff der Beihilfeverfahrensordnung geregelt ist. Wenn die angemeldete

---

[291] Stellungnahme des Deutschen Sparkassen- und Giroverbandes zu der gegen Anstaltslast und Gewährträgerhaftung in Deutschland gerichteten Beihilfebeschwerde der Europäischen Bankenvereinigung, Berlin 2001, Rdn. 381; EuGH, Rs. C-44/93, Namur – Les Assurances gegen Office national du ducroire und Belgischer Staat, Slg. 1994, S. I-3829, Rdn. 29; Scherer / Schödermeier, ZBB 1996, S. 178.

[292] EuGH, Rs. 171/83, Kommission gegen Frankreich, Slg. 1983, S. 2621 (2628).

[293] EuGH, Rs. C-354/90, Fédération Nationale du Commerce Extérieur des Produits Alimentaires und Syndicat National des Négociants et Transformateurs de Saumon gegen Französische Republik, Slg. 1991, S. I-5505, Rdn. 16; zum Ermessensspielraum: EuGH, Rs. 78/76, Steinike gegen Weinlig, Slg. 1977, S. 595, Rdn. 8; Hopt / Mestmäcker, WM 1996, S. 755; zur unmittelbaren Wirkung des Art. 88 Abs. 3 EGV: Michels, Vertrauensschutz, S. 47; Blanke, Vertrauensschutz, S. 542.

Maßnahme mit dem Gemeinsamen Markt vereinbar ist, erläßt die Kommission eine „Positiventscheidung" (gegebenenfalls mit Bedingungen und Auflagen) nach Art. 7 Abs. 2 – 4 der Beihilfeverfahrensordnung, andernfalls im Falle der tatsächlichen Unvereinbarkeit der Maßnahme mit dem Gemeinsamen Markt eine „Negativentscheidung" nach Art. 7 Abs. 5 der Beihilfeverfahrensordnung, in der dem Mitgliedstaat die Einführung der Beihilfe verboten wird.

Bei einer rechtswidrigen Beihilfe nach Art. 1 (f) der Beihilfeverfahrensordnung, das heißt bei einer neuen und unter Verstoß gegen Art. 88 Abs. 3 EGV (und damit materiell rechtswidrigen) eingeführten Beihilfe, wird der Mitgliedstaat nicht nur zur Umgestaltung oder Aufhebung der Beihilfe aufgefordert, sondern gemäß Art. 14 Abs. 1 der Beihilfeverfahrensordnung im Rahmen der von der Kommission erlassenen Negativentscheidung nach Art. 13 Abs. 1 S. 2 in Verbindung mit Art. 7 Abs. 5 der Beihilfeverfahrensordnung auch dazu verpflichtet, alle notwendigen Maßnahmen zu ergreifen, um die Beihilfe vom Empfänger zurückzufordern (sogenannte „Rückforderungsentscheidung"). Hierbei handelt es sich um eine gebundene Entscheidung, aus der eine Rückforderungspflicht der Kommission für rechtswidrige Beihilfen resultiert; der Kommission steht damit kein Ermessen (auch nicht ein pflichtgemäßes) mehr dahingehend zu, ob eine Rückforderung vorgenommen werden darf oder nicht.[294] Die Rückforderung der Beihilfe durch den Mitgliedstaat richtet sich dabei gegen den Empfänger, das heißt gegen denjenigen, der „den tatsächlichen Nutzen" von der Beihilfe hatte.[295]

Diese Entscheidung ist für den Mitgliedstaat und den betroffenen Beihilfeempfänger bindend, da eine negative bestandskräftige Beihilfeentscheidung der Kommission die materielle Rechtswidrigkeit der Beihilfe begründet und darüber hinausgehend auch die Rechtswidrigkeit des nationalen Beihilfebescheides.[296] Nach Art. 14 Abs. 3 S. 1 der Beihilfeverfahrensordnung muß die Rückforderung zudem „unverzüglich und nach den Verfahren des betreffenden Mitgliedstaates erfolgen, sofern hierdurch die sofortige und tatsächliche Vollstreckung der Kommissionsentscheidung ermöglicht wird". Wenn dies nicht gewährleistet ist, sind entsprechende nationale Rechtsvorschriften, die zum Beispiel aufschieben-

---

[294] Geiss, Rechtsstaatliche Grundsätze im Beihilferecht, S. 129.
[295] EuGH, Rs. C-303/88, Italien gegen Kommission, Slg. I-1433, Rdn. 57
[296] EuGH, Rs. 77/72, Carmine Capolongo gegen Azienda Agricola Maya, Slg. 1973, S. 611 (622); Rs. 249/85, Albako Margarinefabrik Maria von der Linde GmbH und Co. KG gegen Bundesanstalt fuer Landwirtschaftliche Marktordnung, Slg. 1987, S. 2345 (2360); BVerwG, DVBl. 1993, S. 727; OVG Münster, NVwZ 1993, S. 79; Michels, Vertrauensschutz, S. 107 mwN.

de Wirkung gewähren, nicht anwendbar; die Kommission könnte dann vor dem EuGH gegebenenfalls gegen den Mitgliedstaat klagen.[297] Art. 14 Abs. 3 S. 2 der Beihilfeverfahrensordnung verpflichtet die Mitgliedstaaten darüber hinaus darauf, bei einem Rechtsstreit vor nationalen Gerichten unbeschadet des Gemeinschaftsrechts alle in ihren jeweiligen Rechtsordnungen verfügbaren erforderlichen Schritte einschließlich vorläufiger Maßnahmen zu ergreifen, wozu der Erlaß einer Anordnung der sofortigen Vollziehung nach § 80 Abs. 2 Nr. 4 VwGO im Rahmen des Rückforderungsbescheids gehört.[298]

Neben der Beihilfe sind auch die Zinsen zurückzufordern, die nach Art. 14 Abs. 2 der Beihilfeverfahrensordnung nach einem von der Kommission festgelegten angemessenen Satz berechnet werden und ab dem Zurverfügungstehen der Beihilfe für den Empfänger bis zur tatsächlichen Rückzahlung angefallen sind. Zu beachten ist, daß bei einer Rückforderung im Rahmen eines Insolvenzverfahrens die Rückerstattung der Insolvenzquote durch den Insolvenzverwalter ausreicht, um das Verfahren abzuschließen und eine Wettbewerbsverfälschung zu unterbinden. Gemäß Art. 15 der Beihilfeverfahrensordnung gelten die zuvor genannten Rückforderungsbefugnisse der Kommission für eine Frist von 10 Jahren, welche für die Dauer von Verfahrenshandlungen der Kommission oder eines Mitgliedstaates unterbrochen wird und im Anschluß an diese Unterbrechung erneut zu laufen beginnt.

Bei dieser Rückforderungsentscheidung hat die Kommission im übrigen im Rahmen ihrer Ermessensausübung zu berücksichtigen, inwieweit durch ein Gemeinschaftsorgan bei dem Beihilfeempfänger ein berechtigtes Vertrauen entstanden ist, denn dann käme der gemeinschaftsrechtliche Grundsatz des Vertrauensschutzes zur Anwendung.[299]

II. Argumente für eine Qualifizierung der öffentlichen Haftung als Altbeihilfe, als Neubeihilfe beziehungsweise als umgestaltete Beihilfe

Aufgrund der Einordnung von Anstaltslast und Gewährträgerhaftung als bestehende Beihilfe in der Kommissionsentscheidung scheiden Rückzahlungsverpflichtungen für bereits gewährte Beihilfen mit ex tunc-Wirkung von vornherein

---

[297] Sinnaeve, EuZW 1999, S. 274.
[298] Sinnaeve, EuZW 1999, S. 274; Kruse, NVwZ 1999, S. 1055.
[299] EuGH, Rs. 223/85, Rijn-Schelde-Verolme (RSV) Machinefabrieken en Scheepswerven N.V. gegen Kommission, Slg. 1987, S. 4617 (4659); Magiera, in: FS Börner, S. 222.

aus. Anders wäre es bei einer Einstufung der öffentlichen Haftung als Neubeihilfe. Hieran zeigt sich, daß eine Überprüfung dieses Aspektes aus der Kommissionsentscheidung und der Brüsseler „Verständigung" von wesentlicher Bedeutung für ein mögliches juristisches Vorgehen gegen die Kommissionsentscheidung ist.

1. Argumente für eine Qualifizierung als Altbeihilfe

a) Die Auffassung des DSGV

Für die Einordnung als Altbeihilfe spricht nach Auffassung des DSGV, daß Anstaltslast und Gewährträgerhaftung bereits am 1. Januar 1958 in Kraft waren, das heißt an dem Tag, an dem die Bundesrepublik Deutschland Mitglied der Europäischen Gemeinschaft wurde.[300] Sofern zu diesem Zeitpunkt noch keine gesetzliche Regelung vorhanden war, soll es sich bei Anstaltslast und Gewährträgerhaftung um schon vor dem 1. Januar 1958 und teilweise schon seit dem 19. Jahrhundert bestehende allgemein anerkannte Rechtsgrundsätze handeln, die später mit nur rein deklaratorischer Wirkung kodifiziert worden seien. Dies gelte auch für Gesetze, in denen Anstaltslast und Gewährträgerhaftung erstmalig positivgesetzlich geregelt worden seien.[301]

Außerdem habe zwischenzeitlich weder eine inhaltliche Umgestaltung, noch eine Veränderung des Kreises der die Haftung möglicherweise in Anspruch nehmenden Kreditinstitute stattgefunden, womit eine Qualifizierung als Neubeihilfe gerechtfertigt werden könne.[302] Im übrigen komme es nicht allein auf das Gründungsdatum des öffentlichen Kreditinstituts an. Die WestLB zum Beispiel entstand aus einem identitätswahrenden Zusammenschluß der Landesbank für Westfalen (Girozentrale) mit der Rheinischen Girozentrale und Provinzialbank,

---

[300] Stellungnahme des Deutschen Sparkassen- und Giroverbandes zu der gegen Anstaltslast und Gewährträgerhaftung in Deutschland gerichteten Beihilfebeschwerde der Europäischen Bankenvereinigung, Berlin 2001, Rdn. 366 mwN.

[301] Stellungnahme des Deutschen Sparkassen- und Giroverbandes zu der gegen Anstaltslast und Gewährträgerhaftung in Deutschland gerichteten Beihilfebeschwerde der Europäischen Bankenvereinigung, Berlin 2001, Rdn. 382.

[302] Stellungnahme des Deutschen Sparkassen- und Giroverbandes zu der gegen Anstaltslast und Gewährträgerhaftung in Deutschland gerichteten Beihilfebeschwerde der Europäischen Bankenvereinigung, Berlin 2001, Rdn. 376.

für die Anstaltslast und Gewährträgerhaftung schon galten und deren Fortgeltung später für die WestLB bloß bestätigt wurde.[303]

Letztlich sei, so der DSGV, bei einer bloßen Organisationsformänderung und bei organisatorischen Restrukturierungen auf der Seite der von der öffentlichen Haftung begünstigten Institute nicht von einer Neubeihilfe auszugehen, da insbesondere deren „materielle(r) Gehalt" unverändert geblieben sei. Dies stimme mit der Rechtsprechung des EuGH in der Rechtssache „Namur-Les Assurances" überein, wonach weder die Einführung einer neuen, noch die Umgestaltung einer bestehenden Beihilfe vorliegen soll, wenn der Tätigkeitsbereich einer öffentlichen Einrichtung dergestalt ausgedehnt wird, daß eine bestehende Beihilfe nun auch der ausgeweiteten Tätigkeit zugute kommt, sofern nicht die durch Gesetz eingeführte Beihilferegelung geändert wird.[304]

b) Die Auffassung von Scherer und Schödermeier

Derselben Meinung sind auch Scherer und Schödermeier. Anstaltslast und Gewährträgerhaftung seien in „identischer Form" wie die Rechtssache „Namur-Les Assurances" zu beurteilen.[305] Die nachträgliche Verschiebung des Tätigkeitsbereichs von öffentlich-rechtlichen Kreditinstituten könne keine Qualifizierung als Neubeihilfe rechtfertigen. Andernfalls entstünde ein erhebliches Maß an Rechtsunsicherheit über den Grund und den Umfang der Wirksamkeit der beiden Haftungsinstitute.

Sie leiten aus der EuGH-Rechtsprechung den Grundsatz ab, daß eine formelle Umgestaltung des Statuts eines öffentlichen Unternehmens nichts an der Einstufung einer Beihilfe als Altbeihilfe ändere, wenn es zu keiner materiellen Änderung des Unternehmensstatuts komme. Bezogen auf die Landesbanken und Sparkassen bedeutet dies, daß bei Fusionen innerhalb der öffentlich-rechtlichen Banken letztlich immer eine Altbeihilfe gegeben sei, da alle heutigen Landes-

---

[303] Stellungnahme des Deutschen Sparkassen- und Giroverbandes zu der gegen Anstaltslast und Gewährträgerhaftung in Deutschland gerichteten Beihilfebeschwerde der Europäischen Bankenvereinigung, Berlin 2001, Rdn. 378 f.

[304] Stellungnahme des Deutschen Sparkassen- und Giroverbandes zu der gegen Anstaltslast und Gewährträgerhaftung in Deutschland gerichteten Beihilfebeschwerde der Europäischen Bankenvereinigung, Berlin 2001, Rdn. 384 ff unter Berufung auf EuGH, Rs. C-44/93, Namur – Les Assurances gegen Office national du ducroire und Belgischer Staat, Slg. 1994, S. I-3829, Rdn. 35.

[305] Scherer / Schödermeier, ZBB 1996, S. 176.

banken (und bei Fusionen deren Vorgängerinstitute) schon vor dem Inkrafttreten des EGV mit Anstaltslast und Gewährträgerhaftung als Teil des Gründungsstatuts „fast aller Landesbanken" ausgestattet gewesen seien.[306]

c) Die Auffassung von Gruson

Gruson begründet die Qualifizierung als Altbeihilfe zunächst damit, daß Art. 88 Abs. 1 EGV die praktikabelste Lösung von Problemfällen darstelle, bei denen der Beihilfebegriff auf wirtschaftliche Sachverhalte angewandt werde, die lange Zeit nicht dem Beihilfebegriff unterlagen.[307]

Alle Einstandspflichten der öffentlichen Hand sollen auf allgemeinen ungeschriebenen Rechtsgrundsätzen beziehungsweise Gewohnheitsrecht aus der Zeit vor dem Inkrafttreten des EGV im Jahre 1958 beziehungsweise dem 3. Oktober 1990 als dem Tag des Beitritts des Gebiets der ehemaligen DDR zur EG beruhen, die dann später in den Landesbanken- und Sparkassengesetzen quasi nur rein deklaratorisch wiedergegeben worden seien.[308] Dann komme es seiner Ansicht nach weder auf den späteren Erlaß oder die Änderung der Landesbank- oder Sparkassengesetze an, noch darauf, wann ein öffentlich-rechtliches Kreditinstitut gegründet wurde, ob eine Fusion erfolgt ist oder ob das Tätigkeitsgebiet ausgedehnt wurde.[309] Andernfalls würden die Mitgliedstaaten bei fehlender Notifizierung aufgrund unvorhersehbarer Wandlungen und Weiterentwicklungen des gemeinschaftsrechtlichen Beihilferechts mit rückwirkender Wirkung vertragsbrüchig, da Anstaltslast und Gewährträgerhaftung jahrzehntelang aus beihilferechtlicher Sicht unbeanstandet geblieben seien.

2. Argumente für eine Qualifizierung als Neubeihilfe beziehungsweise als umgestaltete Beihilfe

a) Die Auffassung der Europäischen Bankenvereinigung

Die Europäische Bankenvereinigung führt in ihrer Beihilfebeschwerde aus, daß die Gewährträgerhaftung für die Stadtsparkasse Köln, die WestLB und die Westdeutsche Immobilienbank erst nach dem 7. Januar 1958 wirksam entstan-

---

[306] Scherer / Schödermeier, ZBB 1996, S. 178.
[307] Gruson, EuZW 1997, S. 359.
[308] Gruson, EuZW 1997, S. 357; Gruson, Gutachten für VÖB, S. 5
[309] Gruson, EuZW 1997, S. 359.

den und insoweit keine Fortführung einer bestehenden, sondern die Schaffung einer neuen Beihilfe sei.[310] Sie beruft sich darauf, daß im Fall der Stadtsparkasse Köln der grundlegende § 6 S. 1, 2 des nordrhein-westfälischen Sparkassengesetzes (NWSpkG) erst nach dem EU-Beitritt Deutschlands in Kraft trat, im Fall der WestLB dieses Institut durch eine Fusion und den entsprechenden Rechtsakt im Jahre 1968 gegründet wurde und daß die Westdeutsche Immobilienbank überhaupt erst im Jahre 1995 entstand.

Ausdrücklich weist die Bankenvereinigung darauf hin, daß im Falle der Gewährträgerhaftung diese nicht schon deshalb als bestehende Beihilfe qualifiziert werden dürfe, weil sie schon vor Inkrafttreten des NWSpkG, vor der Fusion oder vor der Neugründung bestand und auf diese öffentlichen Banken quasi übergegangen sei. Statt dessen könne eine solche Haftung nicht automatisch übergehen, sondern sie benötige eine neue und eigenständige Rechtsgrundlage.[311] Hinsichtlich der Anstaltslast wird gleichfalls von einer neuen Beihilfe ausgegangen, da die erstmalige gesetzliche Regelung der Anstaltslast im NWSpkG für die WestLB und die nordrhein-westfälischen Sparkassen erst zum 1. Januar 1995 in Kraft getreten sei.[312]

Zumindest soll es sich, falls doch von bestehenden Beihilfen ausgegangen wird, aufgrund der neuen Gesetze, der Neugründung und der Fusion um die Änderung bestehender Beihilfen handeln, die wie neue Beihilfen behandelt und entsprechend notifiziert werden müßten. Gleiches gelte für die Stadtsparkasse Köln und die WestLB aufgrund des durch das deutlich größere Geschäftsvolumen und durch die Ausweitung des Tätigkeitsbereichs hervorgerufenen vollkommen neuen Charakters und des Eintritts einer neuen Qualität der Haftungsverpflichtungen, die ebenfalls als Änderung bestehender Beihilfen behandelt werden müßten.

b) Die Auffassung von Koenig und Sander

Nach der Auffassung von Koenig und Sander ist eine generelle Qualifizierung von Anstaltslast und Gewährträgerhaftung als bestehende Beihilfen auf der Basis eines anerkannten allgemeinen Rechtsgrundsatzes bereits vor dem 1. Januar

---

[310] Beihilfebeschwerde der Europäischen Bankenvereinigung, Berlin 2001, Rdn. 213 ff

[311] Beihilfebeschwerde der Europäischen Bankenvereinigung, Berlin 2001, Rdn. 219 f.

[312] Beihilfebeschwerde der Europäischen Bankenvereinigung, Berlin 2001, Rdn. 219 f, 224 ff.

1958 nicht möglich.[313] Bei den gesetzlichen Grundlagen der Landesbanken und Sparkassen handele es sich nämlich nicht um eine bloße deklaratorische Kodifikation von allgemeinen Rechtsgrundsätzen oder von Landesgewohnheitsrecht aus der Zeit vor Bestehen der Bundesrepublik Deutschland.

Für die Annahme von (Landes-) Gewohnheitsrecht bei der Gewährträgerhaftung fehle es zum einen angesichts der seltenen Fälle einer staatlichen Einstandspflicht für öffentlich-rechtliche Kreditinstitute an einer langandauernden Gewährträgerübung, zum anderen an einer allgemeinen Rechtsüberzeugung der Gewährträger hinsichtlich einer finanziellen Einstandsverpflichtung aufgrund von Gewohnheitsrecht. Damit mangele es an den für die Entstehung von Gewohnheitsrecht erforderlichen Voraussetzungen. Denn Gewohnheitsrecht wird definiert als das durch langandauernde Übung von den Beteiligten geschaffene Recht in der Überzeugung, damit recht zu handeln.[314]

Allgemeine Rechtsgrundsätze könnten nicht allein anhand der geregelten Einzelfälle gewonnen werden, sondern durch eine Gesamtanalogie, bei der untersucht werden müsse, ob ein Rechtsgedanke bei einer bestimmten Rechtsstruktur zwingend anzuwenden sei.[315] Außerdem sei eine richterliche Konkretisierung erforderlich, die bei der Anstaltslast aber fehle und die weder vom BVerwG noch vom BGH festgestellt werden konnte.[316] Zudem fehle ein dahingehender Gegenbeweis, wonach eine öffentlich-rechtliche Anstalt ohne Anstaltslast überhaupt nicht existieren oder ihre Aufgaben nicht erfüllen könne. Gleiches gelte für die Gewährträgerhaftung.[317]

Infolgedessen müsse für jedes öffentlich-rechtliche Kreditinstitut das zeitliche Inkrafttreten der beiden Haftungsinstitute einzeln untersucht werden, wozu diejenigen die Darlegungslast trügen, die sich auf Anstaltslast und Gewährträgerhaftung beriefen.[318] Ein solcher Einzelnachweis könne dann zu durchaus unterschiedlichen Einstufungen als Alt- oder Neubeihilfe führen.

---

[313] Koenig, EWS 1998, S. 153; Koenig / Sander, EuZW 1997, S. 365.
[314] Köbler, Juristisches Wörterbuch, S. 161.
[315] Koenig / Sander, EuZW 1997, S. 365; zur Gesamtanalogie: Canaris, Feststellung von Lücken, S. 97 ff.
[316] Koenig / Sander, EuZW 1997, S. 365 unter Berufung auf BVErwGE 75, 318; GE 64, 248; BGHZ 90, 161.
[317] Koenig / Sander EuZW 1997, S. 365; Schneider / Busch, EuZW 1996, S. 603.
[318] Koenig, EWS 1998, S. 153 f; Koenig / Sander, EuZW 1997, S. 366.

Dabei berufen sich Koenig und Sander auf die EuGH-Rechtsprechung in der Recbtssache „Namur-Les Assurances". Für sie folgt daraus, daß eine bestehende Beihilfe dann umgestaltet werde, wenn durch die Änderung wesentlicher Bestandteile Auswirkungen auf den Wettbewerb oder den innergemeinschaftlichen Handel zu erwarten seien. Für die rechtliche Beurteilung einer Maßnahme bedeute dies, daß die Einstufung als Neubeihilfe entweder aus einer unmittelbaren Änderung des Beihilfegegenstandes selbst oder bei einer formal gleichbleibenden Beihilferegelung durch eine mittelbare Veränderung des räumlichen oder sachlichen Tätigkeitsbereichs des Beihilfeempfängers entstehen könne, sofern dadurch eine grundlegend andere (zumindest potentielle) Intensität der Wettbewerbsverfälschung und der Beeinträchtigung des Handels zwischen den Mitgliedstaaten in Bezug auf andere Wettbewerber oder andere Marktsegmente resultiere.[319] Die Zuständigkeit zur Prüfung und Beurteilung liege bei der Kommission.[320] Demzufolge wäre beispielsweise eine Fusion zwischen Landesbanken (oder auch Sparkassen) durch die Kommission daraufhin zu untersuchen, inwieweit daraus Auswirkungen auf die Wettbewerbssituation entstehen, weswegen bei einem positiven Ergebnis eine Qualifizierung als Neubeihilfe vorzunehmen wäre. Falls keine Veränderung der Wettbewerbssituation vorliegt, müßte auf eine Altbeihilfe plädiert werden, wobei dann bei den einzelnen Kreditinstituten auf den jeweiligen Gründungsstatus abzustellen sei, bei dem Anstaltslast und Gewährträgerhaftung schon vor Inkrafttreten des EGV vorhanden gewesen sind.

c) Die Auffassung von Herdegen

Herdegen befürwortet eine Qualifizierung von Anstaltslast und Gewährträgerhaftung als notifizierungspflichtige Neubeihilfe sowohl für neu gegründete als auch für vor 1958 gegründete Kreditanstalten. Anknüpfungspunkt ist für ihn die EuGH-Rechtsprechung, wonach eine neue Beihilfe dann vorliegen soll, wenn eine bestehende Beihilfe durch eine spätere gesetzliche Erweiterung des früheren Geschäftsfeldes des begünstigten Unternehmens erweitert worden ist.[321]

---

[319] Koenig, EWS 1998, S. 154; Koenig / Sander, EuZW 1997, S. 366.
[320] GA Lenz, Schlußanträge vom 22.6.1994, Rs. C-44/93, Namur – Les Assurances gegen Office national du ducroire und Belgischer Staat, Slg. 1994, S. I-3829 (3854).
[321] Herdegen, Gutachten, in: BdB, S. 29.

III. Die Rechtsprechung des EuGH in der Rechtssache „Namur-Les Assurances"

Sowohl die Befürworter einer Qualifizierung von Anstaltslast und Gewährträgerhaftung als Altbeihilfe als auch als Neubeihilfe berufen sich in ihrer Argumentation auf das Urteil des EuGH in der Rechtssache „Namur-Les Assurances". Im folgenden soll dieses Urteil näher untersucht werden, um festzustellen, welche der beiden Auffassungen rechtlich am tragfähigsten ist.

Dieser Rechtsstreit hatte folgenden Hintergrund: Aufgrund einer vor dem Inkrafttreten des EWG bestehenden Rechtsvorschrift aus dem Jahre 1939 erhielt das Office national du ducroire (OND) als öffentliche Einrichtung in Belgien im Gegenzug für dessen Auftrag zur Deckung der mit Außenhandelsgeschäften verbundenen Risiken mehrere finanzielle Beihilfen. Dazu zählten unter anderem eine Kapitalausstattung durch verzinsliche Staatsanleihen sowie eine staatliche Deckung des jährlichen Haushaltsdefizits. Während das OND als Kreditversicherungsagentur die Kreditversicherung für Ausfuhrrisiken in andere EG-Mitgliedstaaten viele Jahre nur im Wege eines Rückversicherungs- und später eines Zusammenarbeitsvertrages mit einem privaten Erstversicherer betrieb, mit dem es sich letztlich die Risiken und Märkte aufteilte, dehnte das Unternehmen zum Jahre 1989 diese Tätigkeit mit Zustimmung der Aufsichtsbehörde auf den Kreditversicherungsmarkt für Risiken in ganz Westeuropa ohne geographische Begrenzung aus, ohne daß dabei die gesetzlich eingeführte Beihilferegelung aus dem Jahre 1939 geändert wurde. Dadurch ist das OND mit privaten Gesellschaften für Ausfuhrkreditversicherungen in Wettbewerb getreten. Das entscheidende Problem war die Frage, ob es sich dabei um eine Einführung oder Umgestaltung einer Beihilfe und damit um eine Neubeihilfe nach Art. 88 Abs. 3 EGV handelte oder ob eine Einstufung als bestehende Beihilfe nach Art. 88 Abs. 1 EGV vorzunehmen war.

In der Entscheidung heißt es:

„Um festzustellen, ob eine Entscheidung, mit der einem öffentlichen Unternehmen wie dem OND, das vom Staat gewährte Vorteile genießt, die Ausdehnung seines Tätigkeitsgebiets gestattet wird, als Einführung oder Umgestaltung von Beihilfen im Sinne des Artikels 93 Absatz 3 angesehen werden kann, sind diese Vorteile sowie die Natur und die Tragweite der fraglichen Entscheidung unter Berücksichtigung der im Vorlageurteil enthaltenen, durch die Stellungnahmen der Betroffenen und die Antworten auf die Fragen des Gerichtshofes ergänzten Angaben zu überprüfen. ... Ergibt sich die Beihilfe aus früheren, nicht geänderten Rechtsvorschriften, so kann für die Anwendung des Artikels 93 Absätze 1 und 3 EWG-Vertrag die Frage, ob eine neue Beihilfe oder die Umgestaltung einer bestehenden Beihilfe vorliegt, nicht danach beurteilt werden, welche Bedeutung die Beihilfe für das Unternehmen im Lauf des Bestehens jeweils hatte und wie hoch sie insbesondere jeweils war. Maßstab für die Einstufung einer Beihilfe als neue oder umgestaltete Beihilfe sind die Bestimmungen, in denen sie vorgesehen ist, sowie die dort vorgesehenen Modalitäten und Beschränkungen. ... Auf die erste und die dritte Frage ist daher zu antworten, daß Artikel 93 Absatz 3 EWG-Vertrag dahin auszulegen ist, daß die unter Umständen, wie sie im Vorlageurteil beschrieben sind, erfolgende Ausdehnung des Tätigkeitsgebiets einer öffentlichen Einrichtung, der der Staat aufgrund von vor dem Inkrafttreten des EWG-Vertrages erlassenen Rechtsvorschriften Beihilfen gewährt, nicht als Einführung oder Umgestaltung einer Beihilfe angesehen werden kann, die der Verpflichtung zur vorherigen Anzeige und dem Verbot der Durchführung nach Artikel 93 Absatz 3 EWG-Vertrag unterliegt, da eine solche Ausdehnung die durch diese Rechtsvorschriften eingeführte Beihilferegelung nicht berührt."[322]

Letztlich wurde die Beihilfenregelung als bestehende Beihilfe nach Art. 87 Abs. 1 EGV eingestuft. Begründet wurde diese Entscheidung damit, daß die zugrundeliegenden Rechtsvorschriften seit dem Jahre 1939 fast unverändert fortbestanden und diese schon von vornherein keine sachliche oder räumliche Beschränkung des Tätigkeitsgebiets des OND in der Ausfuhrkreditversicherung enthielten, diesem statt dessen einen allgemein gefaßten Auftrag zur Risikominderung von Ausfuhrkrediten zuwiesen. Die Beschränkung auf den Bereich Westeuropa erfolgte allein durch die vertragliche Bindung zwischen der öffentlichen Einrichtung und dem privaten Wettbewerber. Die räumliche Erweiterung des Geschäftsgebiets im Jahre 1989 erfolgte letztlich weder durch eine Änderung der zugrundeliegenden Rechtsvorschriften des OND noch der Natur der Beihilfen noch der zugewiesenen Tätigkeit.[323]

---

[322] EuGH, Rs. C-44/93, Namur – Les Assurances gegen Office national du ducroire und Belgischer Staat, Slg. 1994, S. I-3829, Rdn. 22, 28, 35.

[323] EuGH, Rs. C-44/93, Namur – Les Assurances gegen Office national du ducroire und Belgischer Staat, Slg. 1994, S. I-3829, Rdn. 29.

IV. Bewertung

Der Sachverhalt der Rechtssache „Namur-Les Assurances" ist der Beihilfe-rechtsproblematik von Anstaltslast und Gewährträgerhaftung sehr vergleichbar, indem der Beihilfe in der damaligen Rechtssache eine Vorschrift aus dem Jahre 1939 und damit vor Inkrafttreten des EGV zugrunde lag, und später das Tätig-keitsfeld der öffentlichen Einrichtung erweitert wurde. Der EuGH macht in sei-nem Urteil ausdrücklich deutlich, daß für die Qualifizierung als Alt- oder Neu-beihilfe zum einen die für die Beihilfe maßgebliche Rechtsvorschrift mit ihren Modalitäten und Beschränkungen als Beurteilungsmaßstab heranzuziehen sei, zum anderen aber auch die Natur und die Tragweite der Ausdehnung des Tätig-keitsbereichs beachtet werden müsse.

Folglich kommt es nicht allein auf das Inkrafttreten der Rechtsvorschrift an sich an. Dies heißt im Umkehrschluß ebenfalls, daß eine Änderung der gesetzlichen Grundlage keine zwingende Voraussetzung für eine Qualifizierung als Neubei-hilfe sein muß und mithin keine conditio sine qua non ist. Ansonsten würde die bloße Feststellung, ob eine beihilferechtsrelevante Vorschrift vor Inkrafttreten des EGV bestanden hat, ausreichen, um dauerhaft eine Altbeihilfe anzunehmen. Durch eine solch oberflächliche Sichtweise würden durch spätere Veränderun-gen des Tätigkeitsbereichs hervorgerufene negative Auswirkungen auf die Wettbewerbssituation und den zwischenstaatlichen Handel ausgeblendet und der Binnenmarkt beschädigt. Dies würde dem Sinn und Zweck des Beihilfeverbots nach Art. 87 Abs. 1 EGV widersprechen.

Im übrigen hatte das öffentliche Unternehmen in der Rechtssache „Namur-Les Assurances" von vornherein die Möglichkeit gehabt, ohne räumliche Beschrän-kung tätig zu werden, sich dann aber freiwillig in vertragliche Bindungen mit einem Wettbewerber begeben und eine Selbstbeschränkung vorgenommen. Nur unter dieser Prämisse wurde vom EuGH eine Altbeihilfe angenommen. Das Er-gebnis wäre indes anders zu beurteilen gewesen, wenn die Ausdehnung des Tä-tigkeitsbereichs nicht vom materiellen Anwendungsbereich der ursprünglichen Rechtsvorschrift gedeckt gewesen wäre. Dies macht der EuGH deutlich, wenn er ausführt, daß „eine solche Ausdehnung die durch diese Rechtsvorschriften ein-geführte Beihilferegelung nicht berührt". Für eine Qualifizierung als Neubeihilfe beziehungsweise als umgestaltete Beihilfe ist somit entscheidend, ob bei einer gleichbleibenden Beihilferegelung eine qualitative Veränderung des Beihilfe-charakters durch eine von der ursprünglichen Regelung nicht mehr gedeckte

Ausdehnung des Tätigkeitsbereichs erfolgt. Selbst der EuGH möchte die Auswirkungen seiner Judikatur im übrigen restriktiv angewandt wissen, denn er stuft die Ausdehnung des Tätigkeitsgebiets des OND als bestehende Beihilfe recht vorsichtig nur „unter Umständen" ein.

Im Hinblick auf Anstaltslast und Gewährträgerhaftung sollte die Prüfung deshalb wie folgt differenziert werden. In einem ersten Schritt sind deren rechtliche Grundlagen zu untersuchen. In einem zweiten Schritt ist auf Fusionen, Neugründungen und auf eine eventuelle Ausdehnung des Tätigkeitsfeldes der öffentlich-rechtlichen Kreditinstitute einzugehen.

In der amtlichen Begründung des rheinland-pfälzischen Sparkassengesetzes, in dem zum ersten Mal das Haftungsinstitut der Anstaltslast aufgenommen wurde, heißt es dazu, daß nur „die sich bereits aus allgemeinen Rechtsgrundsätzen ergebende" Instandhaltungspflicht des Gewährträgers „wegen ihrer besonderen Bedeutung deutlich" gemacht werden sollte.[324] Im überwiegenden Teil der Literatur wird deshalb ein allgemeiner verwaltungsrechtlicher Rechtsgrundsatz als Grundlage der Anstaltslast angenommen, wonach der Anstaltsträger im Innenverhältnis zur Anstalt eine Verpflichtung habe, diese mit den nötigen finanziellen Mitteln auszustatten, sie funktionsfähig zu halten und ihre wirtschaftliche Basis zu sichern.[325] Eine gesetzliche Regelung der Gewährträgerhaftung besteht seit dem Jahre 1931, als aus dem Gemeinde- und Staatsverband die organisatorische Ausgliederung der Sparkassen und Girozentralen erfolgte, diese in rechtlich selbständige Anstalten des öffentlichen Rechts umgewandelt und die Haftungsgarantien der Kommunen auf diese Institute übertragen wurden.[326] Der Bericht der Wettbewerbsenquête führt dementsprechend aus, daß die Gewährträgerhaftung auf einer reichsrechtlichen Regelung beruht und dann in den entsprechenden landesrechtlichen Vorschriften konkretisiert wurde.[327]

Dies bedeutet, daß für die überwiegende Anzahl der deutschen öffentlich-rechtlichen Kreditinstitute eine Altbeihilfe vorliegt, da die entsprechenden Rechtsgrundlagen bereits vor dem 1. Januar 1958 in Kraft gewesen sind und später bloß deklaratorisch wiedergegeben wurden. Unter der Prämisse, daß für

---

[324] § 3 des Sparkassengesetzes Rheinland-Pfalz, inkraftgetreten am 1. Juli 1983.

[325] Vgl. dazu Kemmler, DVBl. 2003, S. 103 ff; Kirchhof, NVwZ 1994, S. 1043.

[326] Dritte Notverordnung des Reichspräsidenten zur „Sicherung von Wirtschaft und Finanzen und zur Bekämpfung politischer Ausschreitungen" vom 6. Oktober 1931, RGBl. I S. 537.

[327] Wettbewerbsenquête, S. 48.

diese Institute keine erhebliche Ausdehnung des Tätigkeitsbereichs erfolgt ist, dürfte dies vor allem für den Großteil der regional tätigen Sparkassen und für identitätswahrende Fusionen auf Landesbank- und Sparkassenebene gelten. Denn bei solchen Fusion wird eine bereits bestehende öffentliche Haftung nur unverändert fortgeführt.

Allerdings kommt auch das Vorliegen von Neubeihilfen oder von umgestalteten Beihilfen in Betracht. Eine Neubeihilfe könnte insbesondere bei einer nicht identitätswahrenden Neugründung einer öffentlich-rechtlichen Bank nach Abschluß der Römischen Verträge gegeben sein. Beispielsfälle sind die Sächsische Landesbank[328], die Westdeutsche Immobilienbank[329] und die Landeskreditbank Baden-Württemberg (L-Bank)[330]. Die durch ein Gesetz von 1968[331] gegründete WestLB fiele nicht in diese Gruppe, da sie aufgrund einer Vereinigung der Landesbank für Westfalen (Girozentrale) mit der Rheinischen Girozentrale und Provinzialbank entstand, für die die öffentliche Haftung bereits existierte. Bei Neugründungen ist die konkrete Vorteilsgewährung an den Beihilfeempfänger entscheidend.

Generalanwalt (GA) Lenz stellte dies in seinem Schlußantrag in der Rechtssache „Namur-Les Assurances" insoweit klar, als es für das Einführen oder Umgestalten einer Beihilfe darauf ankommt, ob in dem Portefeuille der beihilferelevanten Maßnahmen eines Mitgliedstaates eine Änderung mit Auswirkungen auf den Inhalt oder den Umfang der beihilferelevanten Vorteile eingetreten ist.[332] Durch eine Neugründung eines mit der öffentlichen Haftung ausgestatteten Instituts entsteht für die öffentlichen Gewährträger ein grundsätzlicher Zuwachs des Haftungsrisikos im Innen- und Außenverhältnis. Dem kann auch nicht entgegengehalten werden, daß die öffentliche Haftung ein vor Inkrafttreten der Römi-

---

[328] Die Sächsische Landesbank wurde im Jahre 1992 vom Land Sachsen, dem Sächsischen Sparkassenverband und der SüdwestLB gegründet.

[329] Gegründet wurde die Westdeutsche Immobilienbank von den Bundesländern Baden-Württemberg, Rheinland-Pfalz und Nordrhein-Westfalen zum 1. Januar 1995. Sie besitzt eine Universalbanklizenz, hat keinen Spezialauftrag und ist nicht an das Immobiliengeschäft gebunden. Sie kann frei wie eine private Kreditbank arbeiten. Siehe dazu die ausführliche Studie über die Westdeutsche Immobilienbank von Sinn, Staat im Bankwesen, S. 11, 23.

[330] Die L-Bank entstand im Jahre 1982 durch eine Fusion der Württembergischen Landeskreditanstalt und der Badischen Landeskreditanstalt.

[331] GVBl. NRW von 1968, S. 349 ff.

[332] GA Lenz, Schlußantrag, Rs. C-44/93, Namur – Les Assurances gegen Office national du ducroire und Belgischer Staat, Slg. 1994, S. I-3829, Rdn. 77.

schen Verträge entstandenes Beihilfesystem sei, denn ansonsten wäre durch die bloße Berufung auf dieses Haftungssystem weder eine materielle noch eine zeitliche Einschränkung trotz bestehender Wettbewerbsbeeinträchtigungen möglich.

Die Umgestaltung einer bestehenden Beihilfe, die wie bei einer Neubeihilfe eine Notifizierungspflicht hervorruft, kommt im Rahmen von Fusionen unter Landesbanken und unter Sparkassen bei gleichzeitiger Ausweitung des Tätigkeitsfeldes sowie bei bestehenden Instituten bei Geschäftsbereichsausweitungen in Betracht, die zu einer qualitativ anderen Beurteilung des Beihilfecharakters führen könnten.

Eine qualitative Ausdehnung des materiellen Tätigkeitsbereichs auf faktischem oder auf gesetzlichem Wege, der mit demjenigen zum Entstehungszeitpunkt von Anstaltslast und Gewährträgerhaftung kaum zu vergleichen ist, könnte beispielsweise bei denjenigen öffentlich-rechtlichen Kreditinstituten gegeben sein, die in den vergangenen Jahrzehnten neue Geschäftsfelder erschlossen haben.

Dazu zählen beispielsweise das Industriekredit- und das Realkreditgeschäft, das M&A-Geschäft sowie internationale Bankgeschäfte mit ihrer Refinanzierung auf den weltweiten Kapitalmärkten und ihrer starken Abhängigkeit von Ratings, die Gründung von Repräsentanzen und Tochtergesellschaften im Ausland oder die umfangreichen in- und ausländischen (Industrie- und Nichtbanken-) Beteiligungen mancher Landesbanken. Eine räumliche Ausweitung des Tätigkeitsbereichs scheidet zumindest für die Sparkassen insoweit aus, als bei diesen das jeweilige Geschäftsgebiet aufgrund des Regionalprinzips auf das Hoheitsgebiet der tragenden Kommunen begrenzt und die Errichtung von Zweigstellen außerhalb des eigenen Gewährträgergebiets untersagt ist. Eine einfachgesetzliche Beschränkung des Geschäftsbereichs besteht für Landesbanken indes nicht, die deshalb auch Niederlassungen und Büros im Gebiet fremder Gewährträger gegründet haben.[333]

Jedoch waren Anstaltslast und Gewährträgerhaftung weder in ihrer gesetzlichen Fassung noch in ihrer Geltung als allgemeine Rechtsgrundsätze materiellen Be-

---

[333] Gleske, Wettbewerb öffentlicher und privater Kreditinstitute, S. 44; Stein, Die Bank 1993, S. 523; Güde, Geschäftspolitik der Sparkassen, S. 164; Immenga / Rudo, Beurteilung von Gewährträgerhaftung und Anstaltslast, S. 21.

schränkungen unterworfen.[334] Wie in der Rechtssache „Namur-Les Assurances" wurde der materielle Tätigkeitsbereich nicht gesetzlich erweitert, sondern bloß der ursprünglich unbegrenzte Geltungsbereich ausgenutzt. Geschäftsmäßige Beschränkungen von Anstaltslast und Gewährträgerhaftung bestanden zu keinem Zeitpunkt. Das den Landesbanken und Sparkassen zustehende Recht zu „bankmäßige(n) Geschäfte(n) aller Art" haben die öffentlich-rechtlichen Kreditinstitute vielmehr dazu ausgenutzt, dieses faktisch auf neue Felder im Bankengeschäft zu übertragen, ohne daß ihnen dies vorher von den der Anstaltslast und Gewährträgerhaftung zugrundeliegenden Normen untersagt gewesen war. Die in den Landesbank- und Sparkassengesetzen normierten Aufgaben sind insoweit „Bankgeschäfte" nach § 1 KWG. Zulässig sind infolge der weitgehenden Aufgabe des Enumerationsprinzips aber auch über § 1 KWG hinausgehende banküblichen Geschäfte. Dies ist aber nur bei einer gesetzlichen Ermächtigung möglich, denn die betriebenen Bankgeschäfte müssen sich im Rahmen des zugewiesenen öffentlichen Auftrags halten.[335] Dementsprechend hieß es in § 4 Abs. 1 des Sparkassengesetzes von Nordrhein-Westfalen: „Die Sparkassen dürfen im Rahmen dieses Gesetzes und der Rechtsverordnung gemäß Absatz 2 alle banküblichen Geschäfte betreiben."[336]

Folglich sind Anstaltslast und Gewährträgerhaftung auch immer in ihrem Zusammenhang mit den ihnen zugewiesenen gesetzlichen Aufgaben zu sehen. Insoweit stellen die in der gesetzlichen Regelung enthaltenen Beschränkungen des Tätigkeitsbereichs als Element der Beihilferegelung auch die Grenzen für die Verwendung der Beihilfe dar. Liegen keine Beschränkungen vor, sind spätere

---

[334] Beispielsweise heißt in in § 4 Abs. 2 des Gesetzes über die Landesbank Baden-Württemberg „Die Gewährträger der Landesbank tragen die Anstaltslast. Die Anstaltslast enthält die öffentlich-rechtliche Verpflichtung gegenüber der Landesbank, ihre wirtschaftliche Basis zu sichern und sie für die gesamte Dauer ihres Bestehens funktionsfähig zu erhalten." und in § 4 Abs. 1 des Errichtungsgesetzes für die Landesbank Sachsen Girozentrale „Die Gewährträger haften den Gläubigern der Bank als Gesamtschuldner unbeschränkt. Im Innenverhältnis haften sie entsprechend ihrer Beteiligung am Stammkapital. Die Gewährträger können erst in Anspruch genommen werden, wenn und soweit die Befriedigung aus dem Vermögen der Bank nicht zu erlangen ist.".

[335] Schlierbach, Sparkassenrecht, S. 110 f; OVG NRW, DVBl. 1980, S. 71. Zu den banküblichen Geschäften gehören bsp. das Leasinggeschäft und die Datenverarbeitung für Dritte.

[336] Gesetz über die Sparkassen sowie über die Girozentrale und Sparkassen- und Giroverbände in der Fassung der Bekanntmachung vom 25. Januar 1995, GVBl. NRW S. 92; genauso § 2 Abs. 3 S. 1 des Rheinland-Pfälzischen Sparkassengesetzes vom 1. April 1982, GVBl. Rheinland-Pfalz S. 113, in der Fassung des Fünften Landesgesetzes zur Änderung des Sparkassengesetzes vom 12. März 1996, GVBl. Rheinland-Pfalz S. 154.

Erweiterungen des Verwendungsbereichs der Beihilfe aus Sicht der Beihilfenaufsicht unschädlich. Zwar hat der gesetzlich geregelte öffentliche Auftrag im Laufe der Jahrzehnte einen Wandel erfahren und wurde durch einzelne neue gesetzliche Aufgaben erweitert und an aktuelle Probleme und Entwicklungen angepaßt.[337] Beispielsweise gewann die sog. „Wettbewerbs- und Korrekturfunktion" erst in den letzten Jahrzehnten an Bedeutung und wurde später als neuer Bestandteil in den Aufgabenkatalog der Landesbanken und Sparkassen aufgenommen.[338] Letztlich sind eine faktische und eine gesetzliche Ausdehnung des Tätigkeitsbereichs durch einzelne neue öffentliche Aufgaben aber gleich zu beurteilen, da die zugrundeliegende Regelung der öffentlichen Haftung nicht geändert wurde.

Dies kann aber nicht schrankenlos möglich sein. Deswegen sollte eine grundlegende und wesentliche Änderung des Tätigkeitsbereichs eines öffentlichrechtlichen Instituts dazu führen, eine Umgestaltung einer bestehenden Beihilfe anzunehmen. Hier ist beispielhaft eine Umwandlung von Förderinstituten[339], die zinsverbilligte Kredite gewähren und deren bankmäßige Abwicklung sicherstellen, hin zu Universalbanken mit allgemeinen Bankgeschäften zu nennen. Die im Jahre 1999 privatisierte DSL-Bank war bis 1981 für die „Förderung der Neuordnung des ländlichen Raums"[340] zuständig, danach erhielt sie einen Universalbankstatus.[341] In Baden-Württemberg wäre die L-Bank von der Annahme einer grundlegenden und wesentlichen Änderung des Tätigkeitsbereichs betroffen

---

[337] Schlierbach, Sparkassenrecht, S. 121; Güde, Geschäftspolitik der Sparkassen, S. 22 f.

[338] „Die Sparkassen stärken den Wettbewerb im Kreditgewerbe.", § 6 Abs. 1 S. 1 des Sparkassengesetzes Baden-Württemberg in der Fassung vom 23. Januar 1992, GVBl. BW S. 128, geändert durch das Gesetz zur Änderung des Sparkassengesetzes für Baden-Württemberg vom 18. Dezember 1995, GVBl. BW S. 874.

[339] Zu den Förderinstituten gehören bsp. die Investitionsbank des Landes Brandenburg, die Bayerische Landesanstalt für Aufbaufinanzierung, die Bayerische Landesbodenkreditanstalt , die Thüringische Aufbaubank, die Investitionsbank des Landes Schleswig-Holstein, die Sächsische Aufbaubank GmbH und die Investitionsbank Berlin. Dabei handelt es sich zum einen um selbständige Anstalten des öffentlichen Rechts (mit teilweiser Kapitalbeteiligung anderer öffentlich-rechtlicher Institute), zum anderen um unselbständige Förderbanken als Bestandteil von Landesbanken.

[340] § 2 Abs. 1 des Gesetzes über die Zusammenlegung der Deutschen Landesrentenbank und der Deutschen Siedlungsbank vom 27. August 1965, BGBL. I S. 1001.

[341] Siehe 5. Teil C. III. 3. a) aa) (2).

gewesen.[342] Dies würde in gleichem Maße auch für öffentliche Grundkreditanstalten oder öffentliche Bausparkassen gelten.

Dem kann auch nicht die Gefahr eines erhöhten Maßes an Rechtsunsicherheit und Verfahrensschwierigkeiten entgegengehalten werden, da für den Großteil der öffentlich-rechtlichen Kreditinstitute eine Einstufung als Altbeihilfe erfolgt. Für diejenigen Institute, die entweder nach den Römischen Verträgen vollkommen neu gegründet wurden oder bei denen eine grundlegende Veränderung des gesetzlichen (und nicht bloß faktischen) Tätigkeitsbereichs erfolgt ist, die wesentlich vom ursprünglichen Geschäftsbereich abweicht, wäre eine Einstufung als Neubeihilfe zumindest nicht von vornherein ausgeschlossen. Dies entspricht nur den tatsächlichen Gegebenheiten auf dem öffentlich-rechtlichen Bankensektor und ist mithin sachgerecht. Unvertretbar wäre es, wenn jede Landesbank, jede Sparkasse, jede Erweiterung des öffentlichen Auftrags, jeder einzelne Vertrag oder jede Anleiheemission hätte überprüft werden müssen.

Gleiches gilt für die Auffassung, daß Anstaltslast und Gewährträgerhaftung zwingende Bestandteile einer Anstalt des öffentlichen Rechts seien. Denn dann könnten sich alle öffentlich-rechtlichen Banken automatisch darauf berufen, daß ihnen die öffentliche Haftung zugute kommt. Durch die Brüsseler „Verständigung" und die hier untersuchte Kommissionsentscheidung wurde diese Auffassung im übrigen widerlegt, da nunmehr Anstalten des öffentlichen Rechts ohne Anstaltslast und Gewährträgerhaftung zulässig sind.

V. Ergebnis

Somit ist festzustellen, daß entgegen der pauschalen Qualifizierung von Anstaltslast und Gewährträgerhaftung als Altbeihilfe für alle öffentlich-rechtlichen Kreditinstitute in der Brüsseler „Verständigung" und der Kommissionsentscheidung Nr. E 10/2000 eine stärker einzelfallorientierte Betrachtungsweise des Alt- oder Neubeihilfencharakters hätte vorgenommen werden müssen.

---

[342] Novellierung des Gesetzes über die Landeskreditbank (LKBG) durch ein Artikelgesetz vom 5. Dezember 1988, GVBl. Baden-Württemberg S. 388; siehe dazu Möschel, WM 1993, S. 97.

B. Uneingeschränkte Einbeziehung aller Landesbanken und Sparkassen

In der Brüsseler „Verständigung" und der Kommissionsentscheidung Nr. E 10/2000 werden alle Landesbanken und Sparkassen einheitlich den neuen Haftungsregelungen unterworfen. Dies ist insoweit überraschend, als gerade bei rein regional tätigen Sparkassen eine zwischenstaatliche Handelsbeeinträchtigung fraglich erscheint. Somit ist zu untersuchen, ob dieser Aspekt der Kommissionsentscheidung den beihilferechtlichen Bestimmungen entspricht.

I. Begünstigungswirkung der Sparkassen

Der wesentliche Vorteil der öffentlichen Haftung liegt, wie oben dargelegt, bei den günstigeren Refinanzierungsbedingungen auf den internationalen Interbanken- und Anleihemärkten aufgrund der hohen Bedeutung von Ratings. Allerdings besitzen nur sehr wenige Sparkassen überhaupt ein Rating. In der Regel versorgen sich Sparkassen vorrangig über die Thesaurierung versteuerter Gewinne mit dem erforderlichen Eigenkapital, während die Refinanzierung primär über Kundeneinlagen, Sparkassenbriefe und Inhaberschuldverschreibungen und nicht auf den internationalen Kapitalmärkten erfolgt.[343] Im Jahre 1995 betrug der Anteil der Einlagen 67,2 % der Passiva, während Schuldverschreibungen nur 6,2 % und Interbankenverbindlichkeiten 16,6 % ausmachten.[344] Von den Einlagen waren wiederum rund 50 % Spareinlagen. Somit scheiden direkte Refinanzierungsvorteile für die Sparkassen auf dieser Ebene aus, abgesehen von denjenigen Sparkassen, die ein eigenes Rating besitzen oder selbst (Fremdwährungs-) Anleihen begeben.

Ein aufgrund der öffentlichen Haftung niedrigeres Zinsniveau im Vergleich zu privaten Banken, woraus für die Sparkassen eine Begünstigung durch niedrigere Zinsbelastungen folgen könnte, kann ebenfalls nicht festgestellt werden. Denn die öffentliche Haftung führt zu keinen verbesserten Zinskonditionen im Vergleich zum Nichtbestehen der öffentlichen Haftung, da auch bei den privaten Banken eine Absicherung der Spareinlagen privater Gläubiger durch den Einlagensicherungsfonds des Bundesverbands deutscher Banken gegeben ist, welcher

---

[343] Positionen 2002 des DSGV, „Anstaltslast und Gewährträgerhaftung", Quelle: www.dsgv.de; Kemmler, DVBl. 2003, S. 101.

[344] Von Friesen, Staatliche Haftungszusagen, S. 152; Immenga / Rudo, Beurteilung von Gewährträgerhaftung und Anstaltslast, S. 94, die bezogen auf August 1995 von 68,6 % ausgehen.

die volle Rückzahlung jeder privaten Einlage garantiert, die wiederum 30 % der haftenden Eigenmittel der Bank nicht übersteigen darf.[345] Insoweit besteht letztlich kein Unterschied in der Qualität der Einlagenabsicherung zwischen den Sparkassen und den privaten Banken. Allein für den Fall eines Zusammenbruchs des Einlagensicherungsfonds der Privatbanken könnte es zu einem Anstieg der privaten Einlagen bei öffentlichen Banken wegen des höheren Vertrauens und der letztlich doch absoluten Sicherheit kommen. Davon ist Deutschland aber weit entfernt.

Soweit eine Refinanzierung über eine Kreditaufnahme bei den Landesbanken im Wege des Verbundsystems mit den Sparkassen erfolgt, das heißt im Rahmen der sog. „Interbankenverbindlichkeiten", könnten den Sparkassen die Zinsvorteile der Landesbanken, die diese wegen ihres guten Ratings erzielen, indes „mittelbar" zugute kommen. Denn 30 % vom Gesamtbestand der Kredite und 40 % der langfristigen Kredite der Landesbanken fallen im Rahmen der Refinanzierung auf die Sparkassen.[346] Inwieweit die Landesbanken den Sparkassen auf diesem Wege tatsächlich günstigere Zins- und Finanzierungskonditionen zugestehen, konnte bislang allerdings nicht geklärt werden.

Fraglich ist, ob eine solche Begünstigungswirkung auf der Ebene der Landesbanken auch den Sparkassen in beihilferelevanter Weise zurechenbar wäre, so sie überhaupt tatsächlich bestünde. Von Livonius lehnt eine solche Zurechnung im Wege eines „spill-over" gegenüber den Sparkassen ab, da diese Begünstigungswirkung aus der Sicht der Beihilfeaufsicht schon auf der Ebene der Landesbanken primär zu erfassen sei.[347]

Grundsätzlich ist im Beihilferecht aber keine unmittelbare Vorteilsgewährung erforderlich, weswegen auch mittelbare Begünstigungen beihilferechtlich relevant sein können. Nach Auffassung des EuGH gelten indirekt gewährte Vorteile aber nur in Ausnahmefällen als Beihilfe.[348] Entscheidend ist letztlich nicht, wer formal als Empfänger einer Beihilfe bezeichnet wird, sondern wer der Begünstigte der Maßnahme ist.[349] Als Beihilfeempfänger gelten deshalb auch die sog.

[345] Immenga / Rudo, Beurteilung von Gewährträgerhaftung und Anstaltslast, S. 95; von Livonius, Öffentlich-rechtliche Kreditinstitute und EU-Beihilferegime, S. 153; von Friesen, Staatliche Haftungszusagen, S. 152 f.

[346] DSGV, „Märkte 2000 – Geschäftsentwicklung, Trends, Analyse".

[347] Von Livonius, Öffentlich-rechtliche Kreditinstitute und EU-Beihilferegime, S. 96.

[348] EuGH, Deutschland gegen Kommission, Rs. C-156/98, Slg. 2000, S. I-6857, Rdn. 26 f.

[349] Mederer, in: von der Groeben / Schwarze, EU-/EG-Vertrag, Art. 87 Abs. 1, Rdn. 32.

„Zweitbegünstigten".[350] Dabei werden, beispielsweise im Wege von Verbrauchs- oder Sozialbeihilfen, zwar bestimmte Verbraucher oder Unternehmen dahingehend unterstützt, daß sie Waren oder Leistungen eines zu begünstigenden Unternehmens abnehmen. Sofern damit aber eine diskriminierende Verwendungsauflage verbunden ist, wodurch ein anderer Wesensgehalt der Maßnahme mit einer besonderen Begünstigungswirkung zugunsten einzelner Unternehmen oder Unternehmenszweige zulasten des mitgliedstaatlichen Handels entsteht, unterliegen solche Maßnahmen ebenfalls den Regelungen der Art. 87 ff EGV. An den Nachweis einer beihilferechtswidrigen Zweitbegünstigung im Einzelfall sind indes hohe Nachweispflichten für die Kommission verbunden.[351]

Gegen eine Zurechnung gegenüber den Sparkassen spricht, daß die Landesbanken die primären und eigentlichen Begünstigten der durch die öffentliche Haftung und die guten Ratings hervorgerufenen Refinanzierungsvorteile sind. Dabei handelt es sich auch um die Folgen der landesbankeigenen Anstaltslast und Gewährträgerhaftung. Inwieweit sie die gewonnenen Vorteile wiederum an die Sparkassen weitergeben, ist nicht zwangsläufig und zielgerichtet vorgegeben, sondern das Ergebnis einer autonomen Entscheidung der Landesbanken, die mehr einer Reflexwirkung gleicht. Denkbar wäre auch eine marktgerechte Verzinsung. Andernfalls wäre der Begünstigtenkreis viel zu unbestimmt, da möglicherweise alle Kreditinstitute und sonstigen juristischen Personen des privaten und öffentlichen Rechts, die sich über Landesbanken refinanzieren, davon umfaßt sein könnten. Dies hätte auch unabsehbare Folgen für denktheoretisch mögliche Beihilferückforderungen. Nicht ausgeschlossen ist aber auch, daß ein solcher Nachweis mit einer Beschränkung des Begünstigtenkreises auf die Sparkassen trotz der hohen Nachweispflichten tatsächlich gelingt.

II. Wettbewerbsverfälschung und Beeinträchtigung des zwischenstaatlichen Handels

Hinsichtlich der erforderlichen Wettbewerbsverfälschung besteht nach dem geltenden Beihilferecht keine Spürbarkeitsgrenze im Sinne einer „de minimis"-Regel. Allein die Möglichkeit der Wettbewerbsbehinderung kann somit schon zur Anwendung der Beihilferegeln führen. Ausreichend ist insoweit, daß der Begünstigte auf dem räumlich relevanten Heimatmarkt mit Wettbewerbern aus

---

[350] Streinz, EUV/EGV, Art. 87, Rdn. 30; Mederer, in: von der Groeben / Schwarze, EU-/EG-Vertrag, Art. 87 Abs. 1, Rdn. 33.

[351] Mederer, in: von der Groeben / Schwarze, EU-/EG-Vertrag, Art. 87 Abs. 1, Rdn. 34.

anderen Mitgliedstaaten (potentiell) konkurriert.[352] Als genügend wird auch schon eine (drohende) Wettbewerbsverfälschung der Marktteilnehmer eines Mitgliedstaates untereinander angesehen.[353] Demzufolge erscheint zumindest eine (drohende) Wettbewerbsverfälschung aufgrund der nicht vollkommen auszuschließenden Begünstigungswirkung als möglich, denn in der Regel spricht eine tatsächliche Vermutung dafür, daß daraus für ein im Wettbewerb liegendes Unternehmen eine Wettbewerbsverfälschung droht.

Im Gegensatz zur Wettbewerbsverfälschung unterliegen nach der Zwischenstaatlichkeitsklausel solche Maßnahmen nicht der europäischen Beihilfeaufsicht, die nur innerstaatliche Folgen haben und bei denen die Beihilfefolgen somit lokal begrenzt sind. Denn obwohl schon ein verhältnismäßig kleiner Beihilfebetrag oder eine relativ geringe Größe des Begünstigten eine Beeinträchtigung des innergemeinschaftlichen Handels auslösen können, muß der Beihilfeempfänger dennoch wirtschaftliche Aktivitäten entfalten, die den Handel zwischen den Mitgliedstaaten betreffen.[354] Deswegen ist, soweit überhaupt eine Begünstigungswirkung der Sparkassen bejaht wird, eine Beeinträchtigung des zwischenstaatlichen Handels weitestgehend ausgeschlossen. Dies trifft insbesondere für Sparkassen im ländlichen Raum zu, die nur das regionale Kreditgeschäft mit klein- und mittelständischen Kunden betreiben, die durch das Regionalprinzip räumlich auf das Gebiet der Gewährträger beschränkt sind und bei denen keine ausländische Konkurrenz oder Nachfrage (auch nicht durch internationale Bewerbung) besteht. In diesen Fällen ist eine Beeinträchtigung des zwischenstaatlichen Handels auch potentiell nicht möglich. Diesem Sachverhalt vergleichbar hat die EU-Kommission auch in ihrer Entscheidung zum Freizeitbad Dorsten eine Beeinträchtigung des zwischenstaatlichen Handels abgelehnt.[355]

Allerdings ist zugleich festzustellen, daß die örtlichen, im lokalen Markt mit kleinen und mittleren Kunden tätigen Sparkassen aufgrund des zunehmenden Wettbewerbs in diesen Kundensegmenten zunehmend mit anderen Banken aus

---

[352] EuGH, Rs. 102/87, Frankreich gegen Kommission, Slg. 1988, S. 4067, Rdn. 19.

[353] Von Friesen, Staatliche Haftungszusagen, S. 95; Mederer, in: von der Groeben / Schwarze, EU-/EG-Vertrag, Art. 87 Abs. 1, Rdn. 42; Gleske, Wettbewerb öffentlicher und privater Kreditinstitute, S. 344.

[354] Mitteilung der Kommission über Leistungen der Daseinsvorsorge in Europa, ABl. EG Nr. C 17 vom 19.1.2001, S. 4 - 23, Rdn. 33.

[355] Kommissionsentscheidung vom 21.12.2000, Staatliche Beihilfe Nr. N 258/00 – Deutschland Freizeitbad Dorsten, SG(2001) D/ 285046, C 172/2000.

EU-Mitgliedstaaten als Wettbewerbern in Berührung kommen könnten.[356] Davon sind aber vor allem die Sparkassen in großen Städten, in Ballungszentren und im grenznahen Bereich zu anderen EU-Mitgliedstaaten betroffen. Bei diesen Instituten können die Beihilfefolgen über rein lokale Auswirkungen hinausgehen. Dies gilt auch für solche Sparkassen, die sich auf den internationalen Kapitalmärkten refinanzieren, Zweigstellen in EU-Nachbarstaaten eröffnen oder die die Auslandskreditvergabe oder die Kontenführung für Angehörige anderer Mitgliedstaaten betreiben. Jedoch könnte auch bei Sparkassen im ländlichen Raum eine Beeinträchtigung des zwischenstaatlichen Handels dann zu bejahen sein, wenn durch eine Veränderung der Geschäftstätigkeit oder durch eine Spezialisierung auf einzelne Marktsegmente mit besonders günstigen oder lukrativen Konditionen Auswirkungen auf den gemeinschaftlichen Handel entstünden. Diese Schlußfolgerungen werden zudem dadurch unterstützt, daß die Sparkassen über die regionalen Sparkassen- und Giroverbände und die Zugehörigkeit mit den Landesbanken zum DSGV kumulative Begünstigungen erfahren, wozu insbesondere ein einheitliches Auftreten der Sparkassenorganisation am Markt gehört, weswegen sich die Zugangsbedingungen ausländischer Kreditinstitute zum deutschen Markt für Bankdienstleistungen weiter verschlechtern.[357]

Die Verschiedenartigkeit einzelner Sparkassen zeigt sich beispielsweise daran, daß die in Frankfurt am Main ansässige Frankfurter Sparkasse (FRASPA) als eine der größten Sparkasse in der BRD in ihrem Geschäftsgebiet ca. 760.000 Kunden betreut und für diese rund 1,4 Millionen Konten unterhält mit einem lokalen Marktanteil von rund 50 % bei den privaten Kunden und den vorwiegend mittelständischen Firmenkunden.[358] Sie verfügte Mitte des Jahres 2003 über 91 personenbesetzte Geschäftsstellen, 4 Selbstbedienungsstandorte und 23 Betreuungscenter und damit über das dichteste Geschäftsstellennetz in Frankfurt, das doppelt so groß ist wie das der drei privaten Großbanken zusammen und fast drei mal so groß wie das der Frankfurter Volksbank.[359] Allerdings sank die Zahl der personenbesetzten Geschäftsstellen bis Ende 2003 auf 78, wobei die Zahl der Selbstbedienungsstandorte auf 19 anstieg.[360] Hinzu kommen 155 Geldautomaten und die Direktbanktochter „1822 Direkt". Im Jahre 2001 hatte die

---

[356] Gleske, Wettbewerb öffentlicher und privater Kreditinstitute, S. 345.

[357] Niemeyer / Hirsbrunner, EuZW 2000, 366 ff, die die Zwischenstaatlichkeitsklausel hingegen für alle Sparkassen als erfüllt ansehen.

[358] Bericht des Magistrats der Stadt Frankfurt am Main an die Stadtverordnetenversammlung Nr. 1052 vom 20. September 2002.

[359] FRASPA vom 8. Juni 2003,Quelle: www.fraspa1822.de/5ba27755b5bf76c9/pb.htm.

[360] Frankfurter Rundschau vom 20.12.2003, "FRASPA schließt sieben Filialen".

FRASPA eine Bilanzsumme von 16.219 Mio. €, ein Kundenkreditvolumen von 10.638 Mio. € und Kundengelder von 9.987 Mio. €. Im Gegensatz dazu verfügte die in der Stadt und dem Landkreis Fulda beheimatete Sparkasse Fulda im Jahr 2001 über 59 Filialen mit einer Bilanzsumme von 2.275 Mio. €, einem Kundenkreditvolumen von 1.709 Mio. € und Kundeneinlagen von 2.219 Mio. €.

In ihrem „non-paper" zu Anstaltslast und Gewährträgerhaftung ging die Kommission zwar noch davon aus, daß Anstaltslast und Gewährträgerhaftung auf der gesamten Sparkassenebene eine Niederlassungsbeschränkung für ausländische Banken, die auf dem deutschen Markt tätig werden wollen, darstellen.[361] Zwar dient das europäische Beihilferecht auch dazu, den Marktzutritt für Unternehmen zu gewährleisten. Dies könnte aber höchstens für ausländische Wettbewerber in großen Städte und Ballungszentren in Betracht kommen.[362] Denn in der Regel werden sie die mit dem Kampf um die Einlagen privater Sparer verbundenen hohen Kosten und das damit zusammenhängende anwachsende Risiko eines in der Fläche ausgedehnten Filialnetzes scheuen. Für den Großteil der Sparkassen mangelt es deshalb schon am Erfordernis eines Wettbewerbsverhältnisses mit anderen Banken aus dem Kreis der EU-Mitgliedstaaten.[363] Später hat selbst die EU-Kommission die Beeinträchtigung des zwischenstaatlichen Handels bestritten. Im Kommissionsbericht über „Dienstleistungen von allgemeinem wirtschaftlichem Interesse im Bankensektor" heißt es dazu:

„Ferner sei noch daran erinnert, daß die EG-vertraglichen Regeln über staatliche Beihilfen sich nicht auf alle staatlichen Beihilfen beziehen, sondern nur auf die, die den Handelsverkehr zwischen den Mitgliedstaaten beeinträchtigen. Sofern sich also eine staatliche Beihilfe lediglich lokal auswirkt und den Handel zwischen den Mitgliedstaaten nicht berührt, fällt sie nicht unter Artikel 92 Absatz 1 EG-Vertrag. Folglich fielen lokal tätige Sparkassen oder ähnliche Kreditinstitute mit lokal begrenztem Wirkungskreis, die von solchen Maßnahmen profitieren, im Prinzip von vornherein nicht unter Artikel 92 Absatz 1 EG-Vertrag."[364]

---

[361] Generaldirektion IV der Kommission, Non Paper on the treatment of Anstaltslast and Gewährträgerhaftung of public legal form credit institutions in Germany in view of Art. 92 (1) of the Treaty (n.v.), S. 28.
[362] Von Livonius, Öffentlich-rechtliche Kreditinstitute und EU-Beihilferegime, S. 206 f mwN.
[363] Koenig, EWS 1998, S. 152 f.
[364] Bericht der Kommission an den Rat vom 2.6.1998, „Dienstleistungen von allgemeinem wirtschaftlichem Interesse im Bankensektor", SEC(1998) 835/4, S. 4.

III. Ergebnis

Folglich ist die generelle Einbeziehung aller Sparkassen in die Abschaffung der Gewährträgerhaftung und der Anstaltslast fehlerhaft erfolgt, da dies aus beihilfe-rechtlicher Sicht für kleine und regional ausgerichtete Institute nicht erforderlich gewesen wäre, welche dadurch wiederum ungerechtfertigt benachteiligt werden. Gleiches würde für die pauschale Freistellung der Sparkassen als Beihilfeempfänger gelten. Statt dessen wäre eine Abschaffung der öffentlichen Haftung nur für diejenigen Sparkassen näher zu untersuchen gewesen, die ein eigenes Rating besitzen, die sich auf internationalen Kapitalmärkten refinanzieren, die im grenznahen Bereich, in Großstädten oder Ballungszentren mit Wettbewerbern aus anderen Mitgliedstaaten konkurrieren oder denen durch günstigere Refinan-zierungsbedingungen bei den Landesbanken selbst ein wirtschaftlicher Vorteil zugute kommt. Diese Untersuchung hätte einzelfallorientiert anhand des jeweiligen Kreditinstituts stattfinden müssen verbunden mit der notwendigen Flexibi-lität im Hinblick auf den zwischenstaatlichen Handel beeinflussende Faktoren und Geschäftstätigkeiten.

C. Die „Grandfathering"(Übergangs)-Regelungen

Zu prüfen ist, ob die aus dem Gemeinschaftsrecht und dem nationalen Recht für das „Grandfathering" vorgebrachten Argumente tatsächlich gegeben sind oder ob die entsprechenden Übergangsregelungen zu weitreichend und gerade nicht durch tragfähige Gründe gedeckt sind.

I. Die vorgetragenen Argumente

Zur Begründung der Übergangsregelungen wurden vor allem der Vertrauens-schutz gegenüber den Gläubigern der Landesbanken und Sparkassen, der Schutz des Eigentums und das Rückwirkungsverbot als entscheidende Argumente vor-getragen.

Aus der Kommissionsentscheidung Nr. E 10/2000 wird deutlich, daß auch die Kommission insbesondere die Gewährung von Übergangsfristen als Möglichkeit angesehen hat, „um dem oder den betreffenden Unternehmen einen angemesse-nen Übergang zur angepaßten Sachlage zu erlauben".[365] Darüber hinaus weist

---

[365] Kommissionsentscheidung Nr. E 10/2000, Letter to the Member State, S. 6.

sie ausdrücklich auf den „Gläubigerschutz" als wichtiges Kriterium für diese Regelungen hin.[366]

Koenig vertritt die Auffassung, daß im Rahmen der Beurteilung der aus dem zwischen den Gewährträgern und den öffentlich-rechtlichen Kreditinstituten bestehenden Beihilfeverhältnis zu ziehenden Konsequenzen das Vertrauen der Inhaber von Landesbankanleihen zu schützen sei.[367] Zum einen sei nämlich ein Beihilfeverhältnis zwischen den öffentlich-rechtlichen Kreditinstituten als den Anleiheschuldnern und den Anleihegläubigern abzulehnen, zum anderen haben Letztere auf die zum Zeitpunkt ihres Rechtserwerbs gesetzlich verankerte Gewährträgerhaftung vertraut. Dadurch, daß die Anleihegläubiger durch niedrigere Zinserlöse in den Schutzbereich der staatlichen Haftungsgarantien mit der damit verbundenen Bonitätsgarantie gelangt sind, dürfe ihnen der in die Zukunft gerichtete und vom jetzigen Rating antizipierte Sicherungswert der öffentlich-rechtlichen Einstandspflichten nicht entzogen werden.[368] Koenig begründet dies damit, daß der gänzliche oder teilweise Entzug von Forderungssicherheiten, die mit einem Verzicht auf höhere Zinserlöse verbunden seien, gerade aufgrund des Nichtvorliegens eines Beihilfeverhältnisses zulasten der Anstaltsgläubiger nicht zulässig sei. Dem stünde der auch in der Gemeinschaftsrechtsordnung anerkannte rechtsstaatliche Vertrauens- und Eigentumsschutz entgegen. Dies gelte selbst dann, wenn es sich tatsächlich um zu Unrecht gewährte Beihilfen handle. Darüber hinaus spricht sich Koenig für „großzügige Übergangsregelungen für die in der Vergangenheit gegenüber Drittgläubigern eingegangenen „Altverbindlichkeiten"" aus, was von der Einordnung als Alt- oder Neubeihilfe unabhängig sei.[369] Ansonsten wäre eine Abschaffung der Gewährträgerhaftung unrechtmäßig.

In Stellungnahmen von Landesbanken und Sparkassen wurde das „Grandfathering" für die Gläubiger „bestehender" Verbindlichkeiten mit dem deutschen Rückwirkungsverbot begründet:

---

[366] Kommissionsentscheidung Nr. E 10/2000, Letter to the Member State, S. 2.
[367] Koenig, EWS 1998, S. 154.
[368] Koenig / Sander, EuZW 1997, S. 367.
[369] Koenig, EWS 1998, S. 154.

„Das in der Bundesrepublik Deutschland mit Verfassungsrang ausgestattete Rückwirkungsverbot gewährt Vertrauensschutz und verbietet dem Gesetzgeber einen nachteilhaften Eingriff in bestehende Rechtspositionen."[370]

Michael Gruson argumentiert in seinem Gutachten für den Bundesverband Öffentlicher Banken Deutschlands dahingehend, daß sog. „pre-existing-obligations", die vor einer positiven Entscheidung der Kommission über eine Beihilferechtswidrigkeit von Anstaltslast und Gewährträgerhaftung bestehen, aufgrund von Vertrauensschutzaspekten weiterhin gültig sein sollen.[371] Andernfalls käme es für diese Verbindlichkeiten zu einem niedrigeren Rating, da das wichtige Kriterium des „timeliness of payment" nicht mehr gewahrt sei. Selbst bei einer Aufhebung der Gewährträgerhaftung ex nunc verlören die Investoren den Sicherungswert der Beihilfe für die Zukunft, da darin der wesentliche Inhalt der Gewährträgerhaftung liege.[372] Der Investor sei gerade kein Beihilfebegünstigter und habe seine Investitionen im Vertrauen auf den Fortbestand der Gewährträgerhaftung getätigt, weswegen sich eine Rückabwicklung zwischen Beihilfegeber und Beihilfebegünstigtem nicht negativ auf die Rechte der Investoren niederschlagen dürfe. Er meint ferner, daß das Gemeinschaftsrecht diese Interessen auch in Bezug auf nichtbegünstigte Dritte staatlicher Beihilfen beachte und verweist in diesem Zusammenhang auf die verfassungsrechtlichen Grundsätze des Rückwirkungsverbots unter Einbeziehung der Maastricht-Rechtsprechung des BVerfG. Das Rückwirkungsverbot stelle ein „fundamental principle" der deutschen Verfassung dar. Im Falle früherer Privatisierungen anderer öffentlicher Kreditinstitute sei es zu einem Vertrauensschutz für die Gläubiger der „pre-existing-obligations" im Hinblick auf staatliche Unterstützung durch eine gesetzliche Regelung oder durch die Umwandlung von Anstaltslast in Gewährträgerhaftung gekommen. Auf jeden Fall seien Übergangsregelungen „für vor dem Zeitpunkt dieser Rückabwicklung eingegangene Verbindlichkeiten (Altverbindlichkeiten)" erforderlich.[373] Die Investoren (das heißt die Anleiheinhaber und Gläubiger) haben nämlich einen gesetzlichen Anspruch gegen den Gewährträger aufgrund der Gewährträgerhaftung auf die Erfüllung der Ausfallbürgschaft für die Verbindlichkeiten der Landesbanken.

---

[370] Stellungnahme der Landesbank Kiel vom 14. März 2002, „Einigung sorgt für Rechts- und Planungssicherheit".
[371] Gruson, Gutachten für VÖB, S. 6.
[372] Gruson, EuZW 1997, S. 360.
[373] Gruson, EuZW 1997, S. 361.

II. Festverzinsliche Wertpapiere

In einem ersten Prüfungsschritt sind die entscheidenden Merkmale festverzinslicher Wertpapiere wie Erscheinungsformen, Tilgung, Zinsen und Risiken als Ausgangspunkt für die spätere rechtliche Beurteilung darzustellen sowie die Art und Weise, in der Landesbanken und Sparkassen in diesem Geschäft tätig sind.

1. Grundlagen

Der deutsche Rentenmarkt umfaßt die nach inländischen Rechtsverhältnissen begebenen Inhaber-Schuldverschreibungen sowie insbesondere Bundesschatzbriefe, Sparbriefe, Schuldscheine, Sparobligationen und Schuldscheine der öffentlichen Hand und von Emissionsinstituten.[374] Ende 1999 nahm der deutsche Rentenmarkt mit einem Umlaufvolumen von über vier Billionen DM den dritten Platz hinter dem amerikanischen und dem japanischen Anleihemarkt ein. Insgesamt ist gerade seit der Einführung des Euro ein stärkeres Zusammenwachsen der europäischen Rentenmärkte festzustellen. Ende 1999 hielten Kreditinstitute mit rund 37,5 % den größten Anteil an inländischen Rentenwerten, während der von Privatpersonen rund 8,3 % betrug.[375] Im Jahr 2002 lag der Brutto-Absatz festverzinslicher Wertpapiere von Emittenten mit Sitz in Deutschland bei 818.725 Mio. €.[376]

Schuldverschreibungen zählen zu den verzinslichen Wertpapieren, die auf den jeweiligen (anonymen) Inhaber oder den Namen eines bestimmten Inhabers lauten. Sie besitzen eine feste oder variable Vergütung sowie eine vorgegebene Laufzeit und Tilgungsform. In den jeweiligen Anleihebedingungen (Emissionsbedingungen) werden die für die Anleihe und die zwischen Emittent und Anleger bestehenden rechtlichen Beziehungen dokumentiert, wozu die Laufzeit, die Tilgung und die Verzinsung, der Rang im Insolvenzfall oder bei einer Liquidation des Schuldners zählen. Als Emittenten kommen öffentliche Schuldner (wie zum Beispiel Staaten, Gebietskörperschaften und öffentlich-rechtliche Unternehmen) und private Schuldner (privatwirtschaftlich organisierte Industrie-, Dienstleistungs- und Handelsunternehmen) in Betracht.[377]

---

[374] Wertpapiere in Theorie und Praxis, S. 225.
[375] Wertpapiere in Theorie und Praxis, S. 235.
[376] Deutsche Bundesbank, Monatsbericht Mai 2003, S. 49.
[377] Steiner / Bruns, Wertpapiermanagement, S. 133.

Dabei erwirbt der Käufer einer Schuldverschreibung als Anleger gegen Hingabe seines Kapitals ein Gläubigerrecht, nämlich eine verbriefte Geldforderung, gegenüber dem Emittenten des festverzinslichen Wertpapiers als Schuldner. Als Anleger gewährt er dem Wertpapieremittenten quasi ein Darlehen in Höhe des Nennwertes; im Gegenzug dazu hat er einen Anspruch auf eine feste (und damit auch erfolgsunabhängige) nominale Verzinsung sowie auf Rückzahlung des Darlehens bis 100 Prozent zum Laufzeitende.

Gerade die Banken stellen die stärkste Emittentengruppe am deutschen Rentenmarkt zur Refinanzierung ihres Kreditgeschäfts dar. Wenn der Emittent von Schuldverschreibungen ein Kreditinstitut ist, dann handelt es sich um Bankschuldverschreibungen, wozu börsengängige und nicht börsengängige Schuldverschreibungen gehören sowie öffentliche Pfandbriefe, Hypothekenpfandbriefe, Inhaberschuldverschreibungen, Schuldverschreibungen von Spezialkreditinstituten und Kassenobligationen.[378] „Gedeckte" Bankschuldverschreibungen werden beispielsweise von den Landesbanken / Girozentralen herausgegeben. Darunter fallen die nach dem Hypothekenbankgesetz[379] und dem Gesetz über die Pfandbriefe und verwandten Schuldverschreibungen öffentlich-rechtlicher Kreditanstalten[380] herausgegebenen Pfandbriefe, bei denen im Wege der ordentlichen Deckung eine jederzeitige Besicherung in voller Höhe durch (in der Regel erstrangige) Grundpfandrechte oder Kredite an öffentliche Schuldner sichergestellt ist.[381] Im Jahre 1999 waren die Landesbanken und öffentlich-rechtlichen Grundkreditanstalten die zweitstärkste Emittentengruppe von Schuldverschreibungen nach den privaten Hypothekenbanken.[382]

Im Gegensatz dazu zählen zu den Anleihen der öffentlichen Hand Anleihen, Kassenobligationen, Landesobligationen, Schatzanweisungen, Schuldbuchforderungen mit Wertpapiercharakter von Bund, Bundeseisenbahnvermögen, Post,

---

[378] Deutsche Bundesbank, Kapitalmarktstatistik Mai 2003, S. 63.

[379] Hypothekenbankgesetz in der Fassung der Bekanntmachung vom 9. September 1998, BGBl. I S. 2674, zuletzt geändert durch Art. 3 des Gesetzes vom 22. August 2002, BGBl. I S. 3387.

[380] Gesetz über die Pfandbriefe und verwandten Schuldverschreibungen öffentlich-rechtlicher Kreditanstalten in der Fassung der Bekanntmachung vom 9. September 1998, BGBl. I S. 2772, zuletzt geändert durch Art. 11 a des Gesetzes vom 21. Juni 2002, BGBl. I S. 2061.

[381] Für öffentlich-rechtliche Kreditinstitute besteht im Gegensatz zu privaten Hypothekenbanken und Schiffsbanken keine sog. Umlaufgrenze, die den maximalen Gesamtbetrag der umlaufenden Pfandbriefe festlegt.

[382] Wertpapiere in Theorie und Praxis, S. 260.

Fonds "Deutsche Einheit", Ausgleichsfonds Währungsumstellung, Entschädigungsfonds, ERP-Sondervermögen, Treuhandanstalt, Ländern, Gemeinden, öffentlich-rechtlichen Zweckverbänden sowie Bundesschatzbriefe und Bundesobligationen.[383]

Bei der Verzinsung wird zwischen einem Festzins bei den Straight Bonds und einem variablen Zinssatz bei den Floating Rate Notes sowie anderen Mischformen unterschieden. Gleiches gilt für die jeweils begebene Währung, weswegen es zum Beispiel €- oder $-Anleihen gibt.[384] Sie können mit einem Ab- oder Aufschlag, das heißt einem Disagio oder einem Agio, ausgegeben werden. Möglich ist auch die Emission zum Nennwert, das heißt von „zu pari". Hinsichtlich der Laufzeit ist zwischen kurzfristigen Anleihen (mit bis zu 4 Jahren Laufzeit), mittelfristigen (mit einer Laufzeit zwischen 4 und 8 Jahren) und langfristigen Anleihen (deren Laufzeit mehr als 8 Jahre beträgt) zu unterscheiden. Die längste Laufzeit ist der Zeitraum vom Beginn der bedingungsgemäßen Verzinsung bis zur Endfälligkeit der Schuldverschreibungen.

Hinsichtlich der Tilgung gibt es die planmäßige und die außerplanmäßige Tilgung. Eine planmäßige Tilgung erfolgt bei gesamtfälligen Anleihen normalerweise in einer Summe am Ende der Laufzeit, wobei die ausgezahlte Summe gleich der Höhe des Nennwertes ist. Bei „Annuitäten-Anleihen" erfolgt eine Rückzahlung nach dem Ablauf eines üblichen tilgungsfreien Zeitrahmens von drei bis fünf Jahren abschnittsweise in mehreren Jahresbeträgen gleicher Höhe. Im Gegensatz dazu findet eine außerplanmäßige Tilgung auf der Grundlage eines in den Anleihebedingungen eingeräumten Rechts zur vorzeitigen Kündigung der Anleihe durch den Emittenten statt, teilweise auch durch den Erwerber. Dies ist bei inländischen Anleihen aber nur ausnahmsweise der Fall.[385]

2. Erscheinungsformen

Aus den verschiedenen Erscheinungsformen festverzinslicher Anleihen sind besonders die Straight Bonds und die Floating Rate Notes hervorzuheben.[386]

---

[383] Deutsche Bundesbank, Kapitalmarktstatistik Mai 2003, S. 64.
[384] Möglich sind auch die sog. Doppelwährungsanleihen, die zum Beispiel in EUR begeben und in USD zurückgezahlt werden.
[385] Wertpapiere in Theorie und Praxis, S. 320.
[386] Andere Arten und Gattungen (teilweise fest-) verzinslicher Wertpapiere sind die sog. „Zerobonds" (auch genannt Nullkupon-Anleihen), Anleihen mit Bezugsrechten wie Options- und Wandelanleihen, Kombizins- und Gleitzinsanleihen sowie Aktienanleihen.

a) Straight Bonds

Bei den klassischen festverzinslichen Anleihen wie den Straight Bonds und den Fixed Rate Bonds bestehen neben einem vom Emittenten zu zahlenden und von vornherein gleichbleibend festen und unveränderlichen Nominalzins (der Kuponrate) für die gesamte Laufzeit von regelmäßig sechs bis fünfzehn Jahren (der in der Regel jährlich nachträglich gezahlt wird) eine fixierte maximale Laufzeit sowie die Rückzahlung des Anleihebetrages in Höhe des Nominalwertes.[387] Die Zinszahlungen, deren Höhe sich aus der Kapitalmarktrendite zum Emissionszeitpunkt ergibt, erfolgen in Deutschland in der Regel jährlich, in den USA normalerweise halbjährlich. Zu den Straight Bonds, die den größeren Anteil der international gehandelten Anleihen repräsentieren, zählen besonders die Kommunalobligationen und die Pfandbriefe.

b) Floating Rate Notes

Bei Anleihen mit variablen Zinssätzen (den sog. Floating Rate Notes, die auch „Floaters" genannt werden) werden die Zinsen nach jeder Zinsperiode von drei, sechs oder zwölf Monaten ausgezahlt und der neue Zinssatz (Refinanzierungssatz, der sich an den Geldmarktsätzen EURIBOR (European Interbank Offered Rate) oder LIBOR (London Interbank Offered Rate)) orientiert, für die kommende Zinsperiode bekanntgegeben.[388]

Das heißt, daß die Zinsfestlegung von dem jeweiligen Refinanzierungssatz abhängt und nicht schon bei der Anleiheemission feststeht. Praktisch wird bei den Floating Rate Notes die Nominalverzinsung derjenigen Zinsentwicklung am Interbankenmarkt und damit den Marktkonditionen angepaßt.[389] Durch die Zahlung eines „Spread", das heißt eines in Basispunkten angegebenen Auf- oder Abschlags, der sich an der Bonität des Emittenten, der Anleihelaufzeit sowie an der aktuellen Marktsituation aus Angebot und Nachfrage orientiert und von vornherein festgelegt ist, ergibt sich der endgültige effektive und tatsächlich gezahlte Zinssatz, der somit über oder unter dem Refinanzierungszinssatz liegen kann.[390] Außerdem gibt es „Floater" mit einer garantierten Mindestverzinsung

---

[387] Steiner / Bruns, Wertpapiermanagement, S. 133; Hartwig-Jacob, Vertragsbeziehungen, S. 33.

[388] Steiner / Bruns, Wertpapiermanagement, S. 135; Hartwig-Jacob, Vertragsbeziehungen, S. 35.

[389] Hartwig-Jacob, Vertragsbeziehungen, S. 35.

[390] Hartwig-Jacob, Vertragsbeziehungen, S. 36.

selbst für den Fall, daß der Referenzzinssatz diese Größe unterschreitet (den sog. „Floors"), und solche mit einer Maximalverzinsung, selbst wenn der Referenzzinssatz diesen Zinssatz überschreitet (den sog. „Caps").[391] In der Regel haben die „Floater" eine Laufzeit von fünf bis sieben Jahren.

3. Risiken

Der Erwerb eines festverzinslichen Wertpapiers beinhaltet eine Fülle von Risiken für den Erwerber. Diese resultieren zum einen Teil aus Veränderungen am Kapitalmarkt, zum anderen Teil aus neuen wirtschaftlichen Rahmenbedingungen. Diese Risiken haben wiederum Auswirkungen auf den Umfang der Ansprüche, die die Anleger als Kreditgeber erhalten, sowie auf den Umfang des Vertrauens- und Eigentumsschutzes. Zu den speziellen Risiken für die Kreditgeber, die die Sicherstellung der Kapitalrückzahlung und der vereinbarten Zinsen bedrohen, gehören:

a) Das Zinsänderungsrisiko

Das Zinsänderungsrisiko steht in einem engen Zusammenhang mit dem Endwertänderungsrisiko. Ersteres beschreibt die Möglichkeit einer Kurswertveränderung eines festverzinslichen Wertpapiers, wohingegen letzteres die Gefahr darstellt, daß ein erwarteter Endwert einer Anleihe im Tilgungszeitpunkt bei bestehendem Zinsniveau nicht erzielt wird.[392] Beide verhalten sich bei einer Marktzinsänderung gegenläufig, weswegen bei einem sinkenden Marktzins der Anleihekurs steigt und zugleich der Anleiheendwert sinkt, indem eine Anlage der zufließenden Zinsen allein zu dem niedrigeren Marktzinssatz bis zur Anleihefälligkeit möglich ist.[393]

Für den Erwerber eines festverzinslichen Wertpapiers ist damit dann ein Kursverlust möglich, wenn es zu einem Anstieg des Marktzinsniveaus kommt. Hintergrund für dieses Risiko ist der Zusammenhang zwischen der Nominalverzinsung der Anleihe und dem Marktzinssatz am Geld- und Kapitalmarkt. Während der Nominalzinssatz unter Berücksichtigung des zum Emissionszeitpunkt bestehenden Marktzinsniveaus für die Dauer der Laufzeit festgelegt wird, wird das Marktzinsniveau durch externe Faktoren wie die staatliche Haushaltspolitik, die

---

[391] Hartwig-Jacob, Vertragsbeziehungen, S. 39.
[392] Steiner / Bruns, Wertpapiermanagement, S. 156.
[393] Steiner / Bruns, Wertpapiermanagement, S. 156.

Konjunktur oder die Inflation bestimmt. Wenn nun das Marktzinsniveau steigt, dann sinkt der Anleihekurs, bis deren Kurs fast dem Marktzinssatz entspricht, wohingegen sich ein sinkendes Marktzinsniveau durch ein Ansteigen des Anleihekurses in der Richtung auswirkt, daß deren Rendite fast dem Marktzinssatz entspricht.[394] Der Begriff „Rendite" eines festverzinslichen Wertpapiers ist dabei zu verstehen als dessen effektive Verzinsung, für die der Nominalzinssatz, der Ausgabe- und der Rückzahlungskurs sowie die Restlaufzeit entscheidend sind.[395]

Bei den Floating Rate Notes besteht aufgrund der Kopplung zwischen Verzinsung und Marktzins in Form der Zinsanpassungstermine anhand des jeweiligen Refinanzierungssatzes hingegen kaum ein Zinsänderungsrisiko, zugleich aber auch keine Möglichkeit, bei fallenden Marktzinsen an Kursgewinnen zu partizipieren.[396] Im Gegensatz dazu ist gerade bei den Straight Bonds mit einem Zinsänderungsrisiko mit Verlust- und Gewinnmöglichkeiten für den Anleger gegenüber dem Marktniveau zu rechnen und zwar dann, wenn aufgrund sich verändernder Marktzinsen die Kurse der Anleihen steigen oder fallen und die Schuldverschreibungen nicht während der ganzen Laufzeit gehalten, sondern vorher veräußert werden.[397] Denn ansonsten erfolgt am Laufzeitende bei bestehender Zahlungsfähigkeit des Emittenten die Einlösung zum Nennwert.

b) Das Bonitäts- / Ausfallrisiko

Dieses Risiko beschreibt die Gefahr der vorübergehenden oder dauerhaften Zahlungsunfähigkeit des Emittenten, infolgedessen er seine Zins- und / oder Tilgungsverpflichtungen nicht mehr fristgerecht oder nur noch unvollständig erfüllen kann.[398] Durch Anstaltslast und Gewährträgerhaftung ist dieses Risiko aber bei den öffentlichen Banken in Deutschland ausgeschlossen. Hinzu kommt das den Trägern dieser Kreditinstitute zustehende Steuer-, Abgaben- und Beitragserhebungsrecht. Die Ermittlung der Anleihebonitäten und der Bonität der jeweiligen Emittenten erfolgt durch die Erarbeitung von Ratings, wie schon im dritten Teil beschrieben wurde.

---

[394] BHF-Bank, Basisinformationen, S. 89.
[395] Wertpapiere in Theorie und Praxis, S. 325.
[396] Steiner / Bruns, Wertpapiermanagement, S. 136; Wertpapiere in Theorie und Praxis, S. 281; BHF-Bank, Basisinformationen, S. 91.
[397] BHF-Bank, Basisinformationen, S: 90; Güde, Geschäftspolitik der Sparkassen, S. 130 ff, 139; Hartwig-Jakob, Vertragsbeziehungen, S. 34.
[398] Steiner / Bruns, Wertpapiermanagement, S. 177.

c) Das Kündigungsrisiko

Emittenten behalten sich gerade in Hochzinsphasen aufgrund einer Emissionsbedingung im Emissionsprospekt ein vorzeitiges Kündigungsrecht vor, welches sie dann bei niedrigeren Marktzinssätzen ausüben können. Dadurch verringern sie ihre Zinslast. Aus diesem einseitigen Kündigungsrecht, das die Emittenten beispielsweise in Emissionsprospekten bekanntgeben, kann allerdings eine Abwälzung des Änderungsrisikos der Kapitalmarktzinsen auf die Anleger resultieren.[399]

d) Sonstige Risiken

Darüber hinaus gibt es verschiedene Basisrisiken für den Anleger wie das Inflations- und Konjunkturrisiko, das Auslosungsrisiko bei Tilgungsanleihen, das Länderrisiko sowie das Währungsrisiko bei ausländischen Emittenten.[400] Diese Risiken haben bei festverzinslichen Wertpapieren deutscher öffentlich-rechtlicher Banken aber höchstens nur eine marginale Bedeutung.

e) Bewertung

Daran zeigt sich, daß der Erwerb festverzinslicher Wertpapiere für den Erwerber mitnichten vollkommen risikofrei ist. Selbst Anstaltslast und Gewährträgerhaftung können trotz ihrer gesetzlichen Fixierung nicht alle dieser Risiken ausschließen, sondern nur das Bonitäts- / Ausfallrisiko, indem den Gläubigern ein eigenes Forderungsrecht gegenüber den Gewährträgern eröffnet wird, welches wiederum durch die Zahlungsfähigkeit der jeweiligen Bank bedingt ist.[401] Gerade die Zinsänderungs-, Inflations- und Konjunkturrisiken bleiben auch für den Erwerber deutscher festverzinslicher Wertpapiere bestehen, ersteres aber nur bei einer Veräußerung des Wertpapiers vor dem Ende seiner Laufzeit. Dies bedeutet, daß sich der durch Anstaltslast und Gewährträgerhaftung für den Erwerber vermittelte Schutz nur auf das von ihnen abgesicherte Risiko beziehen kann und nicht auf andere, nicht vom wirtschaftlichen Schutzbereich der öffentlichen Haftung umfaßte Risiken.

---

[399] Hartwig-Jacob, Vertragsbeziehungen, S. 294.
[400] BHF-Bank, Basisinformationen, S. 75 ff; zum Länderrisiko siehe bsp. Güde, Geschäftspolitik der Sparkassen, S. 146.
[401] Von Friesen, Staatliche Haftungszusagen, S. 258.

4. Vergleich zwischen Anstaltslast und Gewährträgerhaftung mit der Besicherung internationaler Anleiheemissionen

Bei Anleihen öffentlicher Emittenten erfüllt die aus Anstaltslast und Gewährträgerhaftung bestehende Staatsgarantie die gleiche Funktion wie eine Anleihegarantie (als eine Alternative neben Realsicherheiten, Tilgungsfonds und Zusicherungen zur Besicherung internationaler Anleiheemissionen), womit jede Verpflichtung gemeint ist, die eine andere Person als der Emittent zur Besicherung von Ansprüchen der Anleihegläubiger eingeht.[402]

Eine Anleihegarantie zählt zu den sog. Personalsicherheiten, bei denen für den sicherungsbedürftigen Kreditnehmer durch Rechtsgeschäft ein gegen einen Dritten gerichteter zusätzlicher schuldrechtlicher Anspruch begründet wird, der neben die zu sichernde Forderung tritt.[403] Ihrer Rechtsnatur nach ist sie eine Forderungsgarantie, die ein Versprechen gegenüber dem Forderungsgläubiger darstellt, daß dieser bei Nichterfüllung durch den Hauptschuldner schadlos bleibt, und sich gegenüber der Bürgschaft durch die fehlende Akzessorietät unterscheidet. Ihr Zweck liegt im Einsatz des „credit standing" des Garanten zugunsten des Emittenten und in der Erzielung günstigerer Konditionen. Zugunsten der Gläubiger wiederum wird die fristgemäße Zahlung des Kapitals und der Zinsen gesichert.

5. Emission festverzinslicher Wertpapiere durch Landesbanken und Sparkassen

Während das Aktivgeschäft der Landesbanken und Sparkassen die Frage der Anlage der Eigenmittel behandelt, betrifft das Passivgeschäft die eigene Emission von festverzinslichen Wertpapieren.

Als Emissionsinstitut sind die Landesbanken dazu berechtigt, Pfandbriefe, Kommunalschuldverschreibungen und andere Schuldverschreibungen auszugeben.[404] Durch diese Begebung von Bankschuldverschreibungen erfolgt der größte Teil ihrer Refinanzierung.[405] Beispielsweise weist die Helaba in ihrem Geschäftsbericht 1997 einen Bruttoabsatz von festverzinslichen Wertpapieren in

---

[402] Hartwig-Jacob, Vertragsbeziehungen, S. 368.
[403] Hartwig-Jacob, Vertragsbeziehungen, S. 365.
[404] Schlierbach, Sparkassenrecht, S. 307.
[405] Fischer, in: Handwörterbuch der Sparkassen, S. 419.

Höhe von 847 Mrd. DM aus.[406] Bereinigt um die Tilgungen kommt ein Nettoabsatz von 258 Mrd. DM zustande, wovon die Bankschuldverschreibungen mit 185 Mrd. DM das größte Marktsegment bildeten. Innerhalb des Segments der Bankschuldverschreibungen machten die öffentlichen Pfandbriefe wiederum 62 % aus. Bezogen auf die eigenen Schuldverschreibungen wurden von der Helaba und ihren Tochterunternehmen im Jahre 1997 10,2 Mrd. DM im Markt neu plaziert, wovon 6,2 Mrd. DM auf öffentliche Pfandbriefe fielen.[407] Von den 10,2 Mrd. DM an emittierten eigenen Schuldverschreibungen fielen wiederum 6,3 Mrd. DM auf das Inland (davon 98 % öffentliche Pfandbriefe) und 3,9 Mrd. DM auf das Ausland. Im Jahre 1997 wurde erstmals eine US$-Anleihe von 500 Mio. emittiert, vor allem bei institutionellen Investoren in Fernost.

Im Gegensatz zu den Landesbanken gehören zum Passivgeschäft der Sparkassen vorrangig die Spareinlagen sowie sonstige Einlagen und Verpflichtungen, die Aufnahme von Krediten, der Rediskont und die Übernahme von Gewährverpflichtungen.[408] Aufgrund des Verbundprinzips gilt der Grundsatz, Liquidität vorrangig bei den Landesbanken und anderen Unternehmen des Sparkassenverbundes aufzunehmen.[409] Darüber hinaus bestehen für die Sparkassen insoweit Geschäftsbeschränkungen, als sie grundsätzlich nur die in der Sparkassenverordnung oder Satzung erlaubten Geschäfte tätigen dürfen (Enumerationsprinzip), wozu beispielsweise das Verbot von Wertpapieremissionen und das Verbot spekulativer Engagements gehören.[410]

In den letzten Jahren wurde aber die Zahl der zulässigen Eigengeschäfte stark erweitert, um auf einen sich immer weiter verschärfenden Wettbewerb angemessen reagieren zu können.[411] In manchen Sparkassengesetzen findet sich dementsprechend die Regelung, daß Sparkassen im Rahmen des Sparkassengesetzes und der Rechtsverordnung alle banküblichen Geschäfte betreiben dürfen und nicht mehr nur solche, die ihnen ausdrücklich erlaubt sind.[412] Gleichwohl ist die Emission von Bankschuldverschreibungen heute immer noch die Ausnahme im deutschen Sparkassenmarkt. Ende 1999 waren 89,8 Mrd. DM börsennotierter Inhaber-Schuldverschreibungen von Sparkassen im Umlauf, was 3,5 % am Ge-

---

[406] Geschäftsbericht 1997 der Landesbank Hessen-Thüringen Girozentrale, S. 15.
[407] Geschäftsbericht 1997 der Landesbank Hessen-Thüringen Girozentrale, S. 40 f.
[408] Schlierbach, Sparkassenrecht, S. 116 f.
[409] Gleske, Wettbewerb öffentlicher und privater Kreditinstitute, S. 264.
[410] Fischer, in: Handwörterbuch der Sparkassen, S. 421 f; Geiger, Bankpolitik, 1975, S. 87.
[411] Möllers / Leisch, WM 1999, S. 765.
[412] Möllers / Leisch, WM 1999, S. 766.

samtumlauf von Bankschuldverschreibungen ausmachte.[413] Manche kleinen und mittleren Sparkassen emittieren im übrigen auch nicht börsennotierte Inhaber-Schuldverschreibungen, Sparkassenbriefe und Sparkassenobligationen.

III. Prüfung anhand des Gemeinschaftsrechts

Aus Sicht des Gemeinschaftsrechts stellen Anstaltslast und Gewährträgerhaftung grundsätzlich einen beihilferechtlichen Sonderfall dar. Üblicherweise werden Beihilfen in Deutschland auf der Grundlage von begünstigenden Verwaltungsakten oder öffentlich-rechtlichen Verträgen vergeben und nicht aufgrund abstrakt-genereller gesetzlicher Regelungen wie im Falle der den Landesbanken und Sparkassen zugute kommenden öffentlichen Haftung.

Der dritte Teil dieser Arbeit ist insoweit zu dem Ergebnis gekommen, daß Anstaltslast und Gewährträgerhaftung eine gemeinschaftsrechtswidrige Beihilfe darstellen. Selbst der Kommissionsentscheidung Nr. E 10/2000 liegt die Einschätzung zugrunde, daß es sich dabei um Altbeihilfen handele. An dieser Auffassung orientiert sich primär die nun folgende Untersuchung anhand des Gemeinschaftsrechts, sekundär an der in dieser Arbeit vertretenen Auffassung, wonach eine einzelfallorientierte Betrachtungsweise des Alt- oder Neubeihilfencharakters erforderlich wäre.

Dies bedeutet zugleich, daß bei Altbeihilfen die die Rückforderung festschreibende Kommissionsentscheidung nur ex nunc und auf die Zukunft gerichtet wirken würde. Somit würden sogenannte „Altforderungen" der Gläubiger gegenüber den öffentlichen Banken nicht zu Lasten der Gläubiger angetastet. Sie unterlägen umfassend dem vom Mitgliedstaat gewährleisteten Vertrauensschutzstandard. Erst die Verfahrenseröffnung nach Art. 88 Abs. 2 EGV sowie die Kommissionsmitteilung über bestehende Bedenken gegen eine Vereinbarkeit mit den Art. 87 ff EGV könnte den Vertrauensschutz ex nunc ausschließen.

Im Gegensatz dazu wäre bei einer gemeinschaftsrechtswidrigen Neubeihilfe deren Rückabwicklung ex tunc durch eine konditionsrechtlich ausgestaltete Rückgewähr / Rückzahlung erforderlich. Dies bedeutet, daß der Vorteil, der den Landesbanken und Sparkassen aufgrund der öffentlichen Haftung der Gewährträger entstanden ist, nach europäischem Beihilferecht grundsätzlich auch für die

---

[413] Wertpapiere in Theorie und Praxis, S. 263.

Vergangenheit rückabgewickelt werden müßte. Hierfür ist aber wiederum das Verhalten des Mitgliedstaates gegenüber der Kommission von großer Bedeutung, indem mitgliedstaatliches Fehlverhalten, zum Beispiel im Rahmen der ihm obliegenden Notifizierungspflicht, dem Beihilfebegünstigten zugerechnet wird. Nicht mehr relevant ist dann die Frage, ob zwischen dem Mitgliedstaat und dem Beihilfebegünstigtem ein Vertrauensschutztatbestand, beispielsweise über die Regelung des § 48 Abs. 2 VwVfG, zu bejahen wäre.

Infolge dieses Vergleichs zwischen der rechtlichen Ausgangslage bei Alt- und Neubeihilfen zeigt sich, daß der Spielraum, der den Mitgliedstaaten für eine Rückabwicklung und für die Gewährung von Vertrauensschutz verbleibt, sehr unterschiedlich ist. Die Entscheidung der Kommission, Anstaltslast und Gewährträgerhaftung als Altbeihilfe einzustufen, hat mithin weitreichende Auswirkungen auf den Umfang des möglichen Vertrauensschutzes und die damit zusammenhängenden Übergangsregelungen. Insoweit kann sich die folgende Prüfung zum einen nur noch darauf beziehen, ob das befristete „Grandfathering" für Neuverbindlichkeiten an sich und in seinem zeitlichen Geltungsbereich rechtlich einwandfrei ist. Zum anderen kann für das unbefristete „Grandfathering" für Altverbindlichkeiten untersucht werden, ob der Verzicht auf eine Befristung der weitergeltenden Anstaltslast und Gewährträgerhaftung zu Recht erfolgt ist.

1. Beihilferecht

a) Qualifizierung als Beihilfeempfänger

Die Regelungen zum „Grandfathering" wurden unter anderem damit begründet, daß den Gläubigern der Landesbanken und Sparkassen ein Vertrauensschutz zustünde, der eine Rückforderung ausschlösse. Sie seien keine Beihilfeempfänger, weswegen wiederum zu ihrem Schutz und zur Verhinderung von Benachteiligungen lange Übergangsregelungen erforderlich seien. Demzufolge ist zunächst der Frage nachzugehen, zwischen welchen Beteiligten überhaupt ein für eventuelle Rückforderungen relevantes Beihilfeverhältnis besteht. Davon wird die Prüfung umfaßt, wer Beihilfegeber und, was an dieser Stelle viel entscheidender ist, wer Beihilfeempfänger des durch Anstaltslast und Gewährträgerhaftung hervorgerufenen beihilferelevanten Vorteils ist.

Beihilfeempfänger können insoweit nicht nur die Landesbanken und Sparkassen sein, sondern auch deren Anleihegläubiger, die beim Erwerb der von den Landesbanken und Sparkassen begebenen Anleihen von dem guten Rating dieser Institute profitieren. Sofern die Anleihegläubiger als Beihilfeempfänger eingestuft werden sollten, so hätte dies erhebliche Auswirkungen auf die Geltendmachung von Vertrauensschutz und auf die Rechtmäßigkeit und den Umfang von Übergangsregelungen.

Koenig / Sander sind in diesem Zusammenhang der Ansicht, daß Art. 87 EGV grundsätzlich überhaupt keine direkten Auswirkungen auf die Gläubiger der Landesbanken habe, da es sich bei ihnen um nichtbeihilfebegünstigte Dritte handele, die von eventuellen Rückforderungen somit nicht de iure, sondern nur de facto als „Abwicklungsreflex" berührt würden.[414] Anders wäre es nur, wenn zwischen ihnen und den Beihilfegebern selbst ein Beihilfeverhältnis anzunehmen wäre, denn grundsätzlich sei die Anordnungsbefugnis der Kommission auf das Beihilfeverhältnis zwischen dem die Beihilfe gewährenden Mitgliedstaat und dem beihilfebegünstigten Unternehmen begrenzt. Gegenüber Altbeihilfen bestünde sogar überhaupt keine Erkundigungspflicht für die Anleger, selbst wenn sie Beihilfebegünstigte sein sollten. Zudem hätten Anstaltslast und Gewährträgerhaftung jahrzehntelang als beihilferechtlich unbedenklich gegolten.

aa) Begriff eines Beihilfeverhältnisses

Ein Beihilfeverhältnis ist das Verhältnis zwischen dem Beihilfegeber und dem Beihilfeempfänger. Beihilfegeber kann dabei sowohl der Staat selbst sein als auch jede private oder öffentliche Einrichtung, die vom Staat mit der Durchführung der Beihilfe beauftragt worden ist.[415]

Beihilfeempfänger muß ein Unternehmen oder ein bestimmter Produktionszweig sein. Privatpersonen scheiden aus. Entscheidend ist letztlich nicht, wer formal als Empfänger einer Beihilfe bezeichnet ist, sondern wer der Begünstigte der Maßnahme ist.[416] Beide, Empfänger und Begünstigter, können damit auseinanderfallen. Generell erfolgt die Rückforderung einer gemeinschaftsrechtswidrigen Beihilfe im Verhältnis zwischen Beihilfegeber und Beihilfeempfänger.

---

[414] Koenig / Sander, EuZW 1997, S. 367.
[415] Streinz, EUV/EGV, Art. 87, Rdn. 45 f; Mederer, in: von der Groeben / Schwarze, EU-/EG-Vertrag, Art. 87 Abs. 1, Rdn. 25.
[416] Mederer, in: von der Groeben / Schwarze, EU-/EG-Vertrag, Art. 87 Abs. 1, Rdn. 32.

Nicht erforderlich ist im übrigen eine unmittelbare staatliche Zuwendung. Als Beihilfeempfänger gelten deshalb auch die sog. Zweitbegünstigten.[417] Beispielsweise werden dabei im Wege von Verbrauchs- oder Sozialbeihilfen bestimmte Verbraucher oder Unternehmen dahingehend unterstützt, daß diese Waren oder Leistungen eines zu begünstigenden Unternehmens abnehmen. Sofern damit aber eine diskriminierende Verwendungsauflage verbunden ist, wodurch ein anderer Wesensgehalt der Maßnahme mit einer besonderen Begünstigungswirkung zugunsten einzelner Unternehmen oder Unternehmenszweige zulasten des mitgliedstaatlichen Handels entsteht, unterliegen solche Maßnahmen ebenfalls den Regelungen der Art. 87 ff EGV. An den Nachweis einer beihilferechtswidrigen Zweitbegünstigung sind im Einzelfall indes hohe Nachweispflichten für die Kommission verbunden.

Ausnahmsweise können aber auch Dritte, die nicht direkte Beihilfeempfänger gewesen sind, von einer Rückforderung betroffen sein und zwar unabhängig davon, ob sie selbst als formell Begünstigte einzustufen sind.[418] Dies war in einer Kommissionsentscheidung hinsichtlich der Gröditzer Stahlwerke GmbH der Fall. Dieses Unternehmen wurde zum 1. Januar 1997 von einem privaten Investor, der GWH, übernommen. Vor und während der Privatisierung erhielten die Gröditzer Stahlwerke GmbH und ihr Tochterunternehmen Walzwerk Burg GmbH staatliche Investitionsmittel in Höhe von 263,7 Mio. DM, darunter Gesellschafterdarlehen der Treuhandanstalt und der Bundesanstalt für Vereinigungsbedingte Sonderaufgaben (BvS) als den damaligen staatlichen Anteilseignern. Nach der Einleitung des Beihilfeverfahrens und kurz vor der Annahme ihrer endgültigen Entscheidung, in der die Kommission die Bundesrepublik Deutschland zu einer teilweisen Rückforderung verpflichtete, erhielt die Kommission Kenntnis davon, daß Anlagevermögen von der Gröditzer Stahlwerke GmbH zum aktuellen Unternehmenswert unter dem Marktpreis beziehungsweise ohne ein offenes Verkaufsverfahren an andere, von der BvS kontrollierte Unternehmen übertragen wurde. Damit war der Entzug der in Frage stehenden Vermögensanteile aus dem Geltungsbereich der Kommissionsentscheidung beabsichtigt. Dies steht wiederum im Widerspruch zur Verpflichtung der Mitglied-

---

[417] Streinz, EUV/EGV, Art. 87, Rdn. 30; Mederer, in: von der Groeben / Schwarze, EU-/EG-Vertrag, Art. 87 Abs. 1, Rdn. 33.

[418] Oldiges, NVwZ 2001, S. 634 unter Hinweis darauf, daß die Kommission in aktuellen Entscheidungen das Rückgewährverhältnis auf jedes Unternehmen ausdehnt, an das Vermögenswerte in der Weise übertragen wurden, daß die Übertragung die Umgehung der Wirkung einer Rückforderungsentscheidung gegenüber dem formell Begünstigten zur Folge haben könnte.

staaten, für die Erfüllung der sich aus der Entscheidung der Kommission ergebenden Pflichten Sorge zu tragen, notfalls auch durch Bestimmungen über Betrug zum Nachteil von Gläubigern oder durch Maßnahmen bei einem Verdacht auf Absprachen vor der Gesamtvollstreckung. Folglich stufte die Kommission nicht nur die Gröditzer Stahlwerke GmbH als Beihilfeempfänger ein, sondern auch jedes andere Unternehmen, an das Vermögenswerte übertragen worden sein könnten, um die Wirkung der Kommissionsentscheidung zu umgehen. Dementsprechend heißt es dort:

„Um zudem die Umgehung ihrer Entscheidung zu verhindern und sicherzustellen, daß jegliche Wettbewerbsverfälschung ausgeräumt wird, ist die Kommission gegebenenfalls verpflichtet zu verlangen, daß ein Beitreibungsvorgang nicht auf den ursprünglichen Empfänger beschränkt ist, sondern auch auf das Unternehmen ausgedehnt werden muß, das die Tätigkeit des ursprünglichen Unternehmens mit Hilfe der übertragenen Produktionsmittel fortführt, sofern bestimmte Aspekte der Übertragung bei den beiden Unternehmen die Feststellung einer Fortführung der Geschäftstätigkeit zulassen. Zu diesen Aspekten, die von der Kommission überprüft werden, gehören u. a. der Übertragungsgegenstand (Vermögenswerte und Verbindlichkeiten, Übernahme von Arbeitskräften, zusammengefaßte Vermögenswerte), der Kaufpreis, die Identität der Anteilseigner und/oder Eigentümer des ursprünglichen Unternehmens und des Erwerbers, der Zeitpunkt, zu dem die Übertragung durchgeführt wurde (nach Einleitung der Überprüfungen, des förmlichen Prüfverfahrens oder nach Annahme der endgültigen Entscheidung) und die Wirtschaftlichkeit der Übertragung."[419]

bb) Staatsbürgschaften als Vergleichsmaßstab

(1) Charakter von Staatsbürgschaften

Staatsbürgschaften oder Garantien können vom Bund oder den Ländern zur Besicherung von Bankkrediten an Unternehmen vergeben werden. Heutzutage kommt ihnen im Wirtschaftsverkehr und in der Wirtschaftsförderung eine erhebliche Bedeutung zu. Dies gilt zum einen für Unternehmensneugründungen und

---

[419] Kommissionsentscheidung 1999/720/EG vom 8. Juli 1999, Gröditzer Stahlwerke GmbH und Walzwerk Burg GmbH, ABl. EG Nr. L 292 vom 13.11.1999, S. 27 – 41, Rdn. 104; ein ähnlich gelagerter Fall siehe EuGH, verb. Rs. C-328/99 und C-399/99, Italienische Republik und SIM 2 Multimedia S.p.A. gegen Kommission, Slg. 2003, S. I-4035.

für die sog. „Start-Up-Unternehmen", als auch für notleidende Unternehmen im Wege einer Rettungsbürgschaft und für die Regionalförderung. Ohne staatliche Unterstützung bliebe vielen dieser Unternehmen die Möglichkeit verschlossen, „frisches" Kapital in Form von Bankkrediten zu erhalten und dadurch den Geschäftsbetrieb aufrechtzuerhalten oder auszubauen. In der Debatte über Anstaltslast und Gewährträgerhaftung wurden sie häufig als Vergleichsmaßstab herangezogen.[420]

(α) Subventionsvergabe und Rückforderung im deutschen Verwaltungsrecht

Eine allgemeine gesetzliche Definition des Subventionsbegriffs existiert in Deutschland nicht, obgleich in §§ 23, 44 BHO mit dem dortigen Begriff der „Zuwendung" oder in § 264 StGB spezialgesetzliche Bestimmungen vorhanden sind, die sich aber inhaltlich auf den jeweiligen Regelungsbereich beschränken, wie bei § 264 StGB auf Wirtschaftssubventionen.

Im deutschen Verwaltungsrecht werden Subventionen definiert als vermögenswerte Zuwendungen des Staates oder eines anderen Verwaltungsträgers zur Förderung eines im öffentlichen Interesse liegenden Zwecks.[421] Subventionsgeber ist regelmäßig der Staat oder ein sonstiger Verwaltungsträger, während Subventionsnehmer entweder Privatrechtssubjekte oder bei Wirtschaftssubventionen private Wirtschaftsunternehmen sind.

Zum Subventionsbegriff im weiteren Sinne zählen alle finanziellen Zuwendungen in Form von direkten Leistungssubventionen und indirekten, durch finanzielle Vergünstigungen die Abgabenlast reduzierenden Verschonungssubventionen zur Unterstützung eines bestimmten wirtschafts-, gesellschafts- oder sozialpolitisch erwünschten Verhaltens (und damit nicht nur Wirtschaftssubventionen).[422] Gleichwohl werden Verschonungssubventionen wie Befreiungen von allgemeinen Abgabenlasten oder Steuervergünstigungen, die wegen des Grundsatzes der Gesetzmäßigkeit der Abgabenerhebung immer dem Gesetzesvorbehalt unterliegen, aufgrund ihres eindeutig steuerrechtlichen Zusammenhangs

---

[420] Scherer / Schödermeier, ZBB 1996, S. 165 ff; Gruson, EuZW 1997, S. 357 ff; von Friesen, Staatliche Haftungszusagen, S. 259.
[421] Maurer, Allgemeines Verwaltungsrecht, S. 445 ff.
[422] BVerfGE 17, 210; GE 72, 175.

nicht zu den Subventionen in wirtschaftsverwaltungsrechtlicher Hinsicht gezählt, die im folgenden dargestellt werden.

Als mögliche Erscheinungsformen kommen (als nicht abschließende Aufzählung) nicht rückzahlbare Geldleistungen wie Finanzhilfen, Prämien, (Zins-) Zuschüsse (die sog. verlorenen Zuschüsse), Darlehen, Bürgschaften und sonstige Darlehensgewährleistungen, Garantien für Risiken des Subventionsempfängers bei Geschäften mit Dritten, die beispielsweise an privat- oder öffentlich-rechtliche Wirtschaftssubjekte oder Gewerbetreibende vergeben werden sowie die Realförderung als die bevorzugte Berücksichtigung bei der Vergabe öffentlicher Aufträge in Betracht.

Das Vergabeverfahren von Subventionen läßt sich in zwei Abschnitte einteilen. Zunächst einmal ist eine generell-abstrakte Entscheidung über die Subventionierung erforderlich. Nach dem Grundsatz vom Vorbehalt des Gesetzes gehört das Subventionsrecht nicht zum Bereich der Eingriffsverwaltung, bei der für belastende Eingriffe des Staates generell ein materiell-rechtliches Gesetz erforderlich wäre, sondern zur Leistungsverwaltung. Auf der Grundlage der ständigen Verwaltungsgerichtsrechtsprechung folgt daraus, daß neben einer gesetzlichen Regelung grundsätzlich auch die Ausweisung und Zweckbestimmung staatlicher Mittel in einem mit dem (formell-rechtlichen) parlamentarischen Haushaltsgesetz gebilligten Haushaltsplan nach Art. 110 Abs. 2 GG ausreicht, wobei die Subventionszwecke legitime Staatsaufgaben sein müssen, und die weiteren Einzelheiten durch Subventionsrichtlinien, das heißt durch Verwaltungsvorschriften, zu regeln sind.[423] Ausnahmsweise soll unter Anwendung der Wesentlichkeitstheorie des BVerfG[424] ein materiell-rechtliches Gesetz erforderlich sein, wenn es bei der Subventionsvergabe sachbereichsspezifisch um für das Gemeinwohl und / oder für die Grundrechte des Einzelnen besonders wesentliche Aspekte geht.[425] Davon sind beispielsweise Pressesubventionen betroffen.[426]

Darüber hinaus bedarf es aber auch einer individuell-konkreten Subventionsentscheidung, die die Vergabe für den betreffenden Einzelfall regelt. Hierbei hat

---

[423] BVerwGE 58, 45; GE 90, 112; GE 104, 220; OVG Münster, GewArch 2002, S. 192.
[424] BVerfGE 40, 237; GE 47, 46; GE 49, 89.
[425] BVerwGE 90, 112; Sachs, in: Stelkens / Bonk / Sachs, VwVfG, § 44, Rdn. 67.
[426] OVG Berlin, NJW 1975, S. 1938; OLG Frankfurt, NVwZ 1993, S. 706.

die Verwaltung eine weitgehende Wahlfreiheit, wobei zwischen einer einstufigen und einer zweistufigen Ausgestaltung zu differenzieren ist.[427]

Bei einer einstufigen Ausgestaltung wird das gesamte Beziehungsgeflecht zwischen Subventionsgeber und –empfänger in der Regel öffentlich-rechtlich ausgerichtet.[428] Als mögliche Handlungsformen kommen ein Verwaltungsakt nach § 35 Abs. 1 VwVfG, der zur Konkretisierung und zur Absicherung der Erreichung des Subventionszwecks in der Regel mit Nebenstimmungen versehen wird, ein Verwaltungsvertrag nach § 54 Abs. 1 VwVfG oder ein verwaltungsprivatrechtlicher Vertrag in Betracht, durch die die Details der Gewährung, Rückzahlung und gegebenenfalls auch der Verzinsung des öffentlich-rechtlichen Subventionsverhältnisses geregelt werden.

Nach der in der Literatur und der Rechtsprechung vorherrschenden Zwei-Stufen-Theorie ist indes zwischen der Bewilligung und der Abwicklung der Subvention zu differenzieren.[429] In der ersten Stufe erfolgt die grundsätzliche Entscheidung über das „Ob" der Subvention. Diese Bewilligungs- oder Versagungsentscheidung hat einen öffentlich-rechtlichen Charakter und ist als ein Verwaltungsakt nach § 35 Abs. 1 S. 1 VwVfG zu qualifizieren, weswegen für daraus resultierende Streitigkeiten der Verwaltungsrechtsweg nach § 40 Abs. 1 S. 1 VwGO eröffnet ist. Das „Wie" der Subventionierung und damit der Vollzug und die Abwicklung des Bewilligungsbescheides erfolgen durch den Abschluß eines privatrechtlichen Darlehensvertrages zwischen der bewilligenden Behörde und dem Empfänger der Subvention, wofür der ordentliche Rechtsweg offensteht.

Bei einer Subventionsvergabe auf der Grundlage eines Verwaltungsaktes erfolgt die Rückforderung eines rechtswidrigen Verwaltungsaktes gemäß §§ 48, 49, 49 a VwVfG gegenüber dem Subventionsempfänger. Subventionsempfänger ist in der Regel der Adressat des Zuwendungsbescheides.[430] Mithin handelt es sich bei dem Adressaten einer Rücknahmeverfügung um den tatsächlich materiell Begünstigten, zu dessen Bestimmung wiederum das jeweilige materielle Recht

---

[427] Papier, ZHR 1988, S. 493 f.
[428] Maurer, Allgemeines Verwaltungsrecht, S. 454.
[429] BVerwGE 1, 308; GE 7, 180; GE 13, 47; GE 45, 13; BGHZ 40, 206; Z 52, 155; Z 61, 296; Maurer, Allgemeines Verwaltungsrecht, S. 450 f sowie Rdn. 12 mwN für die Literatur.
[430] OVG Magdeburg, NVwZ 2001, S. 214.

heranzuziehen ist.[431] Ein Dritter kann allerdings nur dann in die Rückabwicklung einbezogen werden, wenn er durch den Bewilligungsbescheid von Anfang an dahingehend eingebunden wurde, daß er über den Adressaten hinaus als Begünstigter gelten kann.[432] § 49 a Abs. 1 und Abs. 2 VwVfG enthält insoweit einen öffentlich-rechtlichen Anspruch, der auf die Erstattung bereits erbrachter Leistungen gerichtet ist, und für dessen Umfang die §§ 812 ff BGB entsprechend gelten; als Anspruchsgrundlage sind die bereicherungsrechtlichen Vorschriften des Zivilrechts ansonsten aber weder direkt noch analog anwendbar. Im übrigen enthalten die vertraglichen Vereinbarungen bei öffentlich-rechtlichen Verträgen als Grundlage einer Subventionsgewährung in der Regel entsprechende Rückforderungsmöglichkeiten. Hingegen ist die Rückabwicklung einer auf einer gesetzlichen Grundlage beruhenden Beihilfe noch nicht abschließend geklärt.[433]

(β) Bürgschaftsrichtlinien am Beispiel des Freistaates Thüringen

Grundlage für die Gewährung von Staatsbürgschaften sind häufig die sogenannten „allgemeinen Bürgschaftsrichtlinien", die eine allgemeine Beihilferegelung darstellen, bei der dann nicht mehr jede einzelne Maßnahme notifiziert und genehmigt werden muß, sofern die EU-Kommission die jeweilige Bürgschaftsrichtlinie genehmigt hat.[434] Als exemplarisches Beispiel für solche Bürgschaftsrichtlinien werden hier die Thüringer Bürgschaftsrichtlinien aus dem Jahre 2001[435] herangezogen.

Danach übernimmt der Freistaat Thüringen Bürgschaften unter Beachtung der beihilferechtlichen Vorgaben der EU-Kommission gemäß dem bundeseinheitlichen Prüfraster für staatliche Bürgschaften in der zum Zeitpunkt der Bürgschaftsentscheidung jeweils gültigen und von der EU-Kommission angenomme-

---

[431] Oldiges, NVwZ 2001, S. 627 unter Hinweis auf VGH Mannheim, NVwZ 1998, S. 87.

[432] Oldiges, NVwZ 2001, S. 427.

[433] Gruson, EuZW 1997, S. 360.

[434] Scherer / Schödermeier, ZBB 1996, S. 179.

[435] Richtlinie für die Übernahme von Bürgschaften durch den Freistaat Thüringen zugunsten der gewerblichen Wirtschaft und der freien Berufe (Landesbürgschaftsprogramm), Thüringer Staatsanzeiger Nr. 52/2001, S. 2844; siehe alternativ: Allgemeine Bürgschaftsrichtlinie des Landes Niedersachsen, Runderlaß des Niedersächsischen Finanzministeriums vom 6. April 2001, Nd. MBl. S. 854.

nen Fassung.[436] Diese Bürgschaften dienen zur Besicherung von Investitionsdarlehen und von Betriebsmittelkrediten zugunsten der gewerblichen Wirtschaft und der freien Berufe für Vorhaben und Maßnahmen, die in Thüringen durchgeführt werden. Sie werden als Ausfallbürgschaften übernommen mit einer Laufzeit von in der Regel 15 Jahren und mit einer maximalen Höhe von 80 % der verbürgten Kreditsumme. Nach Nr. 5 der Bürgschaftsrichtlinie werden die Bürgschaften nur gegenüber Kreditinstituten oder sonstigen Kapitalsammelstellen mit Sitz im Geltungsbereich des EWG-Vertrages erklärt. Zwischen dem Kreditnehmer und dem Kreditgeber muß ein Kreditvertrag abgeschlossen worden sein, der die Regelungen des Bürgschaftsangebotes sowie die „Allgemeinen Bestimmungen für Thüringer Landesbürgschaften" berücksichtigt.

(χ) Mögliche Begünstigungswirkung anhand des Kreditwesengesetzes und des Grundsatzes I

Für die Banken haben staatliche Kreditsicherungen den Vorteil, daß sie dadurch ihr Geschäftsvolumen ausweiten können und ihr Gewinn durch Zins- und Gebührenzahlungen gesteigert wird.[437] Darüber hinaus entstehen aber auch noch andere Vorteile für die Kreditinstitute, die insbesondere bankaufsichtsrechtlichen Charakter besitzen.

Nach § 10 des Kreditwesengesetzes (KWG)[438] sind Kreditinstitute und Finanzdienstleistungsinstitute dazu verpflichtet, zur Erfüllung und zum Schutz ihrer Kundenverpflichtungen, zur Verhinderung einer Insolvenz und damit zur Stabilisierung des betreffenden Instituts selbst und des gesamten Finanzsystems eine angemessene Eigenkapitalausstattung vorzuhalten. Insbesondere können dadurch Verluste aufgefangen und ein Durchschlagen auf das Fremdkapital verhindert werden, wodurch wiederum die Kundeninteressen abgesichert werden.[439] Zur Konkretisierung dient der von der Deutschen Bundesbank und der jetzigen

---

[436] Dieses „Prüfraster für staatliche Bürgschaften aus den Bürgschaftsrichtlinien des Bundes und der Länder" findet sich beispielsweise als Anhang zu der oben genannten „Allgemeine(n) Bürgschaftsrichtlinie des Landes Niedersachsen".

[437] Scherer / Schödermeier, ZBB 1996, S. 179; Frisinger / Behr, ZIP 1995, S. 708.

[438] Gesetz über das Kreditwesen (Kreditwesengesetz – KWG), in der Neufassung der Bekanntmachung vom 9. September 1998, BGBl. I, S. 2776, zuletzt geändert durch Art. 3 des Gesetzes vom 8. August 2002, BGBl. I, S. 3105.

[439] Gleske, Wettbewerb öffentlicher und privater Kreditinstitute, S. 230 mwN; dazu siehe auch die dortige Darstellung der verschiedenen Eigenkapitalfunktionen wie Gründungs-, Garantie-, Finanzierungs-, Repräsentativ-, Begrenzungs- und Entlastungsfunktion.

Bundesanstalt für Finanzdienstleistungsaufsicht (BAFin), dem früheren Bundesaufsichtsamt für das Kreditwesen (BAKred), aufgestellte und die Solvabilität der Institute regelnde Grundsatz I.[440] Dieser ist sowohl auf der Ebene des Einzelinstituts als auch auf konsolidierter Basis für Kredit- und Finanzdienstleistungsinstitutsgruppen sowie für Finanzholdinggruppen anzuwenden.

Zu den Eigenmitteln zählen nach § 10 KWG das Kernkapital, das Ergänzungskapital und die Drittrangmittel.[441] Die beiden ersten stellen das haftende Eigenkapital dar, jedoch sind das Ergänzungskapital und die Drittrangmittel nur eingeschränkt berücksichtigungsfähig. Beispielsweise darf das Ergänzungskapital nur bis zu 100 % des Kernkapitals als haftendes Eigenkapital für den Grundsatz I angerechnet werden. Durch § 10 KWG und den Grundsatz I wurden gemeinschaftsrechtliche Vorschriften zu Mindesteigenkapitalstandards in deutsches Recht umgesetzt.[442]

Die Institute sind dazu verpflichtet, ihre Adressenausfallrisiken sowie ihre Marktpreisrisiken zu quantifizieren und mit Eigenmitteln zu unterlegen. Zu den Marktpreisrisiken gehören das Fremdwährungsrisiko, das Rohwarenrisiko, das Aktienpreisrisiko und das Zinsrisiko. Den Adressenausfallrisiken sind die Kreditrisiken zuzuordnen. Während Adressenausfallrisiken des Anlagebuches (§ 1 Abs. 12 S. 4 KWG) mit haftendem Eigenkapital unterlegt werden müssen, ist für Marktpreisrisiken und Adressenausfallrisiken des Handelsbuches (§ 1 Abs. 12 S. 1 KWG) auch eine eingeschränkte Unterlegung mit Drittrangmitteln möglich. Die erforderliche Gesamtkapitalquote, das heißt das Verhältnis zwischen dem haftenden Eigenkapital und den risikogewichteten Aktiva, muß mindestens 8 %

---

[440] Deutsche Bundesbank, Grundsatz I über die Eigenmittel der Institute, Bankrechtliche Regelungen 2 a, Frankfurt am Main, Januar 2001; Grundsatz I über die Eigenmittel der Institute in der Bekanntmachung der Fassung vom 29. Oktober 1997, BAnz Nr. 210 vom 11. November 1997, S. 13555, zuletzt geändert durch die Bekanntmachung vom 20. Juli 2000, BAnz Nr. 160 vom 25. August 2000, S. 17077.

[441] Die Berechnungsformel lautet: Kernkapital + Ergänzungskapital (1. und 2. Klasse) – Abzugspositionen nach § 10 Abs. 6 KWG = haftendes Eigenkapital nach § 10 KWG – bedeutende Beteiligungen nach § 12 KWG – Großkreditüberschreitungen nach §§ 13, 13 a, 13 b KWG = haftendes Eigenkapital für Grundsatz I + zur Unterlegung von Marktpositionen genutzte Drittrangmittel = Eigenmittel für Grundsatz I (Quelle: www.bundesbank.de/bank/bank_eigen_grund.php). Zu den Begriffen Kernkapital, Ergänzungskapital siehe außerdem Gleske, Wettbewerb öffentlicher und privater Kreditinstitute, S. 234 f.

[442] Richtlinie 89/647/EWG des Rates der Europäischen Gemeinschaften über einen Solvabilitätskoeffizienten für Kreditinstitute vom 18. 12.1989, ABl. EG Nr. L 386 vom, 30.12.1989, S. 14 – 22.

betragen (Solvabilitätskoeffizient). Daraus folgt eine Mindestkernkapitalquote von 4 %.[443] Die Risikoaktiva umfassen beispielsweise Bilanzaktiva, außerbilanzielle Geschäfte, Finanz-Swaps oder Finanz-Termingeschäfte.[444]

Anhand verschiedener Bonitätsklassen von 100 %, 70 %, 50 %, 20 %, 10 % und 0 %, die jeweils mit mindestens 8 % Eigenkapital unterlegt werden müssen, und einer Privilegierung der meisten OECD-Staaten („Zone A"), wird dann im Rahmen der Standardmeßmethode die Höhe der Kreditrisiken in bilanz- und nicht bilanzwirksamen Positionen (die sog. Risikoaktiva) ermittelt, woraus für die einzelnen Bonitätsklassen eine Adressenausfallwahrscheinlichkeit von 8 %, 5,6 %, 4 %, 1,6 %, 0,8 % und 0 % resultiert. Staatsgarantien und Bürgschaften spielen dabei im Rahmen der oben beschriebenen Bonitätsgewichtung eine besondere Rolle. In § 13 Abs. 1 Nr. 1 a) des Grundsatzes I heißt es dazu:

„Vorbehaltlich der Bestimmung nach Absatz 6 sind mit 0 % zu gewichten:

1. Risikoaktiva, deren Erfüllung geschuldet oder ausdrücklich gewährleistet wird von

a) dem Bund, einem Land, einem rechtlich unselbständigen Sondervermögen des Bundes oder eines Landes, einer Gemeinde, einem Gemeindeverband oder einem nicht wettbewerbswirtschaftlich tätigen, rechtlich selbständigen Förderinstitut im Geltungsbereich des Gesetzes über das Kreditwesen, das von einem oder mehreren der vorstehend genannten Gebietskörperschaften getragen wird und für die Erfüllung dessen Zahlungsverpflichtungen die jeweiligen Gebietskörperschaften eine der ausdrücklichen Garantie gleichstehende Haftung übernommen haben, ..."

Dies bedeutet, daß die aufgrund einer Staatsbürgschaft gewährten Kredite und damit die Risikoaktiva, deren Erfüllungsanspruch von einer inländischen Gebietskörperschaft geschuldet oder ausdrücklich gewährleistet wird, keiner Eigenkapitalunterlegung bedürfen. Dies gilt aber nur unter der Voraussetzung, daß es sich um rechtlich bindende, unwiderrufliche und unbedingte Garantien aufgrund eines Vertrages oder eines Gesetzes handelt, die sich wiederum unmittel-

---

[443] Gleske, Wettbewerb öffentlicher und privater Kreditinstitute, S. 235.
[444] Gleske, Wettbewerb öffentlicher und privater Kreditinstitute, S. 232.

bar und ausdrücklich auf einzelne Risikoaktiva und damit auf bestimmte Forderungen oder Forderungskategorien beziehen müssen.[445]

Nicht umfaßt werden davon die Anstaltslast als Gewährleistung für den Bestand einer öffentlich-rechtlichen Einrichtung und die Gewährträgerhaftung, die sich folglich nicht anrechnungsmindernd auswirken.[446] Nach Art. 4 der EG-Eigenmittelrichtlinie[447] darf für diese beiden Haftungsinstitute auch kein Haftsummenzuschlag gewährt werden, wie es allerdings bei den Genossenschaftsbanken nach § 10 Abs. 2 b S. 1 Nr. 8 KWG der Fall ist, bei denen die Haftsummenverpflichtung, aus dere eine Haftung der Genossenschaftsmitglieder für die Verbindlichkeiten der Genossenschaft resultiert, zum haftenden Eigenkapital zählt.[448] Eine entsprechende Verfassungsbeschwerde, die die Anerkennung von Anstaltslast und Gewährträgerhaftung als haftendes Eigenkapital bezweckte, wurde vom BVerfG nicht zugelassen.[449]

Normalerweise, das heißt ohne Staatsbürgschaft, müßten Forderungen an Kunden (Kreditforderungen), die nach § 7 S. 1 Nr. 4 des Grundsatzes I zu den Bilanzaktiva und in Verbindung mit § 4 S. 2 Nr. 1 des Grundsatzes I zu den Risikoaktiva gehören, nach § 13   Abs. 6 Nr. 2 des Grundsatzes I mit 100 % angerechnet und mit 8 % Eigenkapital unterlegt werden. § 13 Abs. 6 des Grundsatzes I verdeutlicht nämlich, daß der generelle Gewichtungssatz für Risikoaktiva 100 % und damit die volle Höhe von deren jeweiliger Bemessungsgrundlage beträgt.

Darüber hinaus sind von einer Gebietskörperschaft gewährleistete Kredite an andere Kreditnehmer gemäß § 20 Abs. 2 S. 1 Nr. 1 d) KWG bei den Anzeigen für Großkredite nicht zu berücksichtigen, soweit sie durch den Bund, die Deutsche Bundesbank, ein rechtlich unselbständiges Sondervermögen des Bundes oder eines Landes, ein Land, eine Gemeinde oder einen Gemeindeverbund so-

---

[445]   Deutsche Bundesbank, Grundsatz I über die Eigenmittel der Institute, Bankrechtliche Regelungen 2 a, Frankfurt am Main, Januar 2001, S. 112.

[446]   Deutsche Bundesbank, Grundsatz I über die Eigenmittel der Institute, Bankrechtliche Regelungen 2 a, Frankfurt am Main, Januar 2001, S. 112; zur damaligen Debatte über die Ungleichbehandlung der öffentlich-rechtlichen Kreditinstitute und über eine Änderung des KWG siehe Gleske, Wettbewerb öffentlicher und privater Kreditinstitute, S. 236.

[447]   Richtlinie 94/19/EG des Europäischen Parlaments und des Rates vom 30. Mai 1994 über Einlagensicherungssysteme, ABl. EG Nr. L 135 vom 31. Mai 1994, S. 5 - 14.

[448]   Immenga / Rudo, Beurteilung von Gewährträgerhaftung und Anstaltslast, S. 37 f.

[449]   BVerfG WM 1994, S. 1971.

wie eine andere der in Nr. 1. b – d) genannten Stellen ausdrücklich gewährleistet werden. Gleiches gilt nach § 20 Abs. 3 S. 1, Abs. 4 KWG für die Berechnung der Auslastung der Großkrediteinzelobergrenze sowie der Großkreditgesamtobergrenze.

Normalerweise normieren die §§ 13 bis 13 b KWG eine die Institute treffende vierteljährliche Anzeigepflicht für Großkredite bei der Deutschen Bundesbank zum Zwecke der Überwachung der Risikokonzentration und Risikosteuerung. Ein Großkredit ist ein Kredit an einen Kreditnehmer oder eine Kreditnehmereinheit, der mindestens 10 % des haftenden Eigenkapitals beziehungsweise der Eigenmittel erreicht oder übersteigt. Ein einzelner Großkredit darf 25 % des haftenden Eigenkapitals für das Anlagebuch und 25 % der Eigenmittel für das Gesamtbuch von Handelsbuchinstituten nicht überschreiten.

Weiterhin gelten für öffentlich verbürgte Kredite nach § 21 Abs. 3 Nr. 4 KWG nicht die Regelungen von § 15 Abs. 1 S. 1 Nr. 6 – 11 und von § 18 KWG. Danach entfallen für die Organkredite die Beschränkungen, wonach solche nur auf Grund eines einstimmigen Beschlusses sämtlicher Geschäftsleiter des Instituts und außer im Rahmen von Mitarbeiterprogrammen nur zu marktmäßigen Bedingungen und nur mit ausdrücklicher Zustimmung des Aufsichtsorgans gewährt werden können. Außerdem bestehen bei Kreditgewährungen über 250.000 € keine dahingehenden Offenlegungspflichten mehr, daß sich das Institut die wirtschaftlichen Verhältnisse des Kreditnehmers und insbesondere dessen Jahresabschlüsse zeigen lassen muß.

(2) Die einzelnen Rechtsverhältnisse und beihilferechtliche Beurteilung

Die einzelnen Rechtsverhältnisse bei Staatsbürgschaften bestimmen sich nach deutschem Recht. Wie oben dargestellt kommt für eine Subventionsgewährung entweder eine einstufige Ausgestaltung oder eine zweistufige Strukturierung entsprechend der herrschenden Zwei-Stufen-Theorie in Betracht. Bei dieser ist zwischen einem öffentlich-rechtlichen Bewilligungsverhältnis zwischen Staat und Beihilfeempfänger auf der einen Seite und der privatrechtlichen Ausgestaltung auf der anderen Seite zu unterscheiden.

Demzufolge sind die einzelnen Rechtsverhältnisse wie folgt zu differenzieren:

- zwischen dem Staat und dem geförderten Unternehmen besteht aufgrund des Bewilligungsbescheides als Verwaltungsakt ein öffentlich-rechtliches Rechtsverhältnis,

- zwischen der zwischengeschalteten Bank, die insoweit nicht allein die Auszahlung der Darlehenssumme im Auftrag des Staates vornimmt, und dem geförderten Unternehmen ein privatrechtliches Darlehensvertragsverhältnis nach §§ 607 ff BGB und

- zwischen dem Staat und der Bank ein Bürgschaftsvertrag gemäß §§ 765 ff BGB als Sicherheit für einen der Bank erteilten Kreditauftrag nach § 778 BGB.[450]

Dabei wird das Beihilfeverhältnis zwischen Staat und Unternehmen nach öffentlichem Subventionsrecht beurteilt, der tatsächliche Beihilfevollzug in Form der Darlehensgewährung und der Bürgschaft nach Privatrecht. Somit handelt es sich um ein beihilferechtliches Drei-Parteien-Verhältnis.[451] Gegenüber dem Unternehmen als Kreditnehmer dient die staatliche Bürgschaft als „Auszahlung" der gewährten Beihilfe; zwischen diesen Parteien besteht das eigentliche Beihilfeverhältnis.[452] Allein die Tatsache der Gewährung einer Staatsbürgschaft reicht zur Bejahung einer staatlichen Beihilfe im Sinne des Art. 87 Abs. 1 EGV aber nicht aus.

Der beihilferelevante Vorteil liegt vielmehr in der Differenz zwischen dem Zinssatz, den der Kreditnehmer an den Kreditgeber zahlen müßte und dem Zinssatz, der zulasten des Kreditnehmers dann anfallen würde, wenn keine staatliche Bürgschaft oder Garantie als Kreditsicherungsmittel vorhanden wäre. Maßgeblich sind somit die aus der Bürgschaft für den Kreditnehmer resultierenden günstigeren Kreditkonditionen in Form niedrigerer Zinsen, die sich wiederum aus den oben dargestellten geringeren Anforderungen an eine Eigenkapitalunterlegung durch das Kreditinstitut ergeben. Selbst bei gleichen Kreditkonditionen ist immer noch eine Beihilfe zugunsten des Unternehmens zu bejahen, da dieses bei einer Bürgschaft, die nicht vom Mitgliedstaat, sondern von einem anderen Kreditinstitut gewährt wird, eine höhere Avalprovision zahlen müßte.[453]

---

[450] Maurer, Allgemeines Verwaltungsrecht, S. 458; Habersack, ZHR 1995, S. 668; Scherer / Schödermeier, ZBB 1996, S. 179.

[451] Frisinger / Behr, RIW 1995, S. 708.

[452] Scherer / Schödermeier, ZBB 1996, S. 179; Frisinger / Behr, RIW 1995, S. 709 f; Klanten, ZIP 1995, S. 543; Schütterle, EuZW 1995, S. 392; Habersack, ZHR 1995, S. 674.

[453] Scherer / Schödermeier, ZBB 1996, S. 180; Klanten, ZIP 1995, S. 535.

Aus beihilferechtlicher Sicht problematisch ist jedoch das Rechtsverhältnis zwischen dem Staat in Form einer seiner Gebietskörperschaften und der Bank als Kreditgeberin. Gegenüber der Bank wirkt dieser Bürgschaftsvertrag als Sicherheit für den erteilten Kreditauftrag, bei dem der Staat die Bank beauftragt, dem Unternehmen im eigenen Namen und auf eigene Rechnung einen Kredit zu geben, wobei der Staat dann für die aus der Kreditgewährung entstehende Verbindlichkeit des Dritten als Bürge haftet. Umstritten ist die Frage, ob auch das Kreditinstitut als der die Bürgschaft erhaltende Kreditgeber als Beihilfeempfänger zu qualifizieren ist. Dies hätte erhebliche Auswirkungen auf den möglichen Empfängerkreis beihilferechtlicher Rückforderungsansprüche. Schütterle macht das Problem dadurch deutlich, daß er fragt, ob lediglich der mit unzureichenden Sicherheiten ausgestattete Kreditnehmer als Beihilfeempfänger anzusehen ist oder auch die Banken, bei denen selbst bei zu marktüblichen Konditionen vergebenen Krediten eine Expansion des Kreditvolumens entsteht.[454]

Bei wirtschaftlicher Betrachtungsweise kommt nämlich grundsätzlich auch die Bank als Beihilfeempfänger in Betracht, da sich die staatliche Haftungszusage bei Inanspruchnahme der Bürgschaft in einem der Bank zugute kommenden Geldzufluß äußert.[455] Zudem entstehen für das Kreditinstitut, wie oben beschrieben, Vorteile bei der erforderlichen Eigenkapitalunterlegung und bei den Anzeige- und Offenlegungspflichten für Groß- und Organkredite. Die Zusage der Bürgschaftsübernahme ist indes nur an das begünstigte Unternehmen gerichtet, weswegen die Bank primär als Drittbetroffene in die Rechtsverhältnisse integriert ist.[456]

Diesem Ansatz folgend befürwortet die Europäische Kommission primär eine Qualifizierung des Kreditinstituts als Beihilfebegünstigtem. In der „Mitteilung der Kommission über die Anwendung der Artikel 87 und 88 EG-Vertrag auf staatliche Beihilfen in Form von Haftungsverpflichtungen und Bürgschaften"[457]

---

[454] Schütterle, EuZW 1995, S. 392.
[455] Klanten, ZIP 1995, S. 538.
[456] Klanten, ZIP 1995, S. 543.
[457] Mitteilung der Kommission über die Anwendung der Artikel 87 und 88 EG-Vertrag auf staatliche Beihilfen in Form von Haftungsverpflichtungen und Bürgschaften vom 24.11.1999, ABl. EG Nr. C 71 vom 11.3.2000, S. 14 – 18; Diese Mitteilung ersetzte die Schreiben der Kommission an die Mitgliedstaaten SG(89) D/4328 vom 5.4.1989 und SG(89) D/12772 vom 12.10.1989 sowie die Mitteilung der Kommission an die Mitgliedstaaten über die Anwendung der Artikel 92 und 93 EWG-Vertrag und des Artikels 5 der Kommissionsrichtlinie 80/723/EWG über öffentliche Unternehmen in der verarbeitenden Industrie (ABl. EG Nr. C 307 vom 13.11.1993, S. 3 - 14).

hat sie dargelegt, daß bei staatlichen Garantien zwischen den Beihilfewirkungen für den Kreditnehmer und für den Kreditgeber zu unterscheiden ist. Der Begriff der „Garantie" beinhaltet dabei Haftungsverpflichtungen und Bürgschaften; er wird weit ausgelegt und geht über die Übernahme eines Kredites hinaus, indem alle Formen von Garantien ohne Ansehen ihrer Rechtsgrundlage und des Charakters des zugrundeliegenden Rechtsgeschäfts umfaßt werden.[458] Diese Mitteilung soll insbesondere den Mitgliedstaaten klarere Grundsätze für die Anwendung und Auslegungspraxis der Beihilfevorschriften auf staatliche Bürgschaften an die Hand geben und die Voraussehbarkeit, Gleichbehandlung und Transparenz der Kommissionsentscheidungen verbessern. Zu beachten ist aber, daß es sich bei der Mitteilung nach ihrer Rechtsnatur um eine rechtlich unverbindliche Stellungnahme nach Art. 249 Abs. 5 EGV handelt. Kommissionsentscheidungen, die unter Bezugnahme auf diese Mitteilung ergehen, sind vom EuGH in vollem Umfang überprüfbar.[459]

Für den Kreditnehmer hat die staatliche Bürgschaft nach Ansicht der Kommission die Wirkung, daß ihm durch niedrigere Zinssätze oder weniger Sicherheiten die Aufnahme von Geldern zu günstigeren Konditionen ermöglicht wird.[460] Durch eine marktgerechte Prämie zugunsten des Staates können Wettbewerbsvorteile aber ausgeglichen werden. Der mögliche Beihilfecharakter ist dabei unabhängig von einer tatsächlichen Zahlung, einer Inanspruchnahme der Garantie oder einer wirksamen Einstandspflicht zu beurteilen, indem als maßgeblicher Zeitpunkt auf die Garantieübernahme abgestellt wird.[461] Daran zeigt sich, daß das relevante Beihilfeelement des Kreditnehmers gerade in den günstigen Konditionen der Bürgschaftsvergabe zu sehen ist.[462]

Nach Auffassung der EU-Kommission führt eine staatliche Garantie jedoch nicht nur zu einer Begünstigung des Kreditnehmers. Ausnahmsweise kann auch

---

[458] Mitteilung der Kommission über die Anwendung der Artikel 87 und 88 EG-Vertrag auf staatliche Beihilfen in Form von Haftungsverpflichtungen und Bürgschaften vom 24.11.1999, ABl. EG Nr. C 71 vom 11.3.2000, S. 14 – 18, Punkt 1.1.

[459] Geiss, Rechtsstaatliche Grundsätze im Beihilferecht, S. 135.

[460] Mitteilung der Kommission über die Anwendung der Artikel 87 und 88 EG-Vertrag auf staatliche Beihilfen in Form von Haftungsverpflichtungen und Bürgschaften vom 24.11.1999, ABl. EG Nr. C 71 vom 11.3.2000, S. 14 – 18, Punkt 2.1.1.

[461] Mitteilung der Kommission über die Anwendung der Artikel 87 und 88 EG-Vertrag auf staatliche Beihilfen in Form von Haftungsverpflichtungen und Bürgschaften vom 24.11.1999, ABl. EG Nr. C 71 vom 11.3.2000, S. 14 – 18, Punkt 2.1.2; zur Berechnung des Beihilfewertes siehe 3. Teil D. I. 3.

[462] Frisinger / Behr, RIW 1995, S. 711.

eine verbotene staatliche Beihilfe zugunsten des Kreditgebers vorliegen. Dies ist beispielsweise bei fehlender Anpassung der Kreditkonditionen oder der finanziellen Verpflichtungen anzunehmen sowie bei einer übermäßig starken Kreditbesicherung, wenn ein mit einer Garantie gesicherter Kredit durch den Kreditnehmer dazu verwandt wird, bei demselben Kreditgeber einen anderen Kredit ohne Garantie zu tilgen.[463]

Im Gegensatz dazu wird die Ansicht vertreten, daß die Banken keinesfalls als Beihilfeempfänger anzusehen sind, sondern nur die zu marktüblichen Bedingungen bedienten Kreditnehmer.[464] Marktübliche Bedingungen sind aber dann nicht mehr gegeben, wenn das Kreditinstitut trotz der Bürgschaft seinen Zinssatz unverändert läßt und ihn nicht um das infolge der staatlichen Bürgschaft geringere Kreditausfallrisiko bereinigt.[465] Eine Qualifizierung als Nicht-Beihilfeempfänger hätte für die Banken zur Folge, daß sie sich aus der Bürgschaft befriedigen könnten, wohingegen für den Staat eine Rückforderung allein beim Kreditnehmer möglich wäre, nicht jedoch die Geltendmachung von erfolgten Zahlungen aus der Bürgschaft bei den Banken. Eine Einbeziehung des privatrechtlichen Bürgschaftsvertragsverhältnisses in den Anwendungsbereich des europäischen Beihilferechts bedeutete außerdem, daß das Insolvenzrisiko des durch die Bürgschaft begünstigten Unternehmens auf die Bank verlagert würde, die zugleich Darlehensgeberin und Bürgschaftsgläubigerin ist.[466]

Die Bürgschaft bezweckt als ein übliches Bankgeschäft indes gerade keine Besserstellung des Kreditinstituts im Wettbewerb zu anderen Instituten, sondern allein des begünstigten Unternehmens.[467] Das Kreditinstitut tritt lediglich als Subventionsmittler auf.[468] Es wird allein aufgrund seiner gewerblichen Tätigkeit und seines Kreditangebots in Anspruch genommen, weswegen das damit zusammenhängende marktgerechte staatliche Nachfrageverhalten keine Beihilferelevanz entfalten kann.[469] Dies ist von Art. 295 EGV gedeckt. Eine Beihilfe ergibt sich auch nicht aus den bankaufsichtsrechtlichen Vorteilen des Kreditinsti-

---

[463] Mitteilung der Kommission über die Anwendung der Artikel 87 und 88 EG-Vertrag auf staatliche Beihilfen in Form von Haftungsverpflichtungen und Bürgschaften vom 24.11.1999, ABl. EG Nr. C 71 vom 11.3.2000, S. 14 – 18, Punkt 2.2.1.
[464] Schütterle, EuZW 1995, S. 392.
[465] Habersack, ZHR 1995, S. 673, 677.
[466] Habersack, ZHR 1995, S. 665.
[467] Frisinger / Behr, RIW 1995, S. 710.
[468] Habersack, ZHR 1995, S. 675.
[469] Frisinger / Behr, RIW 1995, S. 710; Habersack, ZHR 1995, S. 678 f.

tuts im Hinblick auf die geringeren Anforderungen an die erforderliche Eigen-kapitalunterlegung, da bei staatlich verbürgten Krediten tatsächlich kein Ausfall-risiko besteht.[470]

Für diese These spricht, daß zwischen dem Staat und den kreditgewährenden Banken letztlich „normale wirtschaftliche Vorgänge" existieren.[471] Der Kredit-geber erbringt gegenüber dem die Bürgschaft gewährenden Mitgliedstaat eine Gegenleistung, wodurch kein unentgeltlicher wirtschaftlicher Vorteil mehr ge-geben ist. Dies wäre für eine Beihilfe aber zwingend erforderlich. Zwar bewirkt die Bürgschaft, daß das Kreditinstitut seine Geschäfts- und Kreditvolumina ohne die ansonsten nach dem § 10 KWG und dem Grundsatz I erforderliche Eigenka-pitalunterlegung ausweiten und höhere Gewinne erzielen kann. Dies wäre ohne die die Kreditvergabe ermöglichende Bürgschaft in der Regel nicht erfolgt. Oh-ne Bürgschaft wäre der Kredit voraussichtlich niemals gewährt worden. Die vom Kreditinstitut erbrachte Gegenleistung liegt dabei darin, daß der Staat nur eine Eventualverbindlichkeit eingeht, die liquiden Finanzmittel jedoch direkt von der Bank dem Kreditnehmer zur Verfügung gestellt werden und der Mit-gliedstaat mithin auf eine unmittelbare Finanzunterstützung verzichten kann.[472] Die daraus von der Bank erzielten Einkünfte stellen mithin den Ausgleich für die Bereitstellung von Kapital dar.

Demzufolge ist bei Staatsbürgschaften lediglich das begünstigte Unternehmen als Beihilfeempfänger einzustufen und nicht das mit dem Staat durch den Bürg-schaftsvertrag verbundene Kreditinstitut.

cc) Anstaltslast und Gewährträgerhaftung

Bei der in Form von Anstaltslast und Gewährträgerhaftung bestehenden öffent-lichen Haftung sind wie bei den zuvor behandelten Staatsbürgschaften verschie-dene Rechtsverhältnisse zu unterscheiden. Um die „Grandfathering"-Regelungen und die Geltendmachung von Vertrauensschutz aus beihilferechtli-cher Sicht auf das Bestehen möglicher Beihilfeverhältnisse hin überprüfen zu können, sind ebenfalls die Beziehungen zwischen drei Parteien von besonderem Interesse.

---

[470] Scherer / Schödermeier, ZBB 1996, S. 181.
[471] Scherer / Schödermeier, ZBB 1996, S. 181.
[472] Scherer / Schödermeier, ZBB 1996, S. 181.

Hierbei handelt es sich um:

- das jeweilige öffentlich-rechtliche Kreditinstitut, das eine öffentliche Anleihe begeben hat,
- die jeweiligen staatlichen Gewährträger, die für die Verbindlichkeiten des Instituts im Außenverhältnis gegenüber den Gläubigern haften und
- die Gläubiger der Landesbanken und Sparkassen in Form von natürlichen und juristischen Personen, die verbriefte Geldforderungen in Form von Anleihen der Landesbanken und Sparkassen erworben und dem Institut dadurch letztlich einen Kredit gewährt haben.[473]

Dabei besteht zwischen den staatlichen Gewährträgern und den öffentlich-rechtlichen Kreditinstituten nach der hier vertretenen Auffassung ein Beihilfeverhältnis. Von besonderem Interesse ist jedoch das Verhältnis zwischen den Gewährträgern und den Anleihegläubigern als Kreditgebern. Letzteren könnte insoweit über die Landesbanken und Sparkassen, die von dem hervorragenden Rating und den günstigeren Refinanzierungsmöglichkeiten profitieren, ebenfalls ein beihilferelevanter Vorteil entstanden sein. Zudem stellt die Gewährträgerhaftung die Tilgung und die Zinszahlungen sicher. Soweit Privatpersonen Anleihen öffentlich-rechtlicher Kreditinstitute begeben haben, scheiden sie jedoch schon von vornherein als mögliche Beihilfebegünstigte aus, da dies nur Unternehmen oder Produktionszweige sein können.

Nach Auffassung der Kommission sind Anstaltslast und Gewährträgerhaftung als Garantie im Sinne der Kommissionsmitteilung über die Anwendung der Art. 87 und 88 EGV auf staatliche Beihilfen in Form von Haftungsverpflichtungen und Bürgschaften anzusehen. Sie verschaffen „dem Unternehmen eine ausdrückliche staatliche Garantie oder Verlustübernahme durch den Staat".[474] Insoweit gelten die im Rahmen der Staatsbürgschaften gemachten Ausführungen, wer als Beihilfeempfänger in Frage käme, im Grundsatz für den Bereich der öffentlichen Haftung entsprechend.

Koenig plädiert indes dafür, daß die Gläubiger bei ihrem Erwerb von Anleihen einer Landesbank gerade keinen unentgeltlichen wirtschaftlichen Vorteil durch

---

[473] Siehe 5. Teil C. II. 1. b) bb) (1).

[474] Mitteilung der Kommission über die Anwendung der Artikel 87 und 88 EG-Vertrag auf staatliche Beihilfen in Form von Haftungsverpflichtungen und Bürgschaften vom 24.11.1999, ABl. EG Nr. C 71 vom 11.3.2000, S. 14 – 18, Punkt 2.1.3.

die staatlichen Einstandsgarantien erhalten.[475] Die Inhaber von Landesbankanleihen seien insoweit keine Beihilfebegünstigten. Dem guten Rating der Anleihen und der durch die Gewährträgerhaftung gewährleisteten Bonität der Forderungen entsprächen niedrigere Zinserlöse, die die Anleger bewußt in Kauf nähmen und insoweit eine Gegenleistung erbrächten. Ihnen stünde es letztlich frei, auch Anleihen mit einem niedrigeren Rating aber höheren Zinssätzen zu erwerben.

Derselben Auffassung ist Gruson. Er führt aus, daß der Investor beim Kauf einer Landesbankanleihe (mit einem regelmäßig sehr guten Rating) einen Kredit zu einem im Vergleich mit anderen Anleihen privater Kreditinstitute niedrigeren Zinssatz gewähre, welcher der durch die staatlichen Einstandspflichten vermittelten erhöhten Sicherheit entspräche.[476] Soweit der höheren Sicherheit ein niedrigerer Zinssatz für den Investor gegenüberstehe, liege eine in ihrer Höhe exakt durch marktwirtschaftliche Grundsätze bestimmte Gegenleistung des Anleihegläubigers vor, die jede Begünstigungswirkung und damit jede beihilferechtlich relevante Wirkung ausschließe. Wenn tatsächlich ein höheres Risiko auf Seiten der öffentlich-rechtlichen Kreditinstitute vorläge, dann brächte dies ein niedrigeres Rating sowie einen höheren Zinssatz für den Investor mit sich. Der Investor erhalte letztlich keine besseren Konditionen als die am Markt üblichen. Da alle potentiellen Investoren diese Anlagemöglichkeit hätten, folge aus ihr auch kein Wettbewerbsvorteil gegenüber anderen Marktteilnehmern, die sich für andere Anlageformen entscheiden. Zudem liege eine Begünstigungswirkung der Anleihegläubiger auch nicht in der aus dem guten Rating und der besseren Bonität resultierenden Ausdehnung des Marktvolumens der betreffenden Anleihen. Jeder Anleger habe nämlich vielfältige Möglichkeiten, sein Geld in erstklassige Anleihen zu investieren; ihm könne nicht verwehrt werden, sein Geld dergestalt anzulegen, daß die zu erzielende Rendite die Bonität des Emittenten widerspiegele.

Von Friesen schließt sich dieser Ansicht an und führt weiter aus, daß eine Begünstigung allenfalls dann vorliegen könnte, wenn der Anleihezins trotz der staatlichen Haftungsübernahme einen an die Gläubiger zu zahlenden Risikozuschlag enthält, der das im Grunde nicht bestehende Ausfallrisiko abdecken

---

[475] Koenig, EWS 1998, S. 154; Koenig / Sander, EuZW 1997, S. 366.
[476] Gruson, EuZW 1997, S. 358.

soll.[477] Diese Möglichkeit sei jedoch äußerst unwahrscheinlich, da keine Bank auf freiwilliger Basis ungerechtfertigt hohe Zinszahlungen vornehmen wird.

Daraus folgt, daß die Gläubiger öffentlich-rechtlicher Banken durch den bloßen Erwerb von Anleihen der Landesbanken und Sparkassen nicht zu Beihilfeempfängern werden, selbst wenn man Anstaltslast und Gewährträgerhaftung als staatliche Beihilfe qualifiziert. Zwischen den öffentlich-rechtlichen Kreditinstituten und deren Anleihegläubigern besteht damit kein Beihilfeverhältnis. Während bei der Bedeutung von Anstaltslast und Gewährträgerhaftung für die öffentlich-rechtlichen Kreditinstitute entscheidend ist, daß vor allem den Landesbanken durch ihr hervorragendes Rating gegenüber den privaten Konkurrenten Wettbewerbsvorteile in Form von niedrigeren Zinssätzen zukommen, so kann dieses Argument gerade nicht hinsichtlich der Anleihegläubiger Geltung beanspruchen. Sie haben, wie Gruson und Koenig zu Recht ausführen, gerade keinen finanziellen und beihilferechtlich relevanten Vorteil aus den niedrigeren Zinssätzen. Diese niedrigeren Zinssätze stellen vielmehr eine marktübliche Gegenleistung der Gläubiger im Sinne eines Austauschverhältnisses dar, die eine Beihilfe von vornherein ausschließt. Gleiches ergibt sich auch aus einer Anwendung der Grundsätze des „private investor test"; denn Mittel, die der Staat einem Unternehmen direkt oder indirekt unter normalen Marktbedingungen wie ein privater Kapitalgeber zur Verfügung stellt, sind nicht als staatliche Beihilfe einzustufen. Die Anleihegläubiger (beschränkt auf Unternehmen und institutionelle Anleger und nicht auf Privatpersonen, welche von vornherein als Beihilfeempfänger ausscheiden) erhalten somit gerade keine unmittelbare staatliche Zuwendung. Ebensowenig können sie als Zweitbegünstigte eingestuft werden. Eine Rückforderung gemeinschaftsrechtswidriger Beihilfen könnte folglich keinesfalls ihnen direkt gegenüber geltend gemacht werden.

Daraus folgt wiederum, daß eine Rückforderung nur im Verhältnis zwischen dem Staat und den begünstigten öffentlich-rechtlichen Kreditinstituten in Frage kommt. Deswegen ist nunmehr zu untersuchen, nach welchen Grundsätzen eine Rückforderung zwischen diesen Parteien erfolgt, welche Bedeutung dem Vertrauensschutz zukommt und welche Auswirkungen Drei-Parteien-Verhältnisse im Allgemeinen und die Rechtsstellung der Anleihegläubiger im Besonderen auf die Rückforderung haben.

---

[477] Von Friesen, Staatliche Haftungszusagen, S. 259 f.

b) Vertrauensschutz bei der Rückforderung mitgliedstaatlicher Neubeihilfen

Während die Beurteilung, ob eine nationale Beihilfe dem Gemeinschaftsrecht zuwiderläuft, nach den Vorschriften des EGV erfolgt, ist für das Rückforderungsverfahren aufgrund des Fehlens eines europäischen Verwaltungsverfahrensrechts das nationale Recht maßgeblich. Damit ist zwischen der sich aus Gemeinschaftsrecht ergebenden Rückforderungsverpflichtung und der nationalem Recht folgenden Umsetzung zu differenzieren. Die Anwendung des mitgliedstaatlichen Verfahrensrechts gilt aber nur mit der sich aus dem Vorrang des Gemeinschaftsrechts gegenüber widersprechendem mitgliedstaatlichem Recht ergebenden Maßgabe, daß die Anwendung des nationalen Rechts die Tragweite und die Wirksamkeit des Gemeinschaftsrechts nicht beeinträchtigen darf.[478]

In der Regel fügt die Kommission ihrer Entscheidung, mit der die materielle Unvereinbarkeit einer Neubeihilfe mit dem Gemeinsamen Markt festgestellt wird, die Anordnung der Rückforderung durch den Mitgliedstaat bei. Dabei ist die unverzüglich zu erfolgende Rückforderung nicht nur die „logische Konsequenz" aus der Feststellung der Unrechtmäßigkeit einer Beihilfe, um den früheren Zustand, den status quo ante, wiederherzustellen, den durch die Beihilfe erzeugten Wettbewerbsvorteil zu beseitigen, die ursprüngliche Wettbewerbslage wiederherzustellen und die Freiheit des Waren- und Dienstleistungsverkehrs zu schützen[479]. Sie ist auch ein Ausdruck des Gebots der Gemeinschaftstreue nach Art. 10 EGV (früher: Art. 5 EGV)[480], die vom BVerfG als „Pflicht zu loyaler Zusammenarbeit"[481] zwischen der mitgliedstaatlichen und der gemeinschaftlichen Ebene definiert wurde.

Dabei steht der Kommission hinsichtlich der Anwendung der Beihilfevorschriften und insbesondere bei der Beurteilung wirtschaftlicher Sachverhalte ein weiter Ermessensspielraum zu.[482] Davon wird auch die Entscheidung über die Ein-

---

[478] Siehe 5. Teil C. II. 1. b) bb) (1)

[479] EuGH, Rs. C-142/87, Belgien gegen Kommission, Slg. 1990, S. I-959 (1020); Rs. C-305/89, Italien gegen Kommission, Slg. 1991, S. I-1603 (1645); Rs. C-348/93, Kommission gegen Italien, Slg. 1995, S. I-673 (696); Rs. C-169/95, Spanien gegen Kommission, Slg. 1997, S. I-135 (162).

[480] Blanke, Vertrauensschutz, S. 458.

[481] BVerfGE 89, 155 (202).

[482] EuGH, Rs. C-301/87, Frankreich gegen Kommission, Slg. 1990, S. I-307, Rdn. 15.

leitung eines Beihilfeverfahrens umfaßt. Zum Umfang des Ermessensspielraums äußerte sich der EuGH wie folgt:

„Bei der Beurteilung eines komplexen wirtschaftlichen Sachverhalts verfügt die Verwaltung über einen weiten Ermessensspielraum. Bei der Kontrolle über die Rechtmäßigkeit der Ausübung eines solchen Ermessens muß sich der Richter darauf beschränken zu prüfen, ob der Verwaltungsbehörde kein offensichtlicher Ermessensmißbrauch unterlaufen ist oder ob sie die Grenzen ihres Ermessensspielraums nicht offensichtlich überschritten hat."[483]

Die Grundsätze von Vertrauensschutz und Rechtssicherheit sind insoweit in der Regel auf beiden Ebenen, der gemeinschaftlichen und der mitgliedstaatlichen, zu berücksichtigen, weswegen eine doppelte Prüfung zu erfolgen hat.[484] Denn Vertrauensschutz und Rechtssicherheit sind zum einen Grundsätze des Gemeinschaftsrechts, zum anderen anerkennt das Gemeinschaftsrecht grundsätzlich den Vertrauensschutz, den das mitgliedstaatliche Recht gewährt. Letzterem sind im europäischen Beihilferecht indes enge Grenzen gesetzt worden. Gemeinschaftsrecht und nationales Recht stehen mithin in einem (Spannungs-) Verhältnis zueinander. Heiermann kommt zur Schlußfolgerung, daß sich der Beihilfeempfänger in einer besseren Position befindet, „wenn sich sein Vertrauen auf das Verhalten eines Gemeinschaftsorgans gründet".[485]

aa) Die Rückforderung von Gemeinschaftsbeihilfen

Eine Rückforderung von Beihilfen, die von den Gemeinschaftsorganen aus Gemeinschaftsmitteln direkt vergeben werden, erfolgt nicht aufgrund eines europäischen Verfahrensrechts. Statt dessen findet eine Rückforderung nach nationalem Recht anhand einer abwägenden und wertenden Betrachtung statt, indem bestehende Lücken durch die Anwendung der allgemeinen Rechtsgrundsätze des Gemeinschaftsrechts geschlossen werden.[486] Zu den allgemeinen Rechtsgrundsätzen zählen unter anderem das Verhältnismäßigkeitsprinzip, der Vertrauensschutz, die Gesetzmäßigkeit der Verwaltung, die richtige Ermessensausübung, der Schutz wohlerworbener Rechte, Rechtssicherheit und Rechtsklarheit, der Schutz des guten Glaubens, rechtliches Gehör, der Grundsatz „ne bis in i-

---

[483] EuGH, Rs. 98/78, Firma A. Racke gegen HZA Mainz, Slg. 1979, S. 69, Rdn. 5.
[484] Reufels, Europäische Subventionskontrolle durch Private, S. 89.
[485] Heiermann, EWS 1994, S. 147.
[486] Schulze, EuZW 1993, S. 274.

dem", der Untersuchungsgrundsatz und das Recht auf Akteneinsicht.[487] Zum Beispiel muß die Rücknahme innerhalb einer angemessenen Frist erfolgen und hinreichend berücksichtigen, ob und in welchem Umfang der Begünstigte auf die Rechtmäßigkeit des Verwaltungsaktes vertraut hat.[488] Hier ist der gemeinschaftsrechtliche Vertrauensschutz der alleinige Maßstab.[489]

bb) Die Rückforderung von nationalen Beihilfen

Zu den nationalen Beihilfen zählen sowohl Beihilfen, die von nationalen Behörden beispielsweise im Bereich des Europäischen Ausrichtungs- und Garantiefonds für die Landwirtschaft (EAGLF), des Europäischen Fonds für regionale Entwicklung (ERF) oder im Rahmen des Europäischen Sozialfonds (ESF), also aufgrund gemeinschaftrechtlicher Normen durch Gemeinschaftsmittel, vergeben werden, als auch rein mitgliedstaatliche Beihilfen aus nationalen Mitteln aufgrund nationaler Vorschriften.

Nach der Beihilfeverfahrensordnung entscheidet die Kommission, wenn sie zum Ergebnis der Unvereinbarkeit einer staatlichen Beihilfe mit dem Gemeinsamen Markt kommt, daß der Mitgliedstaat alle notwendigen Maßnahmen ergreifen muß, um die Beihilfe vom Begünstigten zurückzufordern.[490] Eine gemeinschaftsrechtliche Ermächtigungsgrundlage zur Rückforderung stellt die Beihilfeverfahrensordnung allerdings nicht dar.[491]

Die Rückforderung nationaler Neubeihilfen als Folge einer Rückforderungsentscheidung der Kommission erfolgt vielmehr grundsätzlich nach Maßgabe des nationalen Verwaltungsverfahrensrechts, „soweit das Gemeinschaftsrecht einschließlich der allgemeinen gemeinschaftlichen Grundsätze hierfür keine ge-

---

[487] Schweitzer / Hummer, Europarecht, Rdn. 436.

[488] EuGH, Rs. 14/61, Koninkljike Nederlandsche Hoogovens en Staalfabricken N.V. gegen Hohe Behörde, Slg. 1962, S. 511 (548 ff).

[489] EuGH, Rs. 14/61, Koninkljike Nederlandsche Hoogovens en Staalfabricken N.V. gegen Hohe Behörde, Slg. 1962, S. 511 (549 ff); Rs. 111/63, Lemmerz-Werke GmbH gegen Hohe Behörde, Slg. 1965, S. 894 (911 f); Rs. 14/81, Alpha Steel Ltd. gegen Kommission, Slg. 1982, S. 749 (764); Rs. 15/85, Consorzio Cooperative d'Abruzzo gegen Kommission, Slg. 1987, S. 1005 (1036).

[490] Verordnung (EG) Nr. 659/1999 des Rates vom 22.3.1999 über besondere Vorschriften für die Anwendung von Art. 93 EGV, ABl. EG Nr. L 83 vom 27.3.1999, S. 1 – 9.

[491] Middendorf, Amtshaftung und Gemeinschaftsrecht, S. 7.

meinsamen Regelungen enthält"[492]. Wenn die gemeinschaftsrechtswidrige Beihilfe insoweit aufgrund eines Verwaltungsaktes gewährt worden ist, dann richtet sich dessen Rücknahme grundsätzlich nach § 48 VwVfG inklusive der grundsätzlichen Geltung der nationalen Vertrauensschutzregelungen. Der zu erlassende Rückforderungsbescheid stellt dann als erneuter Verwaltungsakt einen actus contrarius dar.[493]

(1) Einschränkungen durch das Gemeinschaftsrecht

Das Gemeinschaftsrecht setzt der Anwendung des nationalen Rechts insbesondere im Hinblick auf deren Verfahrensautonomie durch den Effektivitäts- und den Äquivalenzgrundsatz unter Berufung auf den Anwendungsvorrang des Gemeinschaftsrechts aber zwei entscheidende Schranken.[494] Gerade Art. 10 EGV wirkt sich auf die mitgliedstaatliche Verwaltungsorganisation und das entsprechende Verwaltungshandeln dahingehend aus, daß er ein gemeinschaftsloyales Verhalten erwartet unabhängig davon, ob Gemeinschaftsrecht im nationalen Bereich ausgeführt, nationale Durchführungsbestimmungen oder gemeinschaftsrechtliche Vorgaben berücksichtigende rein nationale Normen angewandt werden.[495] Denn die wirksame Umsetzung des Gemeinschaftsrechts kann nicht nur durch Normenkollisionen behindert werden, sondern auch durch die konkrete Ausgestaltung der mitgliedstaatlichen Verfahrensordnungen.[496]

Demzufolge darf nach der ständigen Rechtsprechung des EuGH die Anwendung des nationalen Rechts die gemeinschaftsrechtliche Rückforderung, deren Überwachung der Kommission obliegt, nicht praktisch unmöglich machen oder ü-

---

[492] EuGH, verb. Rs. 205-215/82, Deutsche Milchkontor GmbH u.a. gegen Deutschland, Slg. 1983, S. 2633 (2665); Rs. C-366/95, Landbrugsministeriet – EF – Direktoraret gegen Steff Houlberg Export I/S u.a., Slg. 1998, S. 2661 (2628); Rs. C-298/96, Oelmühle Hamburg AG und Jb. Schmidt Söhne GmbH & Co. KG gegen Bundesanstalt für Landwirtschaft und Ernährung, Slg. 1998, S. 4767 (4790 f).

[493] Hopt / Mestmäcker, WM 1996, S. 803; Die Mindermeinung präferiert die Anwendung der §§ 812 ff BGB, siehe Schneider, NJW 1992, S. 1200.

[494] Zum Anwendungsvorrang des Gemeinschaftsrechts: EuGH, Rs. 6/64, Flaminio Costa gegen ENEL, Slg. 1964, S. 1253 (1270); Rs. C-184/89, Helga Nimz gegen Freie und Hansestadt Hamburg, Slg. 1991, S. I-297 (321); außerdem BVerfGE 89, 155 (175, 178), Solange II.

[495] Blanke, Vertrauensschutz, S. 457.

[496] Berninghausen, Europäisierung des Vertrauensschutzes, S. 52.

bermäßig erschweren (Effektivitätsgrundsatz).[497] Insoweit kommt dem „effet utile", das heißt der praktischen Wirksamkeit und Tragweite des Gemeinschaftsrechts, eine immer größere Bedeutung als Anwendungsmaßstab und Leitlinie des nationalen Rechts zu. Demzufolge muß jede mitgliedstaatliche Norm im Zweifelsfall so ausgelegt werden, daß sie einer erfolgreichen Rückforderung nicht entgegensteht.[498] Das Effektivitätsgebot wurde sogar schon als „Regeltatbestand" bezeichnet, aufgrund dessen jede Möglichkeit einer Beeinträchtigung des EG-Rechts einen Verstoß gegen diesen Grundsatz darstellen soll.[499]

Zudem muß eine nationale Vorschrift, bei der die Rücknahme eines Verwaltungsaktes von einer Interessenabwägung abhängig gemacht wird, das öffentliche Interesse der EG an der Durchsetzung der gemeinschaftsrechtlichen Wettbewerbsordnung in vollem Umfang berücksichtigen. Dabei darf es keine Unterschiede geben zwischen einer Rückforderung einer rein nationalen Beihilfe und einer Rückforderung nationaler Beihilfen aufgrund gemeinschaftsrechtlicher Normen. Demzufolge ist das nationale Recht im Verhältnis zu gleich gelagerten, aber rein nationalen Streitigkeiten über die Rücknahme eines Verwaltungsaktes ohne Diskriminierungen anzuwenden (Äquivalenz- oder Diskriminierungsgrundsatz).[500] Daraus folgt aber auch, daß eine Diskriminierung in beide Richtungen geht und weder zu Lasten, noch zu Gunsten der EG erfolgen darf. Beim Anwendungsbereich des Diskriminierungsgrundsatzes ist aber noch zu berücksichtigen, daß dieses Verbot nur für die Beihilfegewährung aus Gemeinschaftsmitteln durch staatliche Behörden auf der Grundlage gemeinschaftsrechtlicher

---

[497] EuGH, verb. Rs. 205–215/82, Deutsche Milchkontor gegen Deutschland, Slg. 1983, S. 2633, Rdn. 17, 19; Rs. C-142/87, Belgien gegen Kommission, Slg. 1990, S. I-959 (1019); Rs. C-298/96, Oelmühle Hamburg AG und Jb. Schmidt Söhne GmbH & Co. KG gegen Bundesanstalt für Landwirtschaft und Ernährung, Slg. 1998, S. I-4767 (4790); Lenz, Vertrauensschutz im Gemeinschaftsrecht, S. 28; Das Effektivitätsgebot wird auch als „Beeinträchtigungsverbot" (Scheuing, Europarechtliche Impulse, S. 308) oder als „Vereitelungsverbot" (Magiera, FS Börner, S. 224) bezeichnet.

[498] Sinnaeve, Rückforderung gemeinschaftsrechtswidriger nationaler Beihilfen, S. 148.

[499] Schwarz, Vertrauensschutz als Verfassungsprinzip, S. 445 f.

[500] EuGH, verb. Rs. 205–215/82, Deutsche Milchkontor gegen Deutschland, Slg. 1983, S. 2633, Rdn. 17; verb. Rs. 146, 192 und 193/81, BayWa AG u.a. gegen Bundesanstalt für Landwirtschaftliche Marktordnung, Slg. 1982, S. 1503 (1534 f); Rs. 54/812, Fromme gegen BALM, Slg. 1982, S. 1449, Rdn. 6; Rs. C-298/96, Oelmühle Hamburg AG und Jb. Schmidt Söhne GmbH & Co. KG gegen Bundesanstalt für Landwirtschaft und Ernährung, Slg. 1998, S. I-4767, Rdn. 24; Rs. C-366/95, Landbrugsministeriet - EF- Direktoratet gegen Steff-Houlberg Export I/S, Nowaco A/S, Nowaco Holding A/S und SMC af 31/12-1989 A/S, Slg. 1998, S. I-2661, Rdn. 15; Rs. C-326/96, B.S. Levez gegen T.H. Jennings (Harlow Pools), Slg. 1998, S. I-7835, Rdn. 17 ff.

Normen Geltung beansprucht, nicht aber bei rein mitgliedstaatlichen Fallgestaltungen.[501] Für letztere Gruppe von Beihilfengewährungen spricht der EuGH statt dessen von dem Gebot, „das Interesse der Gemeinschaft in vollem Umfang" zu berücksichtigen.[502]

Diese Grundsätze folgen aus der Zielsetzung, die Funktionsfähigkeit der Gemeinschaft zu wahren und eine Diskriminierung im Anwendungsbereich des EG-Vertrages zu verhindern sowie aus dem Grundsatz der Wirksamkeit des Gemeinschaftsrechts, wonach sich kein Mitgliedstaat unter Berufung auf die eigene Rechtsordnung der Erfüllung von Pflichten aus dem Gemeinschaftsrecht entziehen darf.[503]

(2) Auswirkungen auf den mitgliedstaatlichen Vertrauensschutz

Der EuGH verweist ausdrücklich darauf, daß die Grundsätze des Vertrauensschutzes und der Rechtssicherheit Bestandteile der Gemeinschaftsrechtsordnung sind, weshalb es zulässig ist, daß die Mitgliedstaaten ebenfalls diese beiden Grundsätze zu schützen versuchen.[504] Grundlage des Vertrauensschutzes ist insoweit das deutsche Recht, das aber den gemeinschaftsrechtlichen Rückforderungsgrundsätzen, das heißt dem Effektivitäts- und dem Äquivalenzgrundsatz, entsprechen muß, weswegen dessen Anwendung „die gemeinschaftsrechtlich vorgeschriebene Rückforderung nicht unmöglich machen darf und das Gemeinschaftsinteresse in vollem Umfang berücksichtigt werden muß", ohne daß andere Voraussetzungen gelten als für die Rückforderung anhand rein nationaler Vorschriften. Dies gilt sowohl für durch nationale Behörden gewährte Gemeinschaftsbeihilfen als auch für rein mitgliedstaatliche Subventionen.

---

[501] Berninghausen, Europäisierung des Vertrauensschutzes, S. 58 f; Sinnaeve, Rückforderung gemeinschaftsrechtswidriger nationaler Beihilfen, S. 138 ff.

[502] EuGH, Rs. 94/87, Kommission gegen Deutschland, Slg. 1989, S. 175 (192); Rs. C-5/89, Kommission gegen Deutschland, Slg. 1990, S. I-3437 (3456 f); Rs. C-298/96, Oelmühle Hamburg AG und Schmidt Söhne GmbH & Co. KG gegen Bundesanstalt für Landwirtschaft und Ernährung, Slg. 1998, S. 4767 (4790).

[503] EuGH, Rs. 106/77, Staatliche Finanzverwaltung gegen SPA Simmenthal, Slg. 1978, S. 629 (643); Rs. C-213/89, The Queen gegen Secretary of State for Transport, ex parte Factortame Ltd. u.a., Slg. 1990, I-2433 (2473); Rs. C-290/89, Kommission gegen Belgien, Slg. 1991, S. I-2851 (2865).

[504] EuGH, verb. Rs. 205-215/82, Deutsche Milchkontor gegen Deutschland, Slg. 1983, S. 2633, Rdn. 30.

Grundsätzlich bewirkt eine Rücknahmeentscheidung der Kommission eine Er-
messensreduzierung auf Null, insbesondere hinsichtlich der Art und Weise der
Rückforderung.[505] Es besteht quasi eine zur Rechtspflicht modifizierte „Rück-
nahmebefugnis" zur Wiederherstellung rechtmäßiger Zustände unter Berücksichtigung des Effektivitäts- und des Äquivalenzgrundsatzes.[506] Da die Anerkennung eines schutzwürdigen Vertrauens für einen durch eine rechtswidrige
Beihilfe Begünstigten aber selbst durch die EuGH-Rechtsprechung nicht generell auszuschließen ist, indem er sich ausnahmsweise auf Umstände berufen
könnte, aufgrund derer sein Vertrauen in die Ordnungsmäßigkeit dieser Beihilfe
geschützt wird, ist davon auszugehen, daß die den nationalen Behörden oblie-
gende Ermessensausübung, die innerhalb der vom Gemeinschaftsrecht gesetzten
Grenzen erfolgt, nur hinsichtlich Erwägungen über die Zweckmäßigkeit einer
Rückforderung ausgeschlossen wird, nicht aber hinsichtlich anderer Aspekte wie
dem Vertrauensschutz oder der Rechtssicherheit.[507] Der EuGH betonte demzufolge ausdrücklich, daß die nationalen Behörden somit bezüglich der Rücknahme eines Bewilligungsbescheids über keinerlei Ermessen verfügen.[508] Dies wird
außerdem durch die deutsche Rechtsprechung bestätigt. Das BVerwG stellte
fest, daß durch eine Rückforderungsentscheidung der Kommission zwar das
Ermessen nach § 48 Abs. 1 S. 1 VwVfG ausgeschlossen wird, nicht aber der
Vertrauensschutz nach § 48 Abs. 2 VwVfG.[509] Nunmehr stellt sich die Frage der
Gewichtung zwischen dem öffentlichen Rücknahmeinteresse in Verbindung mit
dem Gemeinschaftsinteresse an der Durchsetzung der gemeinschaftlichen Wettbewerbsordnung auf der einen Seite und dem individuellen Vertrauensschutz auf
der anderen Seite.

Unstreitig ist schützenswertes Vertrauen des Beihilfeempfängers dann gegeben,
wenn es durch ein Verhalten von Gemeinschaftsorganen selbst hervorgerufen
wurde.[510] Darüber hinaus können nach der Auffassung des EuGH aber tatsächlich „nur außergewöhnliche Umstände" ein schutzwürdiges Vertrauen der Be-

---

[505] BVerwGE 74, 357; Papier, ZHR 1988, S. 498; Richter, DÖV 1995, 852.
[506] Schwarz, Vertrauensschutz als Verfassungsprinzip, S. 457; vgl. auch EuGH, Rs. 310/85, Deufil GmbH & Co. KG gegen Kommission, Slg. 1987, S. 901 (921).
[507] Michels, Vertrauensschutz, S. 84 f; Blanke, Vertrauensschutz, S. 466.
[508] EuGH, Rs. C-24/95, Land Rheinland-Pfalz gegen Alcan Deutschland GmbH, Slg. 1997, S. I-1591 (1608 ff).
[509] BVerwGE 74, 357.
[510] EuGH, Rs. C-63/93, Fintan Duff u.a. gegen Minister of Agriculture and Food u.a., Slg. 1996, S. 569 (607 f); Schwarz, Vertrauensschutz als Verfassungsprinzip, S. 463.

günstigten auf die Ordnungsmäßigkeit einer Beihilfe begründen.[511] Deren Anerkennung setzt allerdings grundsätzlich voraus, daß bei einer rein nationalen Beihilfe das Notifizierungsverfahren nach Art. 88 EGV eingehalten und daß sich ein umsichtiger Wirtschaftsteilnehmer nämlich normalerweise vergewissern muß, ob dieses Verfahren beachtet worden ist.[512] Dementsprechend führte der EuGH aus:

„Nach ständiger Rechtsprechung setzt ein Vertrauensschutz nämlich grundsätzlich voraus, daß die Beihilfe unter Einhaltung des Verfahrens gemäß Artikel 93 EG-Vertrag gewährt wurde, was hier nicht der Fall ist. Es ist nämlich davon auszugehen, daß ein sorgfältiger Wirtschaftsteilnehmer und regionaler Hoheitsträger sich normalerweise hätte vergewissern können, daß das Verfahren eingehalten wurde."[513]

Denn durch eine EG-rechtswidrige Praxis kann kein Vertrauen bei dem Begünstigten hervorgerufen werden.[514] Dadurch betont die Kommission nicht nur den zwingenden Charakter des Notifizierungsverfahrens[515], sondern stellt erhebliche Anforderungen an die dem betroffenen Beihilfeempfänger obliegenden Informations- und Sorgfaltspflichten. Das bloße Vertrauen eines Beihilfeempfängers in die materiell-rechtliche Vereinbarkeit einer Beihilfe mit dem Gemeinsamen Markt und darauf, daß der Mitgliedstaat seinen Notifizierungspflichten nachkommen werde, reicht damit nicht aus, zugunsten des Begünstigten schutzwür-

---

[511] EuGH, verb. Rs. T-298/97, T-312/97, T-313/97, T-315/97, T-600/97 bis 607/97, T-1/98, T-3/98 bis T-6/98 und T-23/98, Alzetta Mauro u.a. gegen Kommission, Slg. 2000, S. II-2319, Rdn. 171.

[512] EuGH, Rs. C-5/89, Kommission gegen Deutschland, Slg. 1990, S. I-3437, Rdnr. 16; verb. Rs. T-126/96 und T-127/96, BFM und EFIM gegen Kommission, Slg. 1998, S. II-3437, Rdn. 69; Rs. C-24/95, Land Rheinland-Pfalz gegen Alcan Deutschland GmbH, Slg. 1997, S. I-1591, Rdn. 71.

[513] EuGH, verb. Rs. T-127/99, T-129/99 und T-148/99, Territorio Histórico de Álava - Diputación Foral de Álava (T-127/99), Comunidad Autónoma del País Vasco und Gasteizko Industria Lurra S.A. (T-129/99) und Daewoo Electronics Manufacturing España S.A. (T-148/99) gegen Kommission, Slg. 2002, S. II-1275, Rdn. 236; Rs. C-5/89, Kommission gegen Deutschland, Slg. 1990, S. I-3437, Rdn. 17; verb. Rs. T-126/96 und T-127/96, BFM und EFIM gegen Kommission, Slg. 1998, S. II-3437, Rdn. 69.

[514] EuGH, Rs. 5/82, HZA Krefeld gegen Firma Maizena GmbH, Slg. 1982, S. 4601 (4615); Rs. 316/86, HZA Hamburg-Jonas gegen Firma P. Krücken, Slg. 1988, S. 2213 (2239 f); Rs. C-24/95, Land Rheinland-Pfalz gegen Alcan Deutschland GmbH, Slg. 1997, S. I-1591 (1620).

[515] EuGH, Rs. C-169/95, Spanien gegen Kommission, Slg. 1997, S. I-135, Rdn. 51; Rs. C-5/89, Kommission gegen Deutschland, Slg. I-3437, Rdn. 13 f.

diges Vertrauen zu begründen. In diesem Sinne ist der Verzicht der Kommission auf die Rückforderung einer formell und materiell rechtswidrigen Beihilfe unter Berufung auf den mitgliedstaatlichen Vertrauensschutz nicht zulässig.[516]

Daraus resultieren erhebliche Auswirkungen auf den Sorgfaltsmaßstab des § 48 Abs. 2 S. 2 Nr. 3 VwVfG, denn bei der in dieser Norm enthaltenen „groben Fahrlässigkeit" ist der Sorgfaltsmaßstab nach der klassischen deutschen Auslegung nicht rein objektiv zu ermitteln. Vielmehr sind am Einzelfall orientiert die individuelle Lage, die persönlichen Fähigkeiten und Kenntnisse sowie der juristische Sachverstand des Betroffenen, die Größe eines Unternehmens und die Höhe der Beihilfe mit zu berücksichtigen.[517] Der EuGH hat im übrigen auf eine Kommissionsmitteilung im EG-Amtsblatt verwiesen, wonach potentielle Beihilfeempfänger darüber informiert wurden, daß bei gemeinschaftsrechtswidrigen Beihilfen eine Rückforderung erfolgt.[518] Weiterhin ist zu beachten, daß sich ein Mitgliedstaat nicht auf das geschützte Vertrauen der Beihilfebegünstigen berufen kann, um sich einer Rückforderung der Beihilfe als Folge einer die Rückforderung anordnenden Kommissionsentscheidung zu entziehen, sofern dessen Behörden das Beihilfeverfahren verletzt haben.

Auf außergewöhnliche Umstände, die beim Beihilfeempfänger ein berechtigtes Vertrauen in die Ordnungsmäßigkeit der Beihilfe begründen könnten, kann sich damit allein der Beihilfeempfänger selbst berufen, was aber nur im Rahmen des vom nationalen Recht zur Verfügung gestellten Verfahrens möglich ist.[519] Andernfalls könnten sich die Mitgliedstaaten gerade auf ihr eigenes gemeinschaftsrechtswidriges Verhalten stützen, womit dann EG-Rechtsakte regelmäßig ihrer Wirksamkeit „beraubt" würden.

Für den mitgliedstaatlichen Vertrauensschutz, der im Anwendungsbereich des § 48 VwVfG eine deutliche Ausprägung gefunden hat, resultieren daraus erhebli-

---

[516] EuGH, Rs. T-67/94, Ladbroke Racing Ltd. gegen Kommission, Slg. 1998, S. II-1 (69).

[517] Kopp / Ramsauer, VwVfG, § 48, Rdn. 82 ff; als Beispielsfall OVG NW, NVwZ 1988, S. 1037; Blanke, Vertrauensschutz, S. 498 f; Happe, NVwZ 1993, S. 35; Fastenrath, JZ 1992, S. 1083; Heiermann, EWS 1994, S. 147; Schulze, EuZW 1993, S. 283. Eine herrschende Meinung, auch innerhalb der eben aufgeführten Literatur, möchte diese Grundsätze des deutschen Verwaltungsrechts auch auf die Rückforderung gemeinschaftsrechtswidriger Beihilfen anwenden.

[518] EuGH, Rs. C-5/89, Kommission gegen Deutschland, Slg. 1990, S. I-3437 (3457).

[519] EuGH, Rs. T-67/94, Landbroke Racing gegen Kommission, Slg. 1998, S. II-1, Rdn. 183; Rs. T-459/93, Siemens gegen Kommission, Slg. 1995, S. II-1675, Rdn. 104; Hakenberg / Tremmel, EWS 1999, S. 173.

che Konsequenzen. Grundsätzlich gilt bei der Rücknahme eines rechtswidrigen Verwaltungsaktes nach § 48   Abs. 2 S. 1 VwVfG, daß eine Rücknahme dann ausgeschlossen ist, „soweit der Begünstigte auf den Bestand des Verwaltungsaktes vertraut hat und sein Vertrauen unter Abwägung mit dem öffentlichen Interesse an einer Rücknahme schutzwürdig ist" Hierzu reicht es aus, daß der Begünstigte auf den Bestand des Verwaltungsaktes „tatsächlich" vertraut hat.[520]

Auf dieser Ebene ist folglich eine Abwägung zwischen dem Vertrauensschutz und dem öffentlichen Rücknahmeinteresse vorzunehmen. Im Falle der Verletzung von EG-Recht geht die Abwägung aber regelmäßig zu Lasten des Beihilfeempfängers aus, da bei der Verletzung von Gemeinschaftsrecht dem öffentlichen Rücknahmeinteresse ein größeres Gewicht beizumessen ist als bei der Rücknahme von (nur) nationales Recht verletzenden Verwaltungsakten.[521] Nach Ansicht des BVerwG folgt nämlich unter Hinweis auf den nicht abschließenden Charakter des § 48 Abs. 2 S. 3 VwVfG und aus den beiden Grundsätzen, daß dem Gemeinschaftsinteresse in vollem Umfang Rechnung getragen werden müsse und daß die EG-rechtliche Rückforderung nicht praktisch unmöglich werden dürfe, ein Übergewicht für das öffentliche Rücknahmeinteresse, demzufolge das Vertrauensschutzinteresse des Begünstigten im Rahmen der Abwägung zurückzutreten habe.[522]

Dadurch wird die Regelvermutung des § 48 Abs. 2 S. 2 VwVfG durch eine gemeinschaftsrechtlich veranlaßte Ausdehnung der Vertrauensausschlußgründe des § 48 Abs. 2 S. 3 VwVfG zurückgedrängt, aber nicht vollkommen verdrängt. Denn das BVerwG betont ebenfalls, daß der EuGH selbst in Fällen der Nichteinhaltung des vorgeschriebenen Verfahrens nach Art. 88 Abs. 3 EGV „den Vertrauensschutz nur ‚im Grundsatz' verneint habe", weswegen die EuGH-Rechtsprechung „nicht unbedingt zum Verlust des Vertrauensschutzes" führe.[523] Vielmehr sei das Vertrauen des Beihilfeempfängers beim Vorliegen „besondere(r) Umstände" ausnahmsweise schutzwürdig, was dieser im Wege einer den deutschen rechtsstaatlichen Anforderungen genügenden Klage gegen die Kommission geltend machen könne. Dann komme es „zu einem von der Regel ab-

---

[520] Maurer, Allgemeines Verwaltungsrecht, S. 291 f.
[521] BVerwG DVBl. 1993, S. 727; BVerwGE 92, 81.
[522] BVerwGE 92, 81; GE 106, 328.
[523] BVerwGE 106, 328.

weichenden Ergebnis". Somit hat letztlich eine einzelfallbezogene Betrachtungsweise stattzufinden.[524]

Der EuGH hat in der Rechtssache „Alcan" selbst bei einer irreversiblen Disposition des Begünstigten über die Beihilfe, das heißt wenn er sich nach nationalem Recht auf den Wegfall der Bereicherung berufen könnte, oder bei fehlender Bösgläubigkeit oder bei einem Verstoß gegen Treu und Glauben eine Rückforderung nicht ausgeschlossen.[525] Ebenfalls reicht selbst das Verstreichenlassen einer Ausschlußfrist durch die national zuständige Behörde sowie deren Verantwortlichkeit für die Rechtswidrigkeit der Beihilfe in einem solchem Maße, daß eine Rücknahme des die Beihilfe bewilligenden Verwaltungsaktes dem Begünstigten gegenüber einen Verstoß gegen Treu und Glauben darstellt, nicht mehr aus, zugunsten des Begünstigten Vertrauensschutz anzuerkennen. In einer anderen Entscheidung kommt der EuGH hinsichtlich der Ausschlußfrist des § 48 Abs. 4 VwVfG zum Ergebnis, daß diese Ausschlußfrist „wie alles andere Recht dergestalt angewandt werden (müsse), daß die gemeinschaftsrechtlich vorgeschriebene Rückforderung nicht praktisch unmöglich und das Gemeinschaftsinteresse voll berücksichtigt wird".[526] Weiterhin steht einer Rückforderung auch nicht die Einrede der Verjährung entgegen, da dies im Beihilfenrecht nicht vorgesehen ist und deswegen auch nicht als allgemeiner Grundsatz der Rechtssicherheit gelten kann. Ansonsten könnten die Mitgliedstaaten durch eine Nichteinhaltung ihrer Notifizierungspflichten die erforderlichen Sanktionen umgehen und die praktische Wirksamkeit des Gemeinschaftsrechts gefährden. Daraus folgt, daß es auf einen subjektiven Vorwurf zulasten des Beihilfeempfängers, daß er das Beihilfe(verfahrens)recht verletzt habe, nicht ankommt.[527]

Dies bedeutet, daß sich die Regelwertung des § 48 VwVfG (oder der entsprechenden landesrechtlichen Vorschriften) regelmäßig durch die vom EuGH geforderten Grundsätze in ihr Gegenteil verkehrt und Vertrauensschutz weitestgehend ausschließt. Diese europarechtskonforme Auslegung des § 48 VwVfG durch den EuGH ist in der deutschen Literatur nach wie vor heftig umstritten.[528] Teilweise wird sogar von einer „Omnipräsenz des Europarechts" gesprochen und die widerstreitenden Pole auf die Frage zugespitzt: „Europäisches Verwal-

---

[524] Blanke, Vertrauensschutz, S. 520 f.
[525] EuGH, Rs. C-24/95, Land Rheinland-Pfalz gegen Alcan Deutschland GmbH, Slg. 1997, S. I-1591, Rdn. 43 ff.
[526] EuGH, Rs. C-5/89, Kommission gegen Deutschland, Slg. 1990, S. I-3437 (3458).
[527] Blanke, Vertrauensschutz, S. 531.
[528] Vgl. als Beispiel Hoenike, EuZW 1997, S. 279.

tungsrecht oder Europäisierung des Verwaltungsrechts?".[529] Jedoch haben die deutschen Gerichte, insbesondere das BVerfG und das BVerwG, eindeutig festgestellt, daß der EuGH die ihm im EGV eingeräumte Kompetenz zur Feststellung der Grenzen, die der nationalen Gesetzgebung bei der Rückabwicklung gemeinschaftsrechtswidriger Beihilfen im Hinblick auf Ausschlußfristen und Vertrauensschutz gezogen sind, nicht überschreitet und daß auch keine rechtsstaatlich unverzichtbaren Grundrechtsgewährleistungen wie die Verfassungsgrundsätze der Rechtssicherheit und des Vertrauensschutzes verletzt werden.[530]

Das BVerwG führt unter anderem aus, daß für Vertrauensschutz dann kein Raum sei, wenn der Betroffene von vornherein nicht schutzwürdig sei, worunter die die Mitgliedstaaten treffende und in Wirtschaftskreisen als allgemein bekannt vorauszusetzende Anzeigepflicht für nationale Beihilfen nach Art. 88 Abs. 3 EGV falle.[531] Zudem trete nach Ansicht des BVerfG bei der Rücknahme gemeinschaftsrechtswidriger nationaler Beihilfen neben das mitgliedstaatliche Interesse an einer Wiederherstellung rechtmäßiger Zustände ein weiteres öffentliches Interesse der EG an der Durchsetzung der gemeinschaftsrechtlichen Wettbewerbsordnung. Im übrigen beruhe die Nichtanwendung der Ausschlußfrist des § 48 Abs. 4 S. 1 VwVfG auf dem verfassungsrechtlich bestätigten Vorrang des Gemeinschaftsrechts vor dem nationalen Recht.[532] Außerdem verneint das BVerfG das Vorliegen eines ausbrechenden Rechtsaktes, da die EuGH-Rechtsprechung der am Einzelfall orientierten Durchsetzung der beihilferechtlichen Kommissionskompetenzen diene und „kein allgemeines gemeinschaftsunmittelbares Verwaltungsverfahrensrecht" erzeuge.[533]

Damit ist der in der Literatur vertretenen Zielsetzung, auf der Grundlage der Maastricht-Rechtsprechung des BVerfG[534] (wonach der vom Grundgesetz unabdingbar gebotene Grundrechtsschutz zu gewährleisten ist) eine Änderung der EuGH-Rechtsprechung zu erreichen, vorerst ihre Schlagkräftigkeit genommen. Schwarz spricht sogar von einem „Schlußstrich in der Vertrauensschutzdogmatik".[535]

---

[529] Schoch, JZ 1995, S. 109; Sommermann, DVBl. 1996, S. 891; Blanke, Vertrauensschutz, S. 449.
[530] BVerwGE 106, 328; bestätigt durch BVerfGE, NJW 2000, S. 2015.
[531] BVerwGE 106, 328.
[532] BVerfGE NJW 2000, S. 2015.
[533] BVerfGE NJW 2000, S. 2015.
[534] BVerfGE 89, 155.
[535] Schwarz, Vertrauensschutz als Verfassungsprinzip, S. 531.

Indes kann nach Auffassung des EuGH eine Rückforderung bei einer bestandskräftig gewordenen Kommissionsentscheidung durch den Mitgliedstaat aufgrund der „absoluten Unmöglichkeit", diese Entscheidung auszuführen, ausgeschlossen werden.[536] Jedoch dürfte eine bloße rechtliche Unmöglichkeit nicht ausreichen, da sich die Mitgliedstaaten nach ständiger Rechtsprechung nicht auf Bestimmungen, Übungen oder Umstände der internen Rechtsordnung berufen können, um sich gemeinschaftsrechtlicher Verpflichtungen zu entledigen[537]; statt dessen ist eine faktische Unmöglichkeit erforderlich.[538] Genausowenig resultiert aus dem Grundsatz des Vertrauensschutzes eine absolute Unmöglichkeit, vielmehr ist dieser allgemeine Grundsatz des Gemeinschaftsrechts eine „eigenständige Schranke der Rückabwicklungspflicht"[539].

Statt dessen dürfte eine absolute Unmöglichkeit nur bei einer masselosen Insolvenz des Unternehmens oder bei einer völligen Mittellosigkeit und Auflösung des Begünstigten ohne Rechtsnachfolger denkbar sein und folglich aus der Sphäre der (wirtschaftlichen) Situation des Beihilfeempfängers herrühren.[540] Finanzielle Schwierigkeiten des Beihilfeempfängers allein reichen dazu aber nicht aus.[541]

Denn der Beihilfegeber hat alles zu unternehmen, um die wettbewerbsschädlichen Folgen der Beihilfe zu beseitigen oder zumindest abzumildern; notfalls muß die Rückforderung sogar die Existenzgrundlage des Beihilfeempfängers selbst angreifen und darüber hinaus noch im Rahmen eines Insolvenzverfahrens durchgeführt werden.[542] Eine Rückforderung ist damit selbst dann nicht unverhältnismäßig, wenn die Rückforderung im Vergleichs- oder Insolvenzverfahren

[536] EuGH, Rs. 52/84, Kommission gegen Belgien, Slg. 1986, S. 89 (104 f); Rs. 213/85, Kommission gegen Niederlande, Slg. 1988, S. 281 (300); Rs. C-142/87, Belgien gegen Kommission, Slg. 1990, S. I-959 (1019); Rs. 183/91, Kommission gegen Griechenland, Slg. 1993, S. I-3131 (3151).

[537] EuGH, Rs. 5/89, Kommission gegen Deutschland, Slg. 1990, S. I-3437 (3458).

[538] Reufels, Europäische Subventionskontrolle durch Private, S. 76.

[539] Reufels, Europäische Subventionskontrolle durch Private, S. 77.

[540] Hakenberg / Tremmel, EWS 1999, S. 172; Heiermann, EWS 1994, S. 148.

[541] EuGH, Rs. 63/87, Kommission gegen Griechenland, Slg. 1988, S. 2875 (2892).

[542] EuGH, Rs. 63/87, Kommission gegen Griechenland, Slg. 1988, S. 2875 (2892); Rs. C-142/87, Belgien gegen Kommission, Slg. 1990, S. I-959 (1005); Entscheidung der Kommission vom 22.10.1986 über Beihilfen der belgischen Regierung zugunsten der Brauereibedarfsindustrie (87/48/EWG), ABl. EG Nr. L 20 vom 22.1.1987, S. 30 – 33 (33).

dazu führt, daß andere Gläubiger benachteiligt werden.[543] Falls die staatliche Beihilfe in Form einer staatlichen Kapitalbeteiligung besteht und die Rückabwicklung durch mitgliedstaatliches Gesellschaftsrecht ausgeschlossen ist, so besteht immer noch die Rückgriffsmöglichkeit auf eine Liquidation des Unternehmens.[544]

Zudem kann auch nach der Rechtsprechung des EuGH und des BVerwG, wie oben dargestellt, das Vertrauen des Beihilfeempfängers selbst bei Nichteinhaltung des vorgeschriebenen Überwachungsverfahrens ausnahmsweise beim Vorliegen von besonderen und außergewöhnlichen Umständen schutzwürdig sein. In der EuGH-Entscheidung in der Rechtssache „BUG-Alutechnik" heißt es dementsprechend:

„Sicherlich ist es nicht auszuschließen, daß der Empfänger einer rechtswidrigen Beihilfe sich ausnahmsweise auf Umstände berufen kann, aufgrund deren sein Vertrauen in die Ordnungsmäßigkeit der Beihilfe geschützt ist, so daß er sie nicht zurückzuerstatten braucht. In einem solchen Fall ist es Sache des nationalen Gerichts, so es befaßt wird, alle Umstände zu würdigen und dem Gerichtshof gegebenenfalls Auslegungsfragen vorzulegen."[545]

Wann solche Umstände aber gegeben sind, ist bislang noch nicht geklärt. Dies bedeutet, daß die Anerkennung von Vertrauensschutz nach wie vor grundsätzlich möglich ist, wenn auch nur „ausnahmsweise". Berninghausen meint, daß darunter Sachverhalte zu subsumieren seien, die bei einem regelmäßigen Verlauf oder in vergleichbaren Konstellationen nicht zwangsläufig erwartet werden könnten.[546]

Somit bestehen im Falle einer Beihilfenrückforderung zugunsten des Begünstigten kaum noch Möglichkeiten für einen mitgliedstaatlichen Vertrauensschutz. Dieser beschränkt sich allein auf die Fälle der absoluten Unmöglichkeit und auf das Vorliegen außergewöhnlicher Umstände. Er dient mithin als Schranke für die Rückforderung gemeinschaftsrechtswidriger Beihilfen hinsichtlich bereits

---

[543] Hopt / Mestmäcker, WM 1996, S. 758; Reufels, Europäische Subventionskontrolle durch Private, S. 80.
[544] EuGH, Rs. 52/84, Kommission gegen Belgien, Slg. 1986, S. 89 (104); Mederer, in: von der Groeben / Schwarze, EU-/EG-Vertrag, Art. 88, Rdn. 66; Reufels, Europäische Subventionskontrolle durch Private, S. 77 f.
[545] EuGH, Rs. C-5/89, Kommission gegen Deutschland, Slg. 1990, S. I-3437 (3457).
[546] Berninghausen, Europäisierung des Vertrauensschutzes, S. 76 f.

abschließend konkretisierter Zuwendungen und deren Rückabwicklung, wohingegen ein Bestandsschutz für die gesamte Geschäftstätigkeit eines Unternehmens ohne gegenständliche oder quantitative Begrenzung nicht zulässig ist.[547] Darüber hinaus ist aber die Gewährung von Vertrauensschutz aufgrund des gemeinschaftsrechtlichen Vertrauensschutzgrundsatzes denkbar.

(3) Nichtigkeit zivilrechtlicher Verträge nach § 134 BGB

Möglicherweise könnten mit der Durchführung der Beihilfe zusammenhängende zivilrechtliche Verträge aber aufgrund von § 134 BGB nichtig sein. Davon wäre dann vielleicht auch das Anleihegeschäft zwischen öffentlich-rechtlichem Kreditinstitut und Anleihegläubiger betroffen. Dazu müßte § 134 BGB aber überhaupt auf zivilrechtliche Verträge im Falle der Gemeinschaftsrechtswidrigkeit einer Beihilfe anwendbar sein.

Allgemein können sich Verbotsgesetze gemäß § 134 BGB aus Gesetzen im formellen Sinne, Rechtsverordnungen oder Gewohnheitsrecht ergeben.[548] Unter den Verbotscharakter fallen solche Vorschriften, die eine nach der Rechtsordnung an sich mögliche rechtsgeschäftliche Regelung aufgrund des Inhalts oder wegen der Umstände ihres Zustandekommens nicht erlauben.[549] Außerdem muß es sich im Grundsatz um ein beiderseitiges und damit gegen beide Vertragspartner richtendes Verbotsgesetz handeln.[550] Grundsätzlich können sich auch aus Gemeinschaftsrecht Verbotsgesetze im Sinne des § 134 BGB ergeben.

(α) Anwendbarkeit des § 134 BGB auf Staatsbürgschaften

Bei Staatsbürgschaften werden hinsichtlich einer Anwendbarkeit des § 134 BGB sehr unterschiedliche Auffassungen vertreten.

Im Jahre 1984 hatte das OVG Münster für den damaligen Art. 92 in Verbindung mit Art. 93 Abs. 2 EGV die Geltung des § 134 BGB abgelehnt, da die Kommission von dem Mitgliedstaat nur die Aufhebung oder Umgestaltung der Beihilfe

---

[547] Herdegen, Gutachten, in: BdB, S. 30.
[548] Heinrichs, in: Palandt, § 134, Rdn. 2.
[549] OLG Hamburg, NJW 1993, S. 1335.
[550] St. Rsprg. seit RGGrZS 60, 276.

verlangen könne.[551] Dies sei schon vom Wortlaut sowie vom Sinn und Zweck her etwas anderes als eine Nichtigkeit.

Scherer / Schödermeier sind insoweit der gleichen Auffassung und machen weiterhin deutlich, daß ein gegen Art. 87 Abs. 1 EGV verstoßender zivilrechtlicher Vertrag gerade im Hinblick auf den Erlaubnisvorbehalt nach Art. 88 Abs. 2 EGV genauso einzustufen sei wie ein einer behördlichen Genehmigung bedürfendes Rechtsgeschäft. Gegen die Anerkennung von Art. 87 Abs. 1 in Verbindung mit Art. 88 Abs. 2 EGV als Verbotsgesetz spreche zudem, daß der EGV es an einer ausdrücklichen Regelung über die Nichtigkeit im Falle der Gemeinschaftsrechtswidrigkeit einer Beihilfe mangeln lasse, anders als bei Art. 81 Abs. 2 EGV.[552] Der BGH habe mit dieser Begründung dem in den Art. 4, 60 des Montan-Union-Vertrages enthaltenen Diskriminierungsverbot den Charakter eines Verbotsgesetzes verweigert.[553] Unter Berücksichtigung des § 134 BGB sei ein von einer Behörde genehmigungsbedürftiges Rechtsgeschäft schwebend unwirksam und nicht nichtig. Es werde bei einer Genehmigungsverweigerung nur endgültig unwirksam und sei allein dann nichtig, wenn es von beiden Seiten in Umgehungsabsicht abgeschlossen werde.

Klanten sowie Schütte / Kirchhoff sprechen sich ebenfalls gegen eine Anwendbarkeit von § 134 BGB und gegen die Subsumierung von Art. 88 Abs. 3 S. 3 EGV als Verbotsgesetz aus.[554] Dabei wird zum einen auf den Grundsatz „pacta sunt servanda" verwiesen. Zum anderen sei im Falle der Rechtswidrigkeit des die Beihilfe gewährenden Verwaltungsaktes durchaus eine Rückabwicklung sog. „zweistufiger" privatrechtlicher Vereinbarungen in Anlehnung an § 48 VwVfG möglich. Klanten favorisiert außerdem eine Anwendung der Grundsätze des Bereicherungsausgleichs in Drei-Parteien-Verhältnissen gemäß den §§ 812 ff BGB auf den Bürgschaftsvertrag. Die zivilrechtlichen Vereinbarungen seien angesichts der Ermessenskompetenz der Kommission und der mangelnden unmittelbaren Anwendbarkeit des Gemeinschaftsrechts (abgesehen von Art. 88 Abs. 3 S. 3 EGV) nur rechtswidrig und nicht nichtig.[555]

---

[551] OVG Münster, NVwZ 1984, S. 522.
[552] Scherer / Schödermeier, ZBB 1996, S. 183.
[553] BGHZ 30, 81.
[554] Klanten, ZIP 1995, S. 542 f; Schütte / Kirchhoff, EWS 1996, S. 191 f.
[555] Klanten, ZIP 1995, S. 542.

Frisinger / Behr, Hopt / Mestmäcker sowie Scherer / Schödermeier wenden sich generell gegen eine Ausdehnung des Durchführungsverbots von Art. 88 Abs. 3 S. 3 EGV auf zivilrechtliche Verträge, da dieses nur für den betroffenen beihilfegebenden Mitgliedstaat als Normadressat und damit für das Beihilfeverhältnis gelte (und nicht für die kreditgewährende Bank oder Dritte) und über die Rückforderung einer gemeinschaftsrechtswidrigen Beihilfe hinaus keine weitergehenden Ziele verfolge.[556] Auch bei der Notifizierungsverpflichtung bestehe eine dahingehende letztgültige Entscheidungskompetenz der Kommission, daß eine nicht angemeldete Beihilfemaßnahme nicht mehr durch den Mitgliedstaat selbst nachträglich geheilt werden könne und damit rechtswidrig (aber nicht nichtig) bleibe, sofern die Kommission die Beihilfe nicht doch für mit Art. 87 EGV vereinbar erkläre. Diese Norm sei im übrigen nicht unmittelbar anwendbar und enthalte kein striktes Beihilfeverbot, sondern eine im Ermessen der Kommission liegende Entscheidung.[557] Im übrigen müsse ein Verbotsgesetz im Sinne des § 134 BGB ein beiderseitiges Verbotsgesetz sein und kein einseitiges, außer wenn sich dies aus dem Verbotszweck ergebe.[558]

Im Gegensatz zu den soeben dargestellten Meinungen vertritt Steindorff die Ansicht, daß bei einer erforderlichen Beihilfenrückforderung der damit verbundene Bürgschaftsvertrag nach § 134 BGB nichtig sei.[559] Das Durchführungsverbot mit seiner Notifizierungsverpflichtung nach Art. 88 Abs. 3 S. 3 EGV bezwecke gerade, das Wirksamwerden gemeinschaftsrechtswidriger Beihilfen zu verhindern, womit die vorläufige Weitergeltung von Beihilfen und deren zivilrechtlicher Verträge nicht vereinbar sei, was bei einem Verstoß gegen das Durchführungsverbot ohne Anwendung der Nichtigkeitsfolge jedoch geschehe.[560] Die Anwendung des § 134 BGB werde vom Gemeinschaftsrecht positiv gefordert, insbesondere von Art. 10 EGV, mit dem Ziel, die volle Wirksamkeit des Gemeinschaftsrechts sicherzustellen. Die im nationalen Recht angesiedelten Tatbestandsmerkmale des § 134 BGB könnten dem nicht entgegenstehen. Steindorff selbst schließt aber die Anwendung des § 134 BGB auf mit Staatsbürgschaften verbundene Rechtsgeschäfte aus, sofern sie keinen Beihilfecharakter haben.[561]

---

[556] Frisinger / Behr, RIW 1995, S. 712; Hopt / Mestmäcker, WM 1996, S. 761, 805 f; Scherer / Schödermeier, ZBB 1996, S. 184.
[557] Frisinger / Behr, RIW 1995, S. 712.
[558] BGHZ 46, 26; Z 78, 271; Z 89, 373; BGH NJW 2000, S. 1186; zum Verbotszweck: BGHZ 65, 370.
[559] Steindorff, ZHR 1988, S. 488 f.
[560] Steindorff, EuZW 1997, S. 8.
[561] Steindorff, EuZW 1997, S. 13.

Pechstein befürwortet zwar die Einstufung von Art. 88 Abs. 3 S. 3 EGV als Verbotsgesetz im Sinne des § 134 BGB mit der Folge, daß der Durchführung der Beihilfe dienende zivil- und öffentlichrechtliche Verträge als nichtig einzustufen seien.[562] Jedoch geht er im Falle von Durchführungsmaßnahmen bei unmittelbar auf Gesetz beruhenden Beihilfegewährungen von einer bloßen Unanwendbarkeit des zugrundeliegenden Gesetzes aus. Oldiges bezeichnet Art. 87 Abs. 1 und Art. 88 Abs. 3 S. 3 EGV als von Kommissionsentscheidungen abhängige „latente" Verbotsgesetze.[563]

Der BGH hat in seiner neuen ständigen Rechtsprechung entschieden, daß zivilrechtliche Verträge bei einem Verstoß gegen das Durchführungsverbot und die Notifizierungsverpflichtung des Art. 88 Abs. 3 S. 3 EGV aufgrund von § 134 BGB nichtig sind.[564] Art. 88 Abs. 3 S. 3 EGV stellt somit ein Verbotsgesetz dar. Zwar richtet sich diese Regelung nur an die Mitgliedstaaten und nicht an die Beihilfeempfänger, jedoch ist § 134 BGB auch dann anzuwenden, wenn es um die Verletzung eines nur an eine Vertragspartei gerichteten gesetzlichen Verbots geht und der Gesetzeszweck nicht anders zu erreichen ist als durch Annullierung der durch das Rechtsgeschäft getroffenen Regelung.[565] Demnach sind privatrechtliche Verträge, durch die Beihilfen gewährt werden, als nichtig einzustufen, damit die Beihilfegeber oder Wettbewerber der Beihilfeempfänger zur Vermeidung einer weiteren Wettbewerbsverzerrung die Erstattung der nicht genehmigten Beihilfe verlangen können.[566]

Daraus folgt schließlich, daß privatrechtliche Verträge, durch die gemeinschaftsrechtswidrige Beihilfen gewährt werden, als nichtig anzusehen sind. Dies gilt prinzipiell auch für Staatsbürgschaften. Die Nichtigkeitsfolge des § 134 BGB umfaßt aber nicht mit der Durchführung der Beihilfe zusammenhängende und verbundene zivilrechtliche Verträge, die keinen Beihilfecharakter besitzen.

---

[562] Pechstein, EuZW 1998, S. 496.
[563] Oldiges, NVwZ 2001, S. 635.
[564] BGH, Urteil vom 4. April 2003, Az.: V ZR 314/02, S. 7; BGH, Urteil vom 24. Oktober 2003, Az.: V ZR 48/03, S. 6; BGH, Urteil vom 20. Januar 2004, Az.: XI ZR 53/03, S. 7; zur Kritik an dieser Rechtsprechung siehe Pütz, NJW 2004, S. 2199 ff.
[565] BGH, Urteil vom 4. April 2003, Az.: V ZR 314/02, S. 7.
[566] BGH, Urteil vom 20. Januar 2004, Az.: XI ZR 53/03, S. 7, 9.

(β) Übertragbarkeit auf Anstaltslast und Gewährträgerhaftung

Eine Übertragung der für Staatsbürgschaften entwickelten Grundsätze auf die Rechtsinstitute Anstaltslast und Gewährträgerhaftung führt zwar ebenfalls dazu, die Anwendbarkeit der Nichtigkeitsfolge des § 134 BGB zu bejahen. Hierbei ist indes zu berücksichtigen, daß bei Staatsbürgschaften eine privatrechtliche Bürgschaft zur Sicherung eines Bankkredites an das beihilfebegünstigte Unternehmen vereinbart wird, während bei Anstaltslast und Gewährträgerhaftung das Verhältnis zwischen den Anstaltsträgern und den Anstaltsgläubigern, die zudem keine Beihilfebegünstigten sind, durch eine unmittelbar auf Gesetz beruhende öffentlich-rechtliche Einstandspflicht charakterisiert ist.[567] Privatrechtliche Verträge ohne Beihilfecharakter, insbesondere die zwischen den öffentlich-rechtlichen Kreditinstituten und den Anleihegläubigern, bleiben aber unverändert gültig. Auf sie hat die Nichtigkeitsfolge des § 134 BGB, die nur das Beihilfeverhältnis betrifft, keine Auswirkungen.

c) Rückforderung in Drei-Parteien-Verhältnissen

Die oben ausgeführten beihilferechtlichen Grundsätze gelten grundsätzlich nur für Rechtsverhältnisse, an denen zwei Parteien beteiligt sind, nämlich Beihilfegeber und Beihilfeempfänger. Allein gegenüber Letzterem wird von der Kommission die Rückforderung der Beihilfe angeordnet. Nicht geklärt ist aber, wie sich das Hinzutreten eines Dritten auf die Rechtsbeziehungen zwischen den verschiedenen Parteien auswirkt und ob dann die Grundsätze des Effektivitäts- und des Äquivalenzgrundsatzes im Falle von Neubeihilfen in vollem Umfang aufrechterhalten werden können oder wie den verschiedenen Interessenlagen ausreichend Rechnung getragen werden kann.

aa) Drei-Parteien-Verhältnisse im Allgemeinen

Grundsätzlich hat jedes Beihilfeverhältnis Auswirkungen auf andere Vertragsverhältnisse und damit auf dritte Parteien, die an der Beihilfe nicht direkt beteiligt sind. Zu diesen können beispielsweise Lieferanten, Mitarbeiter und Geschäftspartner zählen.

---

[567] Koenig / Sander, EuZW 1997, S. 366 f.

Solche Auswirkungen sind beispielsweise schon dann gegeben, wenn ein Beihilfeempfänger durch die Beihilfegewährung seine Geschäftstätigkeit ausdehnen, infolgedessen mehr Mitarbeiter einstellen und arbeitsrechtliche Verträge abschließen konnte. Die Gemeinschaftsrechtswidrigkeit dieser Beihilfe und die erforderliche Rückzahlung hätten dann zur Folge, daß die zivilrechtlichen Arbeitsverhältnisse betriebsbedingt gekündigt werden müßten. Gleiches gilt für Lieferanten- oder Händlerverträge, die allesamt nicht mehr aufrechterhalten werden können, wenn der Begünstigte ohne Beihilfe möglicherweise seine Geschäftstätigkeit umstrukturieren muß, an den Rand der Zahlungsunfähigkeit gerät oder möglicherweise sogar ein Insolvenzverfahren einleiten muß.

Ebenfalls könnte sich in einem Konzernverhältnis ein Beihilfeverstoß nicht nur zulasten der eingegliederten Tochterunternehmen auswirken, sondern auch das Mutterunternehmen betreffen.[568] Hier sind exemplarisch die Auswirkungen von Unternehmensverträgen zwischen Aktiengesellschaften (AG) oder Kommanditgesellschaften auf Aktien (KGaA) heranzuziehen. Nach § 291 Abs. 1 AktG zählen zu den Unternehmensverträgen unter anderem die Beherrschungs- und die Gewinnabführungsverträge. Dies sind solche Verträge, bei denen eine AG oder KGaA die Leitung ihrer Gesellschaft einem anderen Unternehmen unterstellt (Beherrschungsvertrag) oder sich dazu verpflichtet, ihren ganzen Gewinn an ein anderes Unternehmen abzuführen (Gewinnabführungsvertrag). Unter anderem besteht dabei eine dahingehende Verlustübernahmeverpflichtung des Mutterunternehmens, daß es während der Vertragsdauer nach § 302 Abs. 1 AktG jeden während der Vertragsdauer entstehenden Jahresfehlbetrag des beherrschten oder zur Gewinnabführung verpflichteten Unternehmens ausgleichen muß, soweit dieser Fehlbetrag nicht dadurch ausgeglichen werden kann, daß den anderen Gewinnrücklagen Beträge entnommen werden, die während der Vertragsdauer in sie eingestellt werden.

Demzufolge ist es von großer Bedeutung, die einzelnen Rechtsverhältnisse auseinanderzuhalten. Bei Anstaltslast und Gewährträgerhaftung kommt eine Rückforderung allein im Beihilfeverhältnis zwischen den dem Mitgliedstaat zuzurechnenden Gewährträgern und den öffentlich-rechtlichen Kreditinstituten in Frage.[569]

---

568 Zum Begriff Mutter-, Tochterunternehmen siehe §§ 290, 271 Abs. 2 HGB.
569 Habersack, ZHR 1995, S. 682.

bb) Die Anwendung der bereicherungsrechtlichen Rückabwicklungsgrundsätze

Insoweit entspricht die gemeinschaftsrechtliche Beihilfenrückforderung im Kern den Prinzipien, die im Rahmen der bereicherungsrechtlichen Rückabwicklungsgrundsätze gemäß §§ 812 ff BGB bei Drei-Personen-Verhältnissen angewandt werden.[570] Danach findet ein Bereicherungsausgleich nur zwischen den am jeweiligen Rechtsverhältnis Beteiligten statt, jedoch nicht zwischen dem, der die Leistung tatsächlich erbringt, und dem die Leistung Empfangenden.[571] Als Drei-Personen-Verhältnisse werden im Bereicherungsrecht dabei solche Rechtsverhältnisse bezeichnet, bei denen ein Dritter im Wege eines Auftrages, eines Vertrages zugunsten Dritter oder einer Anweisung eine Zuwendung von einem Leistenden an einen Empfänger auf Rechnung des Leistenden bewirkt.[572] Leistung ist dabei jede auf bewußte und zweckgerichtete Mehrung fremden Vermögens gerichtete Zuwendung.[573]

Grundsätzlich bestehen im Rahmen der Leistungskondiktion[574] Bereicherungsansprüche im Falle rechtsgrundloser Leistungserbringungen nur innerhalb des betreffenden Leistungsverhältnisses, weswegen sich der Leistende zum Ausgleich einer ungerechtfertigten Vermögensverschiebung nicht an einen Dritten, sondern nur an den Leistungsempfänger wenden kann.[575] Aus diesem Grundsatz von der Einheitlichkeit des Bereicherungsvorganges folgt insoweit, daß ein möglicher Ausgleich nur auf die innerhalb des jeweiligen Leistungsverhältnisses beteiligten Personen und damit auf den Leistenden und den Leistungsempfänger beschränkt bleibt, zu deren Bestimmung die tatsächlichen Zweckvorstellungen des Zuwendenden und des Leistungsempfängers, mögliche Zweckbestim-

---

[570] Klanten, ZIP 1995, S. 543; Frisinger / Behr, RIW 1995, S. 709.

[571] BGH WM 1967, S. 482.

[572] Thomas, in: Palandt, § 812, Rdn. 49.

[573] BGHZ 40, 272; Z 58, 184; BGH NJW 1999, S. 1393.

[574] Leistungskondiktion bezeichnet die ungerechtfertigte Bereicherung „durch die Leistung eines anderen", durch Wegfall des rechtlichen Grundes und durch Zweckverfehlung (sowie die §§ 813 S. 1, 817 S. 1 BGB) und beinhaltet die Rückabwicklung eines Leistungsverhältnisses, bei dem entweder der Leistungszweck nicht erreicht wird oder ein anderer rechtlicher Grund für die durch die Leistung bewirkte Vermögensverschiebung nicht besteht. Nach dem BGH hat die Leistungskondiktion Vorrang vor der Eingriffskondiktion als Bereicherung „in sonstiger Weise" (BGZ 40, 272; BGH WM 1999, S. 484). Letzteres ist dann gegeben, wenn die Vermögensverschiebung ohne Willen des Entreicherten geschehen ist, und es damit an der zweckgerichteten Zuwendung fehlt (BGHZ 40, 272).

[575] Thomas, in: Palandt, § 812, Rdn. 41.

mungsvereinbarungen und im Zweifelsfall der Empfängerhorizont unter Berücksichtigung des Vertrauensschutzes und der Risikoverteilung maßgeblich sind.[576]

Denn nach ständiger Rechtsprechung des BGH richten sich der Bereicherungsausgleich im Drei-Personen-Verhältnis und, damit zusammenhängend, die Bestimmung des betreffenden Rückabwicklungsverhältnisses danach, welchen Zweck die Beteiligten nach ihrem zum Ausdruck gekommenen Willen verfolgt haben.[577]

Ein direkter Durchgriff des tatsächlich Leistenden gegenüber dem Empfänger ist nach der traditionellen Rechtsprechung und ihrer sog. Lehre von der Einheitskondiktion nur bei einem Doppelmangel möglich, bei dem sowohl das Deckungs- als auch das Valutaverhältnis fehlerhaft sind.[578] Das Deckungsverhältnis bezeichnet den Vertrag zwischen dem Versprechenden (dem Schuldner) und dem Versprechensempfänger (dem Gläubiger), das Valutaverhältnis die Rechtsbeziehungen zwischen dem Versprechensempfänger und dem Drittem.

Bei Staatsbürgschaften kann insoweit ebenfalls zwischen einem Valuta-, einem Deckungs- und einem Ausführungsverhältnis entsprechend dem Überweisungsverkehr unterschieden werde.[579] Zwischen dem beihilfebegünstigten Unternehmen und der öffentlichen Hand besteht danach ein Valutaverhältnis in Form einer öffentlich-rechtlichen Beihilfenzusicherung. Dem Deckungsverhältnis entsprechen die Beziehungen zwischen der den Kredit gewährenden Bank und der öffentlichen Hand, welche der Bank einen Kreditauftrag nach § 778 BGB erteilt und sich gegenüber der Bank in Form eines Bürgschaftsvertrages nach § 765 BGB verbürgt. Letztendlich besteht das Ausführungsverhältnis zwischen der Bank und dem Unternehmen, indem die Bank dem Unternehmen ein Darlehen nach § 607 BGB gewährt.

Aus den voneinander grundsätzlich unabhängigen Rechtsverhältnissen kann demnach abgeleitet werden, wem die jeweilige Leistung im Innenverhältnis gehören soll sowie welche Rückgriffsansprüche bestehen. Ein Fehler im öffent-

---

[576] BGHZ 40, 272; Z 48, 70; Z 50, 227; BGH NJW 1993, S. 1578; BGH NJW 1999, S. 1393; OLG Düsseldorf, WM 1998, S. 1875.

[577] Zuletzt BGH NJW 2002, S. 2871 für den Fall der irrtümlichen Leistung eines Drittschuldners an einen Vollstreckungsgläubiger; BGHZ 82, 28; Z 105, 365.

[578] BGHZ 5, 281; Z 36, 30; allerdings offengelassen seit BGHZ 48, 70.

[579] Hopt / Mestmäcker, WM 1996, S. 802.

lich-rechtlichen Subventionsverhältnis berührt demnach nicht das Zustande-kommen des Bürgschaftsvertragsverhältnisses. Die Rückforderung einer ge-meinschaftsrechtswidrigen Beihilfe wirkt sich somit nur auf das Valutaverhält-nis zwischen Beihilfegeber und Beihilfeempfänger aus.[580] Schwarz hebt dement-sprechend hervor, daß „Vertragsverletzungen des die Beihilfe gewährenden Staates nicht automatisch als Rechtsverletzungen des begünstigten Dritten zu bewerten sind".[581] Insoweit ist im Normalfall nicht von Rückwirkungen der Gemeinschaftsrechtswidrigkeit einer Beihilfe auf das Deckungsverhältnis, das heißt auf das Verhältnis zwischen dem staatlichen Beihilfegeber und dem Kre-ditinstitut als Dritten, auszugehen. Dazu müßte die Rechtswidrigkeit der Beihilfe auf dieses Verhältnis durchschlagen. Grundsätzlich besteht aber kein Doppel-mangel, bei dem sowohl das Valuta- als auch das Deckungsverhältnis mangel-haft sind.

cc) Drei-Parteien-Verhältnisse im weiteren und im engeren Sinne

Gleichwohl können die Grundsätze der bereicherungsrechtlichen Rückabwick-lung in Drei-Personen-Verhältnisse nicht uneingeschränkt auf die Rückforde-rung gemeinschaftsrechtlicher Beihilfen übertragen werden. Auf jeden Fall sind die Grundsätze des Gemeinschaftsrechts bei der Beihilfenrückforderung sowie besondere Aspekte des mitgliedstaatlichen Rechts wie der Schutz der Grund-rechte zu beachten.

Unter diesem Aspekt sind insbesondere die „Grandfathering"-Regelungen in der Brüsseler „Verständigung" zu untersuchen. Als Begründung wurde nämlich da-mit argumentiert, daß eine schrankenlose Rückforderung im Verhältnis zwi-schen Mitgliedstaat und öffentlich-rechtlichen Kreditinstituten nicht problemlos möglich sei. Den Anleihegläubigern stünden verschiedene grundrechtlich ge-schützte Rechtspositionen zu, insbesondere der Vertrauens- und der Eigentums-schutz. Deswegen seien auch mehrjährige Übergangsfristen erforderlich. Gleichwohl führen die „Grandfathering"-Regelungen dazu, daß den Landesban-ken und Sparkassen der beihilferechtlich relevante Wettbewerbsvorteil auch für bis Juli 2005 neu begründete Verbindlichkeiten letztlich bis zum Jahr 2015 zu-mindest eingeschränkt verbleibt. Demzufolge ist das Charakteristische dieses Drei-Parteien-Verhältnisses im Unterschied zu den zuvor beschriebenen darzu-

---

[580] Hopt / Mestmäcker, WM 1996, S. 803.
[581] Schwarz, Vertrauensschutz als Verfassungsprinzip, S. 459.

196

stellen. Sinnvoll wäre eine Differenzierung zwischen Drei-Parteien-Verhältnissen im weiteren und im engeren Sinne.

Als Drei-Parteien-Verhältnisse im weiteren Sinne können dabei solche Verhältnisse bezeichnet werden, zwischen denen nur ein allgemeines wirtschaftliches und geschäftliches Risiko besteht und aus denen gerade kein Grundrechtsschutz resultiert.

Beispielsweise stehen dem Arbeitgeber im Arbeitsrecht die Möglichkeiten der ordentlichen oder der außerordentlichen fristlosen Kündigung zur Verfügung. Nach § 1 des Kündigungsschutzgesetzes (KSchG) ist eine (ordentliche) Kündigung dann sozial ungerechtfertigt und unwirksam, wenn sie nicht durch Gründe, die in der Person des Arbeitnehmers liegen oder durch dringende betriebliche Erfordernisse, die einer Weiterbeschäftigung des Arbeitnehmers in diesem Betrieb entgegenstehen, bedingt ist. Eine betriebsbedingte Kündigung ist dabei dann gegeben, wenn der Arbeitgeber eine unternehmerische Entscheidung trifft, die sich auf die Anzahl seiner Arbeitsplätze auswirkt. Zu den unternehmerischen Entscheidungen zählen alle betriebsorganisatorischen Maßnahmen wie Betriebsstillegungen, Arbeitskräfteüberschuß aufgrund Auftragsrückgangs, Absatzschwierigkeiten, Rationalisierungsmaßnahmen oder die Auslagerung von Betriebsbereichen. Dabei unterliegt die konkrete unternehmerische Entscheidung, bestimmte Arbeitsplätze abzubauen, nicht der Kontrolle der Arbeitsgerichte. Ob der Abbau von Arbeitsplätzen wirtschaftlich zweckmäßig ist, wird vom Gericht folglich nicht geprüft; die gerichtliche Kontrolle bezieht sich vielmehr darauf, ob eine bestimmte unternehmerische Maßnahme die Kündigung bedingt. Gleichwohl muß der Arbeitgeber anhand eines nachprüfbaren schlüssigen Unternehmenskonzeptes darlegen, durch welche konkrete Unternehmensentscheidung sich welche Auswirkungen auf die Anzahl der Arbeitsplätze ergeben.

Eine direkte Berufung auf Grundrechte ist im Bereich des Kündigungsschutzes indes unüblich. Statt dessen kommt dem Gleichheitssatz des Art. 3 Abs. 1 GG vor allem im Kollektivarbeitsrecht eine besondere Rolle zu, weswegen kürzere Kündigungsfristen für Arbeiter als für Angestellte unzulässig sind[582] oder Tarifverträge an dessen Schutzbereich gemessen werden[583]. Im Individualarbeitsrecht hat der Gleichheitsgrundsatz indes nur eine eingeschränkte Wirkung, indem er aufgrund der individuellen Vertragsfreiheit nur willkürliche Ungleichbehand-

---

[582] BVerfGE 82, 126; GE 62, 256.
[583] BAGE 48, 107; GE 54, 210; BAG NJW 1993, S. 875.

lungen unterbindet[584]. Die Rechtsprechung wendet deswegen einen einfachge-
setzlichen Gleichheitssatz an.[585] Darüber hinaus folgt aus Art. 6 Abs. 4 GG, der
der Mutter einen Anspruch auf Schutz und Fürsorge der Gemeinschaft zuspricht,
ein wirksamer arbeitsrechtlicher Kündigungsschutz.[586] Im übrigen stellen die
Regelungen über den Kündigungsschutz einen zulässigen Eingriff in das Eigentumsrecht aus Art. 14 Abs. 1 GG dar.[587]

Im Gegensatz dazu bestehen aber auch Drei-Parteien-Verhältnisse im engeren
Sinne. Darunter sind solche Vertragsverhältnisse zu subsumieren, bei denen sich
ein Eingriff in eines dieser Verhältnisse, beispielsweise aufgrund eines Verstoßes gegen die Art. 87 ff EGV, auf den grundrechtlich geschützten Kernbereich,
auf eigentumsrechtlich erworbene Ansprüche oder auf den Vertrauensschutz
eines anderen Vertragsverhältnisses auswirkt und eine Verletzung dieses
Schutzbereiches zur Folge haben kann. Dadurch könnte eine Beihilfenrückforderung letztlich unmöglich gemacht werden. Die jeweiligen Rechtsverhältnisse
können insoweit nicht mehr über die arbeits-, gesellschafts- oder sonstigen zivilrechtlichen Kündigungs- und Abwicklungsmöglichkeiten geregelt werden, sondern sind in einem grundrechtlich geschützten Zusammenhang zu behandeln.
Nur bei solchen Drei-Parteien-Verhältnissen mit ihrer Wechselwirkung zwischen Gemeinschaftsrecht und mitgliedstaatlichem Verfassungsrecht stellt sich
überhaupt die Frage, ob und unter welchen Voraussetzungen Übergangsbestim-
mungen zum Schutz einer dritten Partei sinnvoll und geboten sind und ob dem
Beihilfeempfänger insoweit der beihilferelevante Vorteil für diesen befristeten
Zeitraum überlassen werden darf.

dd) Beihilfeverfahrensordnung und Kommissionsmitteilungen

Fraglich ist, wie bislang Drei-Parteien-Verhältnisse und daraus resultierende
Vertrauensschutzgesichtspunkte nichtbeihilfebegünstigter Dritter im europäischen Beihilferecht und in der Verfahrenspraxis der Kommission beurteilt wurden.

---

[584] Jarass / Pieroth, GG-Kommentar, Art. 3, Rdn. 10.
[585] BAGE 42, 217; GE 42, 231.
[586] BVerfGE 84, 133; GE 85, 167; GE 85, 360.
[587] BAGE 46, 42.

(1) Beihilfeverfahrensordnung

Gemäß Art. 14 Abs. 1 S. 2 der Beihilfeverfahrensordnung verlangt die Kommission, daß eine Rückforderung dann nicht zu verlangen ist, wenn dies gegen einen allgemeinen Grundsatz des Gemeinschaftsrechts verstoßen würde. In einer Kommissionserklärung zu einem Ratsprotokoll heißt es dazu wie folgt:

„Die Kommission ist in jedem Fall an die allgemeinen Grundsätze des Gemeinschaftsrechts gebunden, insbesondere an den Grundsatz des Vertrauensschutzes, die Vorrang vor dem sekundären Gemeinschaftsrecht haben."[588]

Zu den allgemeinen Grundsätzen des Gemeinschaftsrechts zählen dabei neben dem Schutz des berechtigten Vertrauens die Grundfreiheiten, der Verhältnismäßigkeitsgrundsatz und das Prinzip der Rechtssicherheit.[589] Aus dem Grundsatz des Vertrauensschutzes folgt, daß die Kommission dazu verpflichtet ist, ein potentielles berechtigtes Vertrauen auf der Ebene des Beihilfeempfängers in ihre Entscheidung einzubeziehen.[590] Infolgedessen handelt es sich um einen gemeinschaftsrechtlichen Vertrauensschutz, dessen entscheidender Anknüpfungspunkt nicht mehr das Fehlverhalten einer nationalen Behörde, sondern das Setzen eines Vertrauenstatbestandes durch ein Gemeinschaftsorgan ist.[591] Art. 14 Abs. 1 S. 2 der Beihilfeverfahrensordnung regelt damit nur die Frage, inwieweit Grundsätze des Gemeinschaftsrechts eine Rückforderung schon auf der Ebene der Kommissionsentscheidung ausschließen können, aber nicht, inwieweit beim mitgliedstaatlichen Vollzug eine Rückforderung aufgrund nationalen Vertrauensschutzes ausgeschlossen werden kann. Demzufolge kommen bei einer auf den Bestand einer Beihilfe gerichteten Vertrauensgewährung durch Gemeinschaftsorgane die Grundsätze der Rechtssicherheit und des Vertrauensschutzes in vollem Umfang zur Anwendung.[592] In diesem Fall sind die für den mitgliedstaatlichen Vertrauensschutz bei Neubeihilfen geltenden Einschränkungen des EuGH im Rahmen der Durchsetzung eines Rückforderungsbescheids nicht anwendbar, bei denen nur noch sehr wenige Konstellationen denkbar sind, auf-

---

[588] Ratsdokument SN 1576/99 [ECO] vom 29. Januar 1999; Kruse, NVwZ 1999, S. 1053.
[589] Fischer, ZIP 1999, S. 1430.
[590] Blanke, Vertrauensschutz, S. 514; andere Auffassung: Mederer, in: von der Groeben / Schwarze, EU-/EG-Vertrag, Art. 88, Rdn. 18, der davon ausgeht, daß Art. 14 Abs. 1 S. 2 VVO nur auf den vorhandenen gemeinschaftsverfassungsrechtlichen Rahmen hinweist.
[591] Middendorf, Amtshaftung und Gemeinschaftsrecht, S. 9 f; Berrisch, EuR 1997, S. 158 f; Ehlers, GewArch 1999, S. 308.
[592] Mederer, in: von der Groeben / Schwarze, EU-/EG-Vertrag, Art. 88, Rdn. 67.

grund derer dem Betroffenen ein aus dem mitgliedstaatlichen Recht herrührender und die Beihilfenrückforderung ausschließender Vertrauensschutz gewährt werden könnte.

Von ihrem persönlichen Anwendungsbereich her ist diese Vorschrift nicht ausdrücklich begrenzt. Sie gilt sowohl für Beihilfebegünstigte als auch für nichtbeihilfebegünstigte Dritte. Weitere kodifizierte Vorschriften über Rechte und Pflichten von Drittbetroffenen im Beihilferecht bestehen nicht.

(2) „Mitteilung über die Anwendung der Artikel 87 und 88 EG-Vertrag auf staatliche Beihilfen in Form von Haftungsverpflichtungen und Bürgschaften"

In ihrer „Mitteilung über die Anwendung der Artikel 87 und 88 EG-Vertrag auf staatliche Beihilfen in Form von Haftungsverpflichtungen und Bürgschaften"[593] weist die Kommission darauf hin, daß der Kreditnehmer als Beihilfebegünstigter im Falle einer gemeinschaftsrechtswidrigen Beihilfe unter Nichtbeachtung der mitgliedstaatlichen Unterrichtungs- und Stillhalteverpflichtungen mit der Rückforderung der Beihilfe rechnen müsse.

Im Hinblick auf die Kreditgeber als Dritte, zu denen der Mitgliedstaat als Beihilfegeber ebenfalls in einem Rechtsverhältnis steht, kommt die Kommission indes zu folgender Schlußfolgerung:

„Ob die Unrechtmäßigkeit der Beihilfe das Rechtsverhältnis zwischen Staat und Drittem berührt, ist nach innerstaatlichem Recht zu prüfen. Nationale Gerichte müssen unter Umständen prüfen, ob innerstaatliche Rechtsvorschriften der Einhaltung der Garantieverträge gegenüberstehen, wobei die Kommission davon ausgeht, daß die Gerichte der Verletzung des Gemeinschaftsrechts Rechnung tragen sollten."[594]

---

[593] Mitteilung der Kommission über die Anwendung der Artikel 87 und 88 EG-Vertrag auf staatliche Beihilfen in Form von Haftungsverpflichtungen und Bürgschaften, ABl. EG Nr. C 71 vom 11.3.2000, S. 14 - 18.

[594] Mitteilung der Kommission über die Anwendung der Artikel 87 und 88 EG-Vertrag auf staatliche Beihilfen in Form von Haftungsverpflichtungen und Bürgschaften, ABl. EG Nr. C 71 vom 11.3.2000, S. 14 – 18, Punkt 6.5.

(3) „Mitteilung über die Anwendung der Art. 92 und 93 EGV über öffentliche Unternehmen in der verarbeitenden Industrie"

In der „Mitteilung über die Anwendung der Art. 92 und 93 EGV über öffentliche Unternehmen in der verarbeitenden Industrie"[595] macht die Kommission darüber hinaus für Darlehensbürgschaften, die vom Staat direkt oder mittelbar über Finanzinstitute erteilt werden, folgendes deutlich:

> „Gläubiger können nur dann eine staatliche Bürgschaft in Anspruch nehmen, wenn diese ausdrücklich einem öffentlichen oder privaten Unternehmen erteilt worden ist. Ergibt die Prüfung hinsichtlich der im Vertrag enthaltenen Ausnahmeregelungen, daß die Bürgschaft nicht mit dem Gemeinsamen Markt vereinbar ist, hat das Unternehmen der öffentlichen Hand den Wert der Beihilfe zurückzuerstatten, auch wenn dies den Konkurs des Unternehmens bedeutet. Die Ansprüche der Gläubiger werden jedoch in jedem Fall befriedigt. Diese Bestimmungen gelten für öffentliche und private Unternehmen gleichermaßen."[596]

d) Bewertung

Aus der Kommissionsmitteilung über die Anwendung der Artikel 87 und 88 EG-Vertrag auf staatliche Beihilfen in Form von Haftungsverpflichtungen und Bürgschaften folgt, daß für das Rechtsverhältnis zwischen dem Beihilfebegünstigten und einem Dritten allein innerstaatliches einfaches und Verfassungsrecht maßgeblich ist und nicht das Gemeinschaftsrecht. Dies gilt auch dann, wenn die Auswirkungen einer gemeinschaftsrechtswidrigen Beihilfe zu beseitigen sind. Nach nationalem Recht sind, wie oben dargelegt, zwar zivilrechtliche Verträge mit Beihilfecharakter gemäß § 134 BGB nichtig. Davon werden aber nicht privatrechtliche Verträge ohne Beihilfecharakter umfaßt, also mit der Durchführung der Beihilfe bloß zusammenhängende und verbundene zivilrechtliche Verträge, die mithin unverändert gültig bleiben. Dies gilt sowohl für Staatsbürgschaften als auch für die Rechtsverhältnisse zwischen den öffentlich-rechtlichen Kreditinstituten und deren Anleihegläubigern. Demzufolge steht aus mitglied-

---

[595] Mitteilung der Kommission über die Anwendung der Art. 92 und 93 EWG-Vertrag und des Artikels 5 der Kommissionsrichtlinie 80/723/EWG über Unternehmen der verarbeitenden Industrie (93/C 307/03), ABl. EG Nr. C 307 vom 13.11.1993, S. 3 - 14.

[596] Mitteilung der Kommission über die Anwendung der Art. 92 und 93 EWG-Vertrag und des Artikels 5 der Kommissionsrichtlinie 80/723/EWG über Unternehmen der verarbeitenden Industrie (93/C 307/03), ABl. EG Nr. C 307 vom 13.11.1993, S. 3 - 14; Rdn. 38.

staatlicher Sicht der Einhaltung der aus diesen Verträgen resultierenden Verpflichtungen prinzipiell nichts entgegen. Gleichwohl geht die Kommission aber davon aus, daß die Gerichte der Verletzung des Gemeinschaftsrechts Rechnung tragen sollten. Weitere Aussagen, wie dies geschehen soll, werden dazu aber nicht getroffen.

Auch in der Mitteilung hinsichtlich der öffentlichen Unternehmen in der verarbeitenden Industrie erkennt die Kommission nur ein Beihilfeverhältnis zwischen dem öffentlichen Unternehmen und dem die Bürgschaft gewährenden Mitgliedstaat an, nicht aber zwischen dem Kreditgeber und dem Mitgliedstaat, indem sie ausführt, daß die Staatsbürgschaft zu Wettbewerbsvorteilen für die betreffenden Unternehmen im Vergleich zu ihren auf dem Markt befindlichen Wettbewerbern führen könnte. Dementsprechend müsse zur Bewertung der beihilferelevanten Vorteile eine Untersuchung der Finanzlage des Kreditnehmers erfolgen, nicht aber des Kreditgebers.[597] Gleichwohl vertritt die Kommission die Ansicht, daß die Ansprüche der Gläubiger „in jedem Fall" zu befriedigen seien. Diese Zielsetzung, die Interessen und Ansprüche der Dritten zu schützen, kann aber auch durch innerstaatliche Vertrags- und Gesetzesregelungen gewährleistet und abgesichert werden.

Aus beiden Kommissionsmitteilungen folgt aber nicht, daß beihilfebegünstigte öffentliche oder private Unternehmen die aus der Beihilfe resultierenden Wettbewerbsvorteile trotz Verstoßes gegen das gemeinschaftsrechtliche Beihilfenverbot auch für die Zukunft unbeschränkt behalten dürfen, nur weil Ansprüche Dritter zu befriedigen und deren Verträge einzuhalten sind. Ein derart weitreichender Automatismus kann nicht angenommen werden. Vielmehr wird an dem Grundsatz der Beseitigung entsprechender Wettbewerbsverzerrungen unter Hinweis auf ein mögliches Insolvenzverfahren (früher: Konkursverfahren) des Begünstigten ausdrücklich festgehalten. Zu eventuell erforderlichen Übergangsfristen wird keine Aussage getroffen.

Zwar besteht für die Kommission im Falle von Anstaltslast und Gewährträgerhaftung weder eine uneingeschränkte Verpflichtung noch eine Ermessensreduktion auf Null, im Rahmen eines Beihilfeverfahrens die Aufhebung oder inhaltli-

---

[597] Mitteilung der Kommission über die Anwendung der Art. 92 und 93 EWG-Vertrag und des Artikels 5 der Kommissionsrichtlinie 80/723/EWG über Unternehmen der verarbeitenden Industrie (93/C 307/03), ABl. EG Nr. C 307 vom 13. November 1993, S. 3 - 14; Rdn. 38.

che Umgestaltung der öffentlichen Haftung anzuordnen. Denn grundsätzlich besitzt sie einen weiten Ermessensspielraum. Dieses Ermessen kann aber nicht weiter reichen als das aus Sicht der Gemeinschaft und der Mitgliedstaaten rechtlich Mögliche und Zulässige unter Berücksichtigung der Zielsetzung der Erhaltung und Schaffung eines unverfälschten Wettbewerbs in der Gemeinschaft. Insoweit besteht keine Ermächtigung der Kommission, solche Vereinbarungen mit den Mitgliedstaaten zu treffen, die weder aus gemeinschaftsrechtlicher noch aus mitgliedstaatlicher Sicht zwingend erforderlich sind, zumal möglicherweise mildere Mittel zur Erreichung des gleichen Zieles bestehen. Insoweit spielt auch der in Art. 5 Abs. 3 EGV festgeschriebene Verhältnismäßigkeitsgrundsatz eine gewichtige Rolle, wonach Maßnahmen der Gemeinschaft nicht über das für die Erreichung der Ziele dieses Vertrages erforderliche Maß hinausgehen dürfen. Dies bedeutet für die Beurteilung von Anstaltslast und Gewährträgerhaftung, daß die Brüsseler „Verständigung" und die entsprechende Kommissionsentscheidung Nr. E 10/2000 dahingehend zu überprüfen sind, ob die inhaltlichen Regelungen hinsichtlich der „Grandfathering"-Regelungen aus gemeinschaftsrechtlicher und mitgliedstaatlicher Sicht tragfähig sind.

Weiterhin ist vor allem zwischen Alt- und Neubeihilfen zu differenzieren. Bei ersteren ist von vornherein keine ex tunc-Rückforderung möglich, sondern nur eine ex nunc-Aufhebung. Infolgedessen gilt für Altbeihilfen umfassend der innerstaatlich zu sichernde Vertrauensschutztatbestand.[598]

Im Gegensatz dazu ist bei der Annahme einer Neubeihilfe der den öffentlich-rechtlichen Kreditinstituten zufließende Wettbewerbsvorteil auch für die Vergangenheit rückabzuwickeln. Zwar gelten die Grundsätze der Beihilfenrückforderung bei Neubeihilfen, insbesondere der Effektivitäts- und der Äquivalenzgrundsatz, nur gegenüber dem Beihilfebegünstigten und nicht direkt gegenüber Dritten. Allein zulasten des Begünstigten wurde insoweit die Möglichkeit der Gewährung von Vertrauensschutz im Rahmen einer Beihilfengewährung erheblich eingeschränkt, wie sich aus den zahlreichen Urteilen des EuGH zum Vertrauensschutz im Rahmen des § 48 VwVfG ergibt. Eine Rückforderung ist danach selbst dann erforderlich, wenn dies die Insolvenz des Unternehmens zur Folge hätte.[599] Eine Rückabwicklungspflicht des Mitgliedstaates ist erst bei einer faktischen (und nicht lediglich rechtlichen) absoluten Unmöglichkeit nicht mehr gegeben. Heiermann zieht aus letzterem sogar die Schlußfolgerung, daß der

---

[598] Koenig / Sander, EuZW 1997, S. 367.
[599] Hopt / Mestmäcker, WM 1996, S. 808.

EuGH und die Kommission ausdrücklich auch die Beschneidung der Vermögensinteressen von Dritten in Kauf nehmen, da deren Vertrauen auf den Bestand von Beihilfemaßnahmen hinter die Sicherung eines unverfälschten Wettbewerbs zurückzutreten habe.[600] Im Gegensatz dazu haben Hopt / Mestmäcker in Bezug auf Staatsbürgschaften die Ansicht vertreten, daß das berechtigte Vertrauen der Banken nach europäischem und deutschem Recht bereits durch die allgemeinen Grundsätze voll geschützt wird, wonach die bei einer privatrechtlichen Durchführung der Beihilfegewährung notwendigerweise involvierten Dritten durch die Rückforderung einer zu Unrecht gewährten Beihilfe nicht tangiert werden dürfen. Eine Beschränkung des persönlichen Anwendungsbereiches auf den Kreis der betroffenen Dritten nehmen sie allerdings nicht vor.

Das Hinzutreten eines nichtbeihilfebegünstigten Dritten kann diese Grundsätze bei einer Qualifizierung von Anstaltslast und Gewährträgerhaftung als Neubeihilfe aber nicht vollkommen außer Kraft setzen, obgleich dieser Dritte nicht in den Anwendungsbereich des Durchführungsverbots eingegliedert ist. Ansonsten wären die praktische Wirksamkeit des Gemeinschaftsrechts und dessen „effet utile" gefährdet. Die Rückgängigmachung einer Beihilfe wäre dann in Drei-Parteien-Verhältnissen quasi unmöglich. Dadurch würden auch neue Umgehungsmöglichkeiten zulasten des gemeinschaftlichen Wettbewerbs geschaffen. In diesem Sinne macht die Kommission ausdrücklich deutlich, daß im Falle eines Gerichtsverfahrens die nationalen Gerichte die Verletzung des europäischen Beihilferechts ausdrücklich berücksichtigen sollen. Die Kommission geht also von einer Abwägung mit den grundsätzlichen Interessenerwägungen und Zielsetzungen des EU-Wettbewerbsrechts aus.

Dementsprechend ist das deutsche Recht auch in Drei-Parteien-Verhältnissen derart auszulegen und anzuwenden, daß es den Rückforderungsgrundsätzen des Gemeinschaftsrechts bei Neubeihilfen gerecht wird und einer erfolgreichen Rückforderung nicht entgegensteht. Zwar ist grundsätzlich vom Prinzip des Anwendungsvorrangs des Gemeinschaftsrechts auszugehen, der vor allem in zwei Fällen, zum einen bei der Qualifizierung der Rechtswidrigkeit eines nationalen Beihilfebescheides und zum anderen bei solchen nationalen Regelungen, die wegen ihres „überschießenden" Vertrauensschutzes mit dem Effektivitätsprinzip kollidieren, zum Tragen kommt; ansonsten gilt aber der Grundsatz der gemeinschaftskonformen Auslegung des nationalen Rechts.[601] Jedoch ist zu be-

---

[600] Heiermann, EWS 1994, S. 148.
[601] Blanke, Vertrauensschutz, S. 549.

achten, daß aus einer vertrauensschutzorientierten Anwendung der mitgliedstaatlichen Vorschriften regelmäßig die praktische Unmöglichkeit der Rückforderung bei Neubeihilfen resultieren kann, weswegen die entsprechenden nationalen Vertrauensschutzregelungen wie beispielsweise § 48 Abs. 4 VwVfG über die Rücknahmefrist letztendlich nicht angewandt werden.[602] Nach Auffassung des BVerwG können einzig „besondere Umstände … im Rahmen der Vertrauensschutzabwägung zu einem von (dieser) Regel abweichenden Ergebnis führen".[603]

Dies bedeutet, daß, sofern die vorgenannte Bedingung erfüllt ist, die Durchführung der Rückforderung mit den damit zusammenhängenden Auswirkungen und Rechtsfolgen ganz dem nationalen Recht überlassen bleibt. In diesem Sinne besteht zwischen den von der Kommission dargestellten Zielsetzungen, sowohl die Ansprüche der Gläubiger zu befriedigen als auch die aus der Beihilfe resultierenden Wettbewerbsverzerrungen zu beseitigen, kein unüberwindbarer Gegensatz. Denn die Rückerstattung des beihilferelevanten Vorteils durch das begünstigte Unternehmen und die Anspruchsbefriedigung zugunsten der Gläubiger beziehen sich prinzipiell auf zwei voneinander verschiedene Rechtsverhältnisse.

Zwar wurde im Rahmen der Brüsseler „Verständigung", wie oben dargelegt, ein unbeschränktes „Grandfathering" für Altverbindlichkeiten und ein bis 2015 beschränktes „Grandfathering" für Neuverbindlichkeiten vereinbart, wobei der daraus resultierende Wettbewerbsvorteil nach wie vor in der Höhe unbegrenzt und auch zeitlich teilweise unbeschränkt bei den Landesbanken und Sparkassen verbleiben soll. Insoweit ist nun zu untersuchen, ob dies tatsächlich gerechtfertigt oder ob nicht mildere und den gemeinschaftlichen Handel weniger belastende Möglichkeiten bestehen, um die verschiedenen Interessen in Einklang zu bringen.

Zunächst könnte das Verhältnis zwischen den staatlichen Gewährträgern, den öffentlich-rechtlichen Kreditinstituten und den Anleihegläubigern als Drei-Parteien-Verhältnis im engeren Sinne beschrieben werden, für welches ein einer Rückforderung entgegenstehendes grundrechtlich geschütztes Interesse erforderlich ist. Denn bei Anstaltslast und Gewährträgerhaftung sind die Anleihegläubiger insoweit anders als andere Gläubiger zu behandeln, als die Anleihegläubiger

---

[602] Blanke, Vertrauensschutz, S. 547 f; Kadelbach, Allgemeines Verwaltungsrecht, S. 161, 480.
[603] BVerwG DVBl. 1999, S. 44.

einen eigenen Rechtsanspruch gegen die öffentliche Hand erworben haben.[604] Unverhältnismäßig wäre es, derart gesicherte Gläubigerrechte unbegrenzt anzutasten, um dem Gemeinschaftsrecht zur Geltung zu verhelfen. Eine Aufhebung hätte eine sicherheitenreduzierende Wirkung auf die Verbindlichkeiten, die zum Zeitpunkt der Kommissionsentscheidung begründet gewesen sind, das heißt auf die „Altverbindlichkeiten".[605] Soweit ein rückwirkender Entzug der durch Anstaltslast und Gewährträgerhaftung gewährleisteten Forderungssicherheiten gegenüber den (zumeist gutgläubigen) Anstaltsgläubigern abgelehnt wird, liegt die Begründung damit mehr im nationalstaatlichen Vertrauens- und Eigentumsschutz als im europäischen Recht begründet.

Im Gegensatz zu anderen Gläubigern der Landesbanken besteht also eine Ungleichbehandlung. Angenommen, daß infolge einer Beihilfenrückforderung die Insolvenz eines öffentlich-rechtlichen Kreditinstituts erfolgt (was nach der Brüsseler „Verständigung" mit ihrer Neuregelung der Insolvenzfähigkeit" nunmehr möglich ist), dann müßten sonstige Gläubiger ihre Forderungen im Rahmen eines Insolvenzverfahrens geltend machen, während im Falle der Anleihegläubiger nicht nur deren Ansprüche erfüllt werden, sondern zu ihren Gunsten auch noch lange Übergangsfristen eingeräumt werden. Es erfolgt somit kein absoluter Schutz der Interessen jeglicher Dritter.

Soweit geltend gemacht wurde, daß die Regelungen in der „Verständigung" von Brüssel durch den Vertrauensschutz, den Eigentumsschutz und das Rückwirkungsverbot bedingt seien, so ist in den nachfolgenden Kapiteln zu untersuchen, ob diese rechtliche Beurteilung tragfähig ist. Gleichwohl besteht aufgrund der Autonomie des Rechtssystems der Gemeinschaft keine Präjudizwirkung zwischen der Geltung bestimmter nationaler Rechtsgrundsätze und deren Geltung im Gemeinschaftsrecht.[606] Sofern bei dieser Prüfung festgestellt wird, daß tatsächlich rechtliche geschützte Interessen der Anleihegläubiger tangiert und möglicherweise verletzt sind, ist weitergehend zu prüfen, welche anderen effektiveren Möglichkeiten in Frage gekommen wären, um die Ansprüche der Anleihegläubiger sicherzustellen und um das gemeinschaftliche Wettbewerbsinteresse in vollem Umfang durchzusetzen, als derart weitreichende „Grandfathering"-Regelungen zu treffen. Dabei ist auch zwischen Alt- und Neuverbindlichkeiten zu differenzieren, das heißt zwischen solchen, die im Zeitpunkt der Vereinba-

---

[604] Von Friesen, Staatliche Haftungszusagen, S. 260.
[605] Von Friesen, Staatliche Haftungszusagen, S. 262.
[606] Rengeling, Rechtsgrundsätze beim Verwaltungsvollzug, S. 200.

rung der Brüsseler „Verständigung" schon begründet waren und solchen, die erst zu einem späteren Zeitpunkt neu begründet wurden und werden. Zudem ist noch zu berücksichtigen, daß die Kommission die öffentliche Haftung in der Kommissionsentscheidung Nr. E 10/2000 als bestehende Beihilfe qualifiziert, während nach der hier vertretenen Ansicht eine differenzierte Sichtweise im Wege eines Einzelnachweises favorisiert wird.

Für die Landesbanken und Sparkassen hätte dies beispielsweise bedeuten können, daß die Rechtsinstitute der Anstaltslast und Gewährträgerhaftung für bestehende und für während einer Übergangszeit neu begebene Anleihen zwar weiter gültig bleiben. Dann entstünden keinerlei Auswirkungen auf die Ansprüche der Gläubiger, da der Staat weiterhin mit seinem guten Rating die Erfüllung der Verbindlichkeiten sicherstellt. Im Verhältnis zwischen Staat und Kreditinstituten hätten letztere aber den beihilferelevanten Vorteil, der zeitlich zwischen der Kommissionsentscheidung und dem jeweiligen Laufzeitende der Wertpapiere entsteht, durch entsprechende Ausgleichszahlungen an die Gewährträger kompensieren können. Die Rechtsverhältnisse zu den Gläubigern hätten dann unbeeinträchtigt fortbestanden. Gloyens führt dazu unter Hinweis auf die Ansicht der Europäischen Bankenvereinigung aus, daß die Landesbanken immer behauptet hätten, durch Anstaltslast und Gewährträgerhaftung mit keinen Wettbewerbsvorteilen ausgestattet worden zu sein: „Why then, they ask, do they suddenly need a period of years to adjust to fair competition. While it accepts the principle of "grandfathering", it believes that the bank should pay compensation to guarantors for the benefits derived from such guarantees."[607]

Diesem Kompromißvorschlag kann zwar entgegengehalten werden, daß bei einer gleichzeitigen Wahrung der Gläubigeransprüche und einer Beihilfenrückzahlung durch die betroffenen Institute das Insolvenzrisiko der Banken auf die Gläubiger abgewälzt worden wäre, indem die Banken irgendwann nicht mehr dazu in der Lage sind, aufgrund der Kompensationszahlungen die Forderungen der Gläubiger zu begleichen. Dies ist aber angesichts des Institutssicherungsfonds, dem auch die Kreditinstitute in öffentlicher Rechtsform angehören, äußerst unwahrscheinlich. Außerdem hätte eine dahingehende Vereinbarung getroffen werden können, daß die Anleihegläubiger im Zweifelsfall gegenüber den die Ausgleichszahlungen empfangenden Gewährträgern und gegenüber sonstigen Gläubigern vorrangig zu befriedigen sind. Dann trüge der die Rückforde-

---

[607] Gloyens, J.I.B.L., Issue 3, 2002, S. 56.

rung geltend machende Mitgliedstaat ein höheres Ausfallrisiko. Zwar ist es gerade das ausdrückliche Ziel der Beihilferegelungen, wettbewerbsverfälschende Eingriffe des Staates zu verhindern. Sie sollen aber nicht dazu führen, bei unzulässigen Beihilfegewährungen jegliches Ausfallrisiko auszuschließen. Denn das öffentliche Interesse der EG an einer Durchsetzung der gemeinschaftlichen Wettbewerbsordnung muß in vollem Umfang berücksichtigt werden.

2. Vertrauensschutz

Die „Grandfathering"-Regelungen könnten möglicherweise aufgrund eines den Anleihegläubigern oder den öffentlich-rechtlichen Kreditinstituten zugute kommenden gemeinschaftsrechtlichen Vertrauensschutzes gerechtfertigt sein. Nach der ständigen Rechtsprechung des EuGH handelt es sich dabei um einen selbständigen allgemeinen Rechtsgrundsatz, der als Ausprägung des Gemeinschaftsrechts zu den „Grundprinzipien der Gemeinschaft" zählt.[608] Er spielt sowohl eine Rolle bei der Beurteilung der Rücknahme und des Widerrufs von Verwaltungsakten, als auch bei der Beurteilung der Rückwirkung von gemeinschaftsrechtlichen Legislativakten und der Selbstbindung der Verwaltung.[609]

Ausdrücklich ist dieser Grundsatz nicht im EG-Vertrag normiert. Statt dessen wurde der Vertrauensschutzgrundsatz auf der Grundlage des Art. 220 EGV infolge richterlicher Rechtsfortbildung im Wege der „wertenden Rechtsvergleichung"[610] und nicht unter Berufung auf den kleinsten gemeinsamen Nenner den Rechtsordnungen der Mitgliedstaaten entnommen und als Schutzgut und Gültigkeitsmaßstab in die gemeinschaftsrechtliche Rechtsordnung eingefügt und verankert.[611] Grundlage sind die gemeinsamen Verfassungsüberlieferungen der

---

[608] Reufels, Europäische Subventionskontrolle durch Private, S. 81; Schwarz, Vertrauensschutz als Verfassungsprinzip, S. 76 f mwN; Berninghausen, Europäisierung des Vertrauensschutzes, S. 46; Borchardt, EuGRZ 1988, S. 309 f.

[609] Michels, Vertrauensschutz, S. 10; Borchardt, EuGRZ 1988, S. 310.

[610] Dazu unter anderem GA Lagrange, Schlußanträge vom 4.6.1962, Rs. 14/61, Koninkljike Nederlandsche Hoogovens en Staalfabricken N.V. gegen Hohe Behörde, Slg. 1962, S. 513 (570 f).

[611] Borchardt, Grundsatz des Vertrauensschutzes, S. 72; Schwarz, Vertrauensschutz als Verfassungsprinzip, S. 378 f; allgemein zu Auslegungsmethoden und Begriffsbildung des EuGH siehe Streinz, Europarecht, Rdn. 498 ff; In diesem Zusammenhang ist auch auf den Entwurf einer Charta der Grundrechte der Europäischen Union hinzuweisen, die einen umfassenden Katalog europäischer Grundrechte enthalten soll (abgedruckt in der FAZ vom 7.8.2000 mit Stellungnahmen von Christian Tomuschat, Peter J. Tettinger, Al-

Mitgliedstaaten in Form der allgemeinen mitgliedstaatlichen Grundsätze, die Europäische Konvention zum Schutz der Menschenrechte und Grundfreiheiten sowie andere völkerrechtliche Verträge über Grund- oder Menschenrechte, denen die Mitgliedstaaten der EU beigetreten sind. Dementsprechend heißt es in Art. 6 Abs. 2 EUV:

„Die Union achtet die Grundrechte, wie sie in der am 4. November 1950 in Rom unterzeichneten Europäischen Konvention zum Schutz der Menschenrechte und Grundfreiheiten gewährleistet sind und wie sie sich aus den gemeinsamen Verfassungsüberlieferungen der Mitgliedstaaten als allgemeine Grundsätze des Gemeinschaftsrechts ergeben."

Der Kernbereich des Vertrauensschutzgedankens kann dahingehend beschrieben werden, daß bei einem wirksamen Erwerb eines subjektiven Rechts das Bedürfnis, das Vertrauen des Betroffenen auf den dauernden Fortbestand der geschaffenen Rechtsstellung zu schützen, gegenüber dem Interesse der Verwaltungsbehörde an einer Rückgängigmachung ihrer Entscheidung überwiegt.[612] Der Einzelne soll davor geschützt werden, unter Beachtung der Rechtssituation getroffene rechtlich relevante Handlungen und die daraus resultierenden Rechtspositionen umdisponieren oder aufgeben zu müssen. Dieser allgemeine Rechtsgrundsatz hat, im Gegensatz zum Grundsatz der Rechtssicherheit mit seiner vorrangigen Ausrichtung an objektiven Kriterien und seiner Zielrichtung auf ein Verbot des rückwirkenden Entzugs von Rechtspositionen, somit eine primär individualschützende Funktion: Er stellt eine absolute Schranke für eine Aufhebung individueller rechtmäßiger Entscheidungen dar, wenn diese subjektive Rechte verliehen haben und ex tunc widerrufen werden sollen.[613] Der Vertrauensschutzgrundsatz zielt somit auf die Einräumung einer subjektiven Rechtsposition ab.[614]

---

brecht Weber, Karl A. Schachtschneider in der FAZ vom 7.8., 26.8. und 5.9.2000, sowie Leutheusser-Schnarrenberger, ZfR 2002, S. 329 ff).

[612] EuGH, verb. Rs. 7/56 und 3/57 bis 7/57, Frl. Dineke Algera, Herr Giacomo Cicconardi, Frau Simone Couturaud, Herr Ignazio Genuardi und Frau Felicie Streichen gegen Gemeinsame Versammlung, Slg. 1957, S. 85 (118).

[613] St. Rsprg. des EuGH seit EuGH, verb. Rs. 7/56 und 3/57 bis 7/57, Frl. Dineke Algera, Herr Giacomo Cicconardi, Frau Simone Couturaud, Herr Ignazio Genuardi und Frau Felicie Streichen gegen Gemeinsame Versammlung, Slg. 1957, S. 85 (118) sowie verb. Rs. 42 und 49/59, Société Nouvelle des Usines de Pontlieue-Aciéries du Temple (SNUPAT) gegen Hohe Behörde, Slg. 1961, S. 111 (172 ff); Lenz, Vertrauensschutz im Gemeinschaftsrecht, S. 22; zum Grundsatz der Rechtssicherheit ausführlich: Geiss, Rechtsstaatliche Grundsätze im Beihilferecht, S. 142 ff.

[614] Crones, Selbstbindungen der Verwaltung, S. 103.

Folglich können EG-Rechtsakte aufgrund dieses Prüfungsmaßstabes einer Rechtmäßigkeitskontrolle unterworfen und für nichtig oder ungültig erklärt werden.[615]

Infolge des Grundsatzes des Vertrauensschutzes im Zusammenspiel mit demjenigen der Rechtssicherheit kommt es auch zu einer Auslegungsregel für die gemeinschaftlichen Rechtsakte, die klar und für die Betroffenen vorhersehbar sein müssen. Materiell-rechtliche Normen wie diejenigen über das Verbot wettbewerbsverfälschender Beihilfen nach den Art. 87 ff EGV werden grundsätzlich dergestalt ausgelegt, daß sie für vor ihrem Inkrafttreten entstandene Sachverhalte nur dann gelten, wenn eine solche Folge sich eindeutig aus dem Wortlaut, der Zielsetzung oder deren Aufbau ergibt.[616]

a) Bestehen einer Vertrauenslage

Eine Vertrauenslage als objektiver Bezugspunkt für ein schutzwürdiges Vertrauen kann sowohl auf der Ebene Gemeinschaftsorgan – Gemeinschaftsbürger, als auch zwischen einem Gemeinschaftsorgan und den Mitgliedstaaten bestehen.[617] Dessen individualschützende Funktion gilt dabei für jeden Einzelnen, bei dem die Verwaltung der Gemeinschaft begründete Erwartungen geweckt hat, nicht aber für denjenigen, dem die Verwaltung keine entsprechenden Zusicherungen gegeben hat.[618]

---

[615] St. Rsprg. des EuGH seit Rs. 112/77, August Töpfer & Co. GmbH gegen Kommission, Slg. 1978, S. 1019 (1032); Rs. 316/86, HZA Hamburg-Jonas gegen Firma P. Krücken, Slg. 1988, S. 2213 (2239); Rs. C-63/93, Fintan Duff u.a. gegen Minister for Agriculture and Food u.a., Slg. 1996, S. 569 (607 f); Rs. C-372/96, Antonio Pontillo gegen Donatab Srl, Slg. 1988, S. I-5091 (5114); Rs. C-381/97, Belgocodex S.A. gegen État Belge, Slg. 1998, S. I-8153 (8175).

[616] Lenz, Vertrauensschutz im Gemeinschaftsrecht, S. 24.

[617] Borchardt, Grundsatz des Vertrauensschutzes, S. 77 ff; Crones, Selbstbindungen der Verwaltung, S. 110 f; siehe auch EuGH, Rs. 14/88, Italien gegen Kommission, Slg. 1989, S. 3677, Rdn. 28 - 31; Rs. C-56/91, Griechenland gegen Kommission, Slg. 1993, S. I-3433 (3466).

[618] EuGH, Rs. 289/81, Vassilis Mavridis gegen Europäisches Parlament, Slg. 1983, S. 1731, Rdn. 21; Rs. T-290/97, Mehibas Dordtselaan BV gegen Kommission, Slg. 2000, S. II-0015, Rdn. 59; Rs. 265/85, Van den Bergh en Jurgens und Van Dijk Food Products gegen Kommission, Slg. 1987, S. 1155, Rdn. 44; Rs. C-152/88, Sofrimport gegen Kommission, Slg. 1990, S. I-2477, Rdn. 26; Rs. T-571/93, Lefebvre u. a. gegen Kommission, Slg. 1995, S. II-2379, Rdn. 72; Rs. T-113/96, Dubois et Fils gegen Rat und Kommission, Slg. 1998, S. II-125, Rdn. 68; Lenz, Vertrauensschutz im Gemeinschaftsrecht, S. 21.

Erforderlich ist ein vertrauensbildendes Verhalten der Gemeinschaftsorgane, wonach sich die Gemeinschaft im Hinblick auf ihr zukünftiges Handeln rechtserheblich gebunden hat.[619] Anknüpfungspunkte für solche begründeten Erwartungen können dabei deren positives Handeln und auch deren Unterlassen sein, denn auch bei einem Unterlassungstatbestand kann bei dem Betroffenen die Erwartung geweckt werden, daß die EG-Organe (auch in Zukunft) nicht tätig werden und dadurch eventuell dessen Handlungsspielräume verkleinern. Dies bedeutet, daß alle Maßnahmen und Äußerungen von Gemeinschaftsorganen zur Schaffung eines Vertrauenstatbestandes in Frage kommen, die eine gesicherte Rechtsposition gewähren oder rechtserhebliche Erwartungen betreffend den Fortbestand rechtlicher Rahmenbedingungen erwecken können.[620]

Gesicherte Rechtspositionen können durch Verordnungen, unmittelbar anwendbare Richtlinien oder durch individuelle Entscheidungen, die rechtmäßig, verbindlich und vorbehaltlos ergangen und nicht nur vorübergehender Natur sind, gewährt werden.[621] Rechtserhebliche Erwartungen, denen es an einem „unmittelbaren" normativen Anknüpfungspunkt fehlt, können beispielsweise durch individuelle Entscheidungen unter Auflagen oder Bedingungen, Zusagen und Zusicherungen, Empfehlungen, Stellungnahmen oder durch die langjährige Verwaltungspraxis der Gemeinschaftsorgane hervorgerufen werden. Infolgedessen können auch Maßnahmen allgemeinen Charakters einen Vertrauenstatbestand schaffen. Bei Zusagen und Zusicherungen ist erforderlich, daß sie von einer zuständigen, nicht ihre Kompetenzen überschreitenden Stelle abgegeben werden, der Erklärungsinhalt hinreichend konkret ist und einen Selbstbindungswillen erkennen läßt.[622]

---

[619] Reufels, Europäische Subventionskontrolle durch Private, S. 83; Michels, Vertrauensschutz, S. 14.

[620] Borchardt, Grundsatz des Vertrauensschutzes, S. 80; Schwarz, Vertrauensschutz als Verfassungsprinzip, S. 491; Crones, Selbstbindungen der Verwaltung, S. 112.

[621] St. Rsprg. des EuGH seit verb. Rs. 7/56 und 3/57 bis 7/57, Frl. Dineke Algera, Herr Giacomo Cicconardi, Frau Simone Couturaud, Herr Ignazio Genuardi und Frau Felicie Streichen gegen Gemeinsame Versammlung, Slg. 1957, S. 85 (115 ff).

[622] EuGH, Rs. C-207/99, Kommission gegen Claudine Hamptaux, Slg. 2000, S. I-9485, Rdn. 47; Rs. 303/81, Klöckner-Werke AG gegen Kommission, Slg. 1983, S. 1507 (1529).Rs. 228/84, Maurice Pauvert gegen Rechnungshof, Slg. 1985, S. 1969 (1973); Rs. T-43/97, Isabelle Adine-Blanc gegen Kommission, Slg. 1998, I-A-557 und II-1683, Rdn. 31 mwN; außerdem Crones, Selbstbindungen der Verwaltung, S. 137 ff; Borchardt, Grundsatz des Vertrauensschutzes, S. 88.

Letztlich kommt es bei der Beurteilung, ob sich eine bloße Erwartungshaltung zu einer geschützten Vertrauenslage verdichtet, auf den individuellen „Empfängerhorizont" an. Während bei gesicherten Rechtspositionen die Vertrauenslage allein durch das vertrauensbildende Handeln des Gemeinschaftsorgans hervorgerufen wird, ist bei bloßen Erwartungen erforderlich, daß vom Einzelnen nach außen hervortretende, das heißt objektivierbare, Dispositionen getätigt werden müssen, die in einem ursächlichen Zusammenhang, das heißt in einem Kausalitätsverhältnis, zu der subjektiven Erwartungsposition zu stehen haben.[623] Die getätigten Dispositionen sind dabei in der Regel wirtschaftlicher Natur, können aber auch in einem tatsächlichen Verhalten bestehen.

Inwieweit bei einem Beihilfeprojekt Vertrauenstatbestände geschaffen worden sind, kann nicht generell-abstrakt geklärt werden. Maßgeblich ist der konkrete Einzelfall. Dabei sind auch das Vorverfahren, die Komplexität der Beihilfenkontrolle in wirtschaftlicher und administrativ-politischer Hinsicht, das Bestehen von Leitlinien und Codizes sowie die Kommunikation zwischen Kommission und Mitgliedstaat mit zu berücksichtigen.[624]

b) Schutzwürdigkeit des Vertrauens

Der Betroffene mußte im konkreten Fall auf die Vertrauenslage vertrauen dürfen.[625] Entscheidend ist dabei nicht, ob er tatsächlich darauf vertraut hat. Für die Beurteilung der Schutzwürdigkeit eines Vertrauens sind vielmehr objektive Kriterien entscheidend, insbesondere Sinn und Zweck der der Vertrauenslage zugrundeliegenden Verhaltensweise oder Bestimmung.[626] Dies bedeutet, daß bei einer gesicherten Rechtsposition eine Regelvermutung für die Schutzwürdigkeit besteht, die jedoch durch höherrangige Gemeinschaftsinteressen durchbrochen werden kann, während bei bloßen Erwartungen eine einzelfallorientierte Beurteilung anhand eines „umsichtigen und besonnenen Wirtschaftsteilnehmers" er-

---

[623] Borchardt, Grundsatz des Vertrauensschutzes, S. 96 f; Geiss, Rechtsstaatliche Grundsätze im Beihilferecht, S. 196.

[624] Reufels, Europäische Subventionskontrolle durch Private, S. 84.

[625] Borchardt, Grundsatz des Vertrauensschutzes, S. 99.

[626] EuGH, verb. Rs. 44/77 bis 51/77, Groupement d'Intérêt Économique „Union Malt" u.a. gegen Kommission, Slg. 1978, S. 57 (59); Rs. 68/77, IFG - Intercontinentale Fleischhandelsgesellschaft mbH und Co. KG gegen Kommission, Slg. 1978, S. 353 (369); Rs. 84/78, Angelo Tomadini S.n.c. gegen Amministrazione delle Finanze dello Stato, Slg. 1979, S. 1801 (1815); Borchardt, Grundsatz des Vertrauensschutzes, S. 99.

folgt.[627] In Betracht kommen aber auch Widerrufsvorbehalte oder Befristungen, die eine Rechtsänderung vorhersehbar machen und dadurch eine Schutzwürdigkeit ausschließen können.[628] Gleiches gilt für den Fall, daß ein vertrauensbildendes Verhalten erkennbar nur vorläufiger Natur ist, wie dies in der Regel bei Auskünften der Fall ist.[629] Trotzdem vorgenommene Dispositionen des Betroffenen werden dann nur noch auf eigenes Risiko getätigt und können keine Bindung der Gemeinschaft aus dem Grundsatz des Vertrauensschutzes mehr bewirken.

Am Fall der Gemeinsamen Marktorganisationen oder im Bereich des Währungsausgleichssystems bei den gemeinschaftlichen Agrarpreisen, deren Zielsetzung eine ständige Anpassung an die Veränderungen der wirtschaftlichen Lage und damit immer neue hoheitliche Eingriffe mit sich bringt, hat der EuGH deutlich gemacht, daß sich die Wirtschaftsteilnehmer nicht auf ein wohlerworbenes Recht auf Beibehaltung eines Vorteils berufen können, der sich für sie aus der Einführung der gemeinsamen Marktorganisation ergibt und ihnen zu einem bestimmten Zeitpunkt zugute gekommen ist. Der EuGH führt dazu folgendes aus:

„Außerdem ergibt sich aus der ständigen Rechtsprechung des Gerichtshofes, daß „zwar der Grundsatz des Vertrauensschutzes ... zu den Grundprinzipien der Gemeinschaft gehört, [daß aber] die Marktbürger ... nicht auf die Beibehaltung einer bestehenden Situation vertrauen [dürfen], die die Gemeinschaftsorgane im Rahmen ihres Ermessens ändern können." Für das einwandfreie Funktionieren des gemeinsamen Stahlmarktes ist zweifellos eine ständige Anpassung nach Maßgabe der Veränderungen der Wirtschaftslage erforderlich, und die Wirtschaftsteilnehmer können sich nicht auf ein wohlerworbenes Recht auf Beibehaltung der zu einem bestimmten Zeitpunkt bestehenden Rechtslage berufen. Zudem hat der Gerichtshof unter Verwendung des Begriffes des „umsichtigen und besonnenen Wirtschaftsteilnehmers" darauf hingewiesen, daß es in bestimmten Fällen möglich ist, den Erlaß spezifischer Maßnahmen, die offensichtlichen Krisensituationen entge-

---

[627] Schwarz, Vertrauensschutz als Verfassungsprinzip, S. 504 f; Borchardt, EuGRZ 1988, S. 312.

[628] EuGH, Rs. 54/65, Compagnie de Forges de Châtillon Commentry et Neuves-Maison gegen Hohe Behörde, Slg. 1966, S. 529 (545); Borchardt, Grundsatz des Vertrauensschutzes, S. 100 ff.

[629] EuGH, Rs. 90/77, Firma Hellmut Stimming KG gegen Kommission, Slg. 1978, S. 995 (1008).

genwirken sollen, vorherzusehen, so daß eine Berufung auf den Grundsatz des Vertrauensschutzes nicht möglich ist."[630]

Dieser Hinweis auf den „umsichtigen und besonnenen Wirtschaftsteilnehmer" erfordert damit einen aufmerksamen, vorausschauenden, besonnenen und kritisch-würdigenden Wirtschaftsteilnehmer, bei dem schutzwürdiges Vertrauen dann zu verneinen ist, wenn eine die Lage kennzeichnende Unsicherheit dem Betroffenen nicht unbekannt sein konnte.[631] In diesem Zusammenhang sind Krisensituationen oder außergewöhnlich negative wirtschaftliche Entwicklungen innerhalb eines Wirtschaftssektors zu nennen, bei denen mit Schutzmaßnahmen der EG oder der Mitgliedstaaten zu rechnen ist.[632]

In der Rechtssache „Maizena" hat der EuGH weiterhin ausgeführt, daß eine gegen das Gemeinschaftsrecht verstoßende Praxis eines Mitgliedstaates keinesfalls eine vom Vertrauensschutz gesicherte Rechtsposition begründen kann.[633] Dies ist selbst dann nicht möglich, wenn die Kommission es unterlassen habe, die erforderlichen Maßnahmen zu ergreifen, um diesen Staat zu einer korrekten Anwendung der Gemeinschaftsregelungen zu veranlassen. Infolgedessen kann eine überraschende Aufgabe einer derartigen, langjährigen Praxis durch einen Mitgliedstaat keine Verletzung des Vertrauensschutzes begründen.

---

[630] EuGHI, Rs. T-106/96, Wirtschaftsvereinigung Stahl gegen Kommission, Slg. 1999, S. II-2155, Rdn. 125, 126; vgl. auch EuGH, Rs. C-350/88, Societé Francaise des Biscuits Delacre S.A. und Societé Etablissements J. Le Scao S.A. und Societé Biscuiterie de L'Abbaye Sarl gegen Kommission, Slg. 1990, S. I-395, Rdn. 33; Rs. 230/78, S.P.A. Eridania-Zuccherifici Nazionali und S.P.A. Società italiana per l'industria degli zuccheri gegen Minister für Landwirtschaft und Forsten, Minister für Industrie, Handel und Handwerk und S.P.A. Zuccherifici Meridionali, Slg. 1979, S. 2749, Rdn. 22; Rs. T-472/93, Campo Ebro Industrial S.A., Levantina Agricola Industrial S.A. und Cerestar Iberica S.A. gegen Rat, Slg. 1995, S. II-421, Rdn. 52; Rs. C-372/96, Antonio Pontillo gegen Donatab Srl, Slg. 1998, S. I-5091, Rdn. 22 f.

[631] Lenz, Vertrauensschutz im Gemeinschaftsrecht, S. 26; EuGH, Rs. 152/80, Debayser S.A. u.a. gegen den Direktor des Fonds d'intervention et de régularisation du marché du sucre u.a., Slg. 1981, S. 1291 (1306); Rs. 26/81, S.A. Oleifici Mediteranei gegen Europäische Wirtschaftsgemeinschaft, Slg. 1982, S. 3057 (3079); Rs. C-284/94, Spanien gegen Rat, Slg. 1998, S. I-7309 (7323).

[632] EuGH, verb. Rs. 44/77 bis 51/77, Groupement d'Intérêt Économique „Union Malt" u.a. gegen Kommission, Slg. 1978, S. 57 (80 ff); Rs. 78/77, Firma Johann Lührs gegen HZA Hamburg-Jonas, Slg. 1978, S. 169 (177 f).

[633] EuGH, Rs. 5/82, HZA Krefeld gegen Firma Maizena GmbH, Slg. 1982, S. 4601, Rdn. 22.

Weiterhin sind auch rechtzeitige und umfassende Informationen, die auf eine Veränderung der Rechtslage hinweisen und insoweit eine Umgestaltung der der Begünstigung zugrundeliegenden Rechtslage vorhersehbar machen, unabhängig von ihrem Rechtscharakter und ihrer Form dazu geeignet, schutzwürdiges Vertrauen dahingehend zu unterbinden, daß der Wirtschaftsteilnehmer nicht mehr auf das Bestehenbleiben der zum Vertragsabschluß gültigen rechtlichen Gegebenheiten für den Zeitraum bis zur Vertragsbeendigung vertrauen kann.[634] Darunter fallen beispielsweise Vorschläge der Kommission an den Rat für neue Legislativakte[635], Veröffentlichungen von Mitteilungen in den Pressediensten oder ein Aushang einer Mitteilung bei einer Sprechergruppe in Brüssel[636] sowie bloße Mitteilungen im EG-Amtsblatt über Änderungen der Rechtslage.[637]

Außerdem hat ein Betroffener die Schutzwürdigkeit seines Vertrauens dann verwirkt, wenn er sich einer offensichtlichen Verletzung der geltenden Bestimmungen schuldig gemacht hat, indem er beispielsweise seinen Mitwirkungspflichten nicht nachgekommen ist.[638] An der Kausalität zwischen der Vertrauenslage und den vom Betroffenen getätigten Dispositionen mangelt es im übrigen dann, wenn sich letztere außerhalb der Zielrichtung und des Schutzbereichs der Vertrauenslage befanden.[639]

c) Interessenabwägung

Im Rahmen der Interessenabwägung, bei der es letztlich darum geht, inwieweit aufgrund des Vertrauensschutzes eine gesicherte Rechtsposition oder rechtserhebliche Erwartung beibehalten wird, sind die Individualinteressen der Betrof-

---

[634] Borchardt, Grundsatz des Vertrauensschutzes, S. 109 ff; ders. EuGRZ 1988, S. 313; Schwarz, Vertrauensschutz als Verfassungsprinzip, S. 510.

[635] EuGH, verb. Rs. 95/74 bis 98/74, 15 und 100/75, Union nationale de coopératives agricoles des céréales u.a. gegen Kommission und Rat, Slg. 1975, S. 1615 (1639); Rs. 84/81, Staple Dairy Products Limited gegen Intervention Board for Agricultural Produce, Slg. 1982, S. 1763 (1778).

[636] EuGH, Rs. 98/78, Firma A. Racke gegen HZA Mainz, Slg. 1979, S. 69 ff; Rs. 99/78, Weingut Gustav Decker KG gegen HZA Landau, Slg. 1979, S. 101 ff.

[637] EuGH, Rs. 84/81, Staple Dairy Products Limited gegen Intervention Board for Agricultural Produce, Slg. 1982, S. 1763 (1778); Rs. 245/81, Edeka Zentrale AG gegen Deutschland, Slg. 1982, S. 2745 (2758); Rs. 235/82, Ferriere San Carlo S.p.A. gegen Kommission, Slg. 1983, S. 3949 (3966).

[638] EuGH, Rs. 258/81, Metallurgiki Halyps S.A. gegen Kommission, Slg. 1982, S. 4261 (4281 f); Rs. 67/84, Sideradria S.p.A gegen Kommission, Slg. 1985, S. 3983 (3994).

[639] EuGH, Rs. 1/73, Westzucker GmbH gegen Einfuhr- und Vorratsstelle für Zucker, Slg. 1973, S. 723 (731).

fenen mit den Gemeinschaftsprinzipien und –zielen sowie den Gemeinwohlinteressen abzuwägen. Ebenfalls ist der Verhältnismäßigkeitsgrundsatz mit seinen Kriterien der Geeignetheit, der Erforderlichkeit und der Angemessenheit zu beachten.[640] Diese Abwägung hat am konkreten Einzelfall zu erfolgen.[641]

Das Individualinteresse ist auf den Fortbestand der getroffenen Dispositionen und auf die Verhinderung eines materiellen oder ideellen Schadenseintritts gerichtet. Hierbei ist aber zu berücksichtigen, ob sich das schützenswerte Vertrauen aus einer erworbenen Rechtsposition ableitet oder ob es sich um bloße Erwartungen auf den Fortbestand einer Rechtslage handelt, die im Interessenvergleich auf einer niedrigeren Bedeutungsstufe anzusiedeln sind.[642] Denn das Gewicht bloßer Erwartungen richtet sich insbesondere danach, in welchem Umfang ihretwegen schon Dispositionen getätigt wurden, woran sich wiederum der Umfang der Verfestigung des individuellen schutzwürdigen Vertrauens zeigt.

Zum Gemeinschaftsinteresse zählen beispielsweise die Prinzipien der Gesetzmäßigkeit der Verwaltung und der Funktionsfähigkeit des Gemeinsamen Marktes.[643] Letzterem Gesichtspunkt wird regelmäßig eine hohe Bedeutung beigemessen, damit sich die Gemeinschaftsorgane auf eine Veränderung der Wirtschaftslage rasch einstellen sowie angemessen und flexibel reagieren können. Zur Funktionsfähigkeit des Gemeinsamen Marktes zählen unter anderem die Bekämpfung von Diskriminierungen anderer Wirtschaftsteilnehmer, die Abwendung einer schweren und fortdauernden Krise auf einem Sektor der Gemeinschaftspolitik, der Kampf gegen die Überproduktion innerhalb der EG, die Wiederherstellung des Marktgleichgewichts und die Durchführung der Wettbewerbsprinzipien.[644] Der Grundsatz der Gesetzmäßigkeit der Verwaltung, der ein zentrales Strukturprinzip jedes rechtsstaatlichen Gemeinwesens ist, beinhaltet im Gemeinschaftsrecht den Vorrang des höherrangigen Rechts (bezogen auf das Verhältnis der verschiedenen gemeinschaftlichen Rechtsakte zueinander und auf das Verhältnis zum mitgliedstaatlichen Recht, welches wiederum durch die

---

[640] Zum Verhältnismäßigkeitsgrundsatz: EuGH, Rs. 809/79, Fratelli Pardini S.p.A., Slg. 1980, S. 2103 (2120); Rs. 203/80, Strafverfahren gegen Guerrino Casati, Slg. 1981, S. 2595 (2618); verb. Rs. 26 und 86/79, Forges de Thy-Marcinelle und Monceau S.A. gegen Kommission, Slg. 1980, S. 1083 (1093).

[641] Crones, Selbstbindungen der Verwaltung, S. 114.

[642] Borchardt, Grundsatz des Vertrauensschutzes, S. 123; Michels, Vertrauensschutz, S. 26.

[643] Borchardt, Grundsatz des Vertrauensschutzes, S. 123 f; Crones, Selbstbindungen der Verwaltung, S. 114.

[644] Borchardt, EuGRZ 1988, S. 314.

Grundsätze der unmittelbaren Anwendbarkeit und des Vorrangs des Gemeinschaftsrechts geprägt ist) und den Grundsatz der begrenzten Einzelermächtigung nach Art. 5 Abs. 1.[645]

In der Rechtssache „Westzucker" hat der EuGH außerdem deutlich gemacht, daß auch das Interesse der EG an einer sofortigen Änderung der Rechtslage sowie der Erlaß von Übergangsregelungen zu untersuchen sind.[646] Insbesondere können Übergangsregelungen dazu dienen, einen Interessenausgleich der Beteiligten zu erreichen[647]; beispielsweise könnten die Fristen nach der Auffassung von Borchardt dergestalt bestimmt sein, daß die Betroffenen ihre gegebenenfalls bereits getätigten Dispositionen vollständig realisieren können; alternativ könnten bei einer normativen Neuregelung diejenigen, die auf den Fortbestand der bisherigen Regelung vertraut haben, aus dem Anwendungsbereich der neuen Norm herausgenommen werden, wodurch auf bestimmte Rechtspositionen verzichtet wird.[648] Schwarz plädiert gleichfalls dafür, Übergangsregelungen derart auszugestalten, daß die Betroffenen die unter der bisherigen Rechtslage vorgenommenen Dispositionen vollständig abschließen können.[649] Die Dauer von Übergangsregelungen hat sich dabei aber immer am konkreten Einzelfall zu orientieren, wozu unter anderem die jeweilige Vertrauenslage und der Zeitrahmen gehören, innerhalb dessen eine Umstellung auf eine neue Rechtslage dem Betroffenen überhaupt möglich ist.

Eine generelle Verpflichtung zum Erlaß von Übergangsregelungen besteht mithin aber nicht. Der Kommission steht damit ein Ermessens- und Entscheidungsspielraum zu. Dies ist auch insoweit sinnvoll, als dadurch den Erfordernissen der Verwaltung nach einer flexiblen und effizienten Anwendung des Gemeinschaftsrechts Rechnung getragen wird. Zu beachten ist allerdings, daß im Ge-

---

[645] EuGH, verb. Rs. 42 und 49/59, Société Nouvelle des Usines de Pontlieue-Aciéries du Temple (SNUPAT) gegen Hohe Behörde, Slg. 1961, S. 111 (172); verb. Rs. 133 bis 136/85, Walter Rau Lebensmittelwerke Werke u.a. gegen Bundesanstalt für Landwirtschaftliche Marktordnung, Slg. 1987, S. 2289 (2341 f); Geiss, Rechtsstaatliche Grundsätze im Beihilferecht, S. 122 ff.

[646] EuGH, Rs. 1/73, Westzucker GmbH gegen Einfuhr- und Vorratsstelle für Zucker, Slg. 1973, S. 723 ff; Rs. 167/80, Dunstan Curtis gegen Europäisches Parlament, Slg. 1982, S. 931 ff.

[647] EuGH, Rs. 78/74, Deuka gegen Einfuhr- und Vorratsstelle für Getreide und Fruchtmittel, Slg. 1975, S. 421, Rdn. 12 - 14; Rs. 5/75, Deuka gegen Einfuhr- und Vorratsstelle für Getreide und Fruchtmittel, Slg. 1975, S. 759, Rdn. 8 - 11.

[648] Borchardt, Grundsatz des Vertrauensschutzes, S. 129.

[649] Schwarz, Vertrauensschutz als Verfassungsprinzip, S. 527.

meinschaftsrecht, anders als im deutschen Recht, nicht zwischen Ermessens- und Beurteilungsspielräumen unterschieden wird.[650]

Auf den Erlaß von Übergangsregelungen ist aber immer dann zu verzichten, wenn aus der daraus resultierenden parallelen Anwendung von verschiedenen Rechtsnormen Beeinträchtigungen des Gemeinsamen Marktes resultieren oder wenn die Wirksamkeit der zur Sicherung des Gemeinsamen Marktes eingesetzten Gemeinschaftsmechanismen beeinträchtigt würde.[651] In der Rechtssache „Tomadini" heißt es im gleichen Sinne:

> „..., so verbietet es der Grundsatz des Vertrauensschutzes, die allgemeine Regelung ohne gleichzeitigen Erlaß von Übergangsregelungen zu ändern, es sei denn, daß einer Übergangsregelung ein zwingendes Interesse des Gemeinwohls entgegensteht. Der Anwendungsbereich dieses Grundsatzes darf aber nicht so weit ausgedehnt werden, daß die Anwendung einer neuen Regelung auf die künftigen Folgen von Sachverhalten schlechthin ausgeschlossen ist, die unter der Geltung der früheren Regelung entstanden sind, ohne daß Verpflichtungen gegenüber den Behörden übernommen worden sind."[652]

In der Rechtssache „Dürbeck" führt der EuGH weiter aus:

> „Im Hinblick auf die Erfordernisse, denen die zeitweilige Aussetzung der Einfuhren Rechnung trug, hätten Übergangsbestimmungen, durch die die bereits geschlossenen Verträge von dieser Aussetzung ausgenommen worden wären, der Schutzmaßnahme überdies jede praktische Wirksamkeit genommen, indem sie den gemeinschaftlichen Markt für Tafeläpfel Einfuhren von einem solchen Umfang geöffnet hätten, daß dieser Markt hätte gefährdet werden können."[653]

---

[650] Schwarze, Europäisches Verwaltungsrecht, S. 280.

[651] Borchardt, EuGRZ 1988, S. 314; EuGH, Rs. 112/80, Firma Anton Dürbeck gegen HZA Frankfurt am Main-Flughafen, Slg. 1981, S. 1095, Rdn. 47 - 50; verb. Rs. 44/77 bis 51/77, Groupement d'Intérêt Économique „Union Malt" u.a. gegen Kommission, Slg. 1978, S. 57, Rdn 38, 40.

[652] EuGH, Rs. 84/78, Angelo Tomadini S.n.c. gegen Amministrazione delle Finance dello Stato, Slg. 1979, S. 1801 (1814 f).

[653] EuGH, Rs. 112/80, Firma Anton Dürbeck gegen HZA Frankfurt am Main-Flughafen, Slg. 1981, S. 1095, Rdn. 50.

Dementsprechend führt Reufels aus, daß der Vertrauensschutzaspekt in der EuGH-Rechtsprechung häufig im Rahmen der Abwägung zugunsten der Funktionsfähigkeit des Gemeinsamen Marktes zurücktrete, und es bislang nur sehr wenige Fälle gegeben habe, bei denen eine Verletzung des Vertrauensschutzgrundsatzes anerkannt worden sei.[654] Letztlich bedeutet diese restriktive Auslegung des Vertrauensschutzesgedankens im Bereich des Beihilferechts eine Stärkung der Effektivität der europäischen Beihilfenaufsicht.

d) Rechtsfolgen einer Verletzung des Vertrauensschutzgrundsatzes

In der Rechtssache „Merkur" hat der EuGH grundlegend zur Frage möglicher Rechtsfolgen einer Verletzung des Vertrauensschutzgrundsatzes Stellung genommen.[655] In diesem Fall ging es um das System der Währungsausgleichsbeträge, die durch die Ausschaltung des Wechselkursrisikos zur Stützung des Gemeinsamen Marktes beitragen sollten. Der EuGH stellte fest, daß der Unternehmer darauf vertrauen konnte, daß keine unvorhersehbaren Änderungen dieses Systems erfolgen, die ihm durch eine Abkehr von den Ausgleichsbeträgen das Wechselkursrisiko rücküberbürden und damit Verluste verursachen. Grundlage dieser Entscheidung waren vom Unternehmer eingegangene Verträge, von denen er praktisch nicht mehr zurücktreten konnte, da er sich gegen Zahlung einer Kaution unter Vorausfestsetzung eines Erstattungsbetrages Ausfuhrlizenzen hatte erteilen lassen. Gleichzeitig machte der EuGH deutlich, daß die Kommission für den entstandenen Schaden des Unternehmers verantwortlich ist und haftbar gemacht werden kann, da sie ihren Kurswechsel weder vorher angekündigt hatte noch Übergangsmaßnahmen erließ.

In der Rechtssache „CNTA" entschied der EuGH, daß die Kommission durch ihre kurzfristige und nicht durch zwingende Gründe des Gemeinwohls gerechtfertigte Abschaffung von Währungsausgleichsbeträgen für Ölsaaten unter Hinweis auf veränderte Weltmarktbedingungen im Wege einer Verordnung gegen schutzwürdiges Vertrauen verstoßen habe, indem sie keine Übergangsmaßnah-

---

[654] Reufels, Europäische Subventionskontrolle durch Private, S. 88 f unter Hinweis auf die erfolgreiche Klage: EuGH, Rs. 74/74, Comptoir National Technique Agricole (CNTA) gegen Kommission, Slg. 1975, S. 533, Rdn. 44; ebenfalls Michels, Vertrauensschutz, S. 28 f unter Hinweis auf EuGH, Rs. 120/86, J. Mulder gegen Minister van Landbouw en Visserij, Slg. 1988, S. 2321, Rdn. 27.

[655] EuGH, Rs. 97/76, Merkur Außenhandel GmbH & Co. KG gegen Kommission, Slg. 1977, S. 1063 ff.

men erlassen habe, durch die abgeschlossene Geschäfte, von denen nicht mehr zurückgetreten werden könne, in ihrem Bestand geschützt werden.[656]

Die Anerkennung von Vertrauensschutz kann sich letzten Endes sogar bis zum Bestandsschutz verdichten, aufgrund dessen jedwede den Betroffenen belastende Rechtsänderung schon von vornherein ausgeschlossen ist.[657] Wegen der daraus resultierenden erheblichen Einschränkungen der gesetzgeberischen Befugnisse sind daran aber besonders hohe Anforderungen zu knüpfen.[658] Gleichwohl ist der EuGH bei den sog. „bedingten Rechtspositionen", die Betroffene im Sinne von Anwartschaften erworben haben, der Auffassung, daß Bestandsschutz in diesen Fällen nicht gewährt werden könne, da die betreffende Bedingung noch nicht eingetreten sei.[659]

Aufgrund des Vertrauensschutzes können somit Normativakte der Gemeinschaft für ungültig oder nichtig erklärt werden[660], Übergangsregelungen erlassen oder Schadenersatz gewährt werden[661]. Die Gewährung von Schadenersatz auf der Grundlage des Art. 288 Abs. 2 EGV kommt immer dann in Betracht, wenn die beiden anderen genannten Möglichkeiten angesichts einer erforderlichen sofortigen Rechtsänderung ausscheiden.

e) Bewertung

Grundsätzlich kann der gemeinschaftsrechtliche Vertrauensschutz aufgrund seiner individualschützenden Funktion sowohl den Anleihegläubigern als auch den öffentlich-rechtlichen Kreditinstituten zugute kommen. Er richtet sich dann direkt gegen mögliche Rückforderungsanordnungen der Kommission und nicht

---

[656] EuGH, Rs. 74/74, Comptoir National Technique Agricole (CNTA) gegen Kommission, Slg. 1975, S. 533 (549); ebenfalls Rs. 90/77, Firma Helmut Stimming KG gegen Kommission, Slg. 1978, S. 995 (1006).

[657] EuGH, Rs. 120/86, J. Mulder gegen Minister van Landbouw en Visserij, Slg. 1988, S. 2321, Rdn. 25 - 27; Rs. 170/86, Georg von Deetzen gegen HZA Hamburg-Jonas, Slg. 1988, S. 2355, Rdn. 14 - 16.

[658] Schwarz, Vertrauensschutz als Verfassungsprinzip, S. 525.

[659] EuGH, Rs. 1/73, Westzucker GmbH gegen Einfuhr- und Vorratsstelle für Zucker, Slg. 1973, S. 723, Rdn. 7 ff.

[660] EuGH, Rs. 112/77, August Töpfer & Co. GmbH gegen Kommission, Slg. 1978, S. 1019 (1032).

[661] EuGH, Rs. 74/74, Comptoir National Technique Agricole (CNTA) gegen Kommission, Slg. 1975, S. 533, Rdn. 47; Rs. 289/81, Vassilis Mavridis gegen Europäisches Parlament, Slg. 1983, S. 1731 (1745).

gegen Durchsetzungsmaßnahmen der Kommissionsentscheidung durch den Mitgliedstaat.[662] Sofern ein solcher Vertrauensschutz tatsächlich besteht, könnte daraus die Notwendigkeit zum Erlaß von Übergangsregelungen resultieren.

Bis zum Jahr 1995 hat die Europäische Kommission die Rechtsinstitute Anstaltslast und Gewährträgerhaftung vollkommen unbeanstandet gelassen. Zumindest bis zu diesem Zeitpunkt existierte eine langjährige Verwaltungspraxis der Kommission, in der Anstaltslast und Gewährträgerhaftung entweder nicht als eine das Beihilferecht verletzende staatliche Maßnahme angesehen oder zumindest stillschweigend geduldet wurden. Dadurch wurden bei den in öffentliche Anleihen investierenden Anlegern rechtserhebliche Erwartungen auf den Fortbestand dieser Haftungsregelungen geweckt. Dieses Unterlassen in Form eines Verzichts auf das Ergreifen effektiver Maßnahmen respektive das entsprechende Dulden von Seiten der Kommission ist dabei als eine vertrauenschaffende Maßnahme anzusehen. Ihren subjektiven Empfängerhorizont zugrundelegend konnten die Anleihegläubiger auch auf diesen Tatbestand vertrauen, sofern sie die Investitionen überhaupt in konkreter Kenntnis der Existenz und der Auswirkungen der öffentlichen Haftung und der Vereinbarkeit von Anstaltslast und Gewährträgerhaftung mit dem Beihilferecht gemacht haben. Zumindest ist davon auszugehen, daß die Anleger eine allgemeine Vorstellung über festverzinsliche Wertpapiere öffentlich-rechtlicher Kreditinstitute und über die diesen Wertpapieren aus der öffentlichen Haftung zukommende Sonderstellung besaßen. Durch ihre finanziellen Investitionen in öffentliche Anleihen haben sie auch entsprechende objektivierbare Dispositionen getätigt, durch die sich die individuelle Erwartungshaltung wiederum in eine geschützte Vertrauensposition verfestigt hat. Zugunsten der öffentlich-rechtlichen Kreditinstitute ist ebenfalls eine schutzwürdige Vertrauensposition anzuerkennen.

Eine Unterbindung dieses bestehenden gemeinschaftsrechtlichen Vertrauensschutzes kommt mithin frühestens im Jahre 1995 in Frage. Als vertrauensbeendende Maßnahme zulasten der Anleihegläubiger scheidet das sog. „non paper" der Kommission, in dem zum ersten Mal die Unvereinbarkeit von Anstaltslast und Gewährträgerhaftung mit dem Beihilferecht angesprochen wurde, indes aus. Da dieses Dokument nicht veröffentlicht wurde, kann es die Schutzwürdigkeit des Anlegervertrauens auch nicht beseitigen. Zumindest wurde durch das „non paper" der Vertrauensschutz der öffentlich-rechtlichen Kreditinstitute beseitigt.

---

[662] Berrisch, EuR 1997, S. 159.

Denn seit diesem Zeitpunkt war ihnen bekannt, daß die öffentliche Haftung in Deutschland möglicherweise gemeinschaftsrechtswidrig ist.

Weitere Anknüpfungspunkte könnten der Bericht über „Dienstleistungen von allgemeinem wirtschaftlichem Interesse im Bankensektor" aus dem Jahre 1998, die Beihilfebeschwerde der Europäischen Bankenvereinigung aus dem Jahre 1999 sowie die „Mitteilung über die Anwendung der Artikel 87 und 88 EG-Vertrag auf staatliche Beihilfen in Form von Haftungsverpflichtungen und Bürgschaften" aus dem Jahre 2000 sein. Aufgrund der dadurch resultierenden umfangreichen und medienwirksamen öffentlichen Debatte könnte zwar eine verminderte Schutzwürdigkeit des Vertrauens der Anleihegläubiger zu bejahen sein. Denn zumindest durch die Beihilfebeschwerde wurde ein von der Kommission durchzuführendes offizielles Verfahren eingeleitet, an dessen Ende die mögliche Unvereinbarkeit der öffentlichen Haftung mit dem Gemeinschaftsrecht hätte stehen können.

Unter Zugrundelegung des Kriteriums eines aufmerksamen, vorausschauenden, besonnenen und kritisch-würdigenden Wirtschaftsteilnehmers, welches bei der Beurteilung der Schutzwürdigkeit eine wichtige Rolle spielt, konnte das Anlegervertrauen jedoch nicht vollständig beseitigt werden. Sie mußten nämlich nicht damit rechnen, daß sie von dem Beihilfeverfahren, in dem nur einige wenige öffentlich-rechtliche Kreditinstitute exemplarisch herausgegriffen wurden, zwangsläufig und konkret betroffen werden. Die Anleger waren keine Beihilfebegünstigten, weswegen auf sie auch nicht die vom EuGH entwickelten Erkundigungspflichten hinsichtlich der Einhaltung des Notifizierungsverfahrens anwendbar sind. Diese gelten nur für das Verhältnis zwischen dem Beihilfegeber und dem Beihilfebegünstigten und nicht für das Verhältnis zwischen dem Beihilfegeber und einem Dritten. Ohne Bedeutung wäre insoweit auch die Bekanntgabe der Eröffnung eines Beihilfeverfahrens durch die Kommission im EG-Amtsblatt gewesen. Zudem widerspräche die Befürwortung einer derart weitreichenden Erkundigungspflicht dem tatsächlichen Ablauf und dem Umfang der marktüblichen Sorgfalt bei Anleihekäufen. Denn der überwiegende Großteil der individuellen und nicht institutionellen Anleger wird die Gemeinschaftsrechtskonformität der gekauften Anleihen normalerweise nicht überprüfen. Dazu hätten die Anleiheprospekte zumindest einen allgemeinen Hinweis auf eine mögliche Gemeinschaftsrechtswidrigkeit von Anstaltslast und Gewährträgerhaftung enthalten müssen.[663]

Spätestens aber mit der Brüsseler „Verständigung" aus dem Jahre 2001 auf der Grundlage des „Plattform-Modells" (und nicht erst mit der diese „Verständigung" umsetzenden Kommissionsentscheidung aus dem Jahre 2002) ist eine weitere Schutzwürdigkeit des Vertrauens der Anleihegläubiger zu verneinen. Die „Verständigung" hatte konkrete Auswirkungen auf das öffentliche Haftungssystem hin zu einer Neuausrichtung an marktwirtschaftlichen Eigentümerbeziehungen. Den in öffentliche Anleihen investierenden Anlegern war mithin konkret bekannt, daß die gekauften Wertpapiere in absehbarer Zeit nicht mehr durch Anstaltslast und Gewährträgerhaftung abgesichert sein werden. Entsprechende Umgestaltungen der maßgeblichen Anleihebedingungen waren demnach vorhersehbar. Investitionen beruhten in stärkerem Maße auf eigenem Risiko. Konkrete Dispositionen waren zu diesem Zeitpunkt aber noch nicht getätigt.

Soweit nunmehr für bis zum 17. Juli 2001 begründete Verbindlichkeiten ein gemeinschaftsrechtlicher Vertrauensschutz zugunsten der Anleihegläubiger bejaht wird, kann zum Ausgleich der individuellen Anlegerinteressen und dem Interesse der Gemeinschaft der Erlaß von Übergangsregelungen erforderlich sein. Diese Anleger haben durch ihre Investitionen bereits konkrete Dispositionen vorgenommen. Zugleich haben sie keine bloßen Anwartschaften, sondern konkrete Rechtspositionen erworben, deren Verletzung einen materiellen Schadenseintritt zur Folge haben könnte. Denn der Wegfall des durch die öffentliche Haftung abgesicherten Bonitäts- und Ausfallrisikos ändert nichts an den Zinssätzen, die niedriger sind als die Zinssätze sonstiger (nicht durch die öffentliche Haftung abgesicherter) Anleihen. Deswegen sollten dahingehende Übergangsfristen erlassen werden, bei denen die Anleiheverträge bis zum Ende ihrer Laufzeit auch weiterhin durch Anstaltslast und Gewährträgerhaftung geschützt bleiben. Dann könnten die getätigten Investitionen zu Ende geführt werden, was letztlich einem Bestandsschutz gleichkommt. Eine solche Regelung stimmt eindeutig mit dem unbefristeten „Grandfathering" für Altverbindlichkeiten überein.

Ab dem Zeitpunkt der Vereinbarung der Brüsseler „Verständigung" besteht aber kein Vertrauensschutz mehr für neu begründete Verbindlichkeiten. Entsprechende Übergangsregelungen, die insoweit dem befristeten „Grandfathering" für

---

[663] Koenig / Sander, EuZW 1997, S. 368.

Neuverbindlichkeiten entsprächen, sind somit nicht vom gemeinschaftsrechtlichen Vertrauensschutz her bedingt. Hier überwiegt zudem das Interesse der Gemeinschaft an der Funktionsfähigkeit der Wirtschaftsordnung, an der Beseitigung von Wettbewerbsverzerrungen und an einer Durchsetzung der gemeinschaftlichen Wettbewerbsprinzipien das individuelle Interesse der Anleger an ab Juli 2001 nur bedingt schützenswerten Investitionen. Auf jeden Fall sind hierfür keine Übergangsregelungen erforderlich, bei denen den Beihilfebegünstigten der Wettbewerbsvorteil verbleibt. Denn dadurch würden Beeinträchtigungen des Gemeinsamen Marktes und Gefährdungen der praktischen Wirksamkeit des Beihilferechts entstehen.

3. Eigentumsschutz

a) Schutzbereich und Eingriff

Das Eigentumsrecht gehört als Grundrecht zu den allgemeinen Rechtsgrundsätzen des Gemeinschaftsrechts und wird in der EG-Rechtsordnung nach den gemeinsamen Verfassungskonzeptionen der Mitgliedstaaten gewährleistet und durch die Gemeinschaftsrechtsordnung geschützt.[664] Dabei beruft sich der EuGH unter anderem auf Art. 1 des Zusatzprotokolls zur Europäischen Menschenrechtskonvention (EMRK)[665], wo es heißt:

„Jede natürliche oder juristische Person hat ein Recht auf Achtung ihres Eigentums. Niemand darf sein Eigentum entzogen werden, es sei denn, daß das öffentliche Interesse es verlangt, und nur unter den durch Gesetz und durch die allgemeinen Grundsätze des Völkerrechts vorgesehenen Bedingungen.

Die vorstehenden Bestimmungen beeinträchtigen jedoch in keiner Weise das Recht des Staates, diejenigen Gesetze anzuwenden, die er für die Regelung der Benutzung des Eigentums im Einklang mit dem Allgemeininteresse oder zur Sicherung der Zahlung der Steuern oder sonstigen Abgaben oder von Geldstrafen für erforderlich hält."

---

[664] EuGH, Rs. 44/79, Liselotte Hauer gegen Rheinland-Pfalz, Slg. 1979, S. 3727, Rdn. 15, 17; verb. Rs. 41, 121 und 796/79, Vittorio Testa, Salvino Maggio und Carmine Vitale gegen Bundesanstalt für Arbeit, Slg. 1980, S. 1979 (1996). Weitere Quellen, die im Wege der wertenden Rechtsvergleichung des EuGH zu berücksichtigen sind, siehe: Rengeling, Grundrechtsschutz, S. 225 ff.

[665] (Europäische) Konvention zum Schutz der Menschenrechte und Grundfreiheiten vom 4. November 1950 (EMRK), BGBl. 1952 II, S. 685, 953.

Art. 295 EGV sichert insoweit zwar die mitgliedstaatliche Eigentumsgewährleistung institutionell auf gemeinschaftsrechtlicher Ebene ab, begründet aber selbst keine gemeinschaftsrechtliche Grundrechtsposition. Die Grundrechtskompetenz der Gemeinschaft und damit auch die des EuGH bleiben aber bestehen, um vor allem den Schutz und die Verwirklichung des Eigentums im Bereich der vertraglichen Aufgaben der EG sicherzustellen.[666]

Träger dieses Gemeinschaftsgrundrechts sind die Angehörigen der EG-Mitgliedstaaten, Grundrechtsverpflichtete insbesondere die Gemeinschaftsorgane, deren Rechtsakte anhand des betreffenden Grundrechts beurteilt werden müssen.[667] Die Grundrechtsträger sollen dabei gegen die Hoheitsgewalt der Gemeinschaftsorgane beim Erlaß von (insbesondere Sekundär-) Rechtsakten, bei der Vollziehung und auch im Bereich der Rechtsprechung geschützt werden. Nicht umfaßt werden hingegen nationale Regelungen, die im Ermessen des nationalen Gesetzgebers und außerhalb des gemeinschaftsrechtlichen Rahmens stehen.[668] Die Grundrechte stehen mithin oberhalb des Sekundärrechts und sind bei dessen Gültigkeitsprüfung und Interpretation zu berücksichtigen.

Der Schutzbereich dieses Grundrechts bestimmt sich somit anhand der Verfassungsbestimmungen der Mitgliedstaaten und des Art. 1 des Zusatzprotokolls zur EMRK. Davon werden auch öffentlich-rechtliche Positionen und wohlerworbene Rechte im Sinne von vermögenswerten Rechten, die sich unmittelbar aus dem für das betreffende Gebiet geltenden objektiven Recht herleiten lassen, umfaßt.[669] Allerdings scheiden kaufmännische Interessen und somit bloße Erwerbschancen und Aussichten aus.[670]

Eigentumsbeeinträchtigungen sind demzufolge zum einen als dauerhafte Eigentumsentziehung und zum anderen als Ausübungsbeschränkung möglich. Wie sich auch aus dem obigen Art. 1 des Zusatzprotokolls zur EMRK ergibt, müssen

---

[666] Rengeling, Grundrechtsschutz, S. 41; Pernice, Grundrechtsgehalte, S. 182, 209 ff.

[667] Rengeling, Grundrechtsschutz, S.14 f, 186 f, 199 ff. Auf die Frage, in welchem Umfang auch juristische Personen des öffentlichen Rechts zu den Grundrechtsträgern gehören, wird hier nicht eingegangen.

[668] EuGH, Rs. 12/86, Meryem Demirel gegen Schwaebisch Gmuend (Stadt), Slg. 1987, S. 3719, Rdn. 28; verb. Rs. 60 und 64/84, Societe Cinetheque S.A. u.a. gegen Federation Nationale des Cinemas Français, Slg. 1985, S. 2605, Rdn. 26.

[669] Rengeling, Grundrechtsschutz, S. 46, 51.

[670] EuGH, verb. Rs. 154, 205, 206 u.a./78, Ferriera Valsabbia und andere gegen Kommission, Slg. 1980, S. 907 (1010 f).

solche Ausübungsbeschränkungen tatsächlich dem allgemeinen Wohl dienenden Zielen der Gemeinschaft entsprechen, eine gesetzliche Grundlage haben und im Hinblick auf den verfolgten Zweck keine unverhältnismäßigen und untragbaren Eingriffe in die Vorrechte der Eigentümer darstellen, die die gewährleisteten Rechte in ihrem Wesensgehalt antasten.[671] Zulässige Gründe des Allgemeinwohls sind beispielsweise das Bestehen einer gemeinsamen Marktorganisation, die Verwirklichung der gemeinschaftlichen Strukturpolitik sowie die dem allgemeinen Wohl dienenden Ziele der Gemeinschaft.

Zu beachten ist, daß auch die Gewährung von Vertrauensschutz ein Bestandteil des Eigentumsschutzes ist, indem Vermögensdispositionen des Einzelnen geschützt werden sollen, soweit es sich um erworbene Vertrauenspositionen, die im Vertrauen auf einen bestehenden Rechtszustand getätigt wurden, oder um wohlerworbene Rechte handelt.[672] Dementsprechend heißt es, „daß von der Änderung einer Marktregelung, die mit Bezug auf bestimmte Geschäfte den Wegfall von Vergünstigungen oder stärkere Belastungen bewirkt, geschäftliche Tätigkeiten ausgenommen bleiben, die sich in der Erfüllung unter der Geltung der günstigen Regelung eingegangener Verbindlichkeiten erschöpfen"[673] oder, im Falle der Kürzung von Vergünstigungen, daß diese „im Interesse der Rechtssicherheit (allein) so angewandt werden (kann), daß die Vergünstigungen … noch Warenpartien zugute kommen, für die der Nachweis erbracht ist, daß sie vor Inkrafttreten"[674] der Neuregelung erworben wurden. Nach der Rechtsprechung des EuGH kann daraus auch der Erlaß von Übergangsregelungen folgen.[675]

b) Bewertung

Zwar obliegt die Abschaffung von Anstaltslast und Gewährträgerhaftung dem deutschen Gesetzgeber, weswegen der Schutzbereich des gemeinschaftsrechtli-

---

[671] EuGH, Rs. 44/79, Liselotte Hauer gegen Rheinland-Pfalz, Slg. 1979, S. 3727, Rdn. 19, 23; Rs. 265/87, Hermann Schräder HS Kraftfutter GmbH & Co. KG gegen HZA Gronau, Slg. 1989, S. 2237, Leitsatz 3); Rengeling, Grundrechtsschutz, S. 54; Pernice, Grundrechtsgehalte, S. 192 f.

[672] Rengeling, Vertrauensschutz, S. 52; Pernice, Grundrechtsgehalte, S. 188 f.

[673] GA Trabucchi, Schlußanträge vom 26.2.1975, Rs. 78/84, Deuka gegen Einfuhr- und Vorratsstelle für Getreide und Fruchtmittel, Slg. 1975, S. 421 (440).

[674] EuGH, Rs. 78/74, Deuka gegen Einfuhr- und Vorratsstelle für Getreide und Fruchtmittel, Slg. 1975, S. 421, Rdn. 13, 14.

[675] EuGH, Rs. 74/74, Comptoir National Technique Agricole (CNTA) gegen Kommission, Slg. 1975, S. 533, Rdn. 41 – 44; Rs. 97/76, Merkur Außenhandel GmbH & Co. KG gegen Kommission, Slg. 1977, S. 1063, Rdn. 5.

chen Eigentumsgrundrechts von vornherein nicht eröffnet sein könnte. Gleichwohl wäre im Falle der Unvereinbarkeit der öffentlichen Haftung in Deutschland mit dem europäischen Beihilferecht ein entsprechender Sekundärrechtsakt der Gemeinschaft der entscheidende Auslöser für eine spätere Abschaffung von Anstaltslast und Gewährträgerhaftung, weswegen der gemeinschaftsrechtliche Eigentumsschutz im Rahmen der Gültigkeitsprüfung beim Erlaß eines solchen Sekundärrechtsaktes auf jeden Fall zu berücksichtigen ist.

Durch eine Abschaffung der öffentlichen Haftung wird jedoch nicht in das Eigentum an den festverzinslichen Wertpapieren eingegriffen, sondern allein das bloße Recht der Anleihegläubiger auf eine unmittelbare Inanspruchnahme der Gewährträger tangiert, soweit die Gläubiger nicht aus dem Vermögen des Kreditinstituts im Falle von Zahlungsunfähigkeit oder Liquidation befriedigt werden können. Dieses Recht ist zwar mit dem Eigentumserwerb am Wertpapier verbunden, aber kein direkter Bestandteil des Eigentums. Dementsprechend liegt bei einer Abschaffung der Gewährträgerhaftung auch keine Entwertung einer Rechtsposition vor, keine Eigentumsentziehung und auch keine Ausübungsbeschränkung. Letztere bleibt hinsichtlich der fortbestehenden Handelbarkeit der Wertpapiere selbst uneingeschränkt erhalten. Zudem stellen weder die Anstaltslast, noch die Gewährträgerhaftung „werdende Eigentumsrechte" dar, da sie sich nicht zu einem Eigentumsrecht verfestigen können.

Selbst wenn die Gewährträgerhaftung zum Wesensgehalt festverzinslicher Wertpapiere gezählt und somit als vermögenswerte Rechtsposition anerkannt werden könnte, dann würde daraus bloß die Notwendigkeit zum Erlaß von Übergangsregelungen resultieren, die sich in der Erfüllung der unter der Geltung der bisherigen günstigen Regelung eingegangenen Verbindlichkeiten erschöpfen. Dadurch wäre auch dem Verhältnismäßigkeitsgrundsatz genüge getan. Für eine Ausweitung dieser Übergangsregelungen auf künftige und damit auf neu begründete Verbindlichkeiten besteht somit kein Raum.

4. Rückwirkung von Gemeinschaftsrecht

Eng mit der Frage eines gemeinschaftsrechtlichen Vertrauensschutzes und der erforderlichen Rechtssicherheit verknüpft ist in diesem Zusammenhang die Frage, inwieweit im Gemeinschaftsrecht überhaupt Rückwirkungen von normativen Rechtsakten sowie von individuellen Entscheidungen zulässig sind. Hierbei ist zwischen echter und unechter Rückwirkung zu unterscheiden, wobei es sich nach der ständigen Rechtsprechung des EuGH um allgemeine objektive rechtsstaatliche Grundsätze handelt.[676] Diese sind denen im deutschen Recht sehr vergleichbar.

a) Rückwirkung von normativen Rechtsakten

Bei einer echten Rückwirkung wirkt sich ein Rechtsakt durch neue Regelungen auf abgeschlossene, in der Vergangenheit liegende Rechtsakte aus.[677] Hierbei sind zwei Alternativen zu unterscheiden: Zum einen ist eine echte Rückwirkung dann gegeben, wenn „der Beginn der Geltungsdauer eines Rechtsaktes der Gemeinschaft auf einen Zeitpunkt vor dessen Veröffentlichung gelegt wird".[678] Die Veröffentlichung von Rechtsakten, die im Verfahren der Mitentscheidung nach Art. 251 EGV zustande gekommen sind, der Verordnungen des Rates und der Kommission sowie der an alle Mitgliedstaaten gerichteten Richtlinien dieser Organe erfolgt im Amtsblatt der Europäischen Union; nach Art. 254 Abs. 1 S. 2 und Abs. 2 S. 2 EGV treten sie zu dem durch sie festgelegten Zeitpunkt oder andernfalls am zwanzigsten Tag nach ihrer Veröffentlichung in Kraft. Zum anderen kann sich ein Rechtsakt auf vor dem Inkrafttreten entstandene und vollständig abgeschlossene Sachverhalte beziehen.[679] Darüber hinaus werden von der echten Rückwirkung auch solche Fälle erfaßt, bei denen die Rückwirkung nur aus dem Inhalt des Rechtsaktes folgt und damit aus dessen Auswirkungen, ohne darin konkret benannt worden zu sein.[680]

Grundsätzlich sind echte Rückwirkungen auch aufgrund von Vertrauensschutz- und Rechtssicherheitsgesichtspunkten unzulässig.[681] In Ausnahmefällen können echte Rückwirkungen indes beim kumulativen Vorliegen zweier Voraussetzungen statthaft sein, wenn nämlich (1) das angestrebte Ziel dieses Ergebnis verlangt und (2) das berechtigte Vertrauen der Betroffenen hinreichend beachtet

---

[676] Vgl. die umfassende Darstellung in Schwarz, Vertrauensschutz als Verfassungsprinzip, S. 414 ff sowie in Oppermann, Europarecht, Rdn. 678 f.

[677] GA Roemer, Schlußanträge vom 6.6.1973, Rs. 1/73, Westzucker GmbH gegen Einfuhr- und Vorratsstelle für Zucker, Slg. 1973, S. 733 (738).

[678] EuGH, Rs. 98/78, Firma A. Racke gegen HZA Mainz, Slg. 1979, S. 69 (86); Rs. 99/78, Weingut Gustav Decker KG gegen HZA Landau, Slg. 1979, S. 101 (111).

[679] Schwarze, Europäisches Verwaltungsrecht, S. 1084.

[680] EuGH, Rs. C-368/89, Antonio Crispoltoni gegen Fattoria autonoma tabacchi di Città di Castello, Slg. 1991, S. I-3695 (3720).

[681] Oppermann, Europarecht, Rdn. 678; dazu ebenfalls, Michels, Vertrauensschutz, S. 13; Schwarz, Vertrauensschutz als Verfassungsprinzip, S. 415; Borchardt, EuGRZ 1988, S. 311.

worden ist.[682] Hierbei kommt es zu einer Abwägung zwischen den Gemeinschaftsinteressen, bei denen es sich um sachliche und zur Zielverwirklichung auch erforderliche Gründe halten muß, und den Individualinteressen der Betroffenen.[683]

Die unechte Rückwirkung betrifft Fälle, bei denen ein Rechtsakt nach einer formalen Betrachtungsweise zwar nur in die Zukunft gerichtet ist, beispielsweise wenn das Inkrafttreten zeitlich nach der Veröffentlichung erfolgt, dessen Wirkungen aber auch Sachverhalte umfassen, die zeitlich vor Inkrafttreten und Veröffentlichung liegen und noch fortdauern und damit nicht abgeschlossen sind. Nach der ständigen Rechtsprechung des EuGH sind unechte Rückwirkungen grundsätzlich zulässig, was unter anderem aus dem Grundsatz der sofortigen Anwendbarkeit gesetzesändernder Gemeinschaftsvorschriften und der Bewahrung der Wirksamkeit des EG-Rechts herrührt.[684] Zum Schutz der von der Neuregelung Betroffenen wird eine Begrenzung unechter Rückwirkungen durch das Vertrauensschutzprinzip erreicht, dessen Anwendungsbereich sich aber nicht so weit erstrecken darf, daß die Anwendung einer neuen Regelung auf die künftigen Auswirkungen von unter der Geltung der früheren Regelung entstandenen Sachverhalte schlechthin ausgeschlossen ist, ohne daß Verpflichtungen gegenüber den Behörden übernommen worden sind.[685]

---

[682] EuGH, Rs. 98/78, Firma A. Racke gegen HZA Mainz, Slg. 1979, S. 69, Rdn. 20; Rs. 99/78, Weingut Gustav Decker KG gegen HZA Landau, Slg. 1979, S. 101, Rdn. 8; Rs. C-368/89, Antonio Crispoltoni gegen Fattoria autonoma tabacchi di Città di Castello, Slg. 1991, S. I-3695 (3719); Rs. C-244/95, P. Moskof AE gegen Ethnikos Organismos Kapnou, Slg. 1997, S. I-6441 (6486); Rs. C-110/97, Niederlande gegen Rat, Slg. 2001, S. I-8763, Rdn. 151; zur Thematik ebenfalls Borchardt, EuGRZ 1988, S. 311.

[683] GA Slynn, Schlußanträge vom 16.3.1982, Rs. 84/81, Staple Dairy Products Limited gegen Intervention Board for Agricultural Produce, Slg. 1982, S. 1763 (1783).

[684] EuGH, Rs. 44/65, Hessische Knappschaft gegen Singer et fils, Slg. 1965, S. 1268 (1276); Rs. 17/67, Firma Max Neumann gegen HZA Hof/Saale, Slg. 1967, S. 592 (611); Rs. 68/69, Bundesknappschaft gegen Elisabeth Brock, Slg. 1970, S. 171 (178); Rs. 1/73, Westzucker GmbH gegen Einfuhr- und Vorratsstelle für Zucker, Slg. 1973, S. 723 (729); Oppermann, Europarecht, Rdn. 679; Michels, Vertrauensschutz, S. 13; Schwarz, Vertrauensschutz als Verfassungsprinzip, S. 415, 421; Borchardt, EuGRZ 1988, S. 311.

[685] EuGH, Rs. 84/78, Angelo Tomadini S.n.c. gegen Amministrazione delle Finanze dello Stato, Slg. 1979, S. 1801 (1815); Rs. 112/80, Firma Anton Dürbeck gegen HZA Frankfurt am Main-Flughafen, Slg. 1981, S. 1095 (1120); Rs. 278/84, Deutschland gegen Kommission, Slg. 1987, S. 1 (47); Rs. C-60/98, Butterfly Music Srl gegen Carosello Edizioni Musicali e Discografiche Srl (CEMED), Slg. 1999, S. I-3939, Rdn. 25; Rs. C-162/00, Nordrhein-Westfalen gegen Beata Pokrzeptowicz-Meyer, Slg. 2002, S. I-1049, Rdn. 55.

Ein schutzwürdiges Vertrauen des Betroffenen kann sich bei einer solchen Rückwirkung gegenüber dem Gemeinschaftsinteresse und dem Grundsatz der sofortigen Anwendbarkeit gesetzesändernder Vorschriften nur dann durchsetzen, wenn das Individualinteresse im Einzelfall aufgrund seiner Schwere überwiegt.[686] Dabei muß es sich um berechtigte Erwartungen der Betroffenen handeln, für die die Gemeinschaft vorher konkrete Stabilitätserwartungen erzeugt hat oder aufgrund derer die Betroffenen konkrete Dispositionen getätigt haben.[687] Indes kann ein zwingendes öffentliches Interesse zum Ausschluß der Individualinteressen der Betroffenen führen.[688] Ein allgemeines Gemeinschaftsinteresse ist dazu aber nicht ausreichend; vielmehr muß der Nachweis erbracht werden, daß ein sofortiges Inkrafttreten der neuen Regelung ohne Übergangsvorschriften erforderlich ist, damit die Gemeinschaftsinteressen gewahrt werden können.[689] Gegebenenfalls ist auch in diesem Bereich der Erlaß von Übergangsregelungen zu prüfen, die vor allem bei einer wesentlichen Bedeutung des Vertrauensschutzes im konkreten Einzelfall erforderlich sind.[690]

b) Bewertung

Fraglich ist, ob die Rückwirkungsregelungen des Gemeinschaftsrechts auf die Prüfung, in welchem Umfang bei der Abschaffung der öffentlichen Haftung zugunsten der Anleihegläubiger der Erlaß von Übergangsregelungen erforderlich ist, überhaupt anwendbar sind. Eine entsprechende Entscheidung der Kommission im Beihilfeverfahren hinsichtlich der Qualifizierung von Anstaltslast und Gewährträgerhaftung als gemeinschaftsrechtswidriger Beihilfe betrifft insoweit primär das Verhältnis zwischen dem Mitgliedstaat, den öffentlich-rechtlichen Kreditinstituten und der Gemeinschaft. Die einzelnen Anleihegläubiger werden erst sekundär durch die nachgelagerten Umsetzungsmaßnahmen des Mitgliedstaates betroffen, die sich auf die konkrete Beseitigung und eigentliche Abschaffung der öffentlichen Haftung beziehen. Erst an dieser Stelle werden dann die Rückwirkungsgrundsätze gegenüber den Anleihegläubigern relevant, weswegen

---

[686] Borchardt, EuGRZ 1988, S. 311, 314.

[687] Schwarze, Europäisches Verwaltungsrecht, S. 1097 ff.

[688] EuGH, Rs. 84/78, Angelo Tomadini S.n.c. gegen Amministrazione delle Finanze dello Stato, Slg. 1979, S. 1801 (1815); Rs. 112/80, Firma Anton Dürbeck gegen HZA Frankfurt am Main-Flughafen, Slg. 1981, S. 1095 (1120 f); Rs. 278/84, Deutschland gegen Kommission, Slg. 1987, S. 1 (47).

[689] Borchardt, EuGRZ 1988, S. 314.

[690] Schwarz, Vertrauensschutz als Verfassungsprinzip, S. 427.

diese vorrangig auf der Ebene des mitgliedstaatlichen Rechts anhand der deutschen Rückwirkungsgrundsätze zu untersuchen sind.

Gleichwohl spräche im Falle der Unvereinbarkeit der öffentlichen Haftung in Deutschland mit dem Beihilferecht vieles für eine unechte Rückwirkung gegenüber den Anleihegläubigern. Entscheidend ist, daß nur solche erworbenen festverzinslichen Wertpapiere von der erforderlichen Kommissionsentscheidung umfaßt werden, deren Laufzeit noch nicht abgeschlossen ist, weswegen deren Rechtswirkungen über den Zeitpunkt des Inkrafttretens einer EG-Regelung hinausreichen und noch fortdauern. Bei im Zeitpunkt der Abschaffung bereits begründeten Verbindlichkeiten besteht jedoch ein Vertrauensschutz zugunsten der Anleger, infolgedessen diese Regelungen nicht angetastet werden dürfen. Ein dahingehendes zwingendes Gemeinschaftsinteresse, welches ein sofortiges Inkrafttreten ohne Übergangsregelungen erforderlich erscheinen ließe, ist jedoch nicht ersichtlich. Dies gilt auch für das Interesse der Gemeinschaft an der Beseitigung von Wettbewerbsverfälschungen und der Stärkung des Gemeinsamen Marktes. Zudem erfolgt bei der Qualifizierung von Anstaltslast und Gewährträgerhaftung als bestehende Beihilfe nur eine ex nunc-Aufhebung oder Umgestaltung, der von vornherein keine normative Rückwirkung von in der Vergangenheit nicht geltenden Rechtsfolgen zukommt. Dies weist ebenfalls auf eine zulässige unechte Rückwirkung hin.

IV. Prüfung anhand des mitgliedstaatlichen Rechts

1. Schutz des Eigentums

a) Schutzbereich und Eingriff

Das Grundrecht aus Art. 14 Abs. 1 GG enthält eine Institutsgarantie für das Privateigentum.[691] Eigentumsfähig ist jedes vom Gesetzgeber gewährte konkrete vermögenswerte Recht.[692] Darunter fallen unter anderem solche vermögenswerten Rechte, die das bürgerliche Recht einem privaten Rechtsträger als Eigentum zuordnet.[693] In diese Kategorie gehören das Eigentum nach §§ 903 ff BGB, dingliche Rechte, Ansprüche des privaten Rechts und insbesondere Wertpapiere

---

[691] Jarass / Pieroth, GG-Kommentar, Art. 14, Rdn. 3.
[692] BVerfGE 24, 367 (369); GE 53, 257 (290); GE 58, 300 (336).
[693] BVerfGE 70, 191 (199).

mit den darin verbrieften Rechten, bei denen es sich um vermögenswerte Rechtspositionen handelt, sowie Aktien und Forderungen.[694]

Vom Schutzbereich des Art. 14 Abs. 1 GG wird weiterhin nur der konkret vorhandene Bestand geschützt.[695] Davon werden bloße Gewinnchancen, Erwartungen, Aussichten und Zukunftshoffnungen sowie aus dem Fortbestehen einer günstigen Gesetzeslage resultierende Verdienstmöglichkeiten allerdings nicht erfaßt.[696] Demnach ist zwischen einer bestehenden Rechtsposition und künftig entstehenden Rechtspositionen zu unterscheiden.[697] Für letztere erfolgt eine Einschränkung ihres Schutzbereiches, weswegen es schon an einem Eingriff in den Schutzbereich mangelt.[698]

Im übrigen ist bei der Frage, in welchem Umfang bestehende Rechtspositionen beschnitten werden dürfen, der Erlaß von Übergangsregelungen zu prüfen, wozu gleichfalls eine Abwägung zwischen dem Umfang des Vertrauensschadens und der Bedeutung für das Wohl der Allgemeinheit erfolgen muß, was dem Verfahren bei der unechten Rückwirkung entspricht.[699] Dabei ist zu beachten, daß nach der Rechtsprechung des BVerfG Verletzungen des Vertrauensschutzes im Hinblick auf durch Art. 14 Abs. 1 GG geschützte vermögenswerte Rechte allein oder zumindest primär über dieses Grundrecht im Rahmen der Schrankenprüfung und nicht über die Einordnung als unechte Rückwirkung zu klären sind.[700] Hintergrund ist die Ansicht, daß der Vertrauensschutz für die vermögenswerten Güter im Eigentumsgrundrecht des Art. 14 Abs. 1 GG hinsichtlich der unechten Rückwirkung eine spezifische verfassungsrechtliche Ausprägung erhalten habe, ohne daß es zu einer wesentlichen Veränderung der sachlichen Anforderungen an einen wirksamen Vertrauensschutz gekommen wäre.[701] Daraus folgt aber nicht, daß bei einer nicht gegebenen Verletzung des Eigentumsgrundrechts wei-

---

694 Zu Wertpapieren: BVerfGE 83, 201 (208 f); zu Aktien: GE 14, 263 (276); zu Forderungen: GE 45, 142 (179); GE 73, 201 (208); BGHZ 92, 94.

695 BVerfGE 20, 31 (34); GE 68, 193 (222).

696 BVerfGE 28, 119 (142); GE 68, 193 (222); GE 74, 129 (148), GE 78, 205 (211).

697 Jarass / Pieroth, GG-Kommentar, Art. 14, Rdn. 15.

698 BVerfGE 77, 370 (377).

699 BVerfGE 53, 336 (351); GE 58, 300 (351); GE 70, 101 (114); GE 71, 137 (144); GE 81, 49 (55).

700 Jarass / Pieroth, GG-Kommentar, Art. 14, Rdn. 34, 39; BVerfGE 31, 275 (393); GE 36, 281 (293); GE 42, 263 (300 f); GE 58, 81 (120); GE 64, 87 (104); GE 71, 1 (11 f); GE 75, 78 (104 f); GE 76, 220 (244 f); GE 95, 64 (82); GE 101, 239 (257); vgl. auch Schwarz, Vertrauensschutz als Verfassungsprinzip, S. 132.

701 Jarass / Pieroth, GG-Kommentar, Art. 14, Rdn. 34.

tere Prüfungen hinsichtlich der Vereinbarkeit einer Maßnahme mit den Rückwirkungs- und Vertrauensschutzgrundsätzen ausgeschlossen seien. Insoweit werden die Grundsätze der Rechtssicherheit und des Vertrauensschutzes immer noch als weitere Prüfungspunkte neben Art. 14 GG herangezogen.[702]

b) Bewertung

aa) Anstaltslast

Die Anstaltslast selbst unterliegt nicht dem Schutzbereich des Art. 14 Abs. 1 GG. Denn für die Gläubiger resultieren aus der Anstaltslast keine subjektiven Rechte, da sie im Außenverhältnis zwischen Gläubiger und öffentlich-rechtlichem Kreditinstitut keine Schutznorm zu Gunsten der Anleihegläubiger darstellt, sondern einen höchstpersönlichen, unübertragbaren und unpfändbaren Anspruch der Anstalt gegenüber den Anstaltsträgern.[703] Eine unmittelbare Begünstigung der Gläubiger im Außenverhältnis erfolgt durch die Anstaltslast mithin nicht. Somit scheidet bei einer Abschaffung der Anstaltslast eine Verletzung des Eigentumsgrundrechts für die Anleihegläubiger aus.[704]

bb) Gewährträgerhaftung

Indes könnte die Abschaffung der Gewährträgerhaftung, insbesondere ohne jegliche Übergangsregelungen, zu einer Verletzung von Art. 14 Abs. 1 GG führen. Diese Auffassung wird in der Literatur teilweise vertreten. Insoweit wird die Forthaftung für Altverbindlichkeiten auf den Schutz des Eigentums gestützt.[705] Teilweise wird die Gewährträgerhaftung auch generell dem Schutzbereich des

---

[702] BVerfGE 64, 87 (97 ff, 103 ff); GE 71, 230 (246 ff, 251 ff).

[703] Busch, AG 1997, S. 360; Rümker, FS Stiefel, S. 612; Koenig, WM 1995, S. 822.

[704] Insoweit wird in der Literatur die Ansicht vertreten, daß bei öffentlich-rechtlichen Kreditinstituten, die allein mit der Anstaltslast ausgestattet sind, nicht Art. 14 Abs. 1 GG, sondern der aus Art. 20 Abs. 3 GG resultierende Vertrauensschutz eine Nachhaftung erforderlich mache, welche wiederum gegenüber dem Eigentumsgrundrecht subsidiär sei (Busch, AG 1997, S. 361). Die Gläubiger haben im Vertrauen auf die durch die Anstaltslast gesicherte Bonität des Kreditinstituts entsprechende Anleihen erworben, wobei durch den Anstaltsträger ein entsprechender Vertrauenstatbestand geschaffen wurde. Eine ersatzlose Beendigung der Anstaltslast würde, so Busch, unzulässig und rückwirkend in Rechtspositionen eingreifen. Bei den Landesbanken und Sparkassen ist insoweit aber ein derartiger Rückgriff auf Art. 20 Abs. 3 GG nicht erforderlich, da bei diesen Kreditinstituten Anstaltslast und Gewährträgerhaftung gegeben sind.

[705] Kirchhof, NVwZ 1994, S. 1045 für Postanleihen.

Art. 14 Abs. 1 GG unterworfen mit der Begründung, daß dieses Grundrecht auch Forderungen umfaßt.[706] Weiterhin wird behauptet, daß bei einem Wegfall der Gewährträgerhaftung eine gesetzlich geregelte Form der Anwartschaft auf Erfüllung der staatlichen Ausfallbürgschaft (denn durch den Kauf der Landesbankanleihe hat der Investor den Anspruch gegen den Ausfallbürgen rechtmäßig erworben) für die Zukunft unmöglich gemacht und eine rechtmäßig anerkannte Leistung des Gewährträgers rückwirkend durch Aufhebung des anspruchsbegründenden Gesetzes aufgehoben wird.[707]

Problematisch ist zunächst, ob die Gewährträgerhaftung mit dem aus ihr resultierenden subjektiven öffentlich-rechtlichen Forderungsrecht der Gläubiger überhaupt vom Schutzbereich des Art. 14 Abs. 1 GG umfaßt wird. Dazu ist erforderlich, daß ein vermögenswertes subjektives Recht öffentlich-rechtlicher Natur „dem einzelnen eine Rechtsposition verschafft, die derjenigen des Eigentümers entspricht".[708] Dazu müßte das Recht auf eigene Leistungen zurückgehen[709] und dem Inhaber „nach Art eines Ausschließlichkeitsrechts zugeordnet"[710] sein.

Aufgrund der Gewährträgerhaftung steht alleine dem Käufer einer Anleihe von Landesbanken oder Sparkassen ein unmittelbarer, zeitlich und summenmäßig unbegrenzter gesetzlicher Anspruch gegen den oder die Gewährträger des öffentlich-rechtlichen Kreditinstituts zu, soweit eine Befriedigung aus dem Vermögen des Instituts im Falle von Zahlungsunfähigkeit oder Liquidation nicht möglich ist.[711] Demzufolge entspricht dieses Forderungsrecht der Rechtsposition eines Eigentümers und stellt eine erworbene Anwartschaft darauf dar, daß die Gewährträger auch künftig etwaige Gläubigeransprüche übernehmen werden. Es steht ausschließlich dem Eigentümer zu und ist infolge des Anleiheerwerbs auch Ausdruck eigener Leistung.

Gleichwohl liegt bei einer Abschaffung der Gewährträgerhaftung kein Eingriff in den Schutzbereich des Eigentumsgrundrechts vor. Ein Eingriff ergibt sich zum einen nicht daraus, daß den Gläubigern durch die Abschaffung der Gewährträgerhaftung ein Forderungsrecht entzogen wird. Denn dieses aus der Gewährträgerhaftung resultierende und gegenüber den Gewährträgern geltend zu ma-

---

[706] Busch, AG 1997, S. 360.

[707] Gruson, EuZW 1997, S. 362 sowie FN 70.

[708] Pieroth / Schlink, Staatsrecht II, Rdn. 908; BVerfGE 18, 392 (397).

[709] BVerfGE 48, 403 (413).

[710] BVerfGE 69, 272 (300); GE 72, 175 (195).

[711] Schlierbach, Sparkassenrecht, S. 138 f.

chende subsidiäre Forderungsrecht ist nicht im Wertpapier selbst verbrieft, sondern beruht auf einer gesetzlichen, mit dem Wertpapier aber nicht identischen Grundlage. Die Gewährträgerhaftung bezieht sich zudem nicht primär und ausschließlich auf den Erwerb festverzinslicher Wertpapiere, sondern entfaltet ihre tatsächliche Wirkung zugunsten der Anleihegläubiger erst sekundär für den Fall, daß das öffentlich-rechtliche Kreditinstitut zahlungsunfähig oder liquidiert worden ist.

Zum anderen folgt eine Verletzung von Art. 14 Abs. 1 GG auch nicht aufgrund von aus dem Wegfall der Gewährträgerhaftung resultierenden Kurs- oder Zinsverlusten zulasten der Anleger. Hierzu ist insbesondere der Beschluß des BVerfG vom 5. Februar 2002 heranzuziehen, wonach das Eigentumsgrundrecht keine allgemeine Wertgarantie für vermögenswerte Rechtspositionen beinhaltet, der Tauschwert vermögenswerter Rechtspositionen alleine nicht dem Schutzbereich des Art. 14 Abs. 1 GG unterliegt und hoheitlich bewirkte Minderungen des Tausch- oder Marktwertes normalerweise nicht das Eigentumsgrundrecht berühren.[712] In diesem Beschluß nahm das Bundesverfassungsgericht zum Umfang des Eigentums- und Vertrauensschutzes für sog. „Sozialpfandbriefe" Stellung. Bei Sozialpfandbriefen handelt es sich um festverzinsliche Pfandbriefe und Kommunalschuldverschreibungen, deren Erlöse vorrangig der Finanzierung und Förderung des sozialen Wohnungsbaus gedient haben. Nach § 3 a EStG waren aufgrund einer im Jahre 1953 eingeführten Steuerbefreiung Zinsen aus überwiegend vor dem 1. Januar 1955 ausgegebenen Sozialpfandbriefen und bestimmten anderen Schuldverschreibungen und Schatzanweisungen des Bundes und der Länder steuerfrei. Im Jahre 1991 befanden sich noch Sozialpfandbriefe in Höhe von ungefähr 4,3 Mrd. DM in Umlauf. 1992 wurde die bis dahin bestehende Steuerfreiheit dann durch das „Steueränderungsgesetz 1992"[713] aufgehoben, weswegen anfallende Sozialpfandbriefzinsen für die jeweilige restliche Laufzeit der Einkommen- und Körperschaftsteuer unterworfen wurden. Infolgedessen sank der Marktwert teilweise unter den früheren Nennwert und auch unter den Wert im Moment des Eigentumserwerbs an den Wertpapieren. Mit seinem Beschluß erklärte das BVerfG die drei zugrundeliegenden Verfassungsbeschwerden teilweise für unbegründet, teilweise wurden sie verworfen, womit die Auf-

---

[712] BVerfG, Beschluß vom 5. Februar 2002, AZ: 2 BvR 305/93 und 348/93, Rdn. 43.
[713] Gesetz zur Entlastung der Familien und zur Verbesserung der Rahmenbedingungen für Investitionen und Arbeitsplätze vom 25. Februar 1992 (Steueränderungsgesetz 1992 - StÄndG 1992), BGBl. I S. 297.

hebung der Steuerfreiheit für Sozialpfandbriefzinsen schließlich als verfassungsgemäß anerkannt wurde.

Hinsichtlich einer Verletzung des Eigentumsgrundrechts führt das BVerfG aus, daß der Marktwert der Wertpapiere vom Finanzmarkt abhängt, insbesondere von den Renditeerwartungen und dem Nachfrageverhalten möglicher Anleger. Art. 14 Abs. 1 GG schützt nicht diesen Marktwert, sondern dessen Grundlage in Form des Wertpapiers und der darin verbrieften Forderungen. Insoweit folgt aus dem aus der Steuerpflicht resultierenden Kurs- und Wertverlust kein Eingriff in die Eigentumsgarantie, auch nicht mittelbar. Dies wäre nur bei einer Aufopferung der Fall, bei der die Anleger zum Verkauf ihrer Wertpapiere gezwungen würden. Aus der Aufhebung der Steuerfreiheit resultiert nach Ansicht des BVerfG auch keine substantielle Entwertung der festverzinslichen Wertpapiere. Zwar ist der Marktwert infolge der Aufhebung der Steuerfreiheit unter den ursprünglichen Nennwert und unter den Wert zum Zeitpunkt des Eigentumserwerbs gesunken. Davon wurde aber weder der vertraglich garantierte Zinsanspruch noch die Einlösungsgarantie als vertraglich gebundene Zusage der Rückzahlung der Anleihe zu einem bestimmten Zeitpunkt und damit die wesentliche Grundlage dieser vermögenswerten Rechtsposition beeinträchtigt. Das Verfassungsgericht betont vielmehr, daß von der Eigentumssubstanz nur der im Wertpapier niedergelegte Kapitalstamm geschützt wird. Soweit bei Kapitalerträgen zwischen Kapitalstamm und Zinsen differenziert werden muß, so berührt die Besteuerung von Zinserträgen allein die Kapitalzinsen. Indes wird die Verfügbarkeit der Sozialpfandbriefe am Markt nicht dadurch gefährdet, daß diese Wertpapiere nach Eintritt des Wertverlustes nur noch mit einem Kursverlust veräußert werden können. Denn die Wertpapiere können nach wie vor am Markt veräußert werden. Der aus der Zinsbesteuerung folgende Renditeverlust beeinträchtigt insoweit nicht die Verfügungsmöglichkeiten über die Wertpapiere. Zudem können diese immer noch mit der Aussicht stetiger Wertsteigerung bis zum Fälligkeitszeitpunkt gehalten und dann zum Nominalwert eingelöst werden. Hinsichtlich der Zinsforderungen als im Wertpapier verbriefte Rechte ist ebenfalls keine Verletzung des Grundrechts ersichtlich gewesen.

Weiterhin vertritt das BVerfG folgende Auffassung:

„Daneben enthalten der Kursverlust der Wertpapiere und sein möglicher bilanztechnischer Niederschlag in Wertberichtigungen keinen zusätzlichen – mittelbaren oder faktischen – Eingriff. Die geschmälerte Rendite der Papiere wird über den freien Kapitalmarkt und seine Mechanismen durch einen verringerten Kurs ausgeglichen, der bei Absinken unter den Nominalwert bei Fälligkeit einen Gewinn in Höhe der Differenz zwischen Nominalwert und Kurswert verspricht. ... Da die Anleger bei Endfälligkeit den Kapitalstamm in Höhe des Nennbetrags der Wertpapiere zurückerhalten, realisiert sich eine über die Renditeverkürzung hinausgehende zusätzliche Belastungswirkung durch Kursverlust nicht. Werden die betroffenen Wertpapiere vor Fälligkeit veräußert, dann ist der unter dem Nominalbetrag liegende Kurswert nur ein Maß für die durch die Besteuerung möglicherweise noch zu erwartende Renditeverkürzung."[714]

Somit wird deutlich, daß aus einer Abschaffung der Gewährträgerhaftung resultierende Veränderungen des Ratings der öffentlichen Banken und mögliche Kurs- und Zinsverluste nicht vom Eigentumsgrundrecht umfaßt werden. Eine derart weitreichende und auch den Marktwert umfassende Wertgarantie ist kein Bestandteil des Schutzbereichs des Art. 14 Abs. 1 GG. Die Anleger können die erworbenen festverzinslichen Wertpapiere der Landesbanken und Sparkassen auch weiterhin veräußern. Ihr Eigentum an den Wertpapieren und an den darin verbrieften Rechten bliebe selbst bei einer Abschaffung der öffentlichen Haftung ohne Übergangsregelungen vollkommen unangetastet. Gleiches gilt für den ihnen vertraglich garantierten Anspruch auf eine feste nominale Verzinsung und auf Rückzahlung des Darlehens bis 100 Prozent zum Laufzeitende sowie für die fortbestehende Einlösungsgarantie und für die Verfügbarkeit und Handelbarkeit am Markt. Folglich läge bei einer Abschaffung der Gewährträgerhaftung kein Eingriff in den Schutzbereich des Art. 14 Abs. 1 GG vor.

2. Rückwirkung und Vertrauensschutz

Die „Grandfathering"-Regelungen könnten weiterhin durch die mitgliedstaatlichen Rückwirkungsregelungen sowie den damit zusammenhängenden nationalen Vertrauensschutz gerechtfertigt sein. Diese Rechtsprinzipien sind auf die Anleihegläubiger grundsätzlich anwendbar. Denn die Anleihegläubiger sind keine Beihilfebegünstigten, weswegen sich das Rechtsverhältnis zwischen ihnen und den öffentlich-rechtlichen Kreditinstituten primär nach mitgliedstaatlichem Recht richtet. Demnach könnte der Eingriff in bestehende Rechtspositionen der

---

[714] BVerfG, Beschluß vom 5. Februar 2002, AZ: 2 BvR 205/93 und 348/93, Rdn. 52.

Investoren entweder grundsätzlich verboten oder der Erlaß von Übergangsregelungen geboten sein.

Im deutschen Verfassungsrecht setzen die Gebote der Rechtssicherheit und des Vertrauensschutzes als Ausprägungen des Rechtsstaatsprinzips Hoheitsakten, die „belastend in verfassungsmäßig verbürgte Rechtspositionen eingreifen, enge Grenzen".[715] Dabei ist die rechtliche Begründung des Vertrauensschutzes äußerst umstritten. Während das BVerwG ihn insbesondere teils aus dem Prinzip der Rechtssicherheit, das selbst wiederum im Rechtsstaatsprinzip nach Art. 20 Abs. 3 GG verankert ist, teils aus dem Grundsatz von Treu und Glauben ableitet, wird in der Literatur darüber hinaus auf das Sozialstaatsprinzip und auf die Grundrechte wie Art. 2 Abs. 1, 3 Abs. 1, 12 Abs. 1 und 14 Abs. 1 S. 1 GG verwiesen.[716] Auf der Grundlage von Art. 14 Abs. 1 GG findet darüber hinaus ein sog. „vertrauensgestützter Vermögensschutz" im Sinne eines status quo-Bestandsschutzes statt, bei dem nur vermögenswerte Rechtspositionen schützenswert sind, sofern sie aus einer schutzwürdigen Disposition resultieren.[717]

Klassischerweise wird zwischen echter und unechter Rückwirkung unterschieden, wobei der 2. Senat des BVerfG im Jahr 1986 erstmals zwischen einer „Rückbewirkung von Rechtsfolgen" und einer „tatbestandlichen Rückanknüpfung" mit letztlich unwesentlich bleibenden Unterschieden differenziert hat.[718] Gleichwohl ist die allgemeine Erwartung des Bürgers, daß das geltende Recht unverändert fortbestehen wird, verfassungsrechtlich nicht geschützt.[719]

a) Echte Rückwirkung

Eine echte Rückwirkung ist nach der Rechtsprechung des BVerfG dann gegeben, wenn ein Gesetz, eine Rechtsverordnung oder eine Rechtsnorm „nachträglich ändernd in abgewickelte, der Vergangenheit angehörende Tatbestände eingreift" beziehungsweise wenn die normativ angeordneten Rechtsfolgen „für einen vor der Verkündung liegenden Zeitpunkt auftreten sollen" und nicht für ei-

---

[715] BVerfGE 63, 343 (356 f); GE 67, 1 (14).
[716] Blanke, Vertrauensschutz, S. 13 ff; Maurer, Allgemeines Verwaltungsrecht, S. 295 f.
[717] Blanke, Vertrauensschutz, S. 110 f, 37 f.
[718] BVerfGE 72, 200 (242 ff); zur Differenzierung siehe auch BFH, Vorlagebeschluß vom 16.12.2003 zur unechten Rückwirkung der verlängerten Spekunlationsfrist für private Grundstücksverkäufe, NJW 2004, S. 881.
[719] BVerfGE 38, 61 (38); GE 68, 193 (222).

nen nach oder zeitgleich mit der Verkündung beginnenden Zeitraum.[720] Dies bedeutet, daß der betreffende Tatbestand in der Vergangenheit bereits abgeschlossen gewesen sein und die Voraussetzungen des bislang geltenden Anspruchstatbestandes erfüllen muß.[721] Der Normadressat soll darauf vertrauen dürfen, daß ein zum maßgeblichen Zeitpunkt mit dem geltenden Recht übereinstimmendes Handeln inklusive den ursprünglich damit zusammenhängenden Rechtsfolgen auch künftig von der Rechtsordnung anerkannt und sein Vertrauen auf den Bestand der Rechtsordnung nicht enttäuscht wird.[722]

Aufgrund der Gebote der Rechtssicherheit und des Vertrauensschutzes ist die echte Rückwirkung grundsätzlich verboten und unzulässig.[723] Ausnahmen sind nur aufgrund zwingender Gründe des Gemeinwohls oder aufgrund fehlender Schutzwürdigkeit des Vertrauens des Betroffenen zulässig. Nach Auffassung des Bundesfinanzhofs sind zwingende Gründe des Allgemeinwohls solche Gründe, die ein sofortiges Eingreifen gesetzgeberischer Maßnahmen zur Abwehr drohender Nachteile für die Allgemeinheit notwendig machen; im Gesetzgebungsverfahren besteht dabei eine erhöhte Darlegungspflicht.[724]

Zur Feststellung des Fehlens schutzwürdigen Vertrauens wurden darüber hinaus verschiedene nicht abschließende Fallgruppen[725] entwickelt:

- das Vorliegen einer Bagatellbelastung[726], das heißt einer für den einzelnen Betroffenen objektiv geringfügigen Belastung, weswegen eine nicht unerhebliche Belastung für wenige Personen nicht darunter fällt und zur Verfassungswidrigkeit führt,[727]
- die Existenz einer unklaren und verworrenen alten Rechtslage, weswegen mit einer rechtsstaatlichen Klärung gerechnet werden mußte,[728]

---

[720] BVerfGE 57, 361 (369);GE 63, 343 (353); GE 68, 287 (306); GE 72, 200 (242); GE 73, 175 (196).

[721] Jarass / Pieroth, GG-Kommentar, Art. 20, Rdn. 48; Leibholz / Rinck / Hesselberger, BVerfG-Rechtsprechungskommentar, Art. 20, Rdn. 1607 – 1609; siehe auch BVerfGE 30, 367 (386).

[722] BVerfGE 11, 139 (145 f); GE 13, 261 (271); GE 30, 367 (386).

[723] BVerfGE 13, 261 (272); GE 45, 142 (173); zuletzt GE 95, 64 (86); GE 97, 67 (78).

[724] BFH, in: BStBl. II, 1981, S. 595, 599; Schwarz, Vertrauensschutz als Verfassungsprinzip, S. 121.

[725] BVerfGE 72, 200 (258 f); vgl. Schwarz, Vertrauensschutz als Verfassungsprinzip, S. 127.

[726] BVerfGE 30, 367 (389); GE 72, 200 (258 f).

[727] BVerfGE 30, 367 (390).

[728] BVerfGE 45, 142 (173); GE 72, 200 (259); GE 72, 302 (325 ff); GE 88, 384 (404).

- die Annahme geringerer Anforderungen bei verfahrensrechtlichen Vorschriften,[729]
- das Bestehen einer verfassungswidrigen Lücke im bisherigen System oder einer ungültigen Norm, die durch ein rechtlich einwandfreies Gesetz geschlossen oder ersetzt wird[730] sowie
- das Vorliegen einer Situation, bei der der Bürger zu dem Zeitpunkt, auf den der Eintritt der Rechtsfolge vom Gesetzgeber bezogen wird, nicht mehr ausschließlich mit dem Fortbestand der bisherigen Regelung, sondern mit der Veränderung der Rechtslage und einer Neuregelung rechnen konnte.[731] Während hierzu in der früheren Rechtsprechung auf den Zeitpunkt des endgültigen Bundestagsbeschlusses über die Neuregelung abgestellt wurde[732], hat das BVerfG später die Grenze für eine Zerstörung des Bestandsvertrauens des Normadressaten (was sowohl für die echte als auch für die unechte Rückwirkung gilt) dahingehend vorverlagert, daß nunmehr die Beschlußfassung des Gesetzesvorhabens im Bundeskabinett oder sogar schon der Zeitpunkt der Ankündigung der Gesetzesinitiative für eine Vertrauensvernichtung maßgebend ist.[733] Im Jahre 1998 wurde sogar schon bei einer vom BVerfG ausgesprochenen gesetzlichen Nachbesserungspflicht des Gesetzgebers ein schutzwürdiges Vertrauen verneint.[734] Nicht ausreichend ist aber eine bloße Gesetzesinitiative.[735]

b) Unechte Rückwirkung

Eine unechte Rückwirkung, die in der Terminologie des 2. Senats auch „tatbestandliche Rückanknüpfung"[736] genannt wird, kann dann bejaht werden, wenn „eine Rechtsnorm auf gegenwärtige, noch nicht abgeschlossene Sachverhalte für die Zukunft einwirkt und damit die betroffene Rechtsposition nachträglich entwertet".[737] Zur Gruppe der unechten Rückwirkungen zählt unter anderem auch

---

[729] BVerfGE 63, 343 (359).
[730] BVerfGE 13, 261 (272); GE 50, 177 (193 f); GE 75, 267.
[731] BVerfGE 12, 261 (272); GE 22, 330 (347); 37, 363 (397 f); GE 45, 142 (173 f); GE 88, 384 (404); GE 89, 48 (67); GE 97, 67 (97); BGHZ 100, 1.
[732] BVerfGE 31, S. 222 (227); GE 72, S. 200 (260); GE 95, S. 64 (87); GE 97, S. 67 (79).
[733] Für die unechte Rückwirkung: BVerfGE 95, 64 (89); für die echte Rückwirkung: GE 97, 67 (82); außerdem: GE 81, 228 (239).
[734] BVerfGE 97, 271 (290).
[735] BVerfGE 30, 272 (287); GE 31, 222 (227); GE 72, 200 (260 f).
[736] BVerfGE 72, 200 (242 ff).
[737] BVerfGE 51, 356 (362); GE 69, 272 (309); GE 72, 141 (154).

die Korrektur einer Dauerregelung für die Zukunft[738], nicht aber eine Regelung für Tatbestände, die nach Verkündigung begonnen werden. Nicht geschützt wird das Vertrauen auf die Weitergeltung gesetzlicher Normen.

Diese Form der Rückwirkung wird als grundsätzlich zulässig erachtet.[739] Von einer Unzulässigkeit ist allerdings dann auszugehen, wenn

- der Betroffene mit dem gesetzlichen Eingriff nicht zu rechnen brauchte, und er dies auch nicht bei seinen Dispositionen berücksichtigen konnte und
- dessen Vertrauen unter Berücksichtigung des Ausmaßes des Vertrauensschadens als Ergebnis einer Interessen- und Güterabwägung schutzwürdiger ist als die mit dem Gesetz verfolgten Anliegen für das Wohl der Allgemeinheit.[740] Die Abwägungsformel lautet: Veränderungsinteresse und Gestaltungsfreiheit gegen Individualrechtspositionen und Bewährungsinteresse.[741] Nach Auffassung des BVerfG soll aber dem öffentlichen Interesse an einer Gesetzesänderung der Vorrang eingeräumt werden.[742] Gleichwohl kann es aber im Einzelfall zu einem anderen Ergebnis kommen. Maßgeblich für die Qualität des geschützten Vertrauens sind dann die Art der betroffenen Rechtsgüter, die Intensität der Neubelastung sowie das Ausmaß der Vertrauensbetätigung.[743] Allerdings führt ein anhand umfangreicher Dispositionen betätigtes Vertrauen in den Bestand des geltenden Rechts nicht zu einem abwägungsresistenten Vertrauensschutz.[744]

c) Erforderlichkeit von Übergangsregelungen

Nach der Rechtsprechung des BVerfG können bei einer Aufhebung oder einer Modifizierung geschützter Rechtspositionen Übergangsregelungen für einen zeitlichen Schutz der Betroffenen zwingend erforderlich sein.[745] Dies gilt auch für verfassungsrechtlich zulässige Rückwirkungen und folgt insbesondere aus

---

[738] BVerfGE 62, 230 (237).

[739] BVerfGE 63, 152 (175); GE 72, 141 (154).

[740] BVerfGE 68, 287 (307); GE 69, 272 (310); GE 70, 69 (84); GE 71, 1 (12); GE 71, 255 (273); GE 72, 141 (154 f); GE 95, 64 (86); GE 101, 239 (263).

[741] Schwarz, Vertrauensschutz als Verfassungsprinzip, S. 108.

[742] Schwarz, Vertrauensschutz als Verfassungsprinzip, S. 131 unter Hinweis auf die grundsätzliche Zulässigkeit der unechten Rückwirkung in der Rechtsprechung des BVerfG.

[743] Schwarz, Vertrauensschutz als Verfassungsprinzip; BVerfGE 24, 220 (230 f); GE 67, 1 (16); GE 72, 175 (199); GE 72, 200 (242); GE 76, 256 (347, 354 f); GE 78, 249 (284); GE 78, 249 (284).

[744] BVerfG, Beschluß vom 5. Februar 2002, AZ: 2 BvR 305/93 und 348/93, Rdn. 80.

[745] BVerfGE 43, 242 (288); GE 67, 1 (15); GE 21, 173 (183); GE 58, 300 (351).

dem rechtsstaatlichen Grundsatz der Verhältnismäßigkeit. Der Verhältnismäßigkeitsgrundsatz, der aus dem Rechtsstaatsprinzip abgeleitet wird, enthält nämlich
als ein Kernelement das Gebot der Angemessenheit oder der Verhältnismäßigkeit im engeren Sinne, wonach infolge einer Güterabwägung zwischen der
Schwere des Eingriffs in eine geschützte Rechtsposition und dem Gewicht und
der Dringlichkeit der den Eingriff rechtfertigenden Gründe die Grenze der Zu-
mutbarkeit gewahrt bleiben muß. Gerade bei gesetzlich normierten Dauerver-
hältnissen folgt aus dem Rechtsstaatsprinzip, daß schutzwürdiges Vertrauen der
Betroffenen nicht verletzt werden darf.[746]

In welcher Form und mit welchem Umfang die Übergangsregelungen ausgestaltet werden, muß sich dabei aus einer Abwägung zwischen dem gesetzlichen
Zweck mit der Schwere der Beeinträchtigung des Betroffenen ergeben, wobei
dem deutschen Gesetzgeber ein erheblicher Abwägungsspielraum zur Verfügung steht.[747] Der Erlaß solcher Übergangsregelungen hat dann zur Folge, daß
sich ein möglicher Vertrauensschaden des Normadressaten verringert und sich
die erforderliche Güterabwägung bei der unechten Rückwirkung zugunsten des
öffentlichen Interesses verschiebt.

d) Bewertung

Fraglich ist nunmehr, ob und in welchem Umfang bei einer Aufhebung der Gewährträgerhaftung entsprechende Übergangsregelungen erforderlich sind, um
mögliche Kollisionen mit den Rückwirkungs- und Vertrauensschutzgrundsätzen
zu verhindern. Möglicherweise können sich daraus zwingend die „Grandfathering"-Regelungen aus der Brüsseler „Verständigung" ergeben.

Teilweise wird die Ansicht vertreten, daß es sich bei einer ex nunc – Aufhebung
der Gewährträgerhaftung ohne Übergangsregelungen um eine echte Rückwirkung handele.[748] Denn dann läge ein nachträglicher Eingriff in alle bereits bestehenden Rechtsverhältnisse zwischen den öffentlich-rechtlichen Kreditinstituten und deren Anleihegläubigern vor. Die Investition in öffentliche Anleihen
aufgrund der durch die Gewährträgerhaftung vermittelten höheren Sicherheit

---

[746] Leibholz / Rinck / Hesselberger, BVerfG-Rechtsprechungskommentar, Art. 20, Rdn.
1663; BVerfGE 31, 94 (94).

[747] BVerfGE 43, 242 (288 f); GE 51, 356 (368); GE 53, 336 (351); GE 58, 300 (351); GE
67, 1 (15 f); GE 71, 137 (144); GE 76, 256 (359).

[748] Gruson, EuZW 1997, S. 362.

und trotz niedrigerer Zinsen sei ein vollkommen abgeschlossener Vorgang. Die Investoren hätten sich auf geltendes Recht verlassen und dementsprechende Dispositionen getätigt. Die dadurch erworbenen Rechte könnten nun nicht mehr rückwirkend beseitigt werden. Die demnach zwingend notwendigen Übergangsregelungen sollten die Gewährträgerhaftung deswegen nur für diejenigen Investoren fortgelten lassen, die vor einer gesetzlich zu regelnden Abschaffung der ebenfalls auf gesetzlicher Grundlage beruhenden Gewährträgerhaftung Anleihen eines öffentlich-rechtlichen Kreditinstituts erworben haben. Demnach verblieben alle vor dem Zeitpunkt einer etwaigen Aufhebung der öffentlichen Haftung eingegangenen Verbindlichkeiten der Landesbanken und Sparkassen weiterhin im Genuß der Gewährträgerhaftung.[749] Übergangsregelungen wären nach dieser Auffassung aber auch bei der Annahme einer unechten Rückwirkung erforderlich, da der Verhältnismäßigkeitsgrundsatz und das Rechtsstaatsprinzip den Gesetzgeber bei der Aufhebung gesetzlich geschützter Rechtspositionen dazu verpflichten, das schutzwürdige Vertrauen in ein gesetzlich geregeltes Dauerverhältnis nicht zu verletzen.[750] Ansonsten würde der seit dem Kauf der Landesbankanleihen entstandene Anspruch auf Erfüllung der staatlichen Ausfallbürgschaft nachträglich beseitigt, so als hätte ein solcher Anspruch überhaupt nicht bestanden.

Dem wird jedoch entgegnet, daß eine echte Rückwirkung nur bei der Rückerstreckung des zeitlichen Anwendungsbereichs auf ex tunc erworbene Rechte der Anleihegläubiger gegeben wäre.[751] Bei Annahme einer Altbeihilfe stelle die ex nunc-Aufhebung der Gewährträgerhaftung indes keine echte, sondern eine unechte Rückwirkung dar. Ersteres könne auch nicht aufgrund eines möglichen Vertrauenstatbestandes der nichtbeihilfebegünstigten Anstaltsgläubiger hinsichtlich einer künftigen Weitergeltung von Anstaltslast und Gewährträgerhaftung angenommen werden. Somit sei bei einer unechten Rückwirkung der Erlaß von rechtsstaatlich gebotenen und verhältnismäßigen Übergangsregelungen erforderlich.[752] Bei Annahme einer Neubeihilfe scheide eine rückwirkende Entziehung der auf Gesetz beruhenden öffentlich-rechtlichen Forderungssicherheiten ebenfalls aus, weswegen den Anlegern der für Altbeihilfen gebotene Vertrauensschutz zu gewähren sei, vor allem durch großzügige Übergangsregelungen.

---

[749] Gruson, EuZW 1997, S. 363.
[750] Gruson, EuZW 1997, S. 362.
[751] Koenig / Sander, EuZW 1997, S. 368.
[752] Koenig / Sander, EuZW 1997, S. 368.

Richtigerweise ist bei der Beurteilung, inwieweit eine rechtmäßige Abschaffung der Staatsgarantien möglich sei und in welchem Umfang Übergangsregelungen getroffen werden müssen, zwischen Alt- und Neubeihilfen zu differenzieren.

(1) Soweit Anstaltslast und Gewährträgerhaftung als Altbeihilfe qualifiziert werden, ist nach den Rückforderungsgrundsätzen allein eine Rückforderung mit ex nunc-Wirkung möglich. Insoweit liegt gerade kein Eingriff in abgeschlossene und der Vergangenheit angehörende Vorgänge vor, weswegen eine echte Rückforderung ausscheidet. Denn bis zum Wirksamwerden der Abschaffung der Staatsgarantien werden die öffentlichen Anleihen weiterhin und ohne Beeinträchtigungen durch die öffentliche Haftung abgesichert. Die durch den Anleihekauf insoweit abgeschlossenen Vorgänge bleiben mithin für die Vergangenheit unangetastet.

Soweit die Anleihen aber über Laufzeiten verfügen, die den Zeitpunkt der Abschaffung von Anstaltslast und Gewährträgerhaftung übersteigen, so betreffen die aus der Abschaffung resultierenden künftigen Folgen nicht abgeschlossene Sachverhalte. Maßgeblich ist nicht allein der Zeitpunkt des Vertragsabschlusses über den Kauf der Anleihen und damit deren Erwerbszeitpunkt, der an sich vor Verkündung und Inkrafttreten einer die öffentliche Haftung aufhebenden gesetzlichen Regelung liegt und für sich betrachtet schon abgeschlossen ist. Denn im Zeitpunkt des Anleihekaufes wurde der Kaufpreis entrichtet und ein entsprechendes Gläubigerrecht erworben, welches mit einer gesetzlichen Absicherung des Bonitäts- und Ausfallrisikos und einem effektiven Nominalzins versehen ist. Gleichwohl besteht aber ein hohes Maß an wirtschaftlicher Offenheit der Anleiheverträge, denn durch die Staatsgarantien werden nicht alle Risiken des Anleihekaufes abgedeckt, sondern nur das Bonitäts- und Ausfallrisiko. Das Zinsänderungsrisiko (unter besonderer Berücksichtigung des effektiven Marktzinses) oder das Kündigungsrisiko bleiben weiterhin bestehen. Mit diesem Grundmaß an wirtschaftlicher Offenheit rechnen die Anleger auch prinzipiell bei einem Anleihekauf. Für die Annahme eines nicht abgeschlossenen Vorganges spricht zudem, daß zwar die Tilgungsraten von vornherein feststehen, die Tilgungszahlungen selbst aber noch nicht abgeschlossen sind. Dies ist mit der Einkommensteuer vergleichbar, bei der dann eine unechte Rückwirkung zu bejahen ist, wenn ein rückwirkendes Gesetz vor dem Ablauf des Veranlagungszeitraumes der Einkommensteuer in Kraft tritt, da diese Steuer erst mit Ablauf des Veranlagungszeitraumes entsteht.[753] Schließlich ist es ein fundamentaler Unterschied, ob die Realisierung einer Anwartschaft (mit der die Gewährträgerhaftung verglichen werden kann) dadurch unmöglich wird, daß das zugrundeliegende Gesetz als Anspruchsgrundlage für die Zukunft beseitigt wird, oder ob die auf Grund des Gesetzes rechtmäßig und rechtskräftig gewährten Leistungen durch rückwirkende Aufhebung des anspruchsbegründenden Gesetzes beseitigt werden sollen.[754]

Demzufolge ist bei Altbeihilfen die Abschaffung der Gewährträgerhaftung in Einklang mit den für unechte Rückwirkungen entwickelten Grundsätzen möglich. Dadurch wird auch das wettbewerbsverfälschende Potential gemeinschaftsrechtswidriger wiederkehrender gesetzlicher Beihilfen angemessen begrenzt. Insoweit sind dann durch Übergangsregelungen die bis zum Zeitpunkt der Abschaffung der Gewährträgerhaftung getätigten und über den Zeitpunkt der Abschaffung zeitlich hinausreichenden Investitionen zu schützen, wobei sich die Übergangsfristen wiederum an den Laufzeiten der Anleihen zu orientieren haben. Für weiterreichende Regelungen zulasten der Anleger sind im übrigen keine zwingenden Gründe des Gemeinwohls ersichtlich.

(2) Im Falle der Annahme einer Neubeihilfe, die zwar grundsätzlich eine Rückforderung mit ex tunc-Wirkung zuließe, sind ebenfalls Übergangsregelungen erforderlich. Bei den durch Anstaltslast und Gewährträgerhaftung gesicherten Anleiheverträgen handelt es sich insoweit um Dauerrechtsverhältnisse, die durch die gesetzliche Abschaffung der Staatsgarantien neu geregelt werden. Zulässig wäre aber nur eine Neuregelung mit Wirkung für die Zukunft hinsichtlich der noch nicht abgeschlossenen Anleiheverträge.

Ein rückwirkender Eingriff in dem Sinne, daß die öffentlich-rechtlichen Kreditinstitute den beihilferelevanten Vorteil rückwirkend ersetzen sollten, würde indes die Ansprüche der Anleihegläubiger entwerten. Denn sie haben die Anleihen und die damit zusammenhängenden Rechtspositionen in dem Bewußtsein und in der Annahme erworben, daß die gesetzlichen Regelungen auch in Kraft bleiben. Immer dann, wenn ein Sachverhalt durch die Rechtsordnung einer Regelung zugeführt worden ist, bezieht der Einzelne dies in seine Planungen auch dahingehend ein, daß diese Regelung für die Zukunft verbindlich bleibt. Mit einer rückwirkenden Änderung der gesetzlichen Grundlagen brauchten die Anleger nicht zu rechnen. Deswegen entstünde zu ihren Lasten ein erheblicher Nachteil im

---

[753] Beschluß des BFH vom 27. August 2002, AZ: XI B 94/02, Ziff. II.2.a).
[754] BVerfGE 15, 167 (210).

Sinne eines Vertrauensschadens, demzufolge eine derart weitgehende Regelung unzulässig wäre. Eine rückwirkende Rückforderung, die sich zulasten der öffentlich-rechtlichen Kreditinstitute auswirken würde, hätte nämlich insoweit Auswirkungen auf die künftige Erfüllung der Anleiheverträge, als diese nicht mehr sicher gewährleistet wäre. Diesen privaten Interessen stehen aber keine überwiegenden öffentlichen Interessen gegenüber, die rückwirkende Rückforderungen erforderlich erscheinen ließen. Es reicht vielmehr aus, mögliche Wettbewerbsverzerrungen allein für die Zukunft zu beseitigen und die Rechtsverhältnisse entsprechend neu zu regeln. Die für diesen Fall erforderlichen Übergangsregelungen entsprechen somit denjenigen, die bereits für Altbeihilfen dargestellt wurden.

(3) Hinsichtlich der Brüsseler „Verständigung" bedeutet dies, daß, soweit dort die öffentliche Haftung zum Jahr 2005 abgeschafft respektive in normale marktwirtschaftliche Eigentümerbeziehungen umgewandelt wird, die bis zu diesem Zeitpunkt getätigten Investitionen der Anleger zu schützen sind. Die Übergangsregelungen sind derart auszugestalten, daß die Anleihen bis zum Ende ihrer Laufzeit und damit quasi unbegrenzt von den Staatsgarantien gesichert werden. Irrelevant ist insoweit der Vereinbarungszeitpunkt der Brüsseler „Verständigung" im Jahr 2001, da hier noch keine innerstaatlichen Gesetzesregelungen vorhanden waren, die die Abschaffung der öffentlichen Haftung zum Inhalt hatten. Mehr wird von den deutschen Rückwirkungs- und Vertrauensschutzgrundsätzen nicht gefordert.

Die Rückwirkungs- und Vertrauensschutzgrundsätze bedingen aber weder eine Abschaffung der öffentlichen Haftung zum Jahre 2005 noch eine Differenzierung zwischen den Jahren 2001 und 2005. Eine solche Regelung war weder zwingend erforderlich, noch ergibt sie sich aus den mitgliedstaatlichen Rückwirkungsgrundsätzen, sondern allein aus dem Anordnungsermessen der Kommission. Soweit dabei aber den öffentlichen Banken der beihilferelevante Vorteil verbleibt und keine Kompensationszahlungen eingeführt werden, steht diese Regelung in Widerspruch zu den Grundsätzen des Gemeinschaftsrechts, wonach der durch die Beihilfe gestörte Wettbewerb wiederhergestellt werden soll. Die Kommission wäre nämlich im Grundsatz auch dazu befugt gewesen, die öffentliche Haftung nach Abschluß des erforderlichen Beihilfeverfahrens mit ex nunc-Wirkung zu einem früheren Zeitpunkt als dem Jahr 2005 für gemeinschaftsrechtwidrig zu erklären. Demnach übersteigen die „Grandfathering"-Regelungen das tatsächliche Erfordernis von Übergangsregelungen und letztlich das Anordnungsermessen der Kommission.

3. Übergangsregelungen anhand von Privatisierungen in Deutschland

In den vergangenen Jahren ist es im Rahmen der Privatisierung und Umwandlung mehrerer öffentlich-rechtlicher Kreditinstitute und der Postunternehmen zu Regelungen des Vertrauensschutzes für Altverbindlichkeiten gekommen. Diese sollen nunmehr mit den Regelungen der Brüsseler „Verständigung" verglichen werden. Teilweise handelte es sich um bloße formelle Privatisierungen, bei denen der Staat weiterhin Eigentümer geblieben ist, das betreffende Unternehmen jedoch eine andere Rechtsform erhielt. Hintergrund dieser Maßnahmen war ein fehlendes Interesse des Staates daran, diese Unternehmen weiter in (der bisherigen Form als) Staatsbesitz zu belassen. Fraglich ist, ob durch eine Untersuchung dieser Übergangsfristen weitere Anhaltspunkte für das „Grandfathering" bei den Landesbanken und Sparkassen gewonnen werden können, sofern eine Heranziehung als Vergleichsmaßstab überhaupt möglich ist.

a) Privatisierung von Kreditinstituten

aa) Umwandlung von Kreditinstituten mit Anstaltslast

(1) Deutsche Pfandbriefanstalt

Die Deutsche Pfandbriefanstalt (DePfa) war ursprünglich die größte öffentlich-rechtliche Grundkreditanstalt. Öffentliche Grundkreditanstalten sind das öffentlich-rechtliche Pendant zu den Hypothekenbanken. Sie sind vor allem im Real- und Kommunalkreditgeschäft tätig und emittieren Pfandbriefe und Kommunalschuldverschreibungen.[755]

Im Jahre 1989 wurde die DePfa aufgrund des „Gesetz(es) über die Umwandlung der Deutschen Pfandbriefanstalt in eine Aktiengesellschaft"[756] in die Rechtsform einer Aktiengesellschaft mit dem Namen „Deutsche Pfandbrief- und Hypothekenbank AG" überführt. Im Jahre 1991 verkaufte der Bund 47,9 % seiner Aktienanteile. Ein Jahr später hielten die „Altgesellschafter" nur noch 14 % des Ak-

---

[755] Gleske, Wettbewerb öffentlicher und privater Kreditinstitute, S. 48.
[756] Gesetz über die Umwandlung der Deutschen Pfandbriefanstalt in eine Aktiengesellschaft vom 20. Dezember 1988, BGBl. I S. 2310.

tienkapitals.[757] Seit dem 1. Januar 1999 trägt diese private Hypothekenbank den Namen „DePfa Deutsche Pfandbrief Bank AG". Im Jahr 2000 zählte die DePfa-Gruppe zu den 15 größten Bankengruppen in Deutschland mit einem konsolidierten Vermögen von 150 Mrd. EUR.[758]

§ 5 des Privatisierungsgesetzes enthält eine Gewährleistung für Altverpflichtungen. Dort heißt es wie folgt:

„Der Bund gewährleistet die Erfüllung der Verbindlichkeiten der Aktiengesellschaft, die zu dem Zeitpunkt bestehen, zu dem die Eintragung der Aktiengesellschaft in das Handelsregister nach § 10 des Handelsgesetzbuchs als bekanntgemacht gilt. Die Gläubiger der Aktiengesellschaft können den Bund nur in Anspruch nehmen, soweit sie aus dem Vermögen der Aktiengesellschaft nicht befriedigt werden können."

(2) Deutsche Siedlungs- und Landesrentenbank

Die Deutsche Siedlungs- und Landesrentenbank (DSL Bank) war eine bundesunmittelbare Anstalt des öffentlichen Rechts mit eigener Rechtspersönlichkeit.[759] An der DSL Bank hielten der Bund 51,5 % der Anteile, was einem Nominalwert von 112,68 Mio. DM entsprach, die Bundesländer Bayern und Berlin zusammen ca. 0,5 % und die DSL Holding AG in Bonn 48 % des Grundkapitals.[760]

Mit Ablauf des 31. Dezember 1999 wurde sie durch das „Gesetz über die Umwandlung der deutschen Siedlungs- und Landesrentenbank in eine Aktiengesellschaft (DSL Bank-Umwandlungsgesetz – DSLBUmwG)"[761] in eine Aktienge-

---

[757] Gleske, Wettbewerb öffentlicher und privater Kreditinstitute, S. 52 unter Verweis auf den Geschäftsbericht 1992 der Deutschen Pfandbrief- und Hypothekenbank AG.

[758] Standard & Poor's, Research DePfa Deutsche Pfandbriefbank AG vom 1. August 2000, Analyst, Stefan Best, S. 1.

[759] § 1 des Gesetzes über die Deutsche Siedlungs- und Landesrentenbank (DSL Bank-Gesetz – DSLBG) vom 11. Juli 1989, BGBl. I S. 1421, zuletzt geändert durch das Kriegsfolgenbereinigungsgesetz vom 21. Dezember 1992, BGBl. I S. 2094; zur Geschichte der Bank vgl. Wettbewerbsenquête, S. 107 f.

[760] Von Livonius, Öffentlich-rechtliche Kreditinstitute und EU-Beihilferegime, S. 81; Beteiligungsbericht des Bundesfinanzministeriums vom 13. Dezember 2001, S. 7.

[761] Gesetz über die Umwandlung der Deutschen Siedlungs- und Landesrentenbank in eine Aktiengesellschaft (DSL Bank-Umwandlungsgesetz – DSLBUmwG) vom 16. Dezember 1999, BGBl. I S. 2441.

sellschaft mit dem Namen „DSL Bank Aktiengesellschaft" (DSL Bank AG) umgewandelt. Die Anteilsinhaber der früheren DSL Bank, das heißt die Bundesrepublik Deutschland, das Land Berlin und der Freistaat Bayern, haben damals das Grundkapital der neuen Aktiengesellschaft in Höhe von 113,75 Mio. DM übernommen. Mit Wirkung zum 1. Januar 2000 wurde die Beteiligung des Bundes auf die Deutsche Postbank AG übertragen, weswegen sich die DSL Bank AG heute selbst als „Geschäftsbereich der Deutschen Postbank AG"[762] bezeichnet.

Nach dem „Beteiligungsbericht 2001" des Bundesfinanzministeriums vom 13. Dezember 2001, der über die unmittelbaren und bedeutenderen mittelbaren Beteiligungen des Bundes und seiner Sondervermögen und die Privatisierungspolitik der Bundesregierung informiert, hatte die DSL-Bank die Aufgabe der „Finanzierung öffentlicher und privater Vorhaben insbesondere für die Verbesserung oder Erhaltung der wirtschaftlichen oder strukturellen Verhältnisse des ländlichen Raumes".[763]

Geschäftszweck der DSL Bank AG ist nach § 2 Abs. 1 der Satzung das Betreiben von Bankgeschäften aller Art. Sie hat Universalbankstatus, wobei sie in Weiterführung des öffentlichen Auftrages gemäß § 13 Abs. 1 DSLBUmwG vor allem Projekte aus der Landwirtschaft und des Umweltschutzes und zur Eingliederung von aus der Landwirtschaft stammenden Vertriebenen, Flüchtlingen und Spätaussiedlern fördert.

§ 11 des DSLBUmwG normiert die subsidiäre Haftung des Bundes für Altverbindlichkeiten:

„Der Bund haftet für die Erfüllung der Verbindlichkeiten der Deutschen Siedlungs- und Landesrentenbank, soweit diese vor Eintragung der Aktiengesellschaft in das Handelsregister begründet worden sind. Die Gläubiger der Aktiengesellschaft können den Bund nur in Anspruch nehmen, soweit sie aus dem Vermögen der Aktiengesellschaft nicht befriedigt werden können."

---

[762] Quelle: www.dslbank.de/public/wir_ueber_uns
[763] Beteiligungsbericht des Bundesfinanzministeriums vom 13. Dezember 2001, S. 7; siehe auch § 2 Abs. 1 DSLBG.

bb) Umwandlung von Kreditinstituten mit Anstaltslast und Gewährträgerhaftung

(1) Bayerische Staatsbank

Die Bayerische Staatsbank hatte als „Königliche Bank" unter anderem die Aufgabe, Staatsanleihen zu begeben und den Markt für bayerische Staatsanleihen zu pflegen. Seit dem Ende der Monarchie führte sie den Namen „Bayerische Staatsbank". 1971 wurde das Institut aufgelöst und durch die Bayerische Vereinsbank AG übernommen, die wiederum 1999 mit der Bayerischen Hypotheken- und Wechselbank AG zur HypoVereinsbank AG fusionierte. In Art. 5 des Umwandlungsgesetzes in eine Aktiengesellschaft von 1970 heißt es:

„Die gemäß Artikel 1 Absatz 3 des Gesetzes über die Bayerische Staatsbank vom 25. Oktober 1950 bestehende Gewährträgerhaftung des Freistaates Bayern bleibt für die Verbindlichkeiten der Bank, die im Zeitpunkt des Wirksamwerdens der Umwandlung bestehen, erhalten."[764]

(2) Berliner Pfandbrief-Bank

Im Jahre 1992 wurde die Berliner Pfandbrief-Bank in eine Aktiengesellschaft umgewandelt, deren Grundkapital und Aktien das Land Berlin übernahm. 1996 fusionierte dieses Institut dann als Berliner Hypotheken- und Pfandbriefbank zusammen mit der Braunschweig-Hannoverschen Hypothekenbank zur Berlin Hyp. § 5 des Umwandlungsgesetzes besagt zur Gewährleistung für Altverpflichtungen:

„Das Land Berlin gewährleistet die Erfüllung der Verbindlichkeiten der Aktiengesellschaft, die zu dem Zeitpunkt bestehen, zu dem die Eintragung in das Handelsregister nach § 10 des Handelsgesetzbuches als bekanntgemacht gilt. Die Gläubiger der Aktiengesellschaft können das Land Berlin nur in Anspruch nehmen, soweit sie aus dem Vermögen der Aktiengesellschaft nicht befriedigt werden können."[765]

---

[764] Gesetz zur Umwandlung der Bayerischen Staatsbank in eine Aktiengesellschaft vom 23. Juli 1970, GVBl. Bayern 1970, S. 302.

[765] Gesetz über die Umwandlung der Berliner Pfandbrief-Bank in eine Aktiengesellschaft vom 17. September 1992, Berliner GVBl. Berlin 1992, S. 282.

b) Privatisierung der Postunternehmen

aa) Grundlagen der Postreform

Durch die „Postreform I"[766] aus dem Jahre 1989 wurde für die damalige Deutsche Bundespost als Teil der bundesunmittelbaren Verwaltung ein neuer Handlungsrahmen entwickelt, der in einer Trennung von politisch-hoheitlichen und betrieblich-unternehmerischen Aufgaben sowie in der Öffnung des Telekommunikationsmarktes für den Wettbewerb bestand.[767] Aus der bundeseigenen Postverwaltung heraus wurden zum 1. Januar 1990 drei neue öffentlichen Unternehmen geschaffen, nämlich die Deutsche Bundespost (DBP) Postdienst, die DBP Telekom und die DBP Postbank, die nichtrechtsfähige Sondervermögen des Bundes waren sowie einen eigenen unternehmerischen Leistungs- und Wettbewerbsauftrag besaßen.[768]

Die „Postreform II"[769] wandelte diese drei öffentlichen Unternehmen mit Wirkung zum 1. Januar 1995 in Aktiengesellschaften um, die Deutsche Post AG, die Deutsche Postbank AG und die Deutsche Telekom AG, denen die Aufgaben der bisherigen Unternehmen übertragen wurden. Daneben wurde eine rechtsfähige öffentlich-rechtliche „Bundesanstalt für Post und Telekommunikation Deutsche Bundespost" gegründet, die die Anteile des Bundes an den neugegründeten Aktiengesellschaften verwaltet.[770]

bb) Übergangsregelung für die Postanleihen

Im Rahmen dieser Umwandlung wurden auch das Vermögen, die Schulden und die Haftung der drei früheren Unternehmen den neuen Aktiengesellschaften direkt zugeordnet, weswegen insbesondere in zwei Bereichen Übergangsregelungen erforderlich waren: zum einen bei den Versorgungslasten und Beihilfean-

---

[766] Gesetz zur Neustrukturierung des Post- und Fernmeldewesens und der Deutschen Bundespost (Poststrukturgesetz) vom 8. Juni 1989, BGBl. I, S. 1026.

[767] Klatt, Postreform II, S. 335 f.

[768] Kirchhof, NVwZ 1994, S. 1041.

[769] Gesetz zur Neuordnung des Postwesens und der Telekommunikation (PTNeuOG), BGBl. I 1994, S. 2325. Gleichzeitig wurde das Gesetz zur Änderung des Grundgesetzes vom 30. August 1994, BGBl. I, S. 2245, verabschiedet, das die Art. 87 f und Art. 143 GG änderte beziehungsweise ergänzte. Dazu ausführlich Klatt, Postreform II, S. 335 ff.

[770] § 1 des Gesetzes über die Errichtung einer Bundesanstalt für Post und Telekommunikation Deutsche Bundespost (BAPostG) vom 14. September 1994, BGBl. I, S. 2325.

sprüchen für Ruhestandsbeamte der Deutschen Bundespost und deren Hinter-
bliebene, soweit sie vor der Umwandlung tatsächlich begründet waren,[771] zum
anderen bei bestehenden öffentlichen Postanleihen. Der Kapitalmarkt erwartete
nämlich aus Gründen des Gläubigerschutzes die Aufrechterhaltung der Bonität
und der Sicherheit dieser Postanleihen sowie die pünktliche Erfüllung der Til-
gungsleistungen und Zinszahlungen. Dementsprechend hieß es auch in der Ge-
setzeserwägung zum Postumwandlungsgesetz: „Die Bonität der Altverbindlichkeiten der Deutschen Bundespost und ihrer Unternehmen darf durch die Postreform II in keiner Weise beeinträchtigt werden."[772] Im folgenden wird aufgrund
des Sachzusammenhangs dieser Arbeit mit der „Grandfathering"-Regelung für
Landesbanken und Sparkassen das besondere Augenmerk auf die Garantie- und
Übergangsregelungen für die Postanleihen gelegt.

In den Jahren ihres Bestehens wurden vom Bund für die gesamte Deutsche Bundespost nämlich Kredite in Form von öffentlichen Anleihen und anderen Wertpapieren aufgenommen, die sich zu einer Summe von rund 60 Milliarden DM
addierten.[773] Früher haftete gemäß § 3 Abs. 2 PostVerwG[774] aus dem Jahre 1953
nur das Gesamtsondervermögen der Deutschen Bundespost für die Verbindlichkeiten der Post. Durch die „Postreform I" wurde dieses Sondervermögen in drei
Teilsondervermögen aufgeteilt und den jeweiligen neugegründeten Unternehmen zugeordnet. Gleiches geschah nach § 2 Abs. 2 PostVerfG auch für die jeweiligen Verbindlichkeiten. Diese Sondervermögen waren allesamt nichtrechtsfähige unselbständige Teile des Bundes, der letztlich als Schuldner für die öffentlichen Postanleihen fungierte und dessen Haftung auf die Sondervermögen
beschränkt war. Darüber hinaus bestand aber auch eine Anstaltslast des Bundes,
woraus für den Bund im Innenverhältnis zu den Sondervermögen eine Nachschußpflicht resultierte, um dessen Liquidität und damit auch die Ansprüche der
Gläubiger zu sichern.

---

[771] FAZ vom 24.2.2003, "Versorgungslücke für Postpensionäre", wonach die Pensionen und
Beihilfen an die früheren Postbediensteten bei Post, Telekom und Postbank bis zum Jahr
2090 eine Summe von 580 Milliarden € betragen.
[772] Bundestags-Drucksache 12/8060, S. 189.
[773] Deutsche Bundesbank, Monatsbericht August 1994, Statistischer Teil, S. 76.
[774] Gesetz über die Verwaltung der Deutschen Bundespost vom 24. Juli 1953 (PostVerwG),
BGBl. I, S. 676.

Im Rahmen der „Postreform II" wurde nunmehr ein System der Stufenhaftung der Telekom AG und des Bundes entwickelt. Durch § 2 II PostUmwG[775] wurden die das Sondervermögen in seiner Gesamtheit betreffenden Kreditverbindlichkeiten in toto der Deutschen Telekom AG ab dem Zeitpunkt ihrer Eintragung in das Handelsregister übertragen, wobei dieser wiederum eine Rückgriffsforderung gegenüber den anderen neuen Aktiengesellschaften für ihnen und ihren Rechtsvorgängern zurechenbare Kreditverbindlichkeiten zusteht.

§ 2 Abs. 4 S. 1 PostUmwG beinhaltet eine Garantie des Bundes für diese Verbindlichkeiten. In dieser Norm steht folgendes:

„Der Bund trägt die Gewährleistung für die Erfüllung der zum Zeitpunkt der Eintragung der drei Aktiengesellschaften in das Handelsregister bestehenden Verbindlichkeiten gemäß den Absätzen 2 und 3. … Für Spareinlagen endet die Gewährleistung spätestens nach einer Frist von fünf Jahren ab dem Zeitpunkt der Eintragung der Aktiengesellschaften in das Handelsregister."

Dadurch wird zugunsten der Gläubiger ein subjektiver Haftungsanspruch direkt gegenüber dem Bund normiert, der sich für den Bund wiederum als eine gegenüber der Deutschen Telekom AG subsidiäre Haftung für den vollen Umfang der Primärschuld darstellt.[776] Der Gläubiger muß deswegen zunächst die Telekom AG zur Zahlung auffordern, ohne auf die Vorausklage oder andere vollstreckungsrechtliche Maßnahmen angewiesen zu sein, und kann sich dann für den Fall der nicht fristgerechten Tilgungs- oder Zinszahlungen und der generellen Nichterfüllung an den Bund wenden.

Zu beachten ist, daß bei dieser Regelung die Telekom AG als primärer Schuldner fungiert, während der Bund nur ergänzend und subsidiär haftet. Sachlich wurde die Haftung des Bundes aus § 2 Abs.4 PostUmwG auf die bestehenden Anleihen beschränkt und nicht auf einen mehrjährigen Zeitraum nach der Umwandlung der drei öffentlichen Postunternehmen in Aktiengesellschaften für

---

[775] Gesetz zur Umwandlung der Unternehmen der Deutschen Bundespost in die Rechtsform der Aktiengesellschaft (PostUmwG) vom 14. September 1994, BGBl. I, S. 2339.

[776] Kirchhof, NVwZ 1994, S. 1046 unter Hinweis darauf, daß zwar in der Begründung zum Gesetzentwurf (Bundestags-Drucksache 12/6718, S. 88) von einem „gesetzlichen Schuldnerwechsel" gesprochen wurde, was für eine objektive Garantie spräche. Dieser Ansicht sei aber unter anderem auf den damals gestrichenen § 2 Abs. 4 S. 2 des Entwurfs zum PostUmwG nicht zuzustimmen, dessen Zielsetzung gleichwohl nicht aufgegeben wurde.

spätere Kreditfinanzierungen erweitert. Ein wichtiger Grund der Gewährleistung des Bundes für die Altkredite der Post lag zum einen darin, daß der Kapitalmarkt, der auf die Sicherheit und die Bonität der öffentlichen Hand vertraut hatte, in diesem Vertrauen nicht enttäuscht werden sollte.[777] Zum anderen sollten die Postanleihen vor einem Kursverfall bewahrt werden.

c) Bewertung

Zwischen den dargestellten Regelungen zu Altverbindlichkeiten in den entsprechenden Umwandlungs- und Privatisierungsgesetzen bestehen im Vergleich zu den „Grandfathering"-Regelungen für Landesbanken und Sparkassen erhebliche Unterschiede.

Zunächst ist festzustellen, daß insbesondere bei der DSL Bank, der DePfa und der Berliner Pfandbrief-Anstalt im Vergleich zu den verschiedenen Komponenten des öffentlichen Auftrages der Landesbanken und Sparkassen unterschiedliche Bestandteile existieren. Die erstgenannten Institute haben beispielsweise weder eine Zentralbankenfunktion für die Sparkassen, noch einen Hausbankenstatus für das jeweilige Bundesland.[778] Zu den herausragenden Aufgaben der Landesbanken gehört indes gerade deren Aufgabe als Haus- und Kommunalbank sowie als Sparkassenzentralbank. Als Hausbank der Bundesländer unterstützen sie die wirtschaftlichen Zielsetzungen des jeweiligen Landes, als Kommunalbank decken sie abhängig von ihren finanziellen Mittein den Kreditbedarf der Kommunen, soweit dieser die örtlichen Sparkassen überfordert, und fördern volkswirtschaftlich erforderliche kommunale Sachinvestitionen.[779] Als Sparkassenzentralbank haben die Landesbanken die Aufgabe, den Sparkassen dabei zu helfen, Geschäfte zu erledigen, die diese aus Satzungsgründen nicht allein vornehmen können. Dieser nicht deckungsgleiche öffentliche Auftrag hat jedoch keine Auswirkungen auf den Umfang der gewährten Haftung, da sich aus ihm keine direkten Verbindlichkeiten und Ansprüche möglicher Gläubiger herleiten lassen.

Weiterhin wurden die Umwandlungen der DSL Bank, der DePfa, der Bayerischen Staatsbank, der Berliner Pfandbrief-Bank und auch der Postunternehmen nicht in einem Spannungsverhältnis zwischen Europarecht und nationalem

---

[777] Kirchhof, NVwZ 1994, S. 1045.
[778] Vgl. die Aufgabenstellung in § 2 Abs. 1, 3 DSLBG.
[779] Schlierbach, Sparkassenrecht, S. 307.

Recht, zwischen Beihilferecht und Vertrauensschutz vollzogen, sondern konnten unter dem alleinigen Blickwinkel des nationalen Rechts mit dessen hoher Gewichtung des Vertrauensschutzes abgewickelt werden. Während bei der Privatisierung der DePfa im Jahre 1989 die mögliche Gemeinschaftsrechtswidrigkeit von Anstaltslast und Gewährträgerhaftung noch überhaupt nicht diskutiert wurde, spielte dieser Aspekt für die 1999 erfolgte Umwandlung der DSL Bank in eine Aktiengesellschaft insoweit ebenfalls keine Rolle, als die Debatte über einen möglichen Verstoß gegen das gemeinschaftsrechtliche Beihilferegime auf die Landesbanken und Sparkassen beschränkt war. Dies zeigt sich beispielsweise daran, daß die Europäische Bankenvereinigung ihre bei der Europäischen Kommission eingelegte Beihilfebeschwerde, durch die das gesetzliche Haftungssystem der öffentlich-rechtlichen Kreditinstitute auf den europarechtlichen Prüfstand kam, auf die – exemplarisch herausgegriffenen - Institute Westdeutsche Landesbank – Girozentrale (WestLB), Stadtsparkasse Köln und Westdeutsche Immobilienbank begrenzt hatte.

Außerdem bestand bei der DSL Bank und der DePfa als bundeseigene Kreditinstitute sowie bei der Deutschen Bundespost lediglich die Anstaltslast des Bundes als Errichtungskörperschaft und Anstaltsträger.[780] Im Gegensatz dazu profitieren die Landesbanken und Sparkassen sowohl von der Anstaltslast als auch von der Gewährträgerhaftung und den daraus resultierenden Refinanzierungsvorteilen. Der Bericht der Wettbewerbsenquête führt zur DSL Bank beispielsweise aus, daß der Bund zwar für deren Schuldverschreibungen nach § 3 des Gesetzes über die Zusammenlegung der Deutschen Landesrentenbank und der Deutschen Siedlungsbank eine generelle Gewährleistung übernommen hatte, es sich dabei aber nicht um eine Gewährträgerhaftung im klassischen Sinne einer subsidiären, unmittelbaren und unbegrenzten Haftung für alle Verbindlichkeiten des betreffenden Kreditinstituts handelte.[781] Die Ratingagenturen haben aber immer betont, daß gerade die Gewährträgerhaftung für sie eine herausragende Bedeutung bei

---

[780] Rümker, FS Stiefel, S. 607 f; Moody's Investors Service, Special Comment "An Outlook for Germany's Public-Law Banks", Oktober 2000, S. 9; Wettbewerbsenquête, S. 47; Gruson, EuZW 1997, S. 362; a.A.: Blaß, Kredtwesen, 2000, S. 81, der davon ausgeht, daß sowohl Anstaltslast und Gewährträgerhaftung bei der Bundesrepublik Deutschland lagen.

[781] Wettbewerbsenquête, S. 49 mit FN 72; Gesetz über die Zusammenlegung der Deutschen Landesrentenbank und der Deutschen Siedlungsbank von 1965, BGBl. I, S. 1001 sowie § 23 Nr. 4 des Gesetzes über die Feststellung des Bundeshaushaltsplans für das Rechnungsjahr 1967 (Bundeshaushaltsgesetz 1967), BGBl. II, S. 1961; zum Begriff der Gewährträgerhaftung siehe oben 3. Teil A.

ihren Ratings habe, indem diese staatliche Haftung gerade das Außenverhältnis des Kreditinstituts zu seinen Gläubigern berühre.[782]

Schließlich ist zu beachten, daß bei den oben aufgeführten vier Kreditinstituten das gesamte Institut in seiner Rechtsform und in seiner Haftungsverfassung umgewandelt wurde. Dabei handelte es sich um einen Formwechsel nach Umwandlungsgesetz (UmwG), anders als bei der Postreform mit ihrer Sonderform der errichtenden Umwandlung nach §§ 57 ff UmwG 1969, der heutigen Ausgliederung zur Neugründung nach §§ 168 ff UmwG 1994. Eine solche Umwandlung ist weitergehender als die Brüsseler „Verständigung" zu Landesbanken und Sparkassen, die gerade keine Änderung der Rechtsform bezweckt, sondern allein die Frage der Abschaffung der öffentlichen Haftung regelt. Letztlich entfällt aber in beiden Fällen die öffentliche Haftung für die Zukunft, weswegen daraus keine unterschiedlichen Haftungsregelungen für einen Übergangszeitraum abgeleitet werden können.

Unerheblich für die unterschiedlichen Regelungen ist insoweit auch, daß die vier behandelten Kreditinstitute und die Postunternehmen nach erfolgter Umwandlung keine mit einer öffentlichen Haftung ausgestatteten festverzinslichen Wertpapiere mehr emittieren können. Im Gegensatz dazu bleibt die öffentliche Rechtsform der Landesbanken und Sparkassen aber gerade erhalten. Bis zum Jahre 2005 können sie nach der Brüsseler „Verständigung" festverzinsliche Wertpapiere begeben, die wiederum in ihrem Rating von der öffentlichen Haftung profitieren. Allein daraus können aber keine ungleichen Übergangsregelungen hergeleitet werden, da die Abschaffung von Anstaltslast und Gewährträgerhaftung und die Implementierung der künftig maßgeblichen marktwirtschaftlichen Eigentümerbeziehungen für die Landesbanken und Sparkassen prinzipiell auch schon zu einem früheren Stichtag als 2005 mit einer bis dahin begrenzten öffentlichen Haftung für bestehende Verbindlichkeiten möglich gewesen wäre. Das befristete „Grandfathering" für Neuverbindlichkeiten wurde zwar mit Vertrauensschutzaspekten begründet. Nur soweit Vertrauensschutzgründe aber auch tatsächlich bestehen, kann das befristete „Grandfathering" als zulässig angesehen werden.

---

[782] Als Beispiel: Moody's Investors Service, Special Comment "An Outlook for Germany's Public-Law Banks", Oktober 2000, S. 9. Dort heißt es: "The question of "timely" support is key ... Timeliness of interest payments and capital repayments is an important driver of Moody's debt ratings." Das Kriterium des „timeliness of payment" wird, wie oben gezeigt, aber gerade durch die Gewährträgerhaftung sichergestellt.

Inhaltlich unterscheiden sich die Regelungen über die Haftung für Altverbind-lichkeiten bei den Instituten, die entweder nur mit der Anstaltslast oder auch zu-sätzlich mit der Gewährträgerhaftung ausgestattet gewesen sind, von den Über-gangsregelungen für die Landesbanken und Sparkassen jedoch erheblich. In al-len Gesetzesregelungen, das heißt bei der DSL Bank, der DePfa, der Bayeri-schen Staatsbank, der Berliner Pfandbrief-Bank und auch bei den Postunterneh-men, beschränkte sich die Haftung des Bundes respektive des jeweiligen Bun-deslandes auf die zu einem bestimmten Stichtag bestehenden und begründeten Altverbindlichkeiten, nicht auf neu hinzukommende. Maßgeblich war insoweit stets die Eintragung der Umwandlung in das Handelsregister beziehungsweise der Zeitpunkt des Wirksamwerdens der Umwandlung.

Interessanterweise hatte der Bund auch für die Institute, die allein mit dem Rechtsinstitut der Anstaltslast ausgestattet waren, bei der Umwandlung in eine Kapitalgesellschaft eine Garantie für Altverbindlichkeiten geschaffen und damit den Schutz der Gläubiger in begrenztem Umfang sichergestellt, obwohl die An-staltslast an sich nur das Innenverhältnis zwischen der Anstalt und dem Anstalts-träger regelt.[783] Inhaltlich handelte es sich bei dieser gesetzlich normierten Haf-tung für Altverbindlichkeiten um eine gegenüber dem Vermögen der umgewan-delten öffentlich-rechtlichen Kreditinstitute und der Postunternehmen subsidiäre Haftung des Bundes. Insoweit erfolgte als Surrogat für die wegfallende Anstalts-last eine Umwandlung der Anstaltslast in eine Gewährträgerhaftung für Altver-bindlichkeiten, indem bei der DSL Bank, der Deutschen Pfandbriefanstalt und den Postunternehmen nunmehr der Bund im direkten und unmittelbaren Ver-hältnis zu den Gläubigern die Erfüllung der Verbindlichkeiten zum Umwand-lungsstichtag gewährleistete.

Für die beiden umgewandelten Institute, die wie die Landesbanken und Sparkas-sen über Anstaltslast und Gewährträgerhaftung verfügten, wurde die Haftung des Staates ebenfalls auf die im Zeitpunkt des Wirksamwerdens der Umwand-lung bestehenden Altverbindlichkeiten beschränkt. Für neue Verbindlichkeiten des dann privatisierten Kreditinstituts existierte anschließend keine Gewährträ-gerhaftung mehr. Dementsprechend vertritt auch Rümker die Ansicht, daß bei der Umwandlung eines öffentlich-rechtlichen Kreditinstituts, das mit der Ge-währträgerhaftung ausgestattet sei, in eine privatrechtlich organisierte Bank die-

---

[783] Busch, AG 1997, S. 361.

se Haftung für die Verbindlichkeiten fortbesteht, die im Zeitpunkt der Umwandlung begründet waren, nicht dagegen für neue Verbindlichkeiten.[784]

Im Vergleich dazu reicht das „Grandfathering" für Landesbanken und Sparkassen über den zeitlichen Umfang sonstiger Übergangsregelungen deutscher Umwandlungs- und Privatisierungsgesetze deutlich hinaus, indem bei den Landesbanken und Sparkassen keine einheitliche Grenzziehung für Verbindlichkeiten im Sinne einer Stichtagsregelung geschaffen wurde, sondern ein gestaffeltes System in Form des unbefristeten „Grandfathering" für Altverbindlichkeiten und des befristeten „Grandfathering" für Neuverbindlichkeiten mit ihrer begrenzten Weitergeltung von Anstaltslast und Gewährträgerhaftung.

Die aufgeführten Gewährleistungsregelungen für Altverbindlichkeiten bei den vier Kreditinstituten und den Postunternehmen geben insoweit wichtige Anhaltspunkte für den erforderlichen Umfang von Übergangsregelungen aus Sicht des deutschen Rechts. Ob sich daraus eine konzeptionelle Selbstbindung des Gesetzgebers über Art. 3 Abs. 1 GG herleiten läßt, wonach diese der Haftungskontinuität dienenden Vorschriften auch in anderen Fällen einer Abschaffung von Anstaltslast und Gewährträgerhaftung entsprechende Gläubigerschutzregelungen zwingend erforderlich machen, ohne ansonsten gegen Art. 3 Abs. 1 GG zu verstoßen, ist letztlich nicht entscheidend. Denn sie treffen keine Aussage darüber, ob weiterreichende Regelungen rechtmäßig oder rechtswidrig sind. Statt dessen enthalten sie im Sinne eines allgemeinen Rechtsgrundsatzes einen Minimalstandard zur Gewährleistung des erforderlichen Vertrauensschutzes für bestehende Verbindlichkeiten.

Dieses Minimum wird für die Gläubiger von Landesbanken und Sparkassen indes auf jeden Fall gewahrt. Für die Frage, ob über dieses Minimum hinausgehende Regelungen zulässig sind, beispielsweise um einem Unternehmen den zeitlichen Übergang und die Anpassung an neue Rahmenbedingungen zu erleichtern, spielt die Frage einer konzeptionellen Selbstbindung jedoch keine Rolle. Dem Gesetzgeber kann insoweit nicht verwehrt werden, einem Unternehmen günstigere Regelungen zu gewähren. Dies kann aber nur in dem Umfang möglich sein, als solche Normen nicht aus sonstigen Gründen als unzulässig anzusehen sind, beispielsweise weil sie einen Verstoß gegen andere Rechtsvorschriften darstellen, mögliche Wettbewerber benachteiligen oder verbotene Wettbewerbs-

---

[784] Rümker, FS Stiefel, S. 617.

verzerrungen hervorrufen. In diesem Fall ist zumindest das minimale Schutzniveau zu gewährleisten. Dies bedeutet, daß weiterreichende Übergangsregelungen wie bei den Landesbanken und Sparkassen nicht zwingend und zwangsläufig aus Vertrauensschutzgründen erforderlich sein müssen. Denn ansonsten wären sie schon in den in diesem Abschnitt dargestellten Fällen entsprechend getroffen worden.

4. Übergangsregelungen im Gesellschaftsrecht

Zu untersuchen ist, ob anhand der deutschen gesellschaftsrechtlichen Regelungen zur Haftungskontinuität für Altverbindlichkeiten und für eine Enthaftung eine Analogie hinsichtlich des zeitlichen Umfangs von Übergangsregelungen im durch das europäische Beihilferecht bestimmten deutschen Recht geschlossen werden kann. Deswegen ist zunächst zu prüfen, ob im deutschen Recht ein allgemeiner Rechtsgrundsatz hinsichtlich einer Haftungsbefreiung für Altverbindlichkeiten besteht.[785]

a) Vorschriften des HGB

§ 26 Abs. 1 S. 1 HGB besagt für den Fall des Erwerbs eines Handelsgeschäfts unter Lebenden, daß der frühere Geschäftsinhaber und Veräußerer eines Handelsgeschäfts, sofern der Erwerber eines Handelsgeschäfts auf Grund der Firmenfortführung oder auf Grund der in § 25 Abs. 3 bezeichneten Kundmachung für die früheren Geschäftsverbindlichkeiten haftbar ist, für diese Verbindlichkeiten nur dann haftet, wenn sie vor Ablauf von fünf Jahren fällig und daraus Ansprüche gegen ihn in einer in § 197 Abs. 1 Nr. 3 – 5 BGB bezeichneten Art festgestellt sind oder eine gerichtliche oder behördliche Vollstreckungshandlung vorgenommen oder beantragt worden ist. Bei der Fünf-Jahres-Frist handelt es sich insoweit um eine eindeutige Ausschlußfrist, nicht um eine bloße Verjährungsregelung.[786]

Parallel zu § 26 HGB regelt § 28 Abs. 3 HGB die Begrenzung der Nachhaftung des früheren Geschäftsinhabers, der zum Kommanditisten geworden ist, für den Fall des Eintritts einer Person als persönlich haftender Gesellschafter oder als Kommanditist in das Geschäft eines Einzelkaufmanns. Entsprechend § 26 Abs. 1 S. 1 HGB gilt auch hier eine Frist von 5 Jahren. Eine frühere Rechtsprechung

---

[785] Hierzu ausführlich: Busch, AG 1997, S. 359 ff.
[786] Baumbach / Hopt, HGB-Kommentar, § 26, Rdn. 3, 8.

sah indes keine analoge Anwendung von § 26 HGB a.F. vor, weswegen der frühere Alleininhaber als Kommanditist der neuen Gesellschaft unbeschränkt weiter haftete.[787]

Für die Offene Handelsgesellschaft (OHG) normiert § 160 Abs. 1 S. 1 HGB ebenfalls eine Frist von fünf Jahren. Danach haftet ein ausgeschiedener oder zum Kommanditisten gewordener früherer persönlich haftender Gesellschafter für die bis dahin begründeten Verbindlichkeiten (aus der persönlichen Haftung nach §§ 128 ff HGB[788]) der Gesellschaft, wenn diese vor Ablauf von fünf Jahren nach dem Ausscheiden fällig und daraus Ansprüche gegen ihn gerichtlich geltend gemacht worden sind. Auch hier handelt es sich um eine Ausschlußfrist wie bei § 26 Abs. 1 S. 1 HGB.

b) Vorschriften des BGB

Für die BGB-Gesellschaft verweist § 736 Abs. 2 BGB auf eine sinngemäße Geltung der für Personengesellschaften geltenden Regelungen über die Nachhaftungsbegrenzung. Zunächst besteht für den ausgeschiedenen Gesellschafter seine Haftung grundsätzlich fort, soweit der Gesellschafter für im Zusammenhang mit dem Gesellschaftsverhältnis im Außenverhältnis persönlich haftet.[789] Die entsprechende Anwendung der personengesellschaftlichen Regelungen bedeutet indes, daß nach § 736 Abs. 2 BGB in Verbindung mit § 160 Abs. 1 S. 1 HGB eine (Ausschluß-) Frist von fünf Jahren besteht.[790]

c) Vorschriften des UmwG

Die §§ 45, 133 Abs. 3, 157, 167, 173, 224 Abs. 2, 237, 249 und 257 UmwG regeln für die Fälle einer Verschmelzung unter Beteiligung von Personenhandelsgesellschaften, der Spaltung zur Aufnahme, der Ausgliederung zur Aufnahme, der Ausgliederung aus dem Vermögen rechtsfähiger Stiftungen, der Ausgliederung aus dem Vermögen von Gebietskörperschaften oder Zusammenschlüssen von Gebietskörperschaften, des Formwechsels einer Kapitalgesellschaft in eine Personengesellschaft, des Formwechsels in eine Kapitalgesellschaft anderer Rechtsform und des Formwechsels in eine eingetragene Genossenschaft zuguns-

---

[787] BGHZ 78, 119; BGH WM 1974, S. 395; BGH NJW 1991, S. 1972.
[788] Baumbach / Hopt, HGB-Kommentar, § 160, Rdn. 2.
[789] Sprau, in: Palandt, § 736, Rdn. 10.
[790] Sprau, in: Palandt, § 736, Rdn. 11, 16.

ten der Gläubiger eine Haftungskontinuität für Altverbindlichkeiten und eine Enthaftung nach fünf Jahren.[791]

Für den Formwechsel von Körperschaften und Anstalten des öffentlichen Rechts nach den §§ 302 ff UmwG bestehen allerdings keine Regelungen entsprechend den anderen dargestellten Umwandlungsfällen für eine Enthaftung und damit auch keine Frist von fünf Jahren. Eine Enthaftung ist insoweit nicht vorgesehen; statt dessen wird in § 302 UmwG auf das für die formwechselnde Körperschaft oder Anstalt maßgebliche Bundes- oder Landesrecht verwiesen.

d) Bewertung

Ein Analogieschluß dahingehend, in welchem Umfang aus dem Gesellschaftsrecht Übergangsregelungen für die Gläubiger von Landesbanken und Sparkassen hergeleitet werden können, scheitert schon deswegen, weil ein für eine Analogie erforderliches Rechtsprinzip fehlt; unabhängig von der Frage, ob überhaupt und in welchem Umfang Analogieschlüsse zwischen deutschem und europäischem Recht möglich und zulässig sind. Das Scheitern liegt zum einen daran, daß die von den oben dargestellten Normen betroffenen Ansprüche sehr unterschiedlich sind. Zum anderen sehen auch manche Normen wie die §§ 301 ff UmwG gerade keine Nachhaftung vor, obwohl dies im Grundsatz möglich wäre.[792]

V. Ergebnis

Die „Grandfathering"-Regelungen der Brüsseler „Verständigung" und der Kommissionsentscheidung Nr. E 10/2000 sind hinsichtlich des unbefristeten „Grandfathering" für Altverbindlichkeiten als rechtmäßig einzustufen. Hingegen sind die Regelungen des befristeten „Grandfathering" für Neuverbindlichkeiten zu weitreichend und insoweit nicht in Übereinstimmung mit dem Gemeinschaftsrecht und dem mitgliedstaatlichen Recht. Dies gilt insbesondere für den Fall, daß Anstaltslast und Gewährträgerhaftung nach der in dieser Arbeit vertretenen Auffassung zumindest teilweise als Neubeihilfe zu qualifizieren sind, woraus sich wiederum eine Rückforderungsverpflichtung des Mitgliedstaates gegenüber dem Beihilfeempfänger ergibt. Die Anwendung des befristeten „Grandfathering" führt vielmehr dazu, dass die öffentlich-rechtlichen Kreditin-

---

[791] Busch, AG 1997, S. 359 ff.
[792] Busch, AG 1997, S. 361.

stituten den wettbewerbsrelevanten Vorteil behalten, obwohl gleichzeitig wettbewerbskonformere Alternativen bestanden hätten, beispielsweise in Form von Kompensationszahlungen an die Gewährträger, bei denen zugleich die Ansprüche der Anleihegläubiger hätten erfüllt werden können. Insbesondere ergibt sich das befristete „Grandfathering" für Neuverbindlichkeiten nicht aus den gemeinschaftsrechtlichen und den deutschen Regelungen zum Eigentums- und Vertrauensschutz.

D. Auswirkungen der Rechtsprechung des EuGH in der Rechtssache „Ferring SA" auf die Brüsseler „Verständigung" und die Kommissionsentscheidung Nr. E 10/2000

Noch nicht endgültig geklärt sind die Auswirkungen der neuen Rechtsprechung des EuGH infolge des Urteils in der Rechtssache „Ferring SA" zur beihilferechtlichen Behandlung von Kompensationszahlungen an Unternehmen, die einen öffentlichen Auftrag erfüllen.[793] In diesem Verfahren ging es inhaltlich darum, daß französische Pharmahersteller, die Apotheken direkt mit Arzneimitteln belieferten, mit einer Direktverkaufsabgabe von 2,5 % ihres Umsatzes vor Steuern belastet wurden. Dadurch sollte eine Wettbewerbsverzerrung zulasten der Pharmagroßhändler und ihres Vertriebsweges verhindert werden. Diese wurden durch eine gesetzliche Regelung dazu verpflichtet, die Belieferung aller zu ihrem Kundenstamm gehörender Apotheken mit bestimmten Arzneien innerhalb von 24 Stunden sicherzustellen.

I. Beihilfe- und Ausgleichsansatz

Hinsichtlich der rechtlichen Behandlung der Gewährung finanzieller Vorteile als Ausgleich für die mit der Erfüllung gemeinwirtschaftlicher öffentlicher Aufgaben verbundenen Kosten bestehen zwei unterschiedliche Beurteilungsansätze.

1. Der Beihilfeansatz

Dem „Beihilfeansatz" (auch genannt die „Brutto-Konzeption" oder die „Theorie des ersichtlichen Vorteils"[794]) zufolge ist in diesen Fällen eine staatliche Beihilfe

---

[793] EuGH, Rs. C-53/00, Ferring S.A. gegen Agence centrale des organismes de sécurité sociale (ACOSS), Slg. 2001, S. I-9067.

[794] GA Léger, Schlußanträge vom 14.1.2003, Rs. C-280/00, Altmark Trans GmbH und RP Magdeburg gegen Nahverkehrsgesellschaft Altmark GmbH, Rdn. 33.

im Sinne von Art. 87 Abs. 1 EGV gegeben, die jedoch nach Art. 86 Abs. 2 EG gerechtfertigt sein kann, wenn die Voraussetzungen dieser Ausnahmevorschrift erfüllt sind und insbesondere die Finanzierung verhältnismäßig ist. Diesem Ansatz hatte sich der EuGH in der Rechtssache „Banco Exterior de España"[795] und der EuG in seinen Entscheidung zu „FFSA"[796] hinsichtlich Steuererleichterungen für die französische Post und zu „SIC"[797] betreffend Ausgleichszahlungen an die portugiesische öffentlich-rechtliche Rundfunkanstalt angeschlossen. Zu beachten ist, daß sich die Notifizierungspflicht nach Art. 88 Abs. 3 EGV aber auch auf Beihilfen bezieht, die durch die Ausnahme von Art. 86 Abs. 2 EGV gerechtfertigt sind.

Somit haben Ausgleichszahlungen keine Auswirkungen auf die Tatbestandsmäßigkeit der Maßnahme im Sinne des Art. 87 Abs. 1 EGV und auf die Notifizierungspflicht nach Art. 88 Abs. 3 EGV (mit der Rechtswidrigkeitsfolge bei unterbliebener Anmeldung). Die Höhe der Beihilfe ergibt sich damit einzig aus der Höhe der staatlichen Vergünstigungen. Daraus folgt, daß das Vorliegen einer Beihilfe bei Kompensationszahlungen für die Lasten der Erfüllung öffentlicher Aufträge stets bejaht werden müßte, während die Einbeziehung der den Unternehmen obliegenden gemeinwirtschaftlichen Sonderlasten im Rahmen der Prüfung der Bereichsausnahmen nach Art. 86 Abs. 2 EGV zu erfolgen hat. Dies bedeutet für Kompensationszahlungen eine Anmelde- und Genehmigungspflicht gegenüber der Kommission sowie für die betroffenen Unternehmen die Geltung der Transparenzrichtlinie.[798] Diese verpflichtet die betroffenen Unternehmen zu einer getrennten Buchführung, aufgegliedert nach den jeweiligen Geschäftsbereichen unter Aufstellung der Kosten und Erlöse und unter Anwendung einheitlicher Kostenrechnungsgrundsätze. Dadurch sollen Dienstleistungen, die zur Erfüllung eines öffentlichen Auftrages und somit im Allgemeininteresse erbracht werden, von denjenigen getrennt werden, die normalen marktwirtschaftlichen Wettbewerbsbedingungen unterliegen. Gerade Landesbanken und Sparkassen waren bislang neben der öffentlichen Auftragserfüllung auch privatwirtschaft-

---

[795] EuGH, Rs. 387/92, Banco de Credito Industrial S.A., nunmehr Banco Exterior de España S.A., gegen Ayuntamiento de Valencia, Slg. 1994, S. I-877, Rdn. 21.

[796] EuG, Rs. T-106/95, Fédération Française des Sociétés d'Assurance (FFSA) u.a. gegen Kommission, Slg. 1997, S. II-229, Rdn. 172 - 178.

[797] EuG, Rs. T-46/97, Sociedade Independante Communicaçao S.A. gegen Kommission, Slg. 2000, S. II-2125, Rdn. 82 - 84.

[798] Richtlinie 2000/52/EG der Kommission vom 26.7.2000 über die Transparenz der finanziellen Beziehungen zwischen den Mitgliedstaaten und den öffentlichen Unternehmen, ABl. EG Nr. L 193 vom 29.7.2000, S. 75 - 78; Gärtner, ZBB 1998, S. 11.

lich tätig und haben mit den privaten Banken konkurriert. Quersubventionierungen zwischen dem Bereich, der öffentliche Mittel erhält, und anderen privatwirtschaftlichen Tätigkeiten können dadurch leichter aufgedeckt werden. Eine Kostentrennung ist indes nicht erforderlich für Unternehmen, die ausschließlich öffentliche Dienste erbringen. Staatliche Leistungen an ein Unternehmen sind somit nach dem Beihilfeansatz selbst dann Beihilfen, wenn sie die aus dem öffentlichen Auftrag herrührenden finanziellen Lasten in vollem Umfang kompensieren.

2. Der Ausgleichsansatz

Im Gegensatz dazu bedeutet der „Ausgleichsansatz" (auch genannt die „Netto-Konzeption" oder die „Theorie vom realen Vorteil"), daß eine staatliche Beihilfe schon auf Tatbestandsebene dann ausscheidet, wenn der gewährte wirtschaftliche Vorteil über eine angemessene Vergütung für die Erbringung dieser Dienstleistungen von allgemeinem Interesse oder über die zusätzlichen Kosten, das heißt die Nettomehrkosten, dieser Erbringung nicht hinausgeht. Dabei ist auch der Verhältnismäßigkeitsgrundsatz zu beachten, indem die Kompensation nicht über das unbedingt erforderliche Maß zum Ausgleich der Nettomehrkosten hinausgehen darf. Eine Anmeldepflicht bei der Kommission besteht somit nicht.

Für den Ausgleichsansatz spricht, daß bei einer staatlichen Finanzierung, die allein den objektiven, vom Staat auferlegten Nachteil ausgleicht, sowohl ein wirtschaftlicher Vorteil als auch eine Wettbewerbsverzerrung ausgeschlossen wäre, was ebenfalls für Dienstleistungen von allgemeinem wirtschaftlichem Interesse gelten müsse. Durch die wirtschaftlich neutrale Kompensation der Mehrkosten werde nur eine ungerechtfertigte Benachteiligung gegenüber anderen Wettbewerbern ausgeglichen.[799] Außerdem würde andernfalls eine Beihilfe, die im Grunde durch Art. 86 Abs. 2 EGV gerechtfertigt wäre, allein wegen ihrer fehlenden Notifizierung für rechtswidrig erklärt werden, obgleich diese bei Bejahung der Voraussetzungen des Art. 86 Abs. 2 EGV von Rechts wegen mit dem Gemeinsamen Markt vereinbar wäre.

---

[799] GA Tizzano, Schlußanträge vom 8.5.2001, Rs. C-53/00, Ferring S.A. gegen Agence centrale des organismes de sécurité sociale (ACOSS), Rdn. 61.

II. Das Urteil des EuGH in der Rechtssache „Ferring SA"

In diesem Urteil vertritt der EuGH unter Berufung auf seine Altöl-Entscheidung[800] aus dem Jahre 1985 die Auffassung, daß bei Ausgleichszahlungen für gemeinwirtschaftliche Lasten keine gemeinschaftsrechtswidrige Beihilfe vorliege. In der Altöl-Entscheidung ging es um die Bestimmung in einer EG-Richtlinie, nach der die Mitgliedstaaten Altölverwertungsunternehmen einen die tatsächlichen jährlichen Kosten nicht übersteigenden Betrag als Ausgleich für die ihnen auferlegten Verpflichtungen der Sammlung und Beseitigung der ihnen in bestimmten Bezirken von Altölbesitzern angebotenen Altöle gewähren durften, was vom EuGH als Gegenleistung für die von den Sammlungs- und Beseitigungsunternehmen erbrachten Dienstleistungen und nicht als staatliche Beihilfe eingestuft wurde. Die Altöl-Entscheidung fand jedoch sowohl in der Rechtsprechung als auch in der Entscheidungspraxis der Kommission kaum Beachtung. Im Urteil in der Rechtssache „Ferring SA" knüpft der EuGH an diese Entscheidung an und führt aus:

„Es ist jedoch zu prüfen, ob die Einstufung dieser Regelung als Beihilfe wegen der besonderen gemeinwirtschaftlichen Pflichten auszuschließen ist, die das französische System der Versorgung der Apotheken mit Arzneimitteln den Großhändlern auferlegt. ... Der Gerichtshof hat entschieden, daß ein derartiger Zuschuß keine Beihilfe im Sinne der Artikel 92 ff des Vertrages darstellt, sondern eine Gegenleistung für die von den Abhol- oder Beseitigungsunternehmen erbrachten Leistungen. ... Im übrigen genießen, wenn die gewährte Befreiung den entstandenen zusätzlichen Kosten entspricht, die Großhändler tatsächlich keinen Vorteil im Sinne von Artikel 92 Absatz 1 des Vertrages, denn die betreffende Maßnahme bewirkt nur, dass sie und die Pharmahersteller vergleichbaren Wettbewerbsbedingungen unterworfen sind."[801]

Dadurch wird die Prüfung, ob durch die Übernahme eines öffentlichen Auftrags und der damit verbundenen finanziellen Lasten eine angemessene Gegenleistung für die staatliche Beihilfe gegeben ist, von der Rechtfertigungsebene auf die Tatbestandsebene verlagert. Folglich kann das Vorliegen einer Beihilfe schon

---

[800] EuGH, Rs. 240/83, Procureur de la République gegen Association de défense des bruleurs d'huieles usagées (ADBHU), Slg. 1985, S. 531, Rdn. 18.
[801] EuGH, Rs. C-53/00, Ferring S.A. gegen Agence centrale des organismes de sécurité sociale (ACOSS), Slg. 2001, S. I-9067, Rdn. 23, 26, 27.

von vornherein verneint und eine Notifizierung verhindert werden. Dies gilt aber nur dann, wenn die gewährten finanziellen Vorteile nicht höher sind als die mit der Erfüllung der gemeinwirtschaftlichen Aufgaben tatsächlich verbundenen Kosten.

Der EuGH macht aber zugleich deutlich, daß eine die zusätzlichen Kosten übersteigende Kompensation nicht als zur Erfüllung der übertragenen besonderen Aufgaben notwendig betrachtet werden könne und daher eine Beihilfe darstelle, bei der eine Rechtfertigung durch Art. 86 Abs. 2 EGV ausscheide.[802]

III. Reaktionen auf das EuGH-Urteil

Die Befürwortung des „Ausgleichsansatzes" durch den EuGH ist sehr umstritten, was vor allem durch unterschiedliche Auffassungen mehrerer Generalanwälte besonders deutlich geworden ist.

1. Die Ansicht von Generalanwalt Léger

Generalanwalt Léger lehnt den Ausgleichsansatz ab und tritt in seinen für den EuGH nicht bindenden Schlußanträgen in der Rechtssache „Altmark Trans" für eine Revision des Ferring-Urteils im Sinne der Rechtsprechung in der Rechtssache „SIC" ein.[803] In der Rechtssache „Altmark Trans" geht es um die Bedingungen für die Gewährung mitgliedstaatlicher Zuschüsse an Unternehmen, die einen regionalen Personenverkehrsdienst betreiben. Der Generalanwalt befürchtet eine Aufweichung des Beihilfebegriffs und seiner wirkungsorientierten Betrachtungsweise, eine Vermischung von Tatbestands- und Rechtfertigungsaspekten, einen Verlust der praktischen Wirksamkeit und des „effet utile" des Beihilferechts sowie eine Beschädigung des Überwachungsauftrags der Kommission, indem Maßnahmen zur Finanzierung der öffentlichen Daseinsvorsorge dem Kontrollrecht der EG-Kommission entzogen werden.[804] Außerdem verlören Art. 86 Abs. 2 EGV und die Kontrollkompetenz der Kommission nach Art. 86 Abs. 3

---

[802] EuGH, Rs. C-53/00, Ferring S.A. gegen Agence centrale des organismes de sécurité sociale (ACOSS), Slg. 2001, S. I-9067, Rdn. 32, 33.

[803] GA Léger, Schlußanträge vom 14.1.2003, Rs. C-280/00, Altmark Trans GmbH und RP Magdeburg gegen Nahverkehrsgesellschaft Altmark GmbH, Rdn. 46; GA Léger, Schlußanträge vom 19.3.2003, Rs. C-280/00, Altmark Trans GmbH und RP Magdeburg gegen Nahverkehrsgesellschaft Altmark GmbH, Rdn. 98.

[804] GA Léger, Schlußanträge vom 19.3.2002, Rs. C-280-00, Altmark Trans GmbH und RP Magdeburg gegen Nahverkehrsgesellschaft Altmark GmbH, Rdn. 77, 86, 91 ff.

EGV ihren praktischen Nutzen bei der Beurteilung von Dienstleistungen von allgemeinem wirtschaftlichem Interesse und bei der Schaffung eines Ausgleichs verschiedener Gemeinschaftsziele.

Somit wäre die staatliche Finanzierung öffentlicher Dienstleistungen, die durch Abgeltungszahlungen die entstandenen Kosten ausgleicht, immer eine anmeldepflichtige Beihilfe, die ohne vorherige Genehmigung der Kommission nicht durchgeführt werden dürfe. Dabei werde seiner Ansicht nach die Kommission auch nicht überfordert, da viele Beihilfen schon gar nicht die Tatbestandsmerkmale des Art. 87 Abs. 1 EGV erfüllten, insbesondere im Bereich der nichtwirtschaftlichen Tätigkeiten, wozu staatliche Kernbereiche wie die soziale Sicherung und Ausbildung gehören.[805] Außerdem treffe die Kommission eine Vorprüfungspflicht innerhalb von zwei Monaten nach Anmeldung, nach deren Ablauf ohne Stellungnahme der Kommission die Maßnahme gewährt werden könne. Im übrigen könnten auch Beihilferegelungen angemeldet werden.

Weiterhin betont er, daß die Organisation und Bereitstellung öffentlicher Dienstleistungen eine hoheitliche Maßnahme sei, die deswegen nicht mit einem privaten Kapitalgeber verglichen werden könne. Der Beihilfencharakter sei selbst dann gegeben, wenn eine Gegenleistung des Beihilfebegünstigten erfolge und die Höhe der Zahlung nicht die Höhe der für die Dienstleistung aufgebrachten Kosten übersteige. Dies dürfe erst auf der Rechtfertigungsebene berücksichtigt werden. Ansonsten käme es zu einem hohen Maß an Rechtsunsicherheit.

2. Die Auffassung von Generalanwalt Jacobs

Generalanwalt Jacobs hat in seinen Schlußanträgen in der Rechtssache „Gemo SA" ebenfalls eine ablehnende, aber gleichwohl vermittelnde Haltung zur Ferring-Rechtsprechung eingenommen. In dieser Rechtssache geht es unter anderem um den Beihilfecharakter staatlicher Zahlungen an die Tierkörperverwertungsunternehmen für die Durchführung des öffentlichen Tierkörperbeseitigungsdienstes.

Der Generalanwalt versucht, durch die Bildung von zwei Fallkategorien eine klarere Zuordnung zum Beihilfe- und zum Ausgleichsansatz zu erreichen, die sich zum einen nach der Art des Zusammenhangs zwischen der gewährten Fi-

---

[805] GA Léger, Schlußanträge vom 14.1.2003, Rs. C-280/00, Altmark Trans GmbH und RP Magdeburg gegen Nahverkehrsgesellschaft Altmark GmbH, Rdn. 18 - 27.

nanzierung und den auferlegten Gemeinwohlverpflichtungen richtet, zum anderen danach, wie klar diese Verpflichtungen definiert sind.[806] Demzufolge wäre der Ausgleichsansatz dann anzuwenden, wenn zwischen der Ausgleichszahlung und der Gemeinwohlverpflichtung ein unmittelbarer und offensichtlicher Zusammenhang besteht, was insbesondere bei Verträgen über die betreffende Dienstleistungserbringung zwischen dem Staat und dem betreffenden Dienstleistungserbringer gegeben ist, die nach Durchführung eines offenen, transparenten und nicht diskriminierenden Verfahrens über die Vergabe öffentlicher Aufträge abgeschlossen werden. Im Gegensatz dazu ist bei einer Ausgestaltung der Dienstleistungserbringung durch gesetzliche Regelungen vom Beihilfeansatz auszugehen, sofern dort nicht definitiv klargestellt wird, daß die Kompensation als Gegenleistung für die Erfüllung konkret bestimmter Gemeinwohlverpflichtungen dienen soll.

Den von Generalanwalt Jacobs vorgebrachten Vorschlag lehnt Generalanwalt Léger wiederum ab, da der Begriff des „unmittelbaren und offensichtlichen Zusammenhangs" zu unbestimmt sei, die Rechtssicherheit für die Mitgliedstaaten, die Unternehmen und die nationalen Gerichte vermindere und der wirkungsorientierten Betrachtungsweise im Beihilferecht, bei der der Anlaß oder die Ziele auf der Tatbestandsebene keine Rolle spielten, durch die Einbeziehung form- und verfahrensbezogener Kriterien widerspreche.[807]

3. Die Ansicht der Generaldirektion Wettbewerb

Die zuständige Generaldirektion Wettbewerb der Kommission hat die Grundsätze des EuGH aus dem Urteil in der Rechtssache „Ferring SA" in ihre Entscheidungspraxis übernommen.[808] Dementsprechend wurde auch der Entwurf eines neuen Beihilfeanzeigers an die aktuelle Rechtsprechung angepasst.[809]

---

[806] GA Jacobs, Schlußanträge vom 30.4.2002, Rs. C-126/01, Ministre de l'économie, des finances et de l'industrie gegen Gemo S.A., Rdn. 118.

[807] GA Léger, Schlußanträge vom 14.1.2003, Rs. C-280/00, Altmark Trans GmbH und RP Magdeburg gegen Nahverkehrsgesellschaft Altmark GmbH, Rdn. 75 ff, 89.

[808] informationen hessischer Städtetag, Nr. 11-12, 2002, S. 168 sowie Rundschreiben Deutscher Städte- und Gemeindebund, DStGB Aktuell 4302.

[809] FAZ vom 27.4.2004, „Was Beihilfen sind – und was nicht"; Kommissionsentwurf eines Anzeigers für staatliche Beihilfen vom 20.4.2004, KOM(2004) 256 endgültig, S. 10.

Zuvor stimmte die Generaldirektion Wettbewerb in ihren Entscheidungen mit dem Beihilfeansatz des EuG überein.[810] Die Kommission hat dies insbesondere in ihrer „Mitteilung über Leistungen der Daseinsvorsorge in Europa"[811] deutlich gemacht. Gleiches gilt auch für die „Mitteilung über die Anwendung der Vorschriften über Staatliche Beihilfen auf den öffentlich-rechtlichen Rundfunk".[812] Dabei ist zu beachten, daß die Begriffe „Leistungen der Daseinsvorsorge" in der Kommissionsmitteilung und „Dienstleistungen von allgemeinem wirtschaftlichem Interesse" im Sinne von Art. 86 Abs. 2 EGV, der wiederum maßgebend ist für die „gemeinwirtschaftlichen Pflichten" der Ferring-Rechtsprechung[813], nicht synonym verwandt werden dürfen. Während mit ersterem markt- oder nichtmarktbezogene Tätigkeiten bezeichnet werden, die im Interesse der Allgemeinheit erbracht und von den Behörden mit spezifischen Gemeinwohlverpflichtungen verknüpft werden, betrifft letzterer nur marktbezogene Tätigkeiten.[814] Bei der aktuellen Debatte über Leistungen der Daseinsvorsorge[815] zeigt sich im übrigen ein erhebliches Konfliktpotential zwischen einer Liberalisierungspolitik mit ihrem offenen Wettbewerbsmodell und den wirtschaftspolitischen Gestaltungsansprüchen der Mitgliedstaaten, vor allem Deutschlands. Gerade am Beispiel Frankreich wird deutlich, daß die dortigen „service public" das Verständnis einer staatlichen Leistungs- und Versorgungsfunktion im Wege staatlicher Aufgabenträgerschaft oder durch eine Konzessionierung privater Unternehmen durch den staatlichen Aufgabenträger ausdrücken, weswegen heutzutage immer noch staatliche Monopolunternehmen große Teile der französischen Versorgungswirtschaft dominieren. Zudem hat der Amsterdamer Vertrag mit der Einführung des neuen Art. 16 in den EG-Vertrag die Dienste von allgemeinem wirtschaftlichem Interesse und damit die Leistungen der Daseinsvorsorge gegenüber dem freien Wettbewerb gestärkt, indem den gemeinwohlorientierten Leistungen eine eigenständige Bedeutung zugestanden wurde. Insbesondere soll ein rechtli-

---

[810] Kommissionsentscheidung vom 14.12.1999, BBC News24, Nr. N 88/1998, SG(99) D/10201.

[811] Mitteilung der Kommission über Leistungen der Daseinsvorsorge in Europa, ABl. EG Nr. C 17 vom 19.1.2001, S. 4 - 23.

[812] Mitteilung der Kommission über die Anwendung der Vorschriften über Staatliche Beihilfen auf den öffentlich-rechtlichen Rundfunk, ABl. EG Nr. C 320 vom 15.11.2001, S. 5 - 11, Rdn. 19.

[813] EuGH, Rs. C-53/00, Ferring S.A. gegen Agence centrale des organismes de sécurité sociale (ACOSS), Slg. 2001, S. I-9067, Rdn. 30 – 33.

[814] Mitteilung der Kommission über Leistungen der Daseinsvorsorge in Europa, ABl. EG Nr. C 17 vom 19.1.2001, S. 4 - 23, Anhang II.

[815] Der Begriff „Daseinsvorsorge" wurde von Ernst Forsthoff in seinem Buch „Die Verwaltung als Leistungsträger" aus dem Jahre 1938 begründet.

ches Gleichgewicht zwischen den Wettbewerbsregeln und der Erfüllung öffentlicher Versorgungsaufträge bestehen, wobei die Mitgliedstaaten dafür Sorge zu tragen haben, daß die Grundsätze und Bedingungen für das Funktionieren dieser Leistungen so gestaltet sind, daß sie ihren Aufgaben nachkommen können.[816]

Insbesondere in der Mitteilung zur Daseinsvorsorge hatte die Kommission noch die Ansicht vertreten, daß der einem Unternehmen gewährte staatliche Ausgleich für die Erfüllung von Gemeinwohlverpflichtungen eine staatliche Beihilfe nach Art. 87 Abs. 1 EGV sei. Unter den Voraussetzungen des Art. 86 Abs. 2 EGV könne diese aber mit dem Gemeinsamen Markt vereinbar sein. Sie betonte außerdem, daß von einer Vereinbarkeit staatlicher Ausgleichszahlungen dann ausgegangen werden könne, wenn ein offenes, transparentes und nicht diskriminierendes Verfahren erfolgt sei. Bei nicht vorhandener Ausschreibung liege statt dessen eine Beihilfevermutung vor. Es heißt dort wie folgt:

„Zur Frage der Finanzierung solcher Leistungen hat das europäische Gericht erster Instanz geurteilt, dass der Ausgleich, den ein Staat einem Unternehmen für die Erfüllung von Gemeinwohlverpflichtungen gewährt, eine staatliche Beihilfe im Sinne des Artikels 87 Absatz 1 EG-Vertrag darstellt. Sofern keine der in den Artikeln 73 oder 87 vorgesehenen Ausnahmen einschlägig ist, kann eine Beihilfe dennoch aufgrund von Artikel 86 Absatz 2 mit dem EG-Vertrag vereinbar sein. Letzteres trifft zu, wenn alle Voraussetzungen dieser Vorschrift erfüllt sind, das heißt konkret, wenn der Ausgleich nicht über die mit der anvertrauten Aufgabe verbundenen Nettomehrkosten hinausgeht. Nach Ansicht der Kommission kann in den Fällen, in denen ein solcher Ausgleich im Anschluß an ein offenes, transparenten und nicht diskriminierendes Verfahren für einen angemessenen Zeitraum festgesetzt wird, davon ausgegangen werden, dass die staatliche Hilfe mit den beihilferechtlichen Bestimmungen des Vertrags im Einklang steht."[817]

Diese Auffassung hatte die Kommission schon in ihrem Bericht über „Dienstleistungen von allgemeinem wirtschaftlichem Interesse im Bankensektor" vertreten, wo sie ausführte:

---

[816] Mann, JZ 2002, S. 823.
[817] Mitteilung der Kommission über Leistungen der Daseinsvorsorge in Europa, ABl. EG Nr. C 17 vom 19.1.2001, S. 4 - 23, Rdn. 26.

„Wird die Vergütung für die Verpflichtung, eine Dienstleistung von allgemeinem wirtschaftlichem Interesse zu erbringen, über Marktmechanismen festgelegt, indem beispielsweise alle interessierten Unternehmen Gelegenheit erhalten, die Höhe der Vergütung anzugeben, für die sie die Dienstleistung im Namen des Mitgliedstaates erbringen würden, und wird das Unternehmen, das schließlich mit der Dienstleistung betraut wird, nach sachlichen und fundierten Kriterien ausgewählt, so gilt die Vermutung, daß die Vergütung keine staatliche Beihilfe zugunsten des Dienstleistungsanbieters darstellt. Ansonsten besteht eine Beihilfevermutung, doch kann die entsprechende Beihilfe gemäß Artikel 90 Absatz 2 als mit dem EG-Vertrag vereinbar betrachtet werden."[818]

Neuerdings soll es nach Ansicht der Generaldirektion Wettbewerb zur Beurteilung der Angemessenheit der Kompensation allerdings nicht mehr darauf ankommen, ob eine Ausschreibung erfolgt sei, sondern vielmehr auf das Bestehen einer transparenten Buchführung, die eine Überprüfung im Streitfalle ermögliche.[819] Zu einem späteren Zeitpunkt beabsichtigt die Kommission aber die Erarbeitung eines gemeinschaftlichen Rechtsrahmens und anschließend gegebenenfalls eine Gruppenfreistellungsverordnung.[820]

Die Feststellungskompetenz, welche Aufgaben zum Bereich der öffentlichen Daseinsvorsorge gehören, liegt im übrigen in der vorrangigen Verantwortung der Mitgliedstaaten mit einem hohen Maß an Gestaltungsfreiheit, die beim Fehlen gemeinschaftsrechtlicher Vorschriften nur auf offenkundige Fehler hin überprüft wird.[821] Die Wettbewerbsregeln finden dabei nur dann Anwendung, wenn es sich um wirtschaftliche Aktivitäten handelt, die den Handel zwischen den Mitgliedstaaten betreffen. Dazu gehören nicht solche Aufgaben, die per se dem Staat vorbehalten sind (wie die Justizverwaltung oder die innere und die äußere Sicherheit), Dienstleistungen im Zusammenhang mit nationalen Bildungssystemen und mit der Pflichtmitgliedschaft in Grundversorgungssystemen der sozialen Sicherheit. Zu den Leistungen der Daseinsvorsorge, wofür das Interesse der

---

[818] Bericht der Kommission an den Rat vom 2.6.1998, „Dienstleistungen von allgemeinem wirtschaftlichem Interesse im Bankensektor", SEC(1998) 835/4, S. 3.

[819] informationen hessischer Städtetag, Nr. 11-12, 2002, S. 168 sowie Rundschreiben Deutscher Städte- und Gemeindebund, DStGB Aktuell 4302.

[820] Bericht der Kommission an den Europäischen Rat in Sevilla, COMP-2002-00847-01-00-DE-TRA-00 (FR), Rdn. 11, 14, 16 ff.

[821] Mitteilung der Kommission über Leistungen der Daseinsvorsorge in Europa, ABl. EG Nr. C 17 vom 19.1.2001, S. 4 - 23, Rdn. 22.

jeweiligen Mitgliedstaaten und nicht das der Gemeinschaft maßgebend ist[822], gehört beispielsweise das Interesse der Leistungsempfänger an einer flächendeckenden Grundversorgung, die auch in abgelegenen und unzugänglichen Gegenden den Zugang zu diesen Dienstleistungen ermöglicht. Der Versorgungsauftrag muß dabei klar definiert und durch Hoheitsakt (oder auch Verträge) aufgetragen werden [823]

4. Die Ansicht des 64. Deutschen Juristentages

Der 64. Deutsche Juristentag hat den Vorschlag beschlossen, den Art. 87 Abs. 1 EGV durch folgende Formulierung zu ergänzen: „Die Vorschriften über staatliche Beihilfen finden nur Anwendung, soweit das Unternehmen Vergünstigungen erhält, die die erforderlichen zusätzlichen Kosten der übertragenen Dienstleistung iSv Art. 86 Abs. 2 EGV übersteigen."[824]

5. Das Urteil des EuGH in der Rechtssache „Altmark Trans"

In seinem Urteil in der Rechtssache „Altmark Trans" vom 24. Juli 2003 folgte der EuGH weder den Schlußanträgen des Generalanwalts Léger, noch den Vorstellungen des Generalanwalts Jacobs. Statt dessen bestätigte er ausdrücklich die Ferring-Rechtsprechung. Bei der Prüfung, ob Zuschüsse zum Defizitausgleich im öffentlichen Personennahverkehr den beihilferechtlichen Vorschriften unterliegen, beruft sich der Gerichtshof dabei auf die Altöl-Entscheidung und auf das Ferring-Urteil und mithin auf den darin vertretenen Ausgleichsansatz.[825] Jedoch sind entsprechende Ausgleichszahlungen nur dann nicht als staatliche Beihilfe zu qualifizieren, wenn vier Voraussetzungen erfüllt sind:

• Das begünstigte Unternehmen muß tatsächlich mit der Erfüllung gemeinwirtschaftlicher Verpflichtungen betraut sein, die wiederum klar definiert sein müssen.

---

[822] Von Friesen, Staatliche Haftungszusagen, S. 225 mwN.

[823] Mitteilung der Kommission über Leistungen der Daseinsvorsorge in Europa, ABl. EG Nr. C 17 vom 19.1.2001, S. 4 - 23, Rdn. 22.

[824] 64. Deutscher Juristentag in Berlin – Beschlußfassung im Öffentlichen Recht, Quelle: www.fiw-online.de, im Archiv unter Juristentag vom 20. September 2002.

[825] EuGH, Urteil vom 24. Juli 2003, Rs. C-280/00, Altmark Trans GmbH und Regierungspräsidium Magdeburg gegen Nahverkehrsgesellschaft Altmark GmbH, Rdn. 85 – 87.

- Die Berechnungskriterien für die Ausgleichszahlungen sind vorher objektiv und transparent aufzustellen, damit dem begünstigten Unternehmen kein wirtschaftlicher Vorteil gegenüber konkurrierenden Unternehmen entsteht.
- Der Ausgleich darf nicht über den Betrag hinausgehen, der erforderlich ist, um die Kosten der Erfüllung der gemeinwirtschaftlichen Verpflichtungen unter Berücksichtigung der dabei erzielten Einnahmen und eines angemessenen Gewinns aus der Erfüllung dieser Verpflichtungen ganz oder teilweise zu decken.
- Sofern die Wahl des mit der Erfüllung gemeinwirtschaftlicher Verpflichtungen betrauten Unternehmens nicht im Wege eines öffentlichen Auftragsvergabeverfahrens erfolgt, wodurch derjenige Bewerber ausgewählt würde, der die Dienste zu den geringsten Kosten für die Allgemeinheit erbringen kann, ist die Höhe des erforderlichen Ausgleichsbetrages auf einer anderen Grundlage zu ermitteln. Und zwar im Wege einer Analyse der Kosten, die ein durchschnittliches, gut geführtes und angemessen ausgestattetes Unternehmen bei der Erfüllung der gemeinwirtschaftlichen Pflichten hätte. Dabei sind wiederum die dadurch erzielten Einnahmen und ein angemessener Gewinn aus der Erfüllung der Pflichten zu berücksichtigen.[826]

Diese vier Kriterien werden auch wie folgt bezeichnet: Betrauungsgrundsatz, Vorherigkeits- und Transparenzgebot, Kostendeckungskontrolle, Verfahrensadäquanz.[827]

6. Bewertung

Für den Ausgleichsansatz, der durch das Urteil in der Rechtssache „Ferring SA" und nunmehr auch in der Rechtssache „Altmark Trans" vom EuGH bestätigt wurde, spricht zwar, daß bei der Kompensation finanzieller Lasten infolge der Übernahme eines öffentlichen Auftrags eine dadurch entstehende Schlechterstellung des betroffenen Unternehmens ausgeglichen wird, und letztendlich eine Begünstigung sowie eine Wettbewerbsverfälschung unwahrscheinlich sind. Die bisherige Trennung zwischen der Prüfung der gewährten staatlichen Vergünstigungen im Rahmen von Art. 87 Abs. 1 EGV und der bei den Unternehmen entstandenen Kosten bei Art. 86 Abs. 2 EGV erscheint tatsächlich nicht sachgerecht, da beide Aspekte inhaltlich zusammengehören.

---

[826] EuGH, Urteil vom 24. Juli 2003, Rs. C-280/00, Altmark Trans GmbH und Regierungspräsidium Magdeburg gegen Nahverkehrsgesellschaft Altmark GmbH, Rdn. 89 – 93.
[827] Kämmerer, NVwZ 2004, S. 32 f.

Allerdings führt diese neue Rechtsprechung des Europäischen Gerichtshofs zu einem geringeren Maß an beihilferechtlicher Vorhersagbarkeit staatlicher Maßnahmen, einem Verlust an Rechtssicherheit und Transparenz sowie einem Anstieg von Vorabentscheidungsverfahren des EuGH. Außerdem widerspricht sie den bisherigen Grundlagen des europäischen Beihilferechts, wonach staatliche Maßnahmen nicht nach ihren Gründen oder Zielen beurteilt werden, sondern allein objektiv nach ihren Wirkungen im Sinne einer Vorteilsgewährung für das oder die betroffenen Unternehmen.[828]

Letztlich würde auch Art. 86 Abs. 2 EGV durch den Ausgleichsansatz bedeutungslos. Teilweise wird davon gesprochen, dass dieser Vorschrift nur noch ein „schmaler Anwendungsbereich" verbliebe.[829] Bei einer Angemessenheit der Kompensation mangelt es schon am Beihilfencharakter, bei einer übersteigenden Kompensationshöhe scheitert eine Rechtfertigung durch Art. 86 Abs. 2 EGV an einer Verletzung des Grundsatzes der Verhältnismäßigkeit. Daraus resultiert eine erhebliche Einschränkung der Prüfungskompetenz der Kommission und auch der mitgliedstaatlichen Gerichte hinsichtlich der Tatbestandsmerkmale des Art. 86 Abs. 2 EGV. Die Mitgliedstaaten würden dadurch stärker dazu verleitet, bestimmte Maßnahmen nicht bei der Kommission anzumelden mit nachteiligen Folgen für den gemeinschaftlichen Wettbewerb. Dies würde zu einer Aushebelung des Beihilfeverbots führen.

Im übrigen folgt auch Art. 73 EGV, der direkt nur Zuwendungen an Verkehrsunternehmen betrifft, dem Beihilfeansatz, woran sich zeigt, daß schon bei Schaffung des EGV von einem zweistufigen beihilferechtlichen Prüfungsaufbau ausgegangen wurde. Denn in Art. 73 EGV steht, daß „mit diesem Vertrag vereinbar sind Beihilfen, die den Erfordernissen der Koordinierung des Verkehrs oder der Abgeltung bestimmter, mit dem Begriff des öffentlichen Dienstes zusammenhängender Leistungen entsprechen." Schon vom Wortlaut ist hier eindeutig von „Beihilfen" die Rede.

Die vier vom EuGH im Urteil „Altmark Trans" aufgestellten Voraussetzungen für eine Europarechtskonformität staatlicher Ausgleichszahlungen im Falle der Erbringung von Dienstleistungen von allgemeinem wirtschaftlichem Interesse

---

[828] EuGH, Rs. C-56/93, Belgien gegen Kommission, Slg. 1996, S. I-723, Rdn. 79; Rs. C-241/94, Frankreich gegen Kommission, Slg. 1996, S. I-4551, Rdn. 20; Rs. T-67/94, Ladbroke Racing gegen Kommission, Slg. 1998, S. II-1, Rdn. 52.
[829] Kämmerer, NVwZ 2004, S. 33.

führen zwar dazu, daß solche Zahlungen leistungsbezogen erfolgen und auf transparenten Kostenberechnungen beruhen müssen. Staatlichen Quersubventionierungen und Überkompensationen wird somit ein deutlicherer Riegel vorgeschoben. Gleichwohl bewirkt das Urteil, daß die Voraussetzungen zur Bestimmung, ob eine staatliche Beihilfe vorliegt oder nicht, weiter verkompliziert werden. Die gegen den Ausgleichsansatz vorgebrachten Bedenken werden durch die neuen Hürden aus dem neuen EuGH-Urteil gerade nicht beseitigt. Problematisch dabei ist vor allem, daß der Maßstab für die erforderliche Kostenanalyse ein „durchschnittliches" und gerade kein konkret im Wettbewerb stehendes und somit konkurrierendes Unternehmen ist, was zu einer deutlichen Abschwächung der Schrankenfunktion der vier Voraussetzungen führen könnte. Richtigerweise ist aber davon auszugehen, dass als Vergleichsmaßstab nur Unternehmen herangezogen werden sollten, die auf Märkten tätig sind, auf denen ein Wettbewerb um den Markt stattfindet; denn bei Monopolunternehmen ist eine gute Führung nicht von vornherein zu bejahen.[830] Sofern sich diese Auffassung durchsetzen sollte, wird sich das vom EuGH vorgeschlagene Alternativsystem dem eines Ausschreibungsverfahrens angleichen. Franzius kommt in einer Bewertung des EuGH-Urteils in der Rechtssache „Altmark Trans" zum Ergebnis: „Faktisch wird dies den Ausschreibungswettbewerb fördern."[831]

IV. Auswirkungen auf die Kommissionsentscheidung Nr. E 10/2000 und auf die öffentlich-rechtlichen Banken

Angesichts der Tatsache, daß sich die vom EuGH in den Rechtssachen „Ferring SA" und „Altmark Trans" aufgestellten Grundsätze trotz der gegenteiligen Auffassungen der Generalanwälte Léger und Jacobs durchsetzen konnten, ist nunmehr zu prüfen, inwieweit diese auch auf die öffentlich-rechtlichen Banken in Deutschland angewandt werden könnten. Dies ist prinzipiell zulässig, da eine sachliche Begrenzung auf einzelne Wirtschaftsbereiche bislang weder durch den EuGH noch durch Primär- oder Sekundärrecht erfolgt ist.

Die Kommissionsentscheidung vom 27. März 2002 und die Brüsseler „Verständigung" stehen in keinem Widerspruch zu den Urteilen des EuGH in Sachen „Ferring SA" und „Altmark Trans". Denn bei Anstaltslast und Gewährträgerhaftung handelt es sich um unbeschränkte staatliche Haftungsgarantien im Sinne einer Bestandsgarantie für die Verbindlichkeiten des gesamten Kreditinstituts,

---

[830] Kühling / Wachinger, NVwZ 2003, S. 1203.
[831] Franzius, NJW 2003, S. 3031.

die von ihrem Anwendungsbereich her nicht auf dem öffentlichen Auftrag unter-
liegende Segmente der Landesbanken und Sparkassen beschränkt sind und folglich nicht allein die möglichen finanziellen Nachteile abdecken, die den öffentlichen Banken aus der Übertragung gemeinwirtschaftlicher Pflichten entstehen.
Statt dessen übersteigen die Haftungsregelungen die tatsächlichen Mehrkosten,
weswegen die Voraussetzungen des Ausgleichsansatzes für Anstaltslast und
Gewährträgerhaftung im vorliegenden Fall von vornherein nicht gegeben sind.
Obwohl die Kommission in ihrer Bekanntmachung „zweckdienlicher Maßnahmen" vom April 2001 noch dem Beihilfeansatz folgte und die neue Rechtsprechung im Zeitpunkt des Erlasses der Kommissionsentscheidung schon bestand,
kann diese somit nicht mit dem Argument einer Nichtberücksichtigung der im
Urteil in der Rechtssache „Ferring SA" aufgestellten Grundsätze direkt juristisch
angegriffen werden.

Fraglich ist aber, ob staatliche Maßnahmen, die den Landesbanken und Sparkassen Ausgleichszahlungen für die Erbringung gemeinwirtschaftlicher Leistungen
gewähren und die tatsächlichen Kosten nicht übersteigen, durch die Brüsseler
„Verständigung" und die Kommissionsentscheidung ausgeschlossen sind oder
ob eine nachträgliche Einführung zulässigerweise möglich ist.

**1. Auslegung der Brüsseler „Verständigung" und der Kommissionsent-
scheidung**

Wie oben dargestellt, orientieren sich die Beziehungen zwischen dem öffentlich-
rechtlichen Kreditinstitut und seinen Trägern infolge der Kommissionsentscheidung und der Brüsseler „Verständigung" ab dem 19. Juli 2005 an normalen
marktwirtschaftlichen Eigentümerbeziehungen. Dadurch sollen Kapitalisie-
rungsverpflichtungen, Automatismen zu wirtschaftlichen Unterstützungsmaßnahmen durch den Träger, unbeschränkte Haftungen des Trägers für die Verbindlichkeiten des öffentlichen Kreditinstituts sowie Absichtserklärungen oder
Garantien zur Bestandsgewährleistung ausgeschlossen werden.

Die Kommissionsentscheidung beabsichtigt damit gerade keinen generellen
Ausschluß staatlicher Beihilfen. Vielmehr gliedert sie diese in das Beihilfenkon-
trollsystem ein, indem sie die Möglichkeit des Trägers unberührt läßt, wirtschaftliche Unterstützungsmaßnahmen zu ergreifen, die dann aber wiederum an

den Maßstäben der europarechtlichen Beihilferegelungen zu messen sind.[832] Die Kommissionsentscheidung erhebt mithin nicht den Anspruch, eine allumfassende Regelung für alle wirtschaftlichen Beziehungen zwischen den Trägern und den öffentlichen Banken selbst zu normieren. Andernfalls, das heißt bei einem Verbot jeglicher Maßnahmen, wären diese öffentlichen Unternehmen auch gegenüber privaten oder anderen öffentlichen Unternehmen deutlich schlechter gestellt.

Sofern ein Träger einer öffentlichen Bank eine Ausgleichszahlung für die Erbringung einer Dienstleistung von allgemeinem wirtschaftlichem Interesse erbringt, stellt dies gerade keine unbeschränkte Haftung dar, keine Kapitalisierungsverpflichtung, keine Bestandsgewährleistung und auch keinen Beihilfenautomatismus. Vielmehr wäre der materielle Anwendungsbereich einer solchen Maßnahme beschränkt, die zudem unter dem auf europäischer Ebene von der Kommission und dem EuGH gerichtlich überprüfbaren Vorbehalt stünde, daß die Kompensationshöhe nicht die tatsächlich entstandenen Kosten übersteigen darf. Insoweit steht die Brüsseler Kommissionsentscheidung neuen wirtschaftlichen Unterstützungsmaßnahmen seitens der Träger von Landesbanken und Sparkassen nicht entgegen, wobei die Entscheidungsbefugnis, ob Einzelbeihilfen gewährt oder Beihilferegelungen getroffen werden, ob Vergütungen auf vertraglicher Basis, jährliche Zuschüsse, Garantien, Bürgschaften, niedrigere Sozialabgaben oder steuerliche Vergünstigungen als Finanzierungsmaßnahme gewählt werden, im mitgliedstaatlichen Kompetenzbereich verbleibt. Für diese Maßnahmen wäre dann, da der Beihilfencharakter ausgeschlossen ist, auch keine neuerliche Anmeldung gemäß Art. 88 Abs. 3 EGV bei der Kommission erforderlich.

2. Umfang des mitgliedstaatlichen Gestaltungsspielraums

Grundsätzlich erbringen die Landesbanken und Sparkassen Dienstleistungen von allgemeinem wirtschaftlichem Interesse in Form der öffentlichen Auftragserfüllung. Deshalb kommen für staatliche Kompensationszahlungen die Dienstleistungen in Betracht, die die Landesbanken und Sparkassen schon bislang im Rahmen ihres öffentlichen Auftrags übernehmen. Keiner dieser Bereiche kann von vornherein und generell vom Anwendungsbereich der Ferring-Rechtsprechung ausgeschlossen werden. Denn die Kompetenz zur Bestimmung

---

[832] Kommissionsentscheidung Nr. E 10/2000, Letter to the Member State, S. 7, Punkt 2.2.d).

der Dienstleistungen von allgemeinem wirtschaftlichem Interesse, die einen wirtschaftlichen Charakter haben und bei denen es sich somit um marktbezogene Tätigkeiten handelt, liegt grundsätzlich bei den Mitgliedstaaten.[833] Die diesbezügliche weitgehende politische Gestaltungsfreiheit der Mitgliedstaaten wird nur durch eine Mißbrauchskontrolle der Kommission eingeschränkt, die wiederum durch den EuGH kontrolliert wird. Entscheidend ist dabei, daß die Mitgliedstaaten die betreffende Leistung konkret beschreiben, wobei die Kommission dann prüft, ob dieser Begriff derart mißbräuchlich ist, daß er den äußeren Rahmen von dem überschreitet, was noch unter den Begriff der Dienstleistungen von allgemeinem wirtschaftlichem Interesse gefaßt werden kann.[834] In der Rechtssache „Corbeau" wurde vom EuGH zum Beispiel die Grundversorgung mit Postdiensten anerkannt, bestehend aus Sammlung, Beförderung und Zustellung von Postsendungen zugunsten sämtlicher Nutzer, im gesamten Staatsgebiet, zu einheitlichen Tarifen und in gleichmäßiger Qualität, ohne Rücksicht auf Sonderfälle und auf die Wirtschaftlichkeit jedes einzelnen Vorgangs.[835] Gleichwohl ist immer zu bedenken, daß jede Festlegung angesichts der technologischen, wirtschaftlichen und gesellschaftlichen Veränderungen ein hohes Maß an Flexibilität aufweisen muß.

Die Gemeinschaft hat lediglich in einigen netzgebundenen Wirtschaftssektoren Rechtsvorschriften verabschiedet, wozu die Postdienste und die Gas- und Stromversorgung zählen.[836] Durch das Konzept des Universaldienstes soll beispielsweise erreicht werden, daß „Dienste in einer bestimmten Qualität allen Verbrauchern und Nutzern im gesamten Hoheitsgebiet eines Mitgliedstaates unabhängig von ihrem geografischen Standort und unter Berücksichtigung der landesspezifischen Gegebenheiten zu einem erschwinglichen Preis zur Verfügung gestellt werden".[837] Weitere Elemente sind eine vergleichbare Dienstequalität,

---

[833] Mitteilung der Kommission über Leistungen der Daseinsvorsorge in Europa, ABl. EG Nr. C 17 vom 19.1.2001, S. 4 -23, Rdn. 22; Papier, DVBl. 2003, S. 693; Ruge, ZRP 2003, S. 354; Kämmerer, NVwZ 2004, S. 29.

[834] Dohms, Vorstellungen der Kommission zur Daseinsvorsorge, S. 16 f.

[835] EuGH, Rs. C-320/91, Corbeau, Slg. 1993, S. I-2533, Rdn. 15.

[836] Grünbuch der Kommission zu Dienstleistungen von allgemeinem Interesse vom 21.5.2003, Kom(2003) 270 endgültig, Rdn. 37.

[837] Grünbuch der Kommission zu Dienstleistungen von allgemeinem Interesse vom 21.5.2003, Kom(2003) 270 endgültig, Rdn. 50 ff unter Hinweis auf Art. 3 Abs. 1 der Richtlinie 2002/22/EG des Europäischen Parlaments und des Rates vom 7.3.2002 über den Universaldienst und Nutzerrechte bei elektronischen Kommunikationsnetzen und – diensten (Universaldienstrichtlinie), ABl. EG Nr. L 108 vom 24.4.2002, S. 51 – 77 ; Ruge, ZRP 2003, S. 354; Kämmerer, NVwZ 2004, S. 30 f.

eine Kontinuität der Leistungen, die Erschwinglichkeit der Dienstleistungen sowie der Nutzer- und Verbraucherschutz.[838]

Das Vorliegen sekundären Gemeinschaftsrechts führt insoweit zu einer Einschränkung des mitgliedstaatlichen Gestaltungsspielraums. Sofern harmonisierende Rechtsvorschriften aber fehlen, besitzen die Organe der Gemeinschaft nur die dahingehende Prüfungskompetenz, ob den Mitgliedstaaten ein Mißbrauch der ihnen im Gemeinschaftsrecht zuerkannten Befugnisse vorzuwerfen ist, nicht aber hinsichtlich des Umfangs der dem öffentlichen Betreiber obliegenden gemeinwirtschaftlichen Aufgaben und damit der Höhe der entstandenen Mehrkosten, der Zweckmäßigkeit der von den nationalen Behörden getroffenen politischen Entscheidungen oder der wirtschaftlichen Effizienz des betroffenen Unternehmens.[839] Die Betrauung der Unternehmen mit diesen Dienstleistungen muß zudem ausdrücklich, bestimmt, verbindlich und unternehmensbezogen erfolgen.[840] Zudem können die Mitgliedstaaten Detailregelungen hinsichtlich des Versorgungsgebiets, der Art der Organisation und den Qualitäts- und Sicherheitsstandards festlegen. Die Überwachung und Kontrolle dieser Vorgaben könnte beispielsweise durch eine nationale, staatliche und sektorspezifische Regulierungsbehörde erfolgen, die weisungsfrei und unabhängig von den betreffenden Unternehmen agieren und zudem die Befugnis haben sollte, vorsorglich Vorschriften zur Reduzierung der Mißbrauchsgefahr zu erlassen.

3. Konkrete Anwendungsbereiche für Kompensationszahlungen

Nach Auffassung von Quardt kommen vor allem die Kosten für die Aufrechterhaltung eines unwirtschaftlichen Schalterverkehrs und unwirtschaftlicher Geschäftsstellen, die Girokontoeröffnung für jedermann, das heißt auch für Sozialhilfeempfänger, sowie die Führung von Sparbüchern mit ganz geringen Guthaben als konkrete Anwendungsfälle der Ferring-Rechtsprechung in Betracht.[841] Sie verweist dabei auf zwei jüngere Entscheidungen der Kommission, in denen den Unternehmen ein finanzieller Ausgleich für die Erbringung des öffentlichen

---

[838] Ruge, ZRP 2003, S. 355.

[839] GA Tizzano, Schlußanträge vom 8.5.2001, Rs. C-53/00, Ferring S.A. gegen Agence centrale des organismes de sécurité sociale (ACOSS), Rdn. 51.

[840] 64. Deutscher Juristentag in Berlin – Beschlußfassung im Öffentlichen Recht, Quelle: www.fiw-online.de, im Archiv unter Juristentag vom 20. September 2002.

[841] Quardt, EuZW 2002, S. 426 f.

Auftrags gewährt wurde.[842] Die eine betraf die UK Universal Banking Services, der nach einer Ausschreibung die Bereitstellung von Bankdienstleistungen für Sozialhilfeempfänger übertragen wurde, und die andere den ausschließlichen Vertrieb eines abgabenfreien, unmittelbar dem Sparer zugute kommenden Sparmodells in Frankreich, dem sog. „Livret Bleu".

Obwohl nur in zwei Mitgliedstaaten, nämlich Deutschland und Österreich, eine umfassende Verpflichtung zur flächendeckenden Versorgung mit Bankdienstleistungen besteht, wie sich aus dem Kommissionsbericht über „Dienstleistungen von allgemeinem wirtschaftlichem Interesse im Bankensektor" ergibt, ist dies für die Zulässigkeit von Kompensationszahlungen dennoch unschädlich. Denn die Feststellungskompetenz ist bei den Mitgliedstaaten verblieben.

Gerade die Zielsetzung einer flächendeckenden Finanzinfrastruktur und eines umfassenden Angebots an Finanzdienstleistungen auch in abgelegenen, unzugänglichen und unrentablen Gegenden wurde in der Kommissionsmitteilung über „Leistungen der Daseinsvorsorge in Europa" explizit zum Daseinsvorsorgebereich hinzugezählt.

Zwar gilt Deutschland im europäischen Vergleich mit seinen knapp 50000 inländischen Bankstellen (ohne diejenigen der Postbank AG) als „overbanked", d.h. als mit Bankfilialen überversorgt, was durch das Vordringen von Telefon-, Direct- und Online-Banking sowie Geldautomaten zusätzlich verstärkt wird, weswegen sich die Bedeutung einer flächendeckenden Finanzinfrastruktur in Form eines engmaschigen Filialwesens für die Bevölkerung in Zukunft zunehmend reduzieren wird.[843] Auch verweisen die Sparkassen auf ihren hohen Marktanteil bei Spareinlagen im Vergleich zu ihrer privaten Konkurrenz[844], weswegen ein drohender Rückzug aus der Fläche letztlich als unglaubwürdig erscheint, denn dann würde den Sparkassen ein wesentliches zu ihrem wirtschaftlichen Erfolg beitragendes Segment wegfallen.

Allerdings hat der Cruickshank-Report über die Situation des Bankenmarktes in Großbritannien gezeigt, daß ein Rückzug der Banken aus der Fläche eindeutige

---

[842] Kommissionsentscheidung vom 13.2.2002, Nr. N 514/2001, C (2002)311 sowie vom 15.1.2002, Nr. C 88/1997.
[843] Koenig, EWS 1998, S. 150; Möschel, WM 1993, S. 96.
[844] Rehm, Sparkasse 1993, S. 176.

negative Folgen mit sich brächte.[845] Insbesondere sozial schwächeren Bevölkerungskreisen stehen dort keine Bankdienstleistungen und Möglichkeiten zur Kreditaufnahme mehr zur Verfügung, wodurch die Grundversorgung weiter Bevölkerungsschichten (schätzungsweise sechs bis neun Prozent der Bevölkerung haben keinen Zugriff auf ein Spar- oder Girokonto) und der mittelständischen Wirtschaft mit Bankdienstleistungen insgesamt nicht gesichert ist. Mit Großbritannien vergleichbar ist die Situation in den USA. Dort waren staatliche Regulierungen erforderlich, damit die privaten Banken ihre Dienstleistungen für alle gesellschaftlichen Gruppen und in allen Regionen anbieten. Durch den „Community Development Banking and Financial Institutions Act"[846] von 1994, der den "Community Reinvestment Act" von 1977 reformiert hat, werden die (auch) das Einlagengeschäft betreibenden Banken in Großstadt- und Ballungsgebieten mittels staatlicher Regulierung dazu veranlaßt, ihre Kredite und ihr Dienstleistungsangebot gleichmäßig über soziale und ethnische Gruppen, über strukturschwache Gebiete sowie differenziert nach Alter, Einkommen und Geschlecht zu verteilen, wozu sie gegenüber den Bankaufsichtsbehörden eine jährliche „Sozialverträglichkeitsbilanz" erstellen müssen.[847] In Deutschland hingegen ist die besondere Stärke der öffentlichen Banken gerade ihre Präsenz in der Fläche. Im Jahre 2001 wurden 40,3 % aller Bankstellen von öffentlich-rechtlichen Instituten betrieben, 37 % von genossenschaftlichen Banken und nur 5,4 von den privaten „Großbanken".[848] Auf 1880 Einwohner fiel eine Zweigstelle, was im Vergleich zum Jahre 2000 einen Zuwachs von 100 Personen bedeutet.

Im Gegensatz zur Rechtssache „Altmark Trans" und dem Verkehrssegment, wo Regelungen in den Art. 70 ff EGV und besonders dem beihilferechtlich relevanten Art. 73 EGV sowie den beiden Verordnungen VO (EWG) Nr. 1191/69 und Nr. 1107/70 bestehen, ist der Sektor der flächendeckenden Versorgung mit Bankdienstleistungen als Bereich der öffentlichen Daseinsvorsorge auch nicht durch europäisches Primär- oder Sekundärrecht ausgestaltet. Durch detaillierte

---

[845] Abschlußbericht der Untersuchung des Gutachters Don Cruickshank, "Competition in UK Banking - A Report to the Chancellor of the Exchequer", März 2000, ISBN 0 11 560075 2, S. 183, Quelle: www.hm-treasury.gov.uk/documents/financial_services/ banking/bankreview/fin_bank_review.cfm; siehe zur aktuellen Lage FAZ vom 4.3.2004, „Labour muß die Sparkassen drängen"; von Livonius, Öffentlich-rechtliche Kreditinstitute und EU-Beihilferegime, S. 107.

[846] 12 U.S.C. 4703 (d).

[847] Reifner / Siebert / Evers, Community Reinvestment, S. I; Vogel, ZBB-Report 2001, S. 105.

[848] Frankfurter Rundschau vom 10.8.2002, „Privatbanken kürzen Filialnetz rigoros".

Vorgaben beispielsweise hinsichtlich der Zweigstellendichte oder der Erreichbarkeit durch die Kunden wäre der mitgliedstaatliche Spielraum erheblich eingeschränkt. Dabei ist aber auch darauf Rücksicht zu nehmen, ob es sich um ländliche Gebiete handelt, in denen kaum noch Zweigstellen vorhanden sind oder bei denen ein Rückzug aus der Fläche drohend bevorsteht, oder um Ballungszentren und große Städte, bei denen die Sicherstellung einer flächendeckenden Finanzinfrastruktur nicht erforderlich ist. Denn dort wird auch durch andere Kreditinstitute ein ausreichendes Maß an Zweigstellen und Bankautomaten gewährleistet. Die Kommission vertritt selbst die Ansicht, daß „abgelegene, dünn besiedelte Gebiete möglicherweise anders behandelt werden als zentral gelegene und dicht besiedelte".[849] Gerade der Bankenmarkt mit seinen zahlreichen nationalen und internationalen Wettbewerbern ist insoweit anders zu beurteilen als zum Beispiel das Postwesen, bei dem es aufgrund der jahrzehntelangen staatlichen Monopole in vielen Mitgliedstaaten erst einen eingeschränkten Wettbewerb auf teilliberalisierten Marktsegmenten gibt wie dem Paketdienst.

Dem kann auch nicht entgegengehalten werden, daß die betrauten Kreditinstitute mit Sicherheit auch für ihre Filialen in Ballungszentren und in großen Städten (trotz eines bislang ausreichenden Maßes an Zweigstellen in diesen Gebieten) und auch für im Ausland (Europa, Amerika, Asien und Pazifik) befindliche Büros und Niederlassungen von Landesbanken eine staatliche Subventionierung befürworten würden, um die eigene Ertragskraft zu stärken und als wichtige Ergänzung des eigenen Dienstleistungsangebots im Wettbewerb um Großkunden angesichts eines globalisierten Kapitalmarktes. Die WestLB ist beispielsweise sehr stark im Bereich des Investmentbanking aktiv, nachdem sie in den neunziger Jahren die West Merchant Bank und das Brokerunternehmen Panmure Gordon erworben hatte, und besitzt dort ein sehr hohes Risikoprofil.[850] Als weitere Beispiele sind auch die internationalen Geschäftsbereiche wie das Derivat- und das Fremdwährungsanleihengeschäft zu nennen. Zusammenfassen läßt sich dieses Argument in einer Formulierung der Wettbewerbsenquête der Bundesregierung von 1968, wonach die Erfüllung des öffentlichen Auftrags nicht zu einem

---

[849] Grünbuch der Kommission zu Dienstleistungen von allgemeinem Interesse vom 21.5.2003, Kom(2003) 270 endgültig, Rdn. 83.

[850] FAZ vom 20.5.2003, „Keine Landesbank hat ein so riskantes Profil wie die WestLB". Im Juni 2003 führte eine Sonderprüfung des Kreditengagements der WestLB bei der britischen Leasinggesellschaft Box Clever zu einer zusätzlich erforderlichen Risikovorsorge in Höhe von 430 Millionen €. Der entsprechende Bericht der Bundesanstalt für Finanzdienstleistungsaufsicht (BaFin) führte schließlich zum Rücktritt von Jürgen Sengera, dem damaligen Vorstandsvorsitzenden der WestLB.

Verlust der Wettbewerbsfähigkeit dieser Institute auf dem Bankensektor führen darf, denn um „auf dem Haupttätigkeitsgebiet leistungsfähig zu sein und um den berechtigten Wünschen der Kunden genügen zu können, bedarf es einer gewissen Abrundung des Geschäftskreises."[851] Doch auf dieses Argument kommt es gerade nicht an. Entscheidendes Kriterium ist nicht, die von der übertragenen Dienstleistung betroffenen Banken zu einem starken Wettbewerber im Bankensektor auszubauen, sondern allein der Ausgleich der tatsächlich entstandenen Kosten für die Erfüllung der übertragenen gemeinwirtschaftlichen Pflichten. Sofern eine Kompensation für Zweigstellen und Büros in Ballungszentren, großen Städten und im Ausland stattfindet, wäre dieser finanzielle Ausgleich überschießend und somit unverhältnismäßig.

In Betracht kämen auch andere Aufgaben wie die Förderung der KMU (der kleinen und mittleren Unternehmen), die Exportförderung, die Regionalentwicklung, die Gemeindefinanzierung oder die Finanzierung von Infrastrukturvorhaben, womit bislang schon zum Teil einzelne (Spezial-) Kreditinstitute betraut sind.

Gerade die öffentlichen Banken finanzieren rund fünfzig Prozent aller Existenzgründungen, was im Jahre 1997 3,4 Mrd. DM aus öffentlichen Programmen sowie Eigenmittel in Höhe von 4,1 Mrd. DM als Blanko- und Kontokorrentkredite bedeutete.[852] Sofern diese Institute tatsächlich die Vergabe von Garantien und Krediten mit günstigen Zinsen und Konditionen betreiben (und damit zu nicht marktgerechten Konditionen[853]), wäre gleichfalls eine staatliche Kompensation möglich. Allerdings ist festzustellen, daß auch bei privaten Banken ein wachsendes Interesse an einer Kundenakquisition breiter gewerblicher und privater Schichten besteht.

---

[851] Wettbewerbsenquête, S. 40.
[852] Hasselmann, Ausschlußtatbestände für den Beihilfenbegriff, S. 190. Hinsichtlich des Kreditbestandes gegenüber Unternehmen und Selbständigen lagen die Sparkassen im Jahre 2003 bei 386 Mrd. €, die Großbanken bei 138 Mrd. € und die Genossenschaftsbanken bei 139 Mrd. €, siehe FAZ vom 18.3.2004, „Sparkassen und Landesbanken haben die Kreditklemme verhindert".
[853] Schlierbach, Sparkassenrecht, S. 48, stellt hingegen gerade darauf ab, daß es sich um marktgerechte Bedingungen handelt.

Im übrigen bestreiten Untersuchungen die grundsätzliche Existenz günstigerer Konditionen bei Sparkassen.[854] Zwar zielt die Zinspolitik der Sparkassen auf eine möglichst niedrige Spanne zwischen Haben- und Sollzinsen und auf eine Beeinflussung der Zinssätze im Interesse der Kunden hin, aber nur soweit dies vertretbar ist, denn die Zinsspanne ist wiederum ein Mittel der Eigenkapitalfinanzierung und Teil der Rentabilitätspolitik öffentlich-rechtlicher Banken.[855] Am Beispiel der Sparzinsen heißt es, daß diese eine angemessene Höhe haben und sich am Kapitalmarkt orientieren sollen. Innerhalb bestimmter Schwellenwerte wird damit zwar eine eigenständige Zinspolitik betrieben, eine vom Kapitalmarkt abgetrennte und letztlich autonome und nicht marktorientierte Zinspolitik ist aber nicht gegeben.[856] Bei Einlagen ist sogar ein niedrigeres Zinsniveau bei Sparkassen gegenüber privaten Banken festzustellen.[857] Zudem betreiben auch öffentliche Banken ihre Bankgeschäfte nach kaufmännischen Grundsätzen mit erwerbswirtschaftlichen Mitteln, allerdings beschränkt durch das Prinzip der Gemeinnützigkeit mit einem Verzicht auf Gewinnmaximierung.[858] Allerdings werben die öffentlichen Banken gerade mit der Rentabilität ihrer Geschäftsfelder im Vergleich zur Leistungserbringung unter Marktbedingungen, woraus im Umkehrschluß wiederum gefolgert werden kann, daß besondere Vergünstigungen für öffentlich-rechtliche Kreditinstitute nicht erforderlich sind.[859] Im übrigen sind die öffentlichen Banken künftig stärker auf die Schaffung von haftendem Eigenkapital durch die Thesaurierung von Gewinnen angewiesen, wodurch das Argument an Bedeutung verliert, daß sie nicht im selben Umfang wie private Institute gewinn- und „shareholder"-orientiert arbeiten müßten, sondern vielmehr gemeinnützig ausgerichtet sind. Aufgrund dessen werden sich die Konditi-

---

[854] Gleske, Wettbewerb öffentlicher und privater Kreditinstitute, S. 78 und FN 93 unter Hinweis auf eine Stellungnahme der Verbraucherzentrale NRW zum Novellierungsentwurf des Sparkassengesetzes, Landtags-Drucksache 11/6047, in: LT(NRW)-Zeitschrift 11/3056, S. 1 sowie auf den Monatsbericht Oktober 1994, S. 19, 37 der Deutschen Bundesbank, wonach Sparkassen mit 2,9 % eine höhere Zinsspanne erwirtschaften als andere Bankengruppen mit 1,8 %.

[855] Schlierbach, Sparkassenrecht, S. 7, 51 mwN; Güde, Geschäftspolitik der Sparkassen, S. 182 ff.

[856] Güde, Geschäftspolitik der Sparkassen, S. 296 ff.

[857] Von Friesen, Staatliche Haftungszusagen, S. 231.

[858] Von Friesen, Staatliche Haftungszusagen, S. 230; Schlierbach, Sparkassenrecht, S. 47 f; vgl. § 3 Abs. 3 des Gesetzes über die Sparkassen sowie über die Landesbank Nordrhein-Westfalen und Sparkassen- und Giroverbände (Sparkassengesetz) vom 18. Oktober 2002, Gesetz- und Verordnungsblatt Nordrhein-Westfalen, S. 504 ff.

[859] Herdegen, Gutachten, in: BdB, S. 28.

onen und Gebühren zwischen öffentlichen und privaten Instituten letztlich nicht unterscheiden. „Sozialrabatte" werden kaum möglich sein.[860]

In ihrer Funktion als Hausbanken der öffentlichen Hand unterstützen die Landesbanken und Sparkassen die Kommunen und Bundesländer unter anderem bei der Abwicklung des Zahlungsverkehrs und von Geldgeschäften, der Finanzierung öffentlicher Schulden im Rahmen von Kommunalkrediten, bei öffentlichen Investitionsmaßnahmen mit der Zielsetzung der langfristigen Finanzierung von Infrastruktur- und Wirtschaftsförderungsprogrammen, Leasing- und Betreibermodellen und Beteiligungsfinanzierungen.[861] Teilweise wird zwar behauptet, daß der Zinssatz und / oder der Auszahlungskurs bei Kommunalkrediten etwas günstiger wäre als bei Hypothekarkrediten, worin sich niedrigere Bearbeitungs- und fehlende Risikokosten ausdrücken sollen.[862] Jedoch konnte bislang noch nicht nachgewiesen worden, daß die Kredite öffentlicher Banken tatsächlich zu günstigeren Konditionen gewährt werden als entsprechende Kredite privater Banken.[863] Eine Konditionenprivilegierung zugunsten der öffentlichen Hand ginge als verdeckte Quersubventionierung zudem letztlich kostenmäßig zulasten der Einleger.[864] Soweit die Vergabe aber doch mit einem höheren Risiko oder mit günstigeren Konditionen als die Kreditvergabe bei privaten Banken verbunden sein sollte, so erfolgen durch die neuen bankaufsichtsrechtlichen Grundsätze infolge von „Basel II" künftig noch stärkere aufsichtsrechtliche Einschränkungen und Absicherungserfordernisse bei der Kreditvergabe. Deswegen scheint unter Zugrundelegung marktgerechter Konditionen eine staatliche Kompensation entbehrlich zu sein. Gleichwohl manifestiert sich die Hausbankenfunktion in der grundsätzlichen aufgaben- und nicht gewinnorientierten Verpflichtung zur Bereitstellung und Sicherstellung von Kommunaldarlehen gegenüber der öffentlichen Hand auch bei schlechter Kapitalmarktlage und unter Verzicht auf gewinnbringendere Ausleih- und Anlagemöglichkeiten sowie bei der Finanzierung

---

[860] Gleske, Wettbewerb öffentlicher und privater Kreditinstitute, S. 86 f.
[861] Nierhaus, DÖV 1984, S. 670; Hasselmann, Ausschlußtatbestände für den Beihilfenbegriff, S. 191; Güde, Geschäftspolitik der Sparkassen, S. 273; Die Sparkassen und Landesbanken haben nach eigenen Angaben einen Marktanteil von 55 % im Kommunalkreditgeschäft, siehe „Kommune und Sparkasse: Eine starke Partnerschaft für Wirtschaft und Gesellschaft", Gemeinsames Positionspapier der kommunalen Spitzenverbände und des DSGV, Berlin 2004, S. 9.
[862] Güde, Geschäftspolitik der Sparkassen, S. 273.
[863] Möschel, WM 1993, S. 97 mwN.
[864] Möschel, WM 1993, S. 97.

einiger Infrastrukturmaßnahmen wie Klär- und Müllverbrennungsanlagen, zu denen private Banken häufig nicht bereit sind.[865]

Vor allem hinsichtlich der wirtschaftlich schwächeren Bevölkerungskreise unterliegen die Sparkassen mit ihrer Verpflichtung zur Ermöglichung der Girokontoeröffnung für jedermann einem gesetzlichen Kontrahierungszwang, wonach sie im Gegensatz zu ihren Wettbewerbern nicht mehr frei entscheiden können, ob sie ein vom Kunden an sie herangetragenes Geschäft abschließen oder nicht.[866] Insoweit führen die Sparkassen rund die Hälfte aller Girokonten und der Spareinlagen, -briefe und -obligationen.[867] Dadurch werden ihnen zusätzliche finanzielle Lasten und Risiken auferlegt, die allerdings durch die Möglichkeit abgemildert werden, daß die Sparkassen für die Dienstleistung ein Entgelt fordern können. Der Kontrahierungszwang ergibt sich aus dem öffentlichen Auftrag und der Zuordnung der Sparkassen zur öffentlichen Wirtschaftsverwaltung. Die rechtliche Verpflichtung zum Führen von Girokonten ist zum Beispiel in § 4 Abs. 2 S. 2 NWSpkG in Verbindung mit der entsprechenden Sparkassenverordnung geregelt, wobei allerdings auch verschiedene Ausnahmetatbestände als Zumutbarkeitsgrenze bestehen.[868]

Schwierig dürfte hingegen die Aufgabe der Landesbanken und Sparkassen in Form der Wettbewerbssicherungs- und Korrekturfunktion zur Gewährleistung des kreditwirtschaftlichen Wettbewerbs sein. Gerade die Wettbewerbssicherungsfunktion ist nicht mit der Entstehung zusätzlicher finanzieller Lasten für die öffentlichen Banken verbunden, sondern wird allein durch die Existenz öffentlich-rechtlicher Kreditinstitute als passiver Wettbewerbskorrektur gewährleistet, indem sie unter anderem Konzentrationsprozesse verhindert. Zweifelhaft ist weiterhin, ob Landesbanken und Sparkassen überhaupt tatsächlich einen funktionierenden Wettbewerb in der Kreditwirtschaft mit ihrem behaupteten

---

[865] Hasselmann, Ausschlußtatbestände für den Beihilfenbegriff, S. 191, 195, 199; Nierhaus, DÖV 1984, S. 668.

[866] Steiner, Bankenmarkt und Wirtschaftsordnung, S. 79; Schlierbach, Sparkassenrecht, S. 113; BGH WM 1991, S. 317 ff.

[867] Rehm, Sparkasse 1993, S. 176; Güde, Geschäftspolitik der Sparkassen, S. 239; Frankfurter Rundschau vom 22.6.2004, „Banken verweigern häufiger Konten"; „Kommune und Sparkasse: Eine starke Partnerschaft für Wirtschaft und Gesellschaft", Gemeinsames Positionspapier der kommunalen Spitzenverbände und des DSGV, Berlin 2004, S. 6.

[868] § 4 Abs. 2 S. 2 des Gesetzes über die Sparkassen sowie über die Landesbank Nordrhein-Westfalen und Sparkassen- und Giroverbände (Sparkassengesetz) vom 18. Oktober 2002, Gesetz- und Verordnungsblatt Nordrhein-Westfalen, S. 504 ff; Schlierbach, Sparkassenrecht, S. 113 f.

Gruppenwettbewerb zwischen den privaten Banken, dem genossenschaftlichem Sektor und den öffentlich-rechtlichen Kreditinstituten garantieren können, da es in einem marktwirtschaftlich ausgerichteten Wirtschaftssystem keine Bestandsgarantie für Wettbewerber geben kann. Ein solcher Ansatz würde weniger einem offenen Wettbewerbskonzept als mehr einer Zunftordnung gleichen, der der Gedanke eines in sich geschlossenen und aufgeteilten Marktes zugrunde liegt.[869] Auch die Förderungsfunktion zugunsten des Sparsinns und der Vermögensbildung eignet sich wohl kaum als Anwendungsbereich für Kompensationszahlungen, da die deutsche Bevölkerung im Vergleich zu anderen Industrienationen schon eine der höchsten Sparquoten besitzt.[870] Die Frage ist vielmehr, ob die Menschen ihr Geld in Spareinlagen anlegen oder in festverzinsliche Wertpapiere, Aktien oder sonstige Vermögensformen investieren.

4. Nachweis der Kostenentstehung durch Ausschreibung

Problematisch ist aber der Nachweis, ob und in welcher Höhe den Landesbanken und Sparkassen durch die öffentliche Auftragserfüllung Kosten entstehen. Der EuGH hat diesem Problem dadurch Rechnung zu tragen versucht, daß sowohl die Ausgleichsberechnung auf objektiven und transparenten Kriterien beruhen muß, als auch darauf Wert gelegt, daß die konkrete Höhe entweder auf Grundlage eines öffentlichen Auftragsvergabeverfahrens oder durch einen Vergleich mit einem durchschnittlichen, gut geführten und angemessen ausgestatteten Unternehmen ermittelt wird.

Die bloße Betrauung mit klar definierten Dienstleistungen von allgemeinem wirtschaftlichem Interesse durch einen Hoheitsakt der öffentlichen Gewalt (wozu Gesetze, Verordnungen, Verwaltungsakte oder öffentliche Verträge zählen) reicht dazu eindeutig nicht aus. Denn die Betrauung stellt zwar zum einen sicher, daß das Unternehmen auch tatsächlich die entsprechenden Dienstleistungen zu erfüllen hat. Zum anderen wird durch den Betrauungsakt gewährleistet, daß die erhöhten Bindungen des betreffenden Unternehmens auf eine dem Gemeinwohl verpflichtete Instanz des jeweiligen Mitgliedstaates zurückgeführt werden können.[871] Gleiches gilt für eine transparente Buchführung, die als ein

---

[869] Herdegen, Gutachten, in: BdB, S. 28, indem er den Widerspruch zwischen der „wettbewerbskorrigierenden" Funktion der öffentlich-rechtlichen Kreditinstitute mit einem starren Pluralismus im Gegensatz zum freien Wettbewerb klar herausstellt.

[870] Gleske, Wettbewerb öffentlicher und privater Kreditinstitute, S. 76.

[871] EuGH, Rs. 172/80, Gerhard Zuechner gegen Bayerische Vereinsbank AG, Slg. 1981, S. 2021, Rdn. 7; Mann, JZ 2002, S. 822 f; von Friesen, Staatliche Haftungszusagen, S. 222.

Mittel der Beweisführung allein belegen kann, daß die im Ausschreibungsverfahren geltend gemachten Kosten dem Unternehmen auch tatsächlich entstanden sind.

Zwar hat der EuGH keine direkte Ausschreibungspflicht in seinem Urteil in der Rechtssache „Altmark Trans" vorgegeben[872], sondern hat die Wahl zwischen zwei möglichen Alternativen eröffnet: dem öffentlichen und europaweiten Vergabeverfahren für öffentliche Aufträge und einer Kostenanalyse anhand eines durchschnittlichen, gut geführten und im Verhältnis zu den erfüllenden Aufgaben angemessen ausgestatteten Unternehmen unter Berücksichtigung der dabei erzielten Einnahmen und eines angemessenen Gewinns. Eine Ausschreibungspflicht ergibt sich auch nicht direkt und unmittelbar aus dem deutschen Vergaberecht und aus den sekundärrechtlichen Gemeinschaftsregelungen über das öffentliche Auftragswesen[873], die nur dann einschlägig wären, wenn staatliche Stellen Waren, Dienst- und Bauleistungen in Auftrag geben mit der Absicht, Leistungen wirtschaftlicher und nichtwirtschaftlicher Natur zu beziehen.[874] In diesen Fällen nimmt der Staat (beziehungsweise seine Untergliederungen oder Institutionen) selbst bestimmte Leistungen oder Waren in Anspruch und tritt mithin als öffentlicher Auftraggeber und damit als Nachfrager einer Leistung in Erscheinung.[875] Bei den potentiellen Anwendungsbereichen für Kompensationszahlungen ist dies indes höchstens für den Bereich der Gemeindefinanzierung oder der Finanzierung von Infrastrukturmaßnahmen kommunaler öffentlicher Unternehmen gegeben.

Allein durch eine Ausschreibung werden unabhängig von der Organisationsform aber die tatsächlichen und angemessenen Kosten richtig ermittelt, indem hinsichtlich der ausgeschriebenen Leistung ein konkurrierender Markt geschaffen sowie ein offenes, transparentes, nicht diskriminierendes und mithin nachprüfbares Verfahren gewährleistet wird, wie es die Kommission in ihrer Mitteilung zur

---

[872] Kühling / Wachinger, NVwZ 2003, S. 1203.

[873] Die vier für das Vergabeverfahren maßgeblichen Koordinierungsrichtlinien sind die Richtlinien 92/50/EWG, 93/36/EWG, 93/37/EWG und 93/38/EWG. Die Umsetzung der europäischen Richtlinien erfolgte durch die §§ 97 ff über die Vergabe öffentlicher Aufträge im vierten Teil des Gesetzes gegen Wettbewerbsbeschränkungen (GWB) vom 26. August 1998 (BGBl. I, S 2521, zuletzt geändert durch Art. 3 des Gesetzes vom 20. Mai 2003).

[874] Bericht der Kommission für den Europäischen Rat in Laeken über Leistungen der Daseinsvorsorge vom 17.10.2001, KOM(2001) 598 endgültig, Rdn. 35.

[875] Koenig / Haratsch, NJW 2003, S. 2637 f.

Daseinsvorsorge vorgesehen hat. In ihrem Bericht für den Europäischen Rat in Laeken hat die Kommission ebenfalls auf die Sinnhaftigkeit einer offenen Ausschreibung hingewiesen.[876] Auch Quardt hält zur Feststellung der tatsächlichen Kosten öffentliche Ausschreibungen für am sinnvollsten.[877] Koenig / Kühling betonen insbesondere die hohe Bedeutung eines an der Anforderungstrias Wettbewerbsoffenheit, Wirtschaftlichkeit, Transparenz und Diskriminierungsfreiheit orientierten Ausschreibungsverfahrens, wodurch die Begünstigungswirkung einer staatlichen Maßnahme entfallen kann.[878] Infolge des Urteils des EuGH in der Rechtssache „Teleaustria" gelten diese Grundsätze auch für die Vergabe öffentlicher Aufträge außerhalb des Anwendungsbereichs des europäischen Vergaberechts.[879] Dabei besteht eine Wahlmöglichkeit zwischen dem Offenen Verfahren, bei dem sich alle interessierten Unternehmen an einer Ausschreibung beteiligen können, sowie dem Nichtoffenen Verfahren (bei dem sich nur die aufgeforderten Unternehmen beteiligen) und dem Verhandlungsverfahren (bei dem direkt mit den ausgewählten Unternehmen verhandelt wird) mit einem jeweils vorangestellten öffentlichen Teilnahmewettbewerb; denn nur in diesen Fällen ist ein „offenes" Verfahren sichergestellt.[880] Eine europaweite Ausschreibung führt zudem zu einer dahingehenden Umkehr der Beweislast, daß nicht mehr die Mitgliedstaaten die Beweislast dafür tragen, daß die Ausgleichszahlungen die erforderlichen Kosten nicht übersteigen. Statt dessen läge die Beweislast dann bei einem den Klageweg einschlagenden Konkurrenzunternehmen.

Die vom EuGH neben einer Ausschreibung vorgeschlagene Kostenanalyse führt insoweit nicht dazu, daß dem Prinzip der geringsten Kosten zum Durchbruch verholfen wird; dies gilt vor allem dann, wenn als Vergleichsmaßstab kein im Wettbewerb stehendes Unternehmen herangezogen wird, sondern ein Monopolunternehmen. Die geringsten Kosten können nur im Rahmen einer Ausschreibung ermittelt werden und nicht durch einen hypothetischen Kostenvergleich anhand eines „durchschnittlichen" Unternehmens. Sofern die vom EuGH neben einer Ausschreibung als zulässige Alternative anerkannte Kostenanalyse tatsächlich angewandt wird, so besteht die Gefahr von Quersubventionierungen für im

---

[876] Bericht der Kommission für den Europäischen Rat in Laeken über Leistungen der Daseinsvorsorge vom 17.10.2001, KOM(2001) 598 endgültig, Rdn. 19 mit FN 13.

[877] Quardt, EuZW 2002, S. 427.

[878] Koenig / Kühling, NVwZ 2003, S. 780; Koenig / Haratsch, NJW 2003, S. 2638.

[879] EuGH, Rs. C-324/98, Teleaustria Verlags GmbH und Telefonadress GmbH gegen Telekom Austria AG, Slg. 2000, S. I-10745, Rdn. 60 – 62; Koenig / Kühling, NVwZ 2003, S. 780.

[880] Koenig / Kühling, NVwZ 2003, S. 785 f mwN; Koenig / Haratsch, NJW 2003, S. 2640 f.

Wettbewerb stehende Bereiche des betrauten Unternehmens durch die von Ausgleichszahlungen betroffenen Geschäftssparten im Grundsatz fort. Zur Verhinderung von Wettbewerbsverfälschungen sollte dieser Effekt aber ausgeschlossen werden. Eine Ausschreibung sollte mithin selbst dann erforderlich sein, wenn von vornherein ersichtlich ist, daß die finanzielle Kompensation die tatsächlich entstehenden Kosten nicht übersteigt. Im Anschluß an eine erfolgte Ausschreibung und ein beendetes Auswahlverfahren wäre eine gesetzliche Betrauung gleichwohl möglich. Eine Betrauung hätte außerdem zur Folge, daß ein Verstoß gegen Art. 81 EGV, der wettbewerbsbeschränkende Vereinbarungen und Verhaltensweisen von Unternehmen und Unternehmensvereinigungen für nichtig erklärt, ausscheidet.

Demzufolge wäre eine europaweite Ausschreibung für die jeweilige Dienstleistung von allgemeinem wirtschaftlichem Interesse zu präferieren, die sich auf das räumliche Gebiet einzelner Kommunen, der Landkreise oder der Bundesländer beziehen könnte. Dabei ist darauf zu achten, daß die Ausschreibungskriterien keine zielgerichteten diskriminierenden Elemente enthalten, die nur von einem einzelnen Unternehmen oder einer Unternehmensgruppe erfüllt werden können. Im Falle einer positiven Auswahlentscheidung könnten dann beispielsweise entweder einzelne öffentlich-rechtliche Kreditinstitute oder der DSGV in Zusammenarbeit mit den Sparkassen mit der Aufgabe einer flächendeckenden Versorgung mit Bankdienstleistungen (mit Ausnahme der Ballungszentren und großen Städte) betraut werden und eventuell sogar Lizenzen oder Konzessionen erhalten. Auf diesem Wege wäre auch anderen Mitbewerbern aus Deutschland und der Gemeinschaft, wozu vorrangig die genossenschaftlichen Banken mit ihrem bedeutsamen Zweigstellennetz oder Kreditinstitute und Institutsgruppen aus anderen Mitgliedstaaten gehören könnten, die Möglichkeit eröffnet, diese Aufgaben wahrzunehmen und sich zumindest darum zu bewerben. In diesem Sinne werden im Flugverkehr von den Mitgliedstaaten in einem offenen Ausschreibungsverfahren Exklusivlizenzen vergeben, durch die der Linienflugverkehr auf einzelnen Strecken sichergestellt werden soll, auf denen der Markt selbst wiederum keine angemessenen Leistungen anbietet.[881] In Art. 4 Abs. 1 d) S. 2 der Verordnung (VO) Nr. 2408/92 über den Zugang von Luftfahrtunternehmen der Gemeinschaft zu Strecken des innergemeinschaftlichen Luftverkehrs heißt es: „Das Recht zur Durchführung solcher Dienste wird im Wege der

---

[881] Art. 4 der Verordnung (VO) Nr. 2408/92 des Rates vom 23.7.1992 über den Zugang von Luftfahrtunternehmen der Gemeinschaft zu Strecken des innergemeinschaftlichen Luftverkehrs, ABl. EG Nr. L 240 vom 24.8.1992, S. 8 – 14.

öffentlichen Ausschreibung allen Luftfahrtunternehmen der Gemeinschaft, die zur Durchführung solcher Strecken berechtigt sind, für eine oder für mehrere solche Strecken angeboten."

Neben einer Ausschreibung kommt aber auch noch die Möglichkeit einer Gruppenfreistellungsverordnung in Betracht, mit der bestimmte Gruppen von Beihilfen aus dem Daseinsvorsorgebereich, wozu die Kompensation für die Verpflichtung zur flächendeckenden Versorgung mit Finanzdienstleistungen gehören könnte, mit dem Gemeinsamen Markt für vereinbar erklärt und entsprechende Beihilfen somit von der Notifizierungspflicht entbunden werden könnten. Der Europäische Rat von Barcelona vom 15. und 16. März 2002 hatte die Kommission dementsprechend aufgefordert, „ihm auf seiner Tagung in Sevilla über den Stand der Arbeiten betreffend die Leitlinien für staatliche Beihilfen zu berichten und erforderlichenfalls eine Gruppenfreistellungsverordnung in diesem Bereich vorzuschlagen."[882] Die Kommission hält, wie oben dargestellt, den Erlaß einer solchen Verordnung ebenfalls für sinnvoll, um den Mitgliedstaaten und den Unternehmen Rechtssicherheit und Rechtsklarheit zu verschaffen.

Alternativ wäre auch eine Anhebung der „de minimis"-Regeln möglich, die bislang einen Schwellenwert von 100.000 € für ein einzelnes Unternehmen über einen Dreijahreszeitraum vorsehen.[883] Diese beiden Alternativen stellen aber erhebliche Abweichungen von den Grundsätzen der Ferring-Rechtsprechung dar, die zwar ebenfalls zur Zulässigkeit von Ausgleichszahlungen ohne entsprechende Notifizierung führen, durch die aber keine tatsächliche Kostenberechnung möglich ist.

5. Berechnung der tatsächlich entstehenden Mehrkosten und Finanzierung

Hinsichtlich der Berechnung der tatsächlich entstehenden Mehrkosten, denen dann die vom Staat konkret gewährten finanziellen Vorteile unter Beachtung des Verhältnismäßigkeitsprinzips gegenüberzustellen sind, wurde zum Beispiel in der Rechtssache „SIC" zunächst von dem betreffenden Unternehmen, der RTP (Radiotelevisão Portuguesa, SA) als einer ehemals öffentlich-rechtlichen Ein-

---

[882] Bericht der Kommission an den Europäischen Rat in Sevilla, COMP-2002-00847-01-00-DE-TRA-00 (FR), Rdn. 2.
[883] Mitteilung der Kommission über „de minimis"-Beihilfen, ABl. EG Nr. C 68 vom 6.3.1996, S. 9 – 10; ersetzt durch die Verordnung (EG) Nr. 69/2001 der Kommission vom 12. Januar 2002 über die Anwendung der Artikel 87 und 88 EG-Vertrag auf „de minimis"-Beihilfen, ABl. EG Nr. L 10 vom 13.1.2001, S. 30 - 32.

richtung anhand seiner Buchführungsdaten eine Kostenanalyse erstellt, in der die aufgrund der Aufgabenzuweisung angefallenen Kosten für die übertragenen öffentlichen Aufgaben wie der Ausstrahlung von Fernsehprogrammen in den autonomen Regionen Portugals und die Verpflichtung zur Ausstrahlung von Programmen, die das gesamte portugiesische Festland erreichen, dargestellt wurden.[884]

In der Rechtssache „FFSA" wurden hinsichtlich der mit den Verpflichtungen als öffentlicher Dienst verbundenen Mehrkosten und insbesondere der Versorgung des gesamten französischen Inlands zwei Studien erstellt, und zwar sowohl von dem begünstigten Unternehmen als auch von externen Beratern. In der von dem begünstigten Unternehmen erstellten Studie heißt es zur Berechnung der entstandenen Kosten:

„[La Poste] führte eine Untersuchung über alle Postämter ... der Region Méditerranée durch. Die Kosten der Postämter wurden nach Schichten einer stratifizierten Stichprobe, aufgrund derer die Postämter nach Grösse der Agglomeration und Anzahl der Zustellgänge eingestuft werden konnten, analysiert. Die Kosten der Ämter je Schicht wurden sodann für ganz Frankreich extrapoliert, ausgehend von der Anzahl von Ämtern je Schicht und von den durchschnittlichen Kosten eines Postamts je Schicht [in der Region] Méditerranée. Die ... Stichprobe ... umfasst Stadtzonen wie auch verstreute ländliche Standorte. Sämtliche nationalen Lasten wurden gebündelt, um die Aussagekraft dieser Untersuchung zu verstärken. Die Untersuchung berücksichtigt nicht die schwierigen Randbezirke und von rückläufiger industrieller Entwicklung betroffenen Zonen, sondern konzentriert sich auf die Postämter in ländlichen Gebieten. Dabei handelt es sich um Postämter mit Zustellung in Gemeinden mit weniger als 2 000 Einwohnern sowie die Postschalter dritter und vierter Klasse ohne Zustellungsdienst in Gemeinden mit weniger als 2 000 Einwohnern."[885]

Das Mehrkostenberechnungsverfahren wurde in der Studie der externen Berater wie folgt dargestellt:

---

[884] EuG, Rs. T-46/97, Sociedade Independente de Comunicação S.A. gegen Kommission, Slg. 2000, S. II-2125, Rdn. 20.

[885] EuG, Rs. T-106/95, Fédération française des sociétés d'assurances (FFSA) u.a. gegen Kommission, Slg. 1997, S. II-229, Rdn. 18.

„Die Leistung jedes Postamts wird ausgehend von der Abweichung von der Marge bewertet. Für jedes Postamt wird nach drei Haupttätigkeiten unterschieden: abgehende Post ..., eingehende Post ... und Finanzdienstleistungen ... Bei jeder Tätigkeit wird je nach dem Leistungsvorgang oder verwalteten Konto ausgehend von der Spanne zwischen dem Amt und der durchschnittlichen Spanne auf Landesebene die Abweichung gemessen: bei negativer Leistung entstehen Mehrkosten, andernfalls handelt es sich um einen positiven Beitrag. Die Mehrkosten werden auf Kantonalebene bemessen. Den jüngsten Arbeiten der DATAR [délégation à l'aménagement du territoire et à l'action régionale, Delegation für die Strukturverbesserung und für regionale Maßnahmen] zufolge ist die Kantonalebene angemessen, um die flächendeckende Auswirkung zu beurteilen. Auf dieser Ebene werden also die Mehrkosten in Verbindung mit den flächendeckenden Aufgaben (ländliche Gebiete, Industriegebiete in der Krise) gemessen. Die Leistung eines Kantons ist die algebraische Summe der auf Ebene der Postämter gemessenen Beiträge, aber nicht die Summe der defizitären Postämter ..."[886]

Der EuGH hat aber auch klargestellt, daß das bei der Berechnung der Mehrkosten aufgrund des öffentlichen Versorgungsauftrages bestehende Ermessen der Kommission aufgrund der Beurteilung komplexer wirtschaftlicher Sachverhalte um so weiter ist, als es vergleichbar ist mit dem Ermessen, das der Kommission im Rahmen der Anwendung von Art. 87 Abs. 3 EGV zusteht.[887] In ihrem Bericht für den Europäischen Rat in Sevilla ist die Kommission der Ansicht, daß in dem angestrebten Dokument insbesondere die Modalitäten zur Berechnung der Ausgleichszahlungen und die Wahl der mit Dienstleistungen von allgemeinem wirtschaftlichem Interesse betrauten Unternehmen präzisiert werden sollten.[888] Darüber hinaus hat Generalanwalt Tizzano zur Frage der Kosten- und Kompensationsberechnung deutlich gemacht, daß diese Prüfung offenkundig und primär eine Sache der nationalen Gerichte ist, die zu diesem Zweck alle ihnen zur Ver-

---

[886] EuG, Rs. T-106/95, Fédération française des sociétés d'assurances (FFSA) u.a. gegen Kommission, Slg. 1997, S. II-229, Rdn. 20.

[887] EuG, Rs. T-106/95, Fédération française des sociétés d'assurances (FFSA) u.a. gegen Kommission, Slg. 1997, S. II-229, Rdn. 100; EuGH, Rs. C-301/87, Frankreich gegen Kommission, Slg. 1990, I-307, Rdn. 49; Rs. C-142/87, Belgien gegen Kommission, Slg. 1990, I-959, Rdn. 56; Rs. C-303/88, Italien gegen Kommission, Slg. 1991, I-1433, Rdn. 34.

[888] Bericht der Kommission an den Europäischen Rat in Sevilla, COMP-2002-00847-01-00-DE-TRA-00 (FR), Rdn. 14, 17.

fügung stehenden Verfahrensmittel einsetzen und gegebenenfalls die Einholung eines Sachverständigengutachtens anordnen können.[889]

Als Finanzierungsmechanismen kommen insbesondere finanzielle staatliche Direkthilfen, die Gewährung besonderer oder ausschließlicher Rechte sowie Beiträge von Marktteilnehmern, das heißt den Leistungsempfängern, in Betracht.[890] Die Wahl, in welcher Form eventuelle Ausgleichszahlungen erfolgen sollen, obliegt dabei wiederum den Mitgliedstaaten, wodurch jedoch das Funktionieren des Binnenmarktes nicht gefährdet werden darf.

V. Ergebnis

Die Brüsseler „Verständigung" und die Kommissionsentscheidung Nr. E 10/2000 schließen für die öffentlich-rechtlichen Kreditinstitute in Deutschland eine Anwendung des Ausgleichsansatzes aus den Urteilen des EuGH in den Rechtssachen „Ferring SA" und „Altmark Trans" nicht aus. Als konkrete Anwendungsbereiche kommen die flächendeckende Versorgung mit Bankdienstleistungen in Betracht (mit Ausnahme von Ballungszentren und großen Städten), die Girokontoeröffnung für jedermann, die Führung geringfügiger Sparguthaben, die KMU- und die Exportförderung, die Regionalentwicklung, die Gemeindefinanzierung sowie die Finanzierung von Infrastrukturvorhaben. Erforderlich ist eine Ausschreibung der betreffenden Dienstleistung von allgemeinem wirtschaftlichem Interesse zum Nachweis der tatsächlich entstehenden Kosten sowie zur Sicherstellung eines offenen, transparenten und nicht diskriminierenden Verfahrens.

6. Teil: Justitiabilität der Kommissionsentscheidung Nr. E 10/2000

Zu prüfen ist nunmehr, ob und auf welchem Wege gegen die Kommissionsentscheidung Nr. E 10/2000 von Konkurrenten der Landesbanken und Sparkassen vor dem EuGH geklagt werden könnte. Denkbar wären beispielsweise einzelne privatrechtlich-organisierte Banken in Deutschland, der BdB in seiner Eigenschaft als Dachverband von 247 privaten Banken, elf regionalen Landesverbän-

---

[889] GA Tizzano, Schlußanträge vom 8. Mai 2001, Rs. C-53/00, Ferring S.A. gegen Agence centrale des organismes de sécurité sociale (ACOSS), Rdn. 54.

[890] Grünbuch der Kommission zu Dienstleistungen von allgemeinem Interesse vom 21. Mai 2003, Kom(2003) 270 endgültig, Rdn. 86.

den und der Spezialverbände der Hypotheken- und Schiffsbanken oder einzelne auf dem deutschen Bankenmarkt tätige ausländische Kreditinstitute.

A. Nichtigkeitsklage nach Art. 230 Abs. 4 EGV

Im Wege der Nichtigkeitsklage könnten etwaige Konkurrenten der öffentlichen Banken gemäß Art. 230 Abs. 4 EGV auf eine Nichtigerklärung der Kommissionsentscheidung Nr. E 10/2000 klagen. Eine solche negative Konkurrentenklage hätte beispielsweise das Ziel verfolgen können, die fortlaufende Begünstigung der öffentlichen Banken aufgrund des befristeten „Grandfathering" für Neuverbindlichkeiten mit der bis zum Jahr 2015 andauernden Weitergeltung der Gewährträgerhaftung zu unterbinden.

Konkurrenten beihilfebegünstigter Unternehmen können gegen eine gestattende Entscheidung der Kommission im Wege der Konkurrentenklage vorgehen. Grundsätzlich zählen Konkurrenten als natürliche oder juristische Personen zu den nicht privilegierten Klagebefugten nach Art. 230 Abs. 4 EGV. Dabei sind juristische Personen solche privat- und öffentlich-rechtlichen Personenvereinigungen, die nach der ihnen obliegenden Rechtsordnung rechtsfähig sind.[891]

Erforderlich ist, daß ein Konkurrent, der in der Regel nicht der Adressat der Kommissionsentscheidung ist, durch den angegriffenen Rechtsakt unmittelbar und individuell betroffen ist, um eine Nichtigkeitsklage nach Art. 230 Abs. 4 EGV erheben zu können. Ein individuelles Betroffensein[892] ist im Allgemeinen dann gegeben, wenn die Kommissionsentscheidung einen Wettbewerber wegen bestimmter persönlicher Eigenschaften oder besonderer, ihn aus dem Kreis aller übrigen Personen heraushebender Umstände berührt und ihn daher in ähnlicher

---

[891] Streinz, Europarecht, Rdn. 515; Schweitzer / Hummer, Europarecht, Rdn. 498.

[892] An dieser Stelle wird nicht auf den Streit über eine Neudefinition des Begriffs der individuellen Betroffenheit eingegangen, da dieser für den vorliegenden Sachverhalt nicht entscheidend ist. GA Jacobs hatte insoweit vorgeschlagen, daß eine individuelle Betroffenheit dann gegeben sei, „wenn die Handlung auf Grund seiner persönlichen Umstände erhebliche nachteilige Auswirkungen auf seine Interessen hat oder wahrscheinlich haben wird". Dem hatte sich der EuG insoweit angeschlossen, als er das Merkmal dann als erfüllt ansah, wenn eine Bestimmung „ihre Rechtsposition unzweifelhaft und gegenwärtig beeinträchtigt, indem sie ihre Rechte einschränkt oder Pflichten auferlegt". Diesen Auffassungen ist der EuGH allerdings in seinem Urteil in der Rs. C-50/00 P, Unión de Pequenos Agricultores gegen Rat, Slg. 2002, S. I-6677 nicht angeschlossen. Siehe dazu Lindner, NVwZ 2003, S. 569 ff.

Weise individualisiert wie den Beihilfeadressaten.[893] Dabei kommt es auf eine tatsächlich spürbare Beeinträchtigung an, weswegen die bloße Möglichkeit einer Wettbewerbsbeeinflussung nicht ausreicht.[894] Bei allgemeinen Beihilferegelungen ist darüber hinaus die Darlegung einer besonderen Betroffenheit der individuellen Wettbewerbsposition erforderlich.[895] Ein unmittelbares Betroffensein liegt dann vor, wenn die Mitgliedstaaten bei der Ausführung keinen (tatsächlichen und nicht nur theoretischen) Ermessensspielraum mehr haben und damit der nationale Durchführungsakt mit seinem für den Kläger nachteiligen Inhalt schon aufgrund der Verordnung feststeht.[896]

Bei der Nichtigkeitsklage eines Nichtadressaten reicht allerdings schon die Gewährung von Beteiligungsrechten im vorangegangenen Verwaltungsverfahren vor der Kommission für eine individuelle und unmittelbare Betroffenheit aus.[897] Hierbei ist jedoch zwischen dem Hauptprüfungsverfahren und der Vorprüfungsphase zu differenzieren. Während die Kommission konkurrierenden Unternehmen und Berufsverbänden im Hauptprüfungsverfahren als „Beteiligten" im Sinne des Art. 88 Abs. 2 S. 1 EGV eine Möglichkeit zur Stellungnahme geben muß, haben die Wettbewerber in der Vorprüfungsphase in der Regel keine besonderen Rechte, da diese Phase nur den Zweck hat, der Kommission eine erste Meinungsbildung darüber zu ermöglichen, ob die fragliche Beihilfe ganz oder teilweise mit dem Vertrag vereinbar ist.[898] Jedoch können alle „Beteiligten" unabhängig von ihrer Beteiligung im Vorprüfungsverfahren schon dann eine Klage erheben, wenn die Kommission in diesem Vorprüfungsverfahren zu dem Ergebnis gelangt ist, daß eine Beihilfe mit dem Gemeinsamen Markt vereinbar ist und keine Überleitung ins Hauptprüfungsverfahren nach Art. 88 Abs. 2 EGV er-

---

[893] St. Rsprg. des EuGH seit Rs. 25/62, Firma Plaumann & Co. gegen Kommission, Slg. 1963, S. 213 (238); Rs. C-198/91, William Cook PLC gegen Kommission, Slg. 1993, S. I-2487; Rdn. 20; Rs. C-225/91, Matra S.A. gegen Kommission, Slg. 1993, S. I-3203, Rdn. 14; ausführlich zur Konkurrentenklage Sinnaeve, EuZW, 1995, S. 172 ff.

[894] Hakenberg / Tremmel, EWS 1999, S. 174.

[895] Sinnaeve, EuZW 1995, S. 175.

[896] EuGH, Rs. 92/78, Simmenthal S.P.A. gegen Kommission, Slg. 1979, S. 777, Rdn. 38 ff; Schweitzer / Hummer, Europarecht, Rdn. 501 f.

[897] EuGH, Rs. 26/76, Metro SB-Großmärkte GmbH & Co. KG gegen Kommission, Slg. 1977, S. 1875, Rdn. 13.

[898] EuGH, Rs. 323/82, Intermills gegen Kommission, Slg. 1984, S. 3809, Rdn. 16; Rs. C-198/91, William Cook PLC gegen Kommission, Slg. 1993, S. I-2487; Rdn. 24; Kruse, NVwZ 1999, S. 1055; siehe auch Art. 1 h) der Beihilfeverfahrensordnung.

folgt.[899] Andernfalls steht den Wettbewerbern ein Klagerecht nur dann zu, wenn sie sich im Prüfungsverfahren aktiv beteiligen, zum Beispiel durch die Abgabe einer Stellungnahme, und außerdem glaubhaft darlegen können, daß durch die Beihilfegewährung eine erhebliche Beeinträchtigung ihrer Marktstellung erfolgt beziehungsweise droht.[900]

Im vorliegenden Fall erging die Kommissionsentscheidung aber im Verfahren nach Art. 88 Abs. 1 EGV in Verbindung mit Art. 19 Abs. 1 der Beihilfeverfahrensordnung.[901] Nach Art. 19 Abs. 1 der Beihilfeverfahrensordnung hält die Kommission die Zustimmung des Mitgliedstaats zum Vorschlag zweckdienlicher Maßnahmen und dessen Mitteilung gegenüber der Kommission fest und unterrichtet den Mitgliedstaat hiervon, der aufgrund seiner Zustimmung zur Durchführung der zweckdienlichen Maßnahmen verpflichtet ist. Deshalb käme es für den Konkurrenten auf seine aktive Beteiligung im Prüfungsverfahren sowie darauf an, ob er eine erhebliche Beeinträchtigung seiner Marktstellung darlegen kann, damit die Nichtigkeitsklage zulässigerweise erhoben werden könnte.

Als Klagegründe nennt Art. 230 Abs. 2 EGV Unzuständigkeit, Verletzung wesentlicher Formvorschriften, Verletzung des EG-Vertrages oder einer bei seiner Durchführung anzuwendenden Rechtsnorm oder Ermessensmißbrauch. Dabei zählen zur Gemeinschaftsrechtsordnung auch die allgemeinen Rechtsgrundsätze.[902]

Möglicherweise ist die Kommissionsentscheidung aber formell- und materiellrechtlich in Bestandskraft erwachsen, weswegen sie nicht mehr auf dem Klagewege vor dem EuGH angegriffen werden könnte. Hierfür ist der Ablauf der Klagefrist entscheidend, denn dadurch soll neben den Aspekten der geordneten Rechtspflege und der Verfahrensökonomie auch die Rechtssicherheit gewährleistet werden, indem Gemeinschaftshandlungen mit Rechtswirkungen von Adressaten und von Dritten zeitlich nur beschränkt in Frage gestellt werden können

---

[899] EuGH, Rs. C-198/91, William Cook PLC gegen Kommission, Slg. 1991, S. I-2487, Rdn. 23; Rs. C-225/91, Matra S.A. gegen Kommission, Slg. 1993, S. I-3203, Rdn. 17; siehe dazu ebenfalls Sinnaeve, EuZW 1995, S. 175; Reufels, Subventionskontrolle durch Private, S. 148 ff.

[900] Polley, EuZW 1996, S. 301; Papier, ZHR 1988, S. 502; Kruse, NVwZ 1999, S. 1055; EuGH, Rs. 169/84, COFAZ gegen Kommission, Slg. 1986, S. 391, Rdn. 24 ff.

[901] Kommissionsentscheidung Nr. E 10/2000, Letter to the Member State, S. 14 f; Quardt, EuZW 2002, S. 428; zum Verfahren siehe Fischer, ZIP 1999, S. 1431.

[902] Streinz, Europarecht, Rdn. 524.

und vom EuGH dann nur noch in diesem zeitlichen Rahmen überprüft werden müssen.[903] Gemäß Art. 230 Abs. 5 EGV besteht eine Klagefrist von zwei Monaten, die je nach Lage des Falles von der Bekanntgabe der betreffenden Handlung, ihrer Mitteilung an den Kläger oder in Ermangelung dessen und somit subsidiär von dem Zeitpunkt an läuft, zu dem der Kläger von dieser Handlung Kenntnis erlangt hat. Nach Art. 102 § 1 der Verfahrensordnung des Gerichts wird die Zweimonatsfrist vom Ablauf des vierzehnten Tages nach der Veröffentlichung der Maßnahme im Amtsblatt an berechnet. Gegebenenfalls ist sie nach Art. 102 § 2 der Verfahrensordnung des Gerichts und Art. 1 des Anhangs II der Verfahrensordnung des Gerichtshofes um eine Frist von zehn Tagen mit Rücksicht auf die räumliche Entfernung des Klägers zu verlängern.

Bei einer Konkurrentenklage beginnt die Klagefrist grundsätzlich mit der Veröffentlichung der Kommissionsentscheidung im Amtsblatt der EG beziehungsweise mit der genauen Kenntnis des Konkurrenten davon, nachdem dieser von der Entscheidung erfahren und sich um eine Ausgabe des Amtsblattes bemüht hat.[904] In der Rechtssache „Waterleiding" hat der EuG im Hinblick auf eine Entscheidung, mit der eine von einem Mitgliedstaat angemeldete Beihilfe für mit dem Gemeinsamen Markt vereinbar erklärt worden ist, nämlich deutlich gemacht, daß ein Dritter gegen diese Entscheidung, obwohl sie nur dem Mitgliedstaat als ihrem Adressaten mitgeteilt und abgekürzt im Amtsblatt veröffentlicht wird, nicht jederzeit Nichtigkeitsklage erheben kann.[905] Statt dessen liegt es im Verantwortungsbereich desjenigen, der Kenntnis vom Bestehen eines ihn betreffenden Rechtsakts hat, binnen angemessener Frist dessen vollständigen Wortlaut anzufordern, weswegen die Klagefrist erst von dem Zeitpunkt an läuft, zu dem der betroffene Dritte genaue Kenntnis vom Inhalt und der Begründung des fraglichen Rechtsakts erlangt hat, sodaß er sein Klagerecht ausüben kann.

---

[903] Kamann / Selmayr, NVwZ 1999, S. 1042 mwN; EuGH, Rs. C-310/97, Kommission gegen AssiDomän Kraft Products AB, Iggesunds Bruk AB, Korsnäs AB, MoDo Paper AB, Södra Cell AB, Stora Kopparbergs Bergslags AB und Svenska Cellulosa AB, Slg. 1999, S. I-5363, Rdn. 60, 61.

[904] EuG, Rs. T-11/95, BP Chemicals Ltd. gegen Kommission, Slg. 1998, S. II-3235, Rdn. 46 - 53; Rs. T-140/95, Ryanair Ltd. gegen Kommission, Slg. 1998, S. II-3327, Rdn. 25 - 27; Rs. T-188/95, Waterleiding Maatschappij "Noord-West Brabant" NV gegen Kommission, Slg. 1998, S. II-3713, Rdn. 110 – 113.

[905] EuG, Rs. T-188/95, Waterleiding Maatschappij "Noord-West Brabant" NV gegen Kommission, Slg. 1998, S. II-3713, Rdn. 111.

Im Falle der Konkurrentenklage, bei der der Konkurrent als Dritter kein Adressat der Kommissionsentscheidung gewesen ist, scheidet somit eine Mitteilung an ihn oder eine Bekanntgabe der Entscheidung aus, weswegen es auf den Zeitpunkt der Veröffentlichung im Amtsblatt beziehungsweise auf die Kenntniserlangung des betreffenden Rechtsakts als maßgeblichen Zeitpunkt ankommt. Denn nach Art. 25 der Beihilfeverfahrensordnung richtet die Kommission ihre Entscheidungen, auch die nach Kapitel V bei Verfahren bei bestehenden Beihilferegelungen, an den jeweiligen Mitgliedstaat. Deshalb muß eine Bekanntgabe nach Art. 254 Abs. 3 EGV dem Mitgliedstaat gegenüber erfolgen, wodurch die Entscheidung dann wirksam wird.

Die Kommissionsentscheidung Nr. E 10/2000 stammt vom 27. März 2002 und wurde am   22. Juni 2002 im „Official Journal of the European Commission" veröffentlicht. Der Brief an die Bundesrepublik Deutschland, der Letter to the Member State, datiert auf den 27. März 2002. Die Veröffentlichung im Amtsblatt in einer zusammenfassenden Form gemäß Art. 26 Abs. 1 S. 1 der Beihilfeverfahrensordnung verbunden mit dem Hinweis, daß eine Kopie der Entscheidung in ihrer verbindlichen Sprachfassung erhältlich ist, erfolgte am 19. Juni 2002 in Nr. C 146 auf S. 6 f. Somit scheidet die Veröffentlichung der Entscheidung im Amtsblatt als Anknüpfungspunkt für die Klagefrist aus.

Indes gilt nach § 230 Abs. 5 a.E. EGV der Zeitpunkt als letzter Beginn der zweimonatigen Klagefrist, zu dem der Konkurrent von der Kommissionsentscheidung Kenntnis erlangt und binnen angemessener Frist den vollständigen Wortlaut angefordert hat. Aufgrund der langjährigen Debatten über die mögliche Gemeinschaftsrechtswidrigkeit von Anstaltslast und Gewährträgerhaftung, der umfangreichen öffentlichen Berichterstattung über die Brüsseler „Verständigung" und deren Folgen für den deutschen und internationalen Banken- und Anleihenmarkt mit seiner engen Vernetzung ist es vollkommen ausgeschlossen, daß ein Konkurrent als möglicher Kläger mehr als zwei Jahre nach Veröffentlichung der Entscheidung im Amtsblatt und mehr als drei Jahre nach der Brüsseler „Verständigung" noch keine Kenntnis von der Beendigung dieses Streits durch die Kommissionsentscheidung erlangt hat. Eine angemessene Frist zur Anforderung des vollständigen Wortlauts des Rechtsakts ist mithin abgelaufen.

Somit haben die Konkurrenten der Landesbanken und Sparkassen, für die eine Klage gegen die Kommissionsentscheidung wegen einer Verletzung des EG-Vertrages in Betracht käme, die Klagefrist von zwei Monaten verstreichen lassen. Die Kommissionsentscheidung Nr. E 10/2000 ist folglich gegenüber allen Betroffenen in Bestandskraft erwachsen und kann vor dem EuGH nicht mehr direkt angegriffen werden.

B. Inzidentrüge vor einem mitgliedstaatlichen Gericht

Möglicherweise könnte die potentielle Fehlerhaftigkeit der Kommissionsentscheidung trotz unzulässiger Nichtigkeitsklage aber noch durch eine Inzidentrüge im Rahmen eines Zivil- oder Verwaltungsverfahrens vor einem deutschen Gericht mit anschließender Vorlage an den EuGH im Wege des Vorabentscheidungsverfahrens gemäß Art. 234 Abs. 1 lit. b EGV geltend gemacht werden.

Eine solche inzidente Geltendmachung ist nach der Offenkundigkeitstheorie des EuGH aber nur dann möglich, wenn kein offenkundiges Klagerecht des Betroffenen besteht, weswegen dann die nachträgliche Geltendmachung der Ungültigkeit einer Kommissionsentscheidung im Wege eines Vorlageverfahrens zulässig wäre.[906] Bei einem Konkurrenten als Nichtadressaten der Kommissionsentscheidung besteht ein zwingendes Erfordernis, die Kommissionsentscheidung im Wege der Nichtigkeitsklage vor dem EuGH anzugreifen, indes nicht, da das Merkmal der individuellen Betroffenheit hohe Anforderungen voraussetzt, die häufig nicht erfüllt und regelmäßig umstritten sind.[907] Demzufolge wäre im vorliegenden Fall eine Inzidentrüge der Kommissionsentscheidung durch einen Konkurrenten der Landesbanken und Sparkassen nicht von vornherein ausgeschlossen und somit effektiver Rechtsschutz möglich.

Problematisch ist aber das Verfahren, in dem diese Inzidentrüge erhoben werden könnte. Ein Verwaltungsverfahren scheidet aus, da es sich bei der Anstaltslast und Gewährträgerhaftung nicht um Verwaltungsakte handelt, sondern um Regelungen der öffentlichen Haftung in den jeweiligen Gesetzen der Landesbanken und Sparkassen. Zudem sind keine konkreten Einzelmaßnahmen aufgrund der öffentlichen Haftung vorhanden, die den Tatbestand des § 35 S. 1 VwVfG erfüllen könnten. Hinzu kommt, daß es bislang noch überhaupt keine Fälle der Inanspruchnahme der Gewährträgerhaftung gegeben hat.[908] Ob Maßnahmen im

---

[906] EuGH, Rs. 216/82, Universität Hamburg gegen HZA Hamburg-Kehrwieder, Slg. 1983, S. 2771, Rdn. 12; Rs. C-188/92, TWD Textilwerke Düsseldorf Deggendorf GmbH gegen Deutschland, Slg. 1994, S. I-833, Rdn. 15 ff; Rs. C-178/85, Wiljo NV gegen Belgien, Slg. 1997, S. I-585, Rdn. 21; Kamann / Selmayr, NVwZ 1999, S. 1043.

[907] Kamann / Selmayr, NVwZ 1999, S. 1043.

[908] Schlierbach, Sparkassenrecht, S. 137.

Rahmen der Anstaltslast wie der Ausgleich einer Unterbilanz, welcher unter anderem durch Barleistung, Schuldanerkenntnis oder Schuldübernahme möglich ist, sowie allgemeine Instandhaltungspflichten wirtschaftlicher Art dazu einen wirksamen Ansatzpunkt darstellen, darf bezweifelt werden, da die Anstaltslast letztlich nur das Innenverhältnis zwischen Anstalt und Anstaltsträger regelt und primär nicht auf Außenwirkung angelegt ist.

Schließlich ist auch eine Inzidentrüge im Rahmen eines abstrakten Normenkontrollverfahrens vor dem Bundesverfassungsgericht nach Art. 93 Abs. 1 Nr. 2 a GG, § 13 Nr. 6 a in Verbindung mit §§ 76 ff BVerfGG sowie eines konkreten Normenkontrollverfahrens gemäß Art. 100 Abs. 1 GG, § 13 Nr. 11 in Verbindung mit §§ 80 ff BVerfGG abzulehnen, da der Konkurrent in beiden Fällen nicht beteiligtenfähig ist. Für eine Verfassungsbeschwerde mangelt es an einer Verletzung von Grundrechten der Konkurrenten. Demzufolge besteht keine Möglichkeit, die Kommissionsentscheidung im Wege der Inzidentrüge vor einem nationalen Gericht durch den EuGH im Wege des Vorabentscheidungsverfahrens für nichtig erklären zu lassen.

C. Mitteilung nach Art. 20 Abs. 2 S. 1 der Beihilfeverfahrensordnung

Eine weitere Alternative für Konkurrenten, diese Regelung rechtlich überprüfen zu lassen, ergibt sich aus Art. 20 Abs. 2 S. 1 der Beihilfeverfahrensordnung. Danach kann jeder Beteiligte der Kommission eine Mitteilung über mutmaßlich rechtswidrige Beihilfen oder über eine mutmaßlich mißbräuchliche Anwendung von Beihilfen machen. Dadurch wird die Kommission generell über mutmaßliche Verstöße gegen das gemeinschaftliche Beihilferecht informiert.[909] Als „Beteiligte" sind nach Art. 1 h) der Beihilfeverfahrensordnung Mitgliedstaaten, Personen, Unternehmen oder Unternehmensvereinigungen, deren Interessen aufgrund einer Beihilfegewährung beeinträchtigt sein können, anzusehen, insbesondere aber der Beihilfeempfänger sowie Wettbewerber und Berufsverbände. Ein individuelles und unmittelbares Betroffensein sowie die Einhaltung einer Frist sind nicht erforderlich.

Durch eine solche informelle Beschwerde wird konkurrierenden Unternehmen die Chance eröffnet, das beihilferechtliche Überwachungsverfahren beginnen zu lassen. Allerdings ist der Konkurrent bei der eigentlichen Prüfung durch die

---

[909] Kruse, NVwZ 1999, S. 1055; Reufels, Subventionskontrolle durch Private, S. 62.

Kommission nicht beteiligt und hat auch keine Anhörungs- und sonstigen Verfahrensrechte.[910] In der Rechtssache „Matra SA" hat der EuGH klargestellt, daß eine Nichtanhörung nicht zu einer Verletzung von Beteiligungsrechten des Konkurrenten führt.[911]

Angenommen, daß die Kommission „in Anbetracht der ihr vorliegenden Informationen keine ausreichenden Gründe" sieht, zu dem Sachverhalt eine Auffassung zu vertreten, hat sie den betreffenden Beteiligten gemäß Art. 20 Abs. 2 S. 2 der Beihilfeverfahrensordnung davon zu unterrichten. Andernfalls tritt sie in eine Prüfungsphase ein, trifft eine Entscheidung und teilt sie dem betreffenden Beteiligten durch die Übermittlung einer Kopie ihrer Entscheidung mit. Letztlich hat die Kommission die Alternativen, das Hauptverfahren nach Art. 88 Abs. 2 EGV einzuleiten, eine entsprechende Einleitung abzulehnen und das Verfahren damit zu beenden oder die Beihilfe als nicht genehmigungsbedürftig einzustufen.[912] Sofern die Kommission sich im Wege einer „Unbedenklichkeitserklärung" weigert, das Hauptprüfungsverfahren einzuleiten, da sie die Vereinbarkeit mit dem Gemeinsamen Markt bejaht, kommt dieser der Charakter einer förmlichen Entscheidung zu und kann wiederum Gegenstand einer Nichtigkeitsklage sein.[913] Dadurch wird auch die Entstehung einer Rechtsschutzlücke verhindert.

Im vorliegenden Fall könnten somit Konkurrenten der Landesbanken und Sparkassen gegenüber der Kommission eine Mitteilung nach Art. 20 Abs. 2 S. 1 der Beihilfeverfahrensordnung einreichen mit der Begründung, daß den öffentlich-rechtlichen Kreditinstituten in Deutschland aufgrund der Kommissionsentscheidung Nr. E 10/2000 erlaubt wird, infolge der im Rahmen des befristeten „Grandfathering" für Neuverbindlichkeiten bis zum Jahre 2015 fortdauernden Gewährträgerhaftung eine mutmaßlich gemeinschaftsrechtswidrige Beihilfe zu empfangen. Dies wäre erfolgversprechender als ein direkter Angriff gegen die in Bestandskraft erwachsene Kommissionsentscheidung.

---

[910] Reufels, Subventionskontrolle durch Private, S. 56; Sinnaeve, EuZW 1995, S. 173.
[911] EuGH, Rs. C-225/91, Matra S.A. gegen Kommission, Slg. 1993, S. I-3203, Rdn. 52 ff.
[912] Sinnaeve, EuZW 1995, S. 173; zu Art. 20 Abs. 1 der Beihilfe VVO siehe auch Fischer, ZIP 1999, S. 1432.
[913] EuGH, Rs. C-313/90, CIRFS gegen Kommission, Slg. 1986, S. I-1125, Rdn. 26 ff; Polley, EuZW 1996, S. 301; Reufels, Subventionskontrolle durch Private, S. 57, 150 ff.

Zusammenfassung

1. Anstaltslast und Gewährträgerhaftung sind staatliche Beihilfen im Sinne von Art. 87 Abs. 1 EGV.

2. Entgegen der pauschalen Qualifizierung von Anstaltslast und Gewährträgerhaftung als Altbeihilfe für alle öffentlich-rechtlichen Kreditinstitute in der Brüsseler „Verständigung" und der Kommissionsentscheidung Nr. E 10/2000 hätte eine stärker einzelfallorientierte Betrachtungsweise des Alt- oder Neubeihilfencharakters vorgenommen werden müssen. Eine Einstufung als Neubeihilfe beziehungsweise als umgestaltete Beihilfe ist vor allem bei denjenigen Instituten nicht von vornherein ausgeschlossen, die entweder nach den Römischen Verträgen vollkommen neu gegründet wurden (und nicht bloß identitätswahrend) oder bei denen eine grundlegende Veränderung des gesetzlichen (und nicht bloß faktischen) Tätigkeitsbereichs erfolgt ist, die wesentlich vom ursprünglichen Geschäftsbereich abweicht.

3. Die generelle Einbeziehung aller Sparkassen in die Abschaffung der Gewährträgerhaftung und der Anstaltslast ist fehlerhaft erfolgt. Aus beihilferechtlicher Sicht wäre dies für kleine und regional ausgerichtete Institute nicht erforderlich gewesen, welche dadurch wiederum ungerechtfertigt benachteiligt werden. Gleiches würde für die pauschale Freistellung der Sparkassen als Beihilfeempfänger gelten. Statt dessen wäre eine Abschaffung der öffentlichen Haftung nur für diejenigen Sparkassen näher zu untersuchen gewesen, die ein eigenes Rating besitzen, die sich auf internationalen Kapitalmärkten refinanzieren, die im grenznahen Bereich, in Großstädten oder Ballungszentren mit Wettbewerbern aus anderen Mitgliedstaaten konkurrieren oder denen durch günstigere Refinanzierungsbedingungen bei den Landesbanken selbst ein wirtschaftlicher Vorteil zugute kommt. Diese Untersuchung hätte einzelfallorientiert anhand des jeweiligen Kreditinstituts stattfinden müssen verbunden mit der notwendigen Flexibilität im Hinblick auf den zwischenstaatlichen Handel beeinflussende Faktoren und Geschäftstätigkeiten.

4. Die „Grandfathering"-Regelungen der Brüsseler „Verständigung" und der Kommissionsentscheidung Nr. E 10/2000 sind hinsichtlich des unbefristeten „Grandfathering" für Altverbindlichkeiten als rechtmäßig einzustufen. Hingegen sind die Regelungen des befristeten „Grandfathering" für Neuverbindlichkeiten zu weitreichend und insoweit nicht in Übereinstimmung mit dem

Gemeinschaftsrecht und dem mitgliedstaatlichen Recht. Dies gilt insbesondere für den Fall, daß Anstaltslast und Gewährträgerhaftung nach der in dieser Arbeit vertretenen Auffassung zumindest teilweise als Neubeihilfe zu qualifizieren sind, woraus sich wiederum eine Rückforderungsverpflichtung des Mitgliedstaates gegenüber dem Beihilfeempfänger ergibt. Die Anwendung des befristeten „Grandfathering" führt vielmehr dazu, dass die öffentlich-rechtlichen Kreditinstituten den wettbewerbsrelevanten Vorteil behalten, obwohl gleichzeitig wettbewerbskonformere Alternativen bestanden hätten, beispielsweise in Form von Kompensationszahlungen an die Gewährträger, bei denen zugleich die Ansprüche der Anleihegläubiger hätten erfüllt werden können. Insbesondere ergibt sich das befristete „Grandfathering" für Neuverbindlichkeiten nicht aus den gemeinschaftsrechtlichen und den deutschen Regelungen zum Eigentums- und Vertrauensschutz.

5. Die Brüsseler „Verständigung" und die Kommissionsentscheidung Nr. E 10/2000 schließen für die öffentlich-rechtlichen Kreditinstitute in Deutschland eine Anwendung des Ausgleichsansatzes aus den Urteilen des EuGH in den Rechtssachen „Ferring SA" und „Altmark Trans" nicht aus. Als konkrete Anwendungsbereiche kommen die flächendeckende Versorgung mit Bankdienstleistungen in Betracht (mit Ausnahme von Ballungszentren und großen Städten), die Girokontoeröffnung für jedermann, die Führung geringfügiger Sparguthaben, die KMU- und die Exportförderung, die Regionalentwicklung, die Gemeindefinanzierung sowie die Finanzierung von Infrastrukturvorhaben. Erforderlich ist eine Ausschreibung der betreffenden Dienstleistung von allgemeinem wirtschaftlichem Interesse zum Nachweis der tatsächlich entstehenden Kosten sowie zur Sicherstellung eines offenen, transparenten und nicht diskriminierenden Verfahrens.

6. Den Konkurrenten der Landesbanken und Sparkassen steht die Möglichkeit offen, gegenüber der Kommission eine Mitteilung nach Art. 20 Abs. 2 S. 1 der Beihilfeverfahrensordnung zu machen mit der Begründung, daß den öffentlich-rechtlichen Kreditinstituten in Deutschland aufgrund der Kommissionsentscheidung Nr. E 10/2000 erlaubt wird, infolge der im Rahmen des befristeten „Grandfathering" für Neuverbindlichkeiten bis zum Jahre 2015 fortdauernden Gewährträgerhaftung eine mutmaßlich gemeinschaftsrechtswidrige Beihilfe zu empfangen.

Summary

1. Maintenance obligation (Anstaltslast) and guarantee obligation (Gewährträgerhaftung) are public subsidies under Article 87 (1) of the EU Treaty.

2. Rather than interpreting the concepts of maintenance obligation and guarantee obligation as "existing aid" for all publicly owned credit institutions in the Brussels "Understanding" of 17 July 2001 and the decision of the EU Commission no. E 10/2000, a more case-by-case analysis of the "existing aid" or "new aid" issue should have been made. An interpretation as "new aid" or restructured state aid is not excluded, in particular in the case of credit institutions which either have been established after the Treaty of Rome came into force (and not just been re-established and maintained their legal identity) or where a fundamental change of the statutory objects has taken place (and not just a simple change), which has led to a substantial change in the purpose of the institution.

3. The overall abolition of the maintenance obligation and guarantee obligation to all savings banks should not have taken place. The abolition would not have been required to comply with state subsidy laws in the case of small and regional institutions, which are consequently at a disadvantage without valid reason. Also, it would not have been possible to exempt all savings banks from state subsidy rules. Instead, the abolition of the public guarantees would have been sufficient in the case of savings banks which (a) have their own rating, (b) refinance themselves in the international capital markets, (c) are competitors of credit institutions in other Member States in large cities, urban agglomerations or in close proximity to a border or (d) benefit from cheap refinancing conditions with their Landesbank. The decision to abolish the public guarantee should have been made on a case-by-case basis for each credit institution, taking into account aspects of cross-border trade and activities.

4. The "grandfathering" rules in the Brussels "Understanding" and the decision of the EU Commission no. E 10/2000 are compatible with EU and German law insofar as liabilities existing on 18 July 2001 are concerned. On the other hand, the provisions on a time-barred "grandfathering" for "new" obligations arising between 18 July 2001 and 18 July 2005 are too far-reaching and not compliant with EU and German law. This is particularly the case where - according to this thesis - maintenance obligation and guarantee obligation are to

be considered at least partly as "new aid", resulting in an obligation of the member state to recover state subsidies from the benificiary. By applying the grandfathering rules, the public credit institutions retain their competitive advantage, even though there would have been alternatives compliant with competition laws, such as compensation payments to the guarantors, which would still have enabled them to fulfil claims of their bondholders. In particular, the application of grandfathering rules to "new" obligations does not follow from EU or German regulations on the protection of property or investor protection.

5. The Brussels "Understanding" and the decision of the EU Commission no. E 10/2000 do not prevent the application of the compensation approach set forth in the decisions of the EU Court of Justice "Ferring SA" and "Altmark Trans" to German public credit institutions. The provision of banking and financial services in rural areas, the offering of current accounts for recipients of state benefits, the maintenance of small savings accounts, the financing of small and medium sized enterprises and export finance as well as aiding rural areas by way of financing small municipalities and infrastructure project finance can be considered as compensation approach in this respect. To apply the principle of compensatory consideration, a public tender of these services is required in order to be able to achieve cost benefit as well as to ensure an open, transparent and non-discriminatory procedure.

6. Competitors of Landesbanken and savings banks are entitled to notify the EU Commission in accordance with Article 20 (2) 1 of the Council Regulation laying down detailed rules for the application of Article 93 of the EC Treaty, stating that due to the decision of the EU Commission no. E 10/2000 to apply time-barred grandfathering rules for "new" obligations until 2015, German public credit institutions are allowed to receive a state subsidy potentially contrary to EU laws.

**Schriften zum Europa- und Völkerrecht
und zur Rechtsvergleichung**

Herausgegeben von Prof. Dr. Manfred Zuleeg

Band 1 Mathias Mühlhans: Internationales Wassernutzungsrecht und Spieltheorie. Die Bedeutung der neueren völkerrechtlichen Vertragspraxis und der wirtschaftswissenschaftlichen Spieltheorie für das Prinzip der angemessenen Nutzung internationaler Binnengewässer. 1998.

Band 2 Michael Grüb: Europäische Niederlassungs- und Dienstleistungsfreiheit für Private mit hoheitlichen Befugnissen. 1999.

Band 3 Kathrin Bremer: Nationale Strafverfolgung internationaler Verbrechen gegen das humanitäre Völkerrecht. Am Beispiel einer Rechtsvergleichung Deutschlands, der Schweiz, Belgiens und Großbritanniens. 1999.

Band 4 Jon Marcus Meese: Das Petitionsrecht beim Europäischen Parlament und das Beschwerderecht beim Bürgerbeauftragten der Europäischen Union. 2000.

Band 5 Christoph Schalast: Umweltschutz und Wettbewerb als Wertwiderspruch im deregulierten deutschen und europäischen Elektrizitätsmarkt. 2001.

Band 6 Ralf Bauer: Das Recht auf eine gute Verwaltung im Europäischen Gemeinschaftsrecht. Inhalt, Anwendungsbereich und Einschränkungsvoraussetzungen des Grundrechts auf eine gute Verwaltung in Artikel 41 der Charta der Grundrechte der Europäischen Union. 2002.

Band 7 Kerstin Estler: Zur Effektivität des einstweiligen Rechtsschutzes im Gemeinschaftsrecht. 2003.

Band 8 Ali Hahin: Der Vertrag von Amsterdam: Vergemeinschaftetes Asylrecht. 2003.

Band 9 Amina Dammann: Die Beschwerdekammern der europäischen Agenturen. 2004.

Band 10 Nina Nolte: Deregulierung von Monopolen und Dienstleistungen von allgemeinem wirtschaftlichen Interesse. Zur Bedeutung des Art. 86. Abs. 2 EGV. Insbesondere in den Bereichen der Elektrizitätswirtschaft, der Bodendienstleistungen auf Flughäfen und der Abfallwirtschaft. 2004.

Band 11 Izumi Kazuhara: Einfluss der Marktintegration auf die Auslegung und Anwendung des europäischen Wettbewerbsrechts. 2004.

Band 12 Olesia Engelbutzeder: EU Anti-Dumping Measures Against Russian Exporters. In View of Russian Accession to the WTO and the EU Enlargement 2004. 2004.

Band 13 Magnus Noll-Ehlers: Produzentenverantwortung im Europäischen Umweltrecht. 2004.

Band 14 Walter Seubert: Die Brüsseler „Verständigung" zu Anstaltslast und Gewährträgerhaftung. Eine Betrachtung aus europarechtlicher und mitgliedstaatlicher Sicht. 2005.

www.peterlang.de

Peter Lang · Europäischer Verlag der Wissenschaften

Wolfgang Jakob

Rechtswidrigkeit im Staatshaftungsrecht

Die Bedeutung des Handlungsunrechts für die Begrenzung der Haftung bei verschuldensunabhängigen Tatbeständen

Frankfurt am Main, Berlin, Bern, Bruxelles, New York, Oxford, Wien, 2004. 187 S.
Potsdamer Rechtswissenschaftliche Reihe.
Herausgegeben von Dieter C. Umbach. Bd. 19
ISBN 3-631-52483-8 · br. € 39.–*

Diese Arbeit untersucht die haftungsbegründende und die haftungsbegrenzende Funktion des Tatbestandsmerkmals der Rechtswidrigkeit im Staatshaftungsrecht, vor allem dessen Bedeutung für verschuldensunabhängige Tatbestände. Dabei geht der Autor wegen der strukturellen Parallelität zunächst auf die unerlaubte Handlung des Zivilrechts ein und legt die Bedeutung der Rechtswidrigkeit unter besonderer Berücksichtigung der unterschiedlichen Lehren vom Erfolgsunrecht und vom Handlungsunrecht dar. Weiter wird analysiert, welche Vorgaben von Verfassungs wegen bei staatlicher Unrechtshaftung zu beachten sind und erläutert die Bedeutung des Tatbestandsmerkmals der Rechtswidrigkeit bei den bedeutsamsten nationalen und europarechtlichen Tatbeständen der staatlichen Unrechtshaftung. Anhand der gewonnenen Erkenntnisse nimmt der Autor eine Auslegung des Tatbestandsmerkmals der Rechtswidrigkeit im verschuldens-unabhängigen Tatbestand des § 1 Abs. 1 Bbg. StHG vor.

Aus dem Inhalt: Begriff der Rechtswidrigkeit im Kontext des nationalen und europarechtlichen Staatshaftungsrechts · Ausführungen zur Bedeutung der Rechtswidrigkeit bei der zivilrechtlichen Unrechtshaftung · Darstellung der verfassungsrechtlichen Vorgaben staatlicher Unrechtshaftung · Analyse der Haftungstatbestände für hoheitliches Unrecht · Umsetzung der erzielten Ergebnisse in eine Auslegung des § 1 Abs. 1 Bbg. StHG

Frankfurt am Main · Berlin · Bern · Bruxelles · New York · Oxford · Wien
Auslieferung: Verlag Peter Lang AG
Moosstr. 1, CH-2542 Pieterlen
Telefax 00 41 (0) 32 / 376 17 27

*inklusive der in Deutschland gültigen Mehrwertsteuer
Preisänderungen vorbehalten

Homepage http://www.peterlang.de